RÉPERTOIRE

UNIVERSEL ET RAISONNÉ

DE JURISPRUDENCE

CIVILE, CRIMINELLE,

CANONIQUE ET BÉNÉFICIALE:

OUVRAGE DE PLUSIEURS JURISCONSULTES:

Mis en ordre & publié par M. GUYOT, Écuyer, ancien Magistrat.

TOME SEPTIÈME.

A PARIS,

Chez PANCKOUCKE, Hôtel de Thou, rue des Poitevins.

Et se trouve chez les principaux Libraires de France.

M. DCC. LXXVI.

Avec Approbation & Privilége du Roi.

RÉPERTOIRE

UNIVERSEL ET RAISONNÉ

DE JURISPRUDENCE

CIVILE, CRIMINELLE,

CANONIQUE ET BÉNÉFICIALE.

B

BUREAU. Ce terme s'applique à différens objets ; quelquefois il signifie le lieu où s'enregistrent & se perçoivent certains droits ; quelquefois on désigne sous ce nom une assemblée de certaines personnes, une juridiction, &c. ainsi,

L'on appelle *Bureaux du contrôle des actes & des droits y joints*, les lieux où les actes doivent être apportés pour y être revêtus des formalités du contrôle, de l'insinuation, du petit scel & autres : c'est où doivent être payés les droits de centième denier par les nouveaux poſſeſſeurs d'immeubles, & les autres différens droits dépendans de la ferme des domaines, & que les commis du fermier ſont autoriſés à recevoir.

Ces Bureaux doivent pour cet effet être établis de la manière la plus convenable pour la facilité de la régie, & pour la commodité du public autant que ces deux objets peuvent concourir ; mais ſans trop multiplier le nombre des Bureaux, pour ne pas augmenter les priviléges dont jouiſſent les commis qui y ſont employés.

L'édit du mois de mars 1693 porte que les Bureaux du contrôle des actes ſeront établis dans tous les lieux où il y a des ſiges royaux, même dans les duchés pairies & autres juſtices reſſortiſſantes aux cours & ailleurs où beſoin ſera.

L'article premier de la déclaration du 19 mars 1696, ordonne que les Bureaux établis pour le contrôle des actes demeureront fixes & ne pourront être changés ni établis en d'autres lieux que par les ordres du roi.

La déclaration du 21 mars 1671 pour le contrôle des exploits, ordonne que les Bureaux ſeront établis dans chacune des villes & bourgs où il y a juſtice, foire ou marché ordinaires & dans les autres lieux, de diſtance en diſtance convenable, ainſi qu'il ſera réglé par les intendans des généralités.

A l'égard des droits d'inſinuation & de centième denier, il a été établi des Bureaux en conformité de l'article 22 de la déclaration du 19 juillet 1704 dans tous les ſièges royaux ou ſeigneuriaux, & généralement dans tous les lieux où le contrôle des actes étoit établi ; mais les donations entre-vifs ne peuvent être infinuées que dans les Bureaux établis près des fièges royaux ressortissans nuement aux cours, conformément à la déclaration du 17 février 1731.

La déclaration du 9 mars 1709, permet aux receveurs des épices & des amendes d'établir un Bureau dans chaque ville & lieu de leur établissement, soit dans leurs maisons ou autres endroits plus commodes pour y faire la recette des épices & amendes, auxquels Bureaux les parties ou leurs procureurs seront tenus de les venir payer avec les droits des receveurs.

Par arrêt du 30 juillet 1720, rendu contre les juges & consuls de Poitiers qui refusoient une place dans le greffe au commis des présentations, il fut ordonné que ce commis en auroit une dans le greffe ordinaire de la juridiction consulaire.

Et par arrêt du conseil du 9 mars 1734, il a été permis au sous fermier des domaines de Tours de faire faire au Bureau du contrôle dans la ville du Mans l'exercice du greffe des présentations, & la perception des droits réservés sur toutes les procédures: il a d'ailleurs été dispensé d'avoir un commis au palais, & en conséquence l'ordonnance rendue par les officiers du présidial a été cassée.

Le 30 mai 1748 le conseil décida que les fermiers étoient les maîtres d'établir leurs Bureaux où bon leur sembloit & débouta en conséquence la marquise de Pompone de sa demande en rétablissement du Bureau de Paloiseau transféré à Longjumeau.

Cependant comme le lieu de l'établissement

des Bureaux doit être relatif à l'utilité de la régie & à la commodité du public, il en résulte que le fermier ne peut pas indistinctement supprimer un Bureau établi pour le transférer ailleurs ; c'est même ce qui a été décidé au conseil le 18 juin 1735, en ordonnant le rétablissement d'un Bureau de contrôle à Villeneuve sur Belot, sur la demande des habitans & sur ce que M. l'intendant a observé qu'il étoit nécessaire de laisser subsister ce Bureau pour le bien public, & même pour celui de la ferme.

D'ailleurs, on ne doit pas craindre que le fermier supprime des Bureaux sans raison ; il a intérêt qu'il y en ait un nombre suffisant, afin que l'étendue du Bureau étant plus resserrée, l'attention d'un commis se porte à tous les objets qu'il doit remplir, & que par ce moyen la régie se perfectionne par plus de régularité & d'exactitude.

Par décision du 26 août 1752, le conseil a autorisé le fermier des domaines de Bretagne à établir trois directeurs dans la province, à Rennes, à Nantes & à Morlaix ; en divisant la direction qui étoit à Rennes, chef lieu de la province.

Par une autre décision du 30 novembre 1755, le conseil a débouté le sieur le Maitre, notaire à Boucey, de ses demandes tendantes au rétablissement d'un Bureau qui avoit été anciennement établi à Boucey & qui avoit été supprimé en 1718, ou à ce qu'il lui fût permis de faire contrôler ses actes à Carouge plus à sa proximité qu'Argentan où on l'obligeoit de les faire contrôler.

Enfin d'autres décisions du conseil des 3 mai

1755 & premier septembre 1757 ont débouté le sieur Hebert, propriétaire de la sergenterie noble de Folleville, & le nommé Harel commis à l'exercice de cette sergenterie, de leur demande pour faire rétablir à Lieuray un Bureau du contrôle des exploits, supprimé en 1730 & transféré à l'hôtellerie.

On appelle *Bureaux des traites* ou *des cinq grosses fermes*, les lieux où l'on perçoit les droits d'entrée & de sortie des marchandises.

Et l'on appelle *Bureaux des aides*, les lieux où l'on perçoit les droits d'aides.

Les déclarations & le payement des droits doivent être faits dans les Bureaux particulièrement affectés à chaque droit suivant la fixation & les dispositions des règlemens rendus pour chaque partie des fermes, c'est-à-dire par exemple, que les déclarations pour le payement des droits d'aides ne peuvent être faites dans un Bureau de traites & réciproquement.

Il y a des Bureaux établis pour la perception des droits des cinq grosses fermes à toutes les extrémités des provinces qui en composent l'étendue, soit dans les ports & havres de Normandie & Picardie, soit dans les limites du côté des provinces réputées étrangères ; & il y a une autre ligne de Bureaux un peu avancée dans les cinq grosses fermes, les uns dans les quatre lieues de ces limites & d'autres encore plus avancés ; ces Bureaux se contrôlent les uns les autres comme on en peut juger par l'explication suivante. Les Bureaux qui sont aux extrémités se nomment premiers Bureaux d'entrée, à l'exception de certains petits Bureaux que

l'on nomme de conferve dont il fera parlé ci-
après.

Les marchandifes qui s'envoient des cinq
groffes fermes à l'étranger ou aux provinces réputées étrangères, doivent être conduites au
Bureau le plus prochain du chargement, y être
déclarées, vifitées & y acquiter les droits, &
elles doivent encore être repréfentées & vifitées au dernier Bureau de fortie où l'acquit du
premier Bureau doit être retenu par les commis
qui délivrent un brevet de contrôle, c'eft-à-
dire une copie fommaire de l'acquit faifant
mention qu'ils ont retenu l'original.

Les marchandifes qui viennent dans l'étendue
des cinq groffes fermes doivent être conduites,
déclarées, vifitées & acquitées au premier Bureau d'entrée, & repréfentées & vifitées au dernier Bureau de la route où il doit être délivré un
brevet de contrôle.

Il y a quelques routes où il ne fe trouve
qu'un Bureau auquel les marchandifes entrant
ou fortant acquitent également, pourquoi on les
nomme Bureaux d'entrée & de fortie.

Quoique le commerce foit libre dans l'intérieur des cinq groffes fermes aux quatre lieues
près des limites mentionnées aux articles 15 &
16 du titre 6 de l'ordonnance de 1687, il y a
néanmoins des Bureaux établis dans certaines
villes de commerce, foit par rapport à certaines formalités de régie, foit pour la facilité du
commerce : les négocians qui font enlever de
ces villes des marchandifes ne font pas obligés
de les faire conduire aux Bureaux qui y font
établis ; cependant plufieurs négocians y repréfentent leurs marchandifes & les y déclarent,

parce qu'au moyen de la visite & du payement des droits, elles y sont plombées & ne sont sujettes à aucune autre visite sur la route si ce n'est au dernier Bureau de sortie.

Observez néanmoins que suivant l'article 20 du titre 2 de l'ordonnance citée, le fermier peut faire décharger les marchandises en tout ou en partie au Bureau de Quillebœuf pour y être visitées quoiqu'elles l'aient été dans d'autres Bureaux ; mais lorsqu'il ne trouve point de fraude, il est tenu des frais de la décharge & de la recharge des marchandises.

· Et suivant l'article 21 du même titre, le fermier peut aussi en cas de soupçon de fraude, faire visiter les marchandises dans les autres Bureaux de la route, à la charge néanmoins que s'il n'y a point de fraude, il sera tenu de payer non-seulement les frais de décharge & de recharge, mais encore les dommages & intérêts résultans du retardement occasionné aux marchands.

On remarque que cette dernière permission diffère de celle qu'accorde l'article 20, en ce qu'indépendamment des frais de visite, le fermier est tenu des dommages & intérêts des marchands s'il n'y a point de fraude.

En 1722 le maître des carosses à Noyon s'étant opposé à la visite que les employés vouloient faire des carosses de saint-Quentin & de Valenciennes, & ayant excité une rebellion, il fut rendu un arrêt du conseil le 28 juillet de cette année, qui commit M. l'intendant de Soissons pour informer, & cet arrêt ordonna en même-temps qu'à l'avenir les maîtres de carosses, rouliers, messagers, voituriers, marchands

& tous autres, feroient tenus de fouffrir fans oppofition les vifites dans les Bureaux de leur route, fauf leurs dommages & intérêts, ainfi que le veut l'article 21 du titre 2 de l'ordonnance de 1687.

Les Bureaux dont on vient de parler font compofés d'un receveur, & d'un ou plufieurs contrôleurs & vifiteurs fuivant la conféquence du commerce & du paffage : on les nomme encore Bureaux de recette.

Les Bureaux que l'on nomme de conferve font de petits Bureaux établis dans les lieux détournés des grandes routes, par lefquels néanmoins il peut entrer & fortir des marchandifes de différens endroits ; il n'y a ni contrôleur ni vifiteur, mais feulement un receveur, lequel ne doit percevoir les droits que fur les marchandifes du crû du lieu & des environs qui fortent, & fur celles qui entrent pour la confommation feulement des habitans du lieu & des environs : à l'égard des marchandifes qui pénétrent plus avant dans les provinces de l'étendue de la ferme, ils doivent délivrer des acquits à caution pour affurer le payement des droits au premier Bureau de recette de la route, ainfi qu'il eft ordonné par l'article 22 du titre 2.

Ces receveurs font prefque tous à deux ou quatre fous pour livre de remife du produit de leur recette pour leur tenir lieu d'appointemens, & cette remife ne fe prend que fur le droit principal & non fur les fous pour livre, & ne peut excéder la fomme de quatre cens livres, fuivant l'arrêt du confeil du 3 février 1705.

Les marchandifes exemptes des droits doivent de même que les autres, & fous les mêmes peines être conduites aux Bureaux de leurs routes, ainſi qu'il eſt ordonné par l'arrêt du conſeil du 20 mars 1717.

Il en doît être uſé de même pour les marchandiſes accompagnées de paſſeports, leſquels n'exemptent point de la viſite.

Suivant l'article premier du titre 10 de l'ordonnance de 1687, les marchands ou voituriers qui amènent des marchandiſes à Paris doivent les conduire directement au Bureau de la douane pour qu'elles y ſoient viſitées, & ils ſont tenus d'y repréſenter leurs acquits, congés & paſſavans, à peine de conſiſcation des marchandiſes & de l'équipage qui aura ſervi à les conduire.

Si par la vérification des marchandiſes au Bureau de la douane ſur les expéditions qui les accompagnent, il ſe trouve que les droits aient été mal perçus aux premiers Bureaux d'entrée & ſur la route on en fait payer le ſupplément : on y perçoit auſſi les droits ſur les marchandiſes qui, en conſéquence d'ordres de la compagnie, n'ont point été viſitées dans le tranſport & ont été expédiées par acquit à caution au premier Bureau. Ces ordres ne s'acquittent ordinairement que ſur ceux de M. le contrôleur général, qui permettent l'entrée des marchandiſes prohibées ou pour des conſidérations particulières. On y perçoit pareillement les droits de ſortie ſur les marchandiſes qu'on y va déclarer pour paſſer à l'étranger ou aux provinces réputées étrangères. On y expédie par acquits à caution les marchandiſes deſtinées pour les quatre lieues des limites de la ferme, pour le commerce des Iſles Françoiſes de l'Amérique, de Guinée, ainſi que celles qui dans différens cas particuliers doivent être de même expédiées par acquît à caution; & tous les ballots, caiffes, valifes, &c. contenant les marchandifes ou autres chofes qui s'y expédient, foit par acquit de payement, foit par acquit à caution, y font plombés & ne doivent être ouverts fuivant l'article 2 du titre cité qu'au dernier Bureau de la route. Il eft à obferver qu'il n'y a pas d'obligation de la part des négocians, d'aller faire leurs déclarations dans ce Bureau, ni d'y conduire les marchandifes qu'ils font enlever de Paris : c'eft une chofe qui dépend de leur volonté.

Lorfque le fermier a jugé à propos d'établir un nouveau Bureau dans un lieu où il n'y en avoit point, les marchandifes ne font fujettes à confifcation pour n'avoir pas été déclarées à ce nouveau bureau, que trois mois après la publication de l'établiffement, à moins toutefois qu'il n'y ait fraude. C'eft ce qui réfulte de l'article 2 du titre 14 de l'ordonnance de 1687.

Il eft enjoint aux commis des fermiers & fous-fermiers de mettre en dehors fur la porte des Bureaux ou autre lieu apparent, un tableau ou infcription qui indique fous une expreffion générale les droits de la ferme pour la recette ou contrôle defquels ils font établis, ainfi que de mettre de même en un lieu apparent un autre tableau contenant un tarif exact de tous les droits qui fe perçoivent dans ces Bureaux, à peine d'amende arbitraire & des dommages & intérêts des parties.

Cela eft ainfi prefcrit par l'article 39 du titre commun de l'ordonnance de 1681, & par l'article 6 du titre 14 de l'ordonnance de 1687; mais ces difpofitions ne s'exécutent pas à la ri-

gueur. La raifon en eft que le tarif de 1664 &
les autres font trop étendus pour pouvoir être
imprimés & affichés en placard. C'eft pourquoi
il fuffit dans l'ufage que le commis de chaque
Bureau ait le tarif des droits qui s'y perçoivent
ainfi que les nouveaux arrêts ou ordres en vertu
defquels il perçoit ces droits, & qu'il communique le tout aux marchands & voituriers lorfqu'il en eft requis.

Par l'article 557 du bail de Forceville du 16
feptembre 1738, relatif à l'article 565 de celui
de Carlier du 19 août 1726, ainfi qu'aux précédens, & confirmé par les fubféquens, il eft
permis au fermier de prendre tant à Paris que
dans les autres villes, bourgs & lieux du royaume, les maifons qu'il jugera néceffaires pour
faire des Bureaux de recette, à l'exception
néanmoins des maifons occupées par les propriétaires, & à la charge de payer le loyer de
ces maifons fur le pied des baux, & d'en exécuter les claufes & conditions, en affirmant par
les propriétaires que ces baux, claufes & conditions font fincères & véritables. S'il n'y a point
de bail, le loyer doit être payé à dire d'experts,
fans que le fermier & les propriétaires foient
tenus d'aucun dédommagement envers les locataires.

Un arrêt du confeil du 27 mai 1721 a ordonné que les arrêts & réglemens des 24 octobre 1705 & 11 juillet 1716 feroient exécutés
felon leur forme & teneur ; ce faifant, a fubrogé
Me. Charles Cordier, (chargé de la régie des
fermes), au bail paffé par la dame Grillau, du
pavillon de la maifon à elle appartenante, fituée
au Bouvet, pour en jouir par Cordier, fon direc-

teur & ſes employés, ainſi qu'il avoit été fait par
le paſſé, à la charge de payer le prix du nouveau
bail fait par la dame Grillau, & de ſatisfaire aux
autres clauſes & conditions de ce bail, en affirmant par elle devant M. l'intendant de Bretagne,
ou ſon ſubdélégué à Nantes, que le même bail,
ainſi que le prix & les autres clauſes & conditions en étoient ſincères & véritables.

Un autre arrêt du conſeil du 17 novembre
1722 a caſſé une ſentence du prévôt royal de
Saint-Quentin du 29 octobre 1722, en ce qu'elle
ordonnoit que dans quinzaine le ſieur Marreau,
commis aux aides, ſortiroit de la maiſon qu'il
occupoit, ſervant de Bureau pour la ferme;
ſinon que ſes meubles ſeroient mis ſur le carreau,
ſous prétexte d'une augmentation de loyer qu'il
n'avoit pas voulu accorder à Nicolas Godefroy
propriétaire; ce faiſant, a ordonné que le fermier des aides en jouiroit en payant le loyer ſur
le pied du prix porté au dernier bail, ſauf à ſe
pourvoir au conſeil.

Par un autre arrêt du conſeil du 16 décembre
1722, ſur ce que les propriétaires des maiſons
où ſont les Bureaux des fermes vouloient ſe prévaloir de la néceſſité où l'on étoit de ſe ſervir de
ces maiſons & demandoient à en augmenter les
loyers, le roi a évoqué à ſon conſeil tous procès
mûs & à mouvoir, tant contre Cordier chargé
de la régie des fermes, que contre ſes commis,
pour raiſon des maiſons ſervant de Bureaux pour
la régie & perception des droits des fermes, ſe
réſervant ſa majeſté la connoiſſance de toutes les
conteſtations à ce ſujet.

Un autre arrêt du conſeil du premier février
1724, a en conſéquence du précédent évoqué

les procès & différends mûs entre les fieurs Decacq & Alvic au fujet de la portion de maifon dans laquelle Decacq faifoit fa demeure & où il tenoit fon Bureau du contrôle des actes & des exploits, & a renvoyé les parties devant M. l'intendant de Languedoc pour juger définitivement leurs conteftations.

Un autre arrêt du confeil du 16 janvier 1731 a ordonné l'exécution de l'article 565 du bail de Carlier, & en conféquence a fubrogé Jean-Baptifte Defmarets, fous-fermier des domaines de Flandres, Hainault & Artois, dans l'acquifition faite par le nommé Vautroyen greffier de Lamba-rek, d'une maifon dans la ville de Caffel, occupée par le fieur d'Heule chanoine de cette ville, à la charge de rembourfer à Vautroyen le prix de fon acquifition, en affirmant par lui & par le vendeur que les prix, claufes & conditions de la vente étoient fincères & véritables.

Par arrêt du confeil du 5 feptembre 1741, il a été ordonné que le fieur Racine, receveur du grenier à fel de la ville de Lifieux, continueroit de jouir de la maifon qu'il occupoit, en payant le loyer fur le pied & felon les claufes du dernier bail qui lui en avoit été paffé, nonobftant le bail paffé de la même maifon par le nouveau propriétaire, lequel bail a été déclaré nul; fauf à ce propriétaire ou à fon fucceffeur dans la propriété, à fe pourvoir au confeil pour leur être pourvu ainfi qu'il appartiendroit.

Un autre arrêt du confeil du 2 feptembre 1745 a maintenu le fieur François-Antoine Fouët, commis au contrôle des actes à Bellay, dans la jouiffance de la maifon qu'il occupoit en fa qualité, jufqu'à ce qu'il en eût trouvé une autre qui lui convînt ; & cela nonobſtant le congé à lui donné de la part du propriétaire de cette maiſon qui l'avoit louée à une autre perſonne.

Un autre arrêt du conſeil du 21 mai 1746 , a pareillement maintenu Thibault Larue, adjudicataire des fermes générales, ou ſon receveur à Antibes , dans la jouiſſance de la maiſon du nommé Guide, ſervant de Bureau des fermes, en payant le loyer à raiſon de deux cent cinquante livres par an , conformément à la convention verbale faite entre lui & ſon prédéceſſeur , du conſentement du propriétaire , nonobſtant le bail paſſé à un autre , ſauf au propriétaire à ſe pourvoir au conſeil pour lui être pourvu.

Un autre arrêt du conſeil du 10 décembre 1748 a ordonné l'exécution de celui du 15 décembre 1722 ; en conſéquence , a caſſé & annullé une ſentence du bailliage de Sedan du 20 novembre 1748 , en ce qu'elle avoit autoriſé le congé donné par le ſieur Faydy , lieutenant au régiment de Conty cavalerie , au ſieur de la Motte , receveur-général des fermes en cetre ville , quoique ſon bail eût encore un an à courir ; & cela ſous prétexte de la diſpoſition d'un acte particulier paſſé poſtérieurement au bail de l'appartement , par lequel acte les ſieurs Faydy & de la Motte étoient convenus que ce dernier entreroit en jouiſſance de l'appartement un an avant le terme fixé par le bail ; & il a été ordonné que les frais & dépens qui pouvoient avoir été payés par le fermier en vertu de la ſentence dont il s'agit, lui ſeroient rendus & reſtitués , avec défenſes au ſieur Faydy de ſe pourvoir ſur cette conteſtation ailleurs qu'au conſeil, & aux juges du bailliage de Sedan d'en connoître,

noître, à peine de nullité, cassation de procédures & jugemens, & de tous dépens, dommages & intérêts.

BUREAUX DES FINANCES. On appelle ainsi les juridictions établies particulièrement pour connoître des affaires concernant le domaine du roi, & qui sont tenues dans les différentes généralités du royaume par les tréforiers de France.

Ces magistrats ont été appelés tréforiers, parce qu'au commencement de la monarchie toute la richesse de nos roïs ne confistoit que dans leur domaine, qu'on appeloit *tréfor du roi* ; & que les revenus du domaine étoient dépofés dans un lieu appelé *le tréfor du roi*, dont ces officiers avoient la garde & la direction.

Du temps de Clovis I, le tréfor étoit gardé dans l'ancien palais bâti de son temps, où est aujourd'hui le parlement.

Le tréforier qui ordonnoit du payement des gages ou penfions affignées par les rois fur leur domaine, même des fiefs & aumônes, avoit une chambre près du tréfor où il connoiffoit du domaine, comme cela s'eft toujours pratiqué depuis, foit lorfqu'il n'y avoit qu'un feul tréforier ou lorfqu'ils ont été plufieurs.

Sous Philippe Augufte le tréfor étoit au temple : ce prince avant de partir pour la Terre-Sainte l'an 1196, ordonna qu'à la recette de fon *avoir*, Adam fon clerc feroit préfent & écriroit la recette ; que chacun auroit une clef des coffres où l'argent feroit remis, & que le temple en auroit une. C'étoit un chevalier du temple qui étoit le gardien particulier du tréfor du roi, & qui en expédioit les quittances aux prévôts & aux comptables.

Du temps de Saint - Louis , la chambre des comptes qui étoit ambulatoire , ayant été fixée à Paris , les tréforiers de France & officiers des monnoies, à raifon de la communication qu'ils avoient avec les finances , dont les gens des comptes étoient juges, furent unis & incorporés en la chambre des comptes, où ils continuèrent chacun l'exercice de leurs charges.

On voyoit en effet encore dans l'ancien bâtiment de la chambre des comptes, qui fut brûlé le 28 octobre 1737, une chambre du tréfor , appelée *camera vetus thefauri*, où les tréforiers de France exerçoient anciennement leur charge & juridiction en la connoiffance du domaine : il y avoit auffi une chambre des monnoies , & Miraulmont dit avoir vu des commiffions, une entr'autres , l'an 1351 , intitulées *les gens des comptes & tréforiers*, & *les généraux maîtres des monnoies du roi notre fire*, qui prouvent qu'autrefois ces trois chambres n'ont fait qu'un corps & une compagnie ; c'eft delà que les tréforiers de France font encore reçus & inftallés à la chambre des comptes , & qu'entre les fix chambres ou divifions dans lefquelles les auditeurs des comptes font diftribués pour le rapport des comptes, la première s'appelle *la chambre du tréfor.*

Le dépôt du tréfor du roi fut pourtant remis au temple en 1302 ; depuis il fut mis au louvre, & enfuite on le remit au palais.

Il étoit dans une tour près de la chambre appelée du tréfor , laquelle fe voit encore aujourd'hui treilliffée, au plancher de laquelle font attachées les balances où les finances du royaume qui étoient apportées & mifes entre les mains du changeur du tréfor , fe pefoient.

Du temps de Miraulmont, le tréfor du roi étoit gardé à la baftille de Saint-Antoine.

Préfentement le tréfor du roi, appelé tréfor royal, refte chez les gardes du tréfor royal.

Pour ce qui eft de la recette & de l'adminiftration du tréfor ou domaine, au commencement c'étoient les baillis & fénéchaux qui en étoient chargés chacun dans leur reffort.

Depuis, pour ne les pas détourner de l'exercice de la juftice, on établit des receveurs particuliers, lefquels reportoient tous l'argent de leur recette au changeur du tréfor qui étoit le receveur général.

Le changeur du roi diftribuoit les deniers fuivant les mandemens & ordonnances des tréforiers de France, lefquels avoient la direction du domaine & des revenus du roi.

Le nombre de ces officiers fut peu confidérable fous les deux premières races de nos rois, & même encore affez avant fous la troifième.

Grégoire de Tours & Aimoin, deux de nos plus anciens hiftoriens François, parlent du tréforier de Clovis I, *thefaurarius Clodovici*.

On trouve peu de chofe au fujet des tréforiers de France, jufqu'au temps de Philippe-le-Bel.

Sous le règne de ce prince il n'y avoit qu'un feul tréforier de France qui étoit établi en cette charge par forme de commiffion feulement pour un an, plus ou moins, felon la volonté du roi ou de fon confeil.

Guillaume de Hangeft étoit feul tréforier de France en 1300. Depuis ce temps il y en eut tantôt deux, tantôt trois ou quatre : leur nombre a beaucoup varié, y ayant eu en divers

temps plusieurs créations & suppressions de trésoriers de France.

Entre ces trésoriers, les uns étoient pour la
direction du domaine & finances : les autres
étoient préposés pour rendre la justice sur le fait
du domaine & trésor : c'est pourquoi on les appeloit aussi *conseillers du trésor* ; il y en avoit
dès 1390 ; ils furent supprimés par une ordonnance du 7 janvier 1400, à la charge que s'il se
présentoit quelques différens au trésor, les autres trésoriers, pour les décider, appelleroient
des conseillers au parlement ou de la chambre
des comptes ; cependant deux conseillers au
parlement & le bailli de Senlis furent encore
pourvus de ces offices, lesquels de nouveau furent supprimés en 1407 avec la même clause
qu'en 1400. Ce qui n'empêcha toutefois pas
qu'en 1408 les trésoriers de France ne reçussent
un conseiller sur le fait de la justice.

Ces trésoriers sur le fait de la justice ou conseillers du trésor, subsistèrent au nombre de dix
jusqu'en 1683 que la chambre du trésor fut unie
au Bureau des finances. Le roi attribua aux
trésoriers de France toute cour & juridiction.

Quoique les trésoriers de France ne s'occu-
passent autrefois principalement que de la direction des finances, ils avoient cependant toujours
conservé le droit de venir prendre place à la
chambre du trésor & d'y présider.

Dès le temps de Philippe-le-Bel il y avoit un
président des trésoriers de France qu'on appeloit
le souverain des trésoriers. Henri III en créa un
second dans chaque Bureau ; il en a encore été
créé d'autres dans la suite.

En 1551, Henri II voulant unir les charges
de tréforiers de France avec celles de généraux
des finances, ordonna que dans chaque Bureau
des dix-fept recettes générales du royaume, il
y auroit un tréforier de France général des finances ; depuis il fépara ces charges en deux.

En 1577, Henri III créa les tréforiers de
France en corps de compagnie, au moyen de
l'établiffement qu'il fit des Bureaux des finances
dans les généralités & principales villes du
royaume.

L'édit du mois de mars 1627, en ôtant aux
baillis & aux fénéchaux la connoiffance des caufes du domaine que l'édit de Crémieu leur avoit
attribuée, la donna aux tréforiers de France avec
faculté de juger en dernier reffort jufqu'à deux
cens cinquante livres de principal & de dix
livres de rente, & de juger par provifion jufqu'au double de ces fommes.

Les Bureaux des finances font préfentement
compofés de préfidens en titre d'office, & de
préfidens dont les offices ont été réunis au corps,
& font remplis & exercés par les plus anciens
tréforiers de France.

Il y a auffi dans plufieurs Bureaux des finances un chevalier d'honneur ; à Paris il n'y en a
point...

Les préfidens & tréforiers de France à Paris
fervoient autrefois alternativement à la chambre
du domaine & au Bureau des finances : il y avoit
un avocat & un procureur du roi pour la chambre du domaine, & d'autres pareils officiers
pour le bureau des finances : mais par édit du
mois de juin 1771, le roi a réuni la juridiction

de la chambre du domaine au bureau des finances pour ne former dorénavant qu'un seul siège & corps de juridiction sans aucune distinction de service ni séparation de fonctions : en conséquence, il a été ordonné qu'à compter du jour de l'enregistrement de cet édit, les audiences soit du Bureau des finances, soit de la chambre du domaine, se tiendroient dans le même lieu & par les mêmes officiers.

Par le même édit, sa majesté à supprimé les offices qui étoient alors établis tant pour le service du Bureau des finances, que pour celui de la chambre du domaine, & a créé en titre d'offices formés, un premier président, deux présidens trésoriers de France, douze conseillers du roi trésoriers de France, un avocat du roi, un procureur du roi & un greffier ; il a été en même-temps attribué aux offices nouvellement créés les mêmes droits, privilèges, honneurs, prérogatives & gages qui étoient attribués aux offices supprimés.

Les fonctions que réunissent aujourd'hui les trésoriers de France sont en premier lieu, celles qui leur appartenoient anciennement pour la direction des finances, du temps que la connoissance des causes du domaine étoit attribuée à la chambre du trésor ; & en second lieu, la juridiction qui appartenoit à la chambre du trésor sur le fait du domaine, & qui pendant un temps avoit été attribuée en partie aux baillis & aux sénéchaux.

Ils ont aussi la voirie en conséquence de l'édit du mois de février 1627 qui leur a attribué la juridiction contentieuse en cette matière.

Leur direction, par rapport aux finances,

comprend les finances ordinaires, qui sont le domaine, & les finances extraordinaires, qui sont les aides, les tailles & autres impositions.

Il est de leur charge de veiller à la conservation du domaine du roi & de ses revenus, d'en faire payer les charges locales, & pour cet effet, de donner aux receveurs pour se conduire dans leur recette, un état des recettes & dépenses qu'ils ont à faire.

Ce sont les officiers des Bureaux des finances qui reçoivent les fois & hommages, aveux & dénombremens des terres non titrées relevantes du roi ; mais ils en envoyent annuellement les actes à la chambre des comptes, conformément à un réglement du mois de février 1668.

Dans leurs chevauchées, ils font des procès-verbaux des réparations à faire aux maisons & hôtels du roi, aux prisons & aux autres édifices dépendans du domaine, ainsi qu'aux grands chemins, pour qu'il soit pourvu de fonds à cet effet.

Les commissions des tailles & impositions leur sont envoyées, & ensuite ils les adressent avec leur attache aux élus des élections pour en faire l'assiette & département sur les paroisses contribuables.

Ils donnent aux comptables de leur généralité un état par estimation des recettes & dépenses qu'ils ont à faire, & vérifient à la fin de leur exercice l'état au vrai des recettes & dépenses faites sur les comptables qui rendent leur compte à la chambre des comptes.

Jusqu'à ce que les comptes soient rendus à la chambre, ils ont toute juridiction envers les comptables & envers ceux qui ont des assignations sur leurs recettes, en exécution de l'état du roi qu'ils ont ; mais du moment que les comptes font rendus, ce pouvoir cesse ; les particuliers prennent droit par les comptes & se pourvoient en conséquence à la chambre.

Ils reçoivent les cautions des comptables de leur généralité, & les font fortifier en cas d'insolvabilité ; mais ils en envoyent les actes au greffe de la chambre des comptes, suivant le réglement de 1668 & l'édit du mois d'août 1669.

Lorsque les comptables meurent sans avoir rendu leurs comptes, les tréforiers de France apposent chez eux le scellé & veillent à la sûreté de ce qu'ils doivent au roi, dont ils se font compter par état.

Si les comptables deviennent insolvables, ils les dépossèdent & commettent à leur exercice en attendant que le roi y ait pourvu.

Ils prêtent serment à la chambre des comptes & reçoivent celui de tous les comptables de leur généralité, mais ils ne font point l'information de leurs vie & mœurs après que la chambre l'a faite à la réception des comptables, cela appartenant uniquement à la chambre ainsi qu'il est expliqué par l'adresse des provisions.

Un arrêt du conseil du 11 août 1705 a ordonné l'exécution des édits de 1627 & 1663, de la déclaration du 2 octobre 1703 & des arrêts des 20 mars, 5 juin & 13 novembre 1703 ; ce faisant, que les tréforiers de France à Dijon connoîtroient de toutes les contestations qui pourroient être formées au sujet des biens des nommés Humbert & Jacob, confisqués au profit du roi ; & à l'égard de l'inventaire de leurs meubles & de tous autres qui échoiroient à sa

majefté par droit d'aubaine, confifcation ou autrement, il feroit fait par les officiers du bailliage de Dijon comme ayant réuni à leur corps
les offices de commiffaires aux inventaires ; &
cela en vertu des ordonnances des tréforiers de
France rendues à la requête du procureur du
roi & en préfence du tréforier de France qui
auroit été commis, lequel en cas de conteftation
ordonneroit ce qu'il appartiendroit. Le même
arrêt a fait défenfes aux officiers de ce bailliage
de connoître à l'avenir d'aucune demande &
action concernant les biens acquis à fa majefté
par confifcation, aubaine, bâtardife ou déshé-
rence, fous prétexte de créance, frais ou autrement, à peine de nullité & de tous dépens,
dommages & intérêts des parties.

L'arrêt du 19 octobre 1706 règle ce qui doit
être obfervé pour l'apofition des fcellés fur les
effets des officiers comptables.

Celui du 9 feptembre 1710 a ordonné que
les effets dont étoient faifis deux voleurs condamnés à mort par le grand prévôt, feroient
vendus à la requête du procureur du roi au Bureau des finances de Caën & à la diligence du
receveur-général, pour être les deniers par lui
payés & diftribués à qui il appartiendroit,
nonobftant la compétence prétendue par le
grand prévôt & un arrêt du parlement de
Rouen qui avoit ordonné que la vente feroit
faite à la requête du receveur des amendes.

Il eft vrai que les juges qui prononcent la
condamnation peuvent ordonner la reftitution
des effets volés comme une fuite de l'inftruction
& du même jugement, fans pour cela entreprendre de connoître des affaires domaniales ;

parce qu'il n'y a de confifqué que ce qui refté après la reftitution. Mais cet objet confifqué doit être difcuté par les juges du domaine & remis au receveur-général.

Un arrêt du confeil du 20 janvier 1728 a renvoyé au Bureau des finances de Soiffons la connoiffance de ce qui concernoit la fucceffion du fieur Bauban, curé de Vregny, prêtre du diocèfe de Liége, décédé Aubain, & a fait défenfes aux officiers du bailliage d'en connoître.

Par l'arrêt du confeil du 25 avril 1730, fans s'arrêter à un arrêt du parlement de Rouen obtenu par le procureur du roi de la vicomté de Caën, il a été ordonné que les officiers du Bureau des finances de cette ville continueroient de connoître des conteftations entre le fermier du domaine, la veuve & les créanciers de Nicolas Defperies, pour raifon de la fucceffion du même Defperies adjugée au roi à titre de bâtardife. Il a pareillement été ordonné qu'il feroit procédé par les mêmes officiers du Bureau des finances à la levée des fcellés appofés fur les effets de la nommée Huë & du nommé Vermont & à l'inventaire, quoique ces deux fucceffions fuffent prétendues par le feigneur à titre de défhérence & qu'il y eût même de prétendus héritiers ; à la charge par ces officiers, au cas que les fucceffions ne fuffent pas déclarées appartenir à fa majefté, de renvoyer les conteftations à la vicomté de Caën.

L'arrêt de réglement du 13 octobre 1739 fur les juridictions où doivent être portées les conteftations relatives aux droits d'échange, porte que lorfque ces droits font dûs pour biens mouvans & dépendans en fief ou en roture des domaines de fa majefté, les conteftations doivent être portées aux Bureaux des finances, & par appel au parlement ou par-devant tels autres juges auxquels la connoiffance des matières domaniales appartient, chacun dans leur reffort, de même que pour les droits feigneuriaux dûs en cas de vente, foit que les domaines foient entre les mains de fa majefté ou qu'ils foient engagés.

Un arrêt du confeil du 5 octobre 1745 a réformé un autre arrêt du grand confeil qui avoit ordonné que la difcuffion de la confifcation des biens d'Etienne Cabanne feroit pourfuivie en la prévôté de l'hôtel, & a décidé que les conteftations au fujet de cette confifcation feroient portées au Bureau des finances & chambre des domaines de Paris pour y être jugées en première inftance, fauf l'appel au parlement, pourfuite & diligence du receveur-général ; à l'effet de quoi les titres, papiers, fcellés, inventaires & ventes feroient remis au greffe, & les dépofitaires contraints à remettre les deniers au même receveur.

Un autre arrêt du 21 février 1747 a décidé que les conteftations au fujet de la fucceffion du fieur abbé de Montgault décédé dans un état inconnu, feroient jugées par la chambre du domaine, fauf l'appel au parlément.

Un autre arrêt du confeil du 15 janvier 1754 a caffé un arrêt du parlement de Bordeaux, par lequel, fur un conflit de juridiction entre le Bureau des finances & les officiers de la fénéchauffée, au fujet des fcellés appofés par les uns & par les autres fur les effets du feu fieur Beyer, étranger, mort à Bordeaux, le parlement avoit jugé en faveur des officiers de la fénéchauffée ; en conféquence, fa majefté a ordonné que conformément à l'édit de 1627, les officiers des Bureaux des finances ès chambres du domaine continueroient d'appofer les fcellés, de faire les inventaires des effets des étrangers qui décèderoient dans le royaume, & de connoître de tout ce qui pourroit concerner leurs fucceffions, jufqu'à ce qu'il fe fût préfenté un héritier légitime & jugé capable de les recueillir, avec défenfes au lieutenant-général & à tous autres officiers de la fénéchauffée de Guienne, d'y troubler à l'avenir les officiers du Bureau des finances de Bordeaux fous les peines de droit. ·

Un autre arrêt du confeil du 21 juillet 1758 a caffé une ordonnance du lieutenant particulier de la fénéchauffée de Beaufort en Anjou, par laquelle en s'attribuant la juridiction contentieufe du domaine de Beaufort, réuni au domaine après la mort du fieur Duchauffour qui en étoit engagifte à vie & compris dans le bail fait en 1756 à François Haquin, pour quinze années commencées le premier janvier 1757, il avoit ordonné que le bail feroit enregiftré dans fon greffe, & que les conteftations fur les droits feroient portées devant lui ; en conféquence, il a été fait défenfes à Haquin de fe pourvoir pour raifon de ces droits ailleurs que par-devant les tréforiers de France du Bureau des finances de Tours ; fa majefté a ordonné que le bail feroit enregiftré en ce Bureau, fans que les officiers de la fénéchauffée de Beaufort puffent en requérir l'enregiftrement ni prendre aucune connoiffance de la régie & perception des droits, à moins d'être pour cet effet commis par les tréforiers de France, à peine de nullité des ordonnances & jugemens qu'ils pourroient rendre, & de tous dépens, dommages & intérêts.

Par un autre arrêt du conseil du 31 août 1758, fans avoir égard à l'opposition des officiers du fiège de Beaufort au précédent, laquelle a été déclarée nulle & comme non-avenue, il a été ordonné que l'arrêt de réglement du 21 juillet précédent feroit exécuté felon fa forme & teneur, avec défenses aux huissiers & fergens de fignifier à l'avenir de pareils actes d'opposition, à peine d'interdiction, de cinq cens livres d'amende, & de plus grande peine s'il y échet.

On ne peut décliner la juridiction des Bureaux des finances pour les matières concernant le domaine, fous prétexte de *committimus* : les caufes & procès où il s'agit des intérêts du roi, & ceux où les procureurs du roi & procureurs-généraux font feuls parties, ne peuvent être évoqués des fièges ordinaires en vertu de *committimus*, parce que le roi n'accorde point de privilèges contre lui-même. C'est ce qui réfulte d'un arrêt du conseil du 7 novembre 1724, rendu au fujet d'une inftance que les religieux de l'abbaye de Liques avoient portée au grand conseil en vertu de leur privilège de *committimus*.

Par arrêt du conseil du 27 février 1765, il a été ordonné que les alignemens pour conftructions ou reconftructions de maifons, édifices ou bâtimens fitués le long des routes conftruites par les ordres du roi foit dans les traverfes des villes, bourgs & villages, foit en pleine campagne, ainfi que les permiffions pour toute efpèce d'ouvrage aux faces de ces maifons ou

édifices & pour établir des échopes ou autres
chofes faillantes fur les routes, ne pourront être
donnés en aucun cas que par les tréforiers de
France commiffaires de fa majefté pour les ponts
& chauffées dans chaque généralité, ou en leur
abfence, par un autre tréforier de France préfent fur les lieux & requis pour cet effet : tout
cela doit être fait fans frais & en fe conformant
aux plans levés par ordre du roi ; lefquels doivent être dépofés au greffe du Bureau des finances de la généralité. Si les plans n'étoient pas
encore dépofés au greffe, le roi veut qu'avant
de donner les alignemens & permiffions dont il
s'agit, les tréforiers de France commiffaires de
fa majefté, ou à leur défaut ceux qui les fupplée-
ront, fe faffent remettre un rapport circonf-
tancié de l'état des lieux par l'ingenieur ou l'un
des fous ingénieurs des ponts & chauffées de
la généralité, & qu'il foit dépofé au greffe du
Bureau des finances, les minutes des mêmes
alignemens & permiffions auxquelles le rapport dont on vient de parler doit demeurer annexé. Le même arrêt défend à tout particulier
propriétaire ou autre de conftruire ou réparer
aucun édifice , pofer des échopes ou autres
chofes faillantes le long des routes fans avoir
obtenu des tréforiers de France les alignemens
& permiffions néceffaires , à peine de démolition des ouvrages, de confifcation des matériaux , & de trois cens livres d'amende ; & contre les maçons, charpentiers ou autres ouvriers,
de pareille amende , & même de plus grande
peine en cas de récidive. Il eft pareillement
défendu par l'arrêt cité , à tous les officiers autres que les tréforiers de France , de donner

fous quelque prétexte & à quelque titre que ce
foit les alignemens ou permiffions y énoncés,
fous peine de répondre en leur propre & privé
nom des condamnations prononcées contre les
particuliers, propriétaires, locataires & ouvriers
contrevenans, d'être pourfuivis à la requête des
procureurs du roi aux Bureaux des finances, &
d'être punis felon l'exigence des cas.

Les intendans des provinces, les commiffaires des ponts & chauffées & les officiers des
Bureaux des finances ont été chargés de faire
exécuter les difpofitions de l'arrêt dont il s'agit.
il eft dit que dans le cas d'oppofition ou d'appellation les parties ne pourront procéder ailleurs qu'au confeil, fans que l'exécution des
ordonnances contre lefquelles on fe pourvoira
puiffe être fufpendue.

Le parlement de Paris ayant par arrêt du
17 janvier 1774, reçu l'appel d'une ordonnance
du Bureau des finances de Paris rendue le 20
octobre 1773 en direction de voirie concernant
l'alignement d'une maifon fur la traverfe de la
ville de Coulomiers, & fait défenfe par provifion d'exécuter cette ordonnance & de faire
aucune pourfuite ailleurs qu'au parlement, à
peine d'amende & de nullité, cet arrêt a été
caffé par un autre que le roi a rendu en fon
confeil le 4 février 1774. Par ce dernier arrêt,
le roi a ordonné l'exécution de celui du 27 février 1765, & fait défenfe au parlement de
Paris de prendre connoiffance des ordonnances
du Bureau des finances concernant les alignemens des édifices fitués le long des routes conftruites par les ordres de fa majefté foit dans les
traverfes des villes, bourgs & villages, foit en

pleine campagne circonstances & dépendances.
Il a pareillement été fait défense aux officiers du
bailliage pairie de Coulomiers de s'immiscer
dans la connoissance des alignemens dont il
s'agit , & au nommé Duchesne de se pourvoir
ailleurs qu'au conseil sur l'exécution de l'ordonnance du Bureau des finances du 20 octobre 1773 , à peine de nullité (*).

_____

(*) Pour justifier cette décision, il est dit dans le préambule
que « sa majesté a reconnu que l'arrêt du parlement tendroit
» à troubler l'ordre établi dans une branche importante de
» l'administration, & introduiroit dans la matière dont il
» s'agit, une forme directement contraire aux vues de
» sagesse qui l'ont portée à prévenir l'arbitraire & les in-
» convéniens résultans de la diversité des opérations parti-
» culières de différens officiers, par l'exécution assurée de
» plans fixés & arrêtés par ses ordres dans les villes, bourgs
» & villages : que c'est sur ces motifs que par l'arrêt de rè-
» glement du 27 février 1765, sa majesté a ordonné que
» les faces des édifices sur les routes royales & leurs tra-
» verses dans lesdites villes, bourgs & villages, ne pourroient
» être construites ni reconstruites que conformément à ces
» plans, dont l'exécution a été confiée au Bureaux des
» finances, aux greffes desquels lesdits plans sont déposés,
» sa majesté s'étant réservé la connoissance des oppositions
» & autres obstacles qui y pourroient intervenir comme une
» suite & dépendance de l'exécution de ses ordres sur cet
» objet de l'administration : que le parlement de Paris est
» sorti des bornes de son institution, en recevant par son
» arrêt l'appel, & en arrêtant l'exécution de l'ordonnance
» du Bureau des finances en question, dont la confirma-
» tion ou la réformation ne peut, en aucun cas, lui ap-
» partenir ; son incompétence à cet égard est d'autant plus
» sensible, que n'ayant & ne pouvant avoir nulle con-
» noissance du plan particulier arrêté pour la traverse de la
» ville de Coulomiers, en conformité duquel ces construc-
» tions & reconstructions de maisons doivent être faites,
» il s'exposoit à contredire en définitif l'exécution dudit

Par

Par un autre arrêt du 5 avril 1774, le conseil en ordonnant l'exécution des édits & règlemens en matière de voirie, a cassé deux arrêts
de défense du parlement & confirmé les ordonnances du Bureau des finances de Paris dont ces
arrêts avoient suspendu l'exécution (*).

» plan, & les intentions de sa Majesté, à laquelle seule
» le bureau des finances & le procureur du roi audit bu-
» reau, sont comptables de cette exécution.

(*) Pour fixer les idées sur la compétence des Bureaux
des finances en matière de voirie, il ne sera pas inutile de
rapporter ici la requête présentée au conseil par le procureur du roi au Bureau des finances de Paris & sur laquelle
est intervenu l'arrêt cité du 5 avril 1774. Cet officier ex-
pose » qu'il est obligé de dénoncer au roi & à son conseil,
» deux arrêts du parlement de Paris, dont la nullité est si
» évidente qu'il suffira presque du récit des faits pour la
» démontrer : il est peu de rues dans la ville de Paris qu'il
» soit aussi nécessaire d'élargir & de redresser que les rues
» du Four & des Canettes au faubourg Saint-Germain ;
» depuis long temps le bureau des finances veille, avec
» succès, à l'une & à l'autre opération ; la plupart des mai-
» sons ont souffert les retranchemens nécessaires, les au-
» tres y seront assujetties lors de leur reconstruction sui-
» vant l'usage ; parmi ces dernières, il en est une apparte-
» nante au nommé Barbaut, maître Sellier, & une autre
» rue du Four, dont le sieur Minguet tapissier est proprié-
» taire : Barbaut voulant faire reconstruire en partie la
» sienne au mois de juillet dernier, non-seulement a
» négligé d'obtenir du Bureau des finances les permission
» & alignement nécessaires, mais encore il a rétabli sa
» maison sur les anciens vestiges & cela nuitamment, au
» moyen de quoi cette maison n'a souffert en aucune façon
» le retranchement indispensable qu'elle devoit éprouver ;
» cette contravention dénoncée au suppliant, il a fait assi-
» gner le nommé Barbaut à comparoître au bureau des
» finances, pour voir ordonner la démolition des ouvrages
» & se voir condamner à l'amende portée par les règle-

» mens : Barbaut n'ayant point comparu fur cette affigna-
» tion , il eft intervenu , le 30 juillet 1773 , une ordon-
» nance par défaut qui en a adjugé les conclufions & l'a
» condamné en cinquante livres d'amende : Barbaut a for-
» mé oppofition à cette ordonnance, mais il en a été dé-
» bouté par un fecond jugement du 17 août 1773 , en
» vertu duquel il a été fommé, par exploit du 19 , de
» faire démolir les ouvrages faits à fa maifon , finon qu'il
» y feroit pourvu ; telle eft la contravention commife par
» le nommé Barbaut. A l'égard du nommé Minguet, il
» a tenu une conduite encore moins tolérable ; ainfi que
» Barbaut, il a voulu faire reconftruire, au mois de juil-
» let dernier, la partie inférieure de la face de fa maifon
» fituée rue du Four, entre & vis-à-vis plufieurs maifons
» qui ont fouffert récemment deux à trois pieds de re-
» tranchement ; en conféquence il s'eft pourvu au Bureau
» des finances pour obtenir la permiffion & l'alignement
» néceffaires ; le Bureau a nommé un de fes membres pour
» donner cet alignement : le 31 juillet dernier , ce com-
» miffaire, accompagné du fuppliant, s'eft tranfporté fur
» les lieux où , à fon grand étonnement, il a trouvé plu-
» fieurs ouvriers qui travailloient d'avance & reconftrui-
» foient fur les anciens veftiges ; ainfi double contraven-
» tion de la part de Minguet, reconftruction commencée
» fans permiffion, reconftruction faite fur les anciens vef-
» tiges , tandis que la maifon devoit fouffrir un retran-
» chement confidérable ; le commiffaire du bureau & le
» fuppliant intimèrent à Minguet & à fes ouvriers les
» défenfes les plus expreffes de continuer leurs travaux ,
» & le lendemain Minguet fut affigné pour voir pronon-
» cer les mêmes défenfes par le bureau fous peine de dé-
» molition, d'amende & d'emprifonnement des ouvriers :
» mais Minguet ne tint aucun compte de l'affignation,
» ni des défenfes verbales qui l'avoient précédée ; au con-
» traire il augmenta le nombre des ouvriers, les fit tra-
» vailler jour & nuit, en forte qu'en moins de quatre jours
» la reconftruction fut achevée : cependant à l'échéance
» de l'affignation le Bureau des finances rendit une ordon-

même Bureau le 12 août suivant cet arrêt a été

» nance par défaut , par laquelle il fit défenses à Minguet
» de continuer ses ouvrages , ordonna la démolition de
» ceux déja faits ; & attendu l'énormité de la contraven-
» tion & le mépris affecté de l'autorité du Bureau, Min-
» guet fut condamné en cinq cents livres d'amende : le 11
» août il se rendit opposant à cette ordonnance, mais il
» fut débouté de son opposition par une seconde ordon-
» nance rendue le 17 août en vertu de laquelle il fut som-
» mé de faire démolir les ouvrages faits en contravention ;
» c'est alors que Minguet a paru d'abord disposé à se sou-
» mettre & a sollicité auprès du commissaire du Bureau la
» modération de l'amende & les moyens de laisser subsister
» son ouvrage : le refus de déférer à ses sollicitations,
» quant au dernier point, a déterminé Minguet à se pour-
» voir au parlement où il a obtenu, le 18 août 1773 ;
» un arrêt qui a suspendu l'exécution des ordonnances du
» Bureau : le sieur Barbaut qui, comme on l'a exposé,
» avoit commis la même contravention que Minguet ,
» a tenu la même conduite ; il s'est pourvu au parlement
» où il a obtenu, les 19 & 21 dudit mois d'août, deux
» arrêts, dont l'un l'a reçu appelant des ordonnances du
» bureau, & l'autre a ordonné qu'il seroit sursis à leur
» exécution ; tous ces arrêts ont été signifiés au suppliant,
» avec sommation de s'y conformer & défenses de faire
» aucunes poursuites en vertu des ordonnances du Bureau ;
» au moyen de quoi ces ordonnances sont & demeure-
» ront sans effet au préjudice du bien public, s'il ne plaît
» à sa majesté de les confirmer en cassant & annullant les
» arrêts du parlement, qui en suspendent l'exécution.

    » La compétence du Bureau des finances, en matière
» de Voirie, ne se borne pas à la juridiction contentieuse
» qui lui a été attribuée par les édits d'avril 1627 & mai
» 1635, elle embrasse encore la direction & l'intendance
» de la grande & petite voirie, au moyen de l'union
» faite au corps des trésoriers de France de la charge de
» grand-voyer, par Edit du mois de février 1626 ; de-là
» la distinction bien essentielle à faire dans les jugemens
» rendus par les Bureaux des finances en fait de voirie ;

imprimé, affiché & signifié à la communauté

» ceux qui interviennent de partie à partie font de la
» juridiction contentieufe & de deux efpèces ; les uns dont
» l'objet n'excède pas deux cents cinquante livres, font
» définitifs & rendus en dernier reffort ; les autres font
» exécutoires par provifion & nonobftant l'appel au par-
» lement du reffort : ce font-là les difpofitions expreffes
» de l'édit du mois d'avril 1627 ; mais les ordonnances
» que les Bureaux des finances rendent comme grands-
» voyers, comme exerçant cet office créé en faveur du
» duc de Sully, par l'édit de 1626, font des jugemens
» rendus en direction de voirie, dont la réformation n'ap-
» partient qu'au confeil ; c'eft encore ce qui réfulte ex-
» preffément de l'article IV de l'édit de décembre 1607,
» concernant les fonctions & les droits de grand-voyer :
» cela pofé, il eft évident que les ordonnances dont il
» s'agit font rendues en direction de voirie ; en effet, d'une
» part, c'eft un particulier qui a reconftruit fa maifon
» fans alignement & fur les anciens veftiges, encore
» qu'elle dût fupporter un retranchement confidérable ;
» d'un autre coté, à la vérité, le nommé Minguet s'eft
» pourvu à fin d'alignement ; mais fans attendre que cet
» alignement lui foit donné, il a reconftruit également
» fur les anciens veftiges, tandis que fa maifon devoit
» fupporter auffi un retranchement indifpenfable : or ces
» deux contraventions n'ont aucun caractère contentieux,
» elles dépendent uniquement de la direction dont le grand-
» voyer feul doit ordonner, fous l'autorité du confeil, qui
» feul peut réformer fes ordonnances ; telle étoit la jurif-
» prudence conftamment fuivie avant la réunion de la charge
» de grand-voyer au corps des tréforiers de France ; cette
» réunion n'a pu ni dû y apporter aucun changement, au-
» trement il faudroit dire que les tréforiers de France ont
» moins de pouvoir que le grand-voyer auquel ils ont fuccédé.
    » En un mot, en fait d'alignement il n'y a conteftation
» que lorfque le particulier auquel il a été donné y a
» contrevenu ; *alors*, porte l'article V de l'édit de 1607,
» *il fera affigné pour voir ordonner que la befogne mal*
» *plantée fera abattue, & condamné en telle amende que*
» *de raifon.*

des avocats du parlement ainſi qu'à celle des maîtres maçons & charpentiers.

» Mais voudroit-on que les ordonnances rendues par le » Bureau des finances, contre les nommés Barbaut & » Minguet, fuſſent de la juridiction contentieuſe, alors les » arrêts du parlement qui en ont arrêté l'exécution n'en » feroient pas moins nuls ? en effet, aux termes de l'article » IV de l'édit d'avril 1627, de l'article XII du titre XVII » de l'ordonnance de 1667 & des diſpoſitions préciſes » de la déclaration du 7 juin 1704, les ordonnances du » Bureau des finances dont il s'agit étoient exécutoires » par proviſion : or ſi le parlement n'a pas pu par ſes » arrêts arrêter l'exécution de ces ordonnances, ſans » contrevenir & ſans contrarier formellement ces mêmes » édits & règlemens qu'il a vérifiés pour être exécutés » ſelon leur forme & teneur, la nullité des arrêts du par- » lement eſt d'autant plus certaine, que les nommés Bar- » baut & Minguet n'ont jamais dénié les contraventions » dont ils étoient accuſés, & cependant ces arrêts les ont » mis à l'abri de l'exécution des ordonnances du Bureau » des finances, dont le ſeul objet étoit de les réprimer ; » c'eſt un abus intolérable puiſqu'il en réſulte l'impunité » d'une contravention abſolument condamnée par l'édit » de décembre 1607, qui défend expreſſément de faire au- » cunes conſtructions, réparations & confortations de » maiſons, murs ou édifices ſur la voie publique, ſans » le congé & l'alignement du grand-voyer, dont les fonc- » tions ſont attribuées aux Bureaux des finances ; le mê- » me édit défend au grand-voyer, lui-même, de permet- » tre qu'il ſoit fait aucunes ſaillies, avances, pans de » bois ou encorbellemens ſur les rues ; lui enjoint de » pourvoir à ce que les rues s'embelliſſent & s'élargiſſent, » en baillant par lui ſes alignemens, lors deſquels il re- » dreſſera les murs faiſant plis ou coudes & en donnera » ſon procès-verbal, afin qu'il n'y ſoit contrevenu : or » comment concilier ces diſpoſitions ſi ſages & ſi ſalutaires » avec les arrêts du parlement, qui tolèrent & même » approuvent les contraventions commiſes par les nommés » Barbaut & Minguet ? il eſt donc vrai de dire qu'à tous

Enfin par un autre arrêt du 13 juillet 1775 le conseil a caffé & annullé un arrêt du parlement de Paris du premier juin précédent comme contraire à l'attribution au Bureau des finances, de la connoiffance des matières concernant la voirie fur les routes conftruites par les ordres du roi, foit pour l'alignement des édifices bâtis le long de ces routes, foit pour démolition en cas de péril imminent.

Il s'agiffoit d'une demande formée par le procureur du roi au Bureau des finances de Paris pour faire demolir des portions d'une maifon

---

» égards ces arrêts doivent être annullés, comme con-
» traires aux édits & règlemens, qui défendent de fur-
» feoir l'exécution des ordonnances rendues en matière
» provifoire de voirie; ils font encore rendus contre les
» difpofitions précifes de l'édit de décembre 1607, qui
» affujettit tout particulier à prendre l'alignement du
» grand-voyer & à s'y conformer: auffi la nullité des ar-
» rêts eft-elle déjà prononcée par l'article VIII du titre
» premier de l'ordonnance de 1667; leur caffation devient
» donc auffi certaine qu'elle eft néceffaire. A ces caufes,
» requéroit le procureur du roi du Bureau des finances
» qu'il plût à fa majefté ordonner que les édits, déclara-
» tions & règlemens concernant la voirie, feroient exé-
» cutés felon leur forme & teneur; en conféquence, fans
» s'arrêter ni avoir égard aux arrêts du parlement de Paris
» des 18, 19 & 21 août 1773, lefquels feroient caffés
» & annullés, & demeureroient nuls & de nul effet, ainfi
» que ce qui s'en feroit enfuivi, ordonner que les ordon-
» nances dudit Bureau des finances rendues contre les
» nommés Barbaut & Minguet les 30 juillet, 3 & 17 août
» 1773, feroient exécutées felon leur forme & teneur, &
» condamner lefdits Barbaut & Minguet au coût de l'arrêt
» à intervenir.

L'arrêt eft conforme aux conclufions qu'on vient de lire.

située à Charenton appartenante à la direction des créanciers unis de Pierre Poitevin, lesquelles portions étoient en péril imminent : la troisième chambre des enquêtes avoit ordonné que les parties procéderoient par devant elle sur le fondement que les contestations relatives à la direction des créanciers de Poitevin avoient été attribuées à cette chambre par lettres patentes du 25 février 1752 : mais il est dit dans le préambule de l'arrêt cité que l'attribution spécifiée dans ces lettres-patentes n'avoit eu pour objet que les contestations ordinaires & non la police des matières concernant la voirie sur les routes & chemins royaux, laquelle forme une branche de l'administration, dont la connoissance n'appartient qu'aux seuls Bureaux des finances, sauf l'appel au conseil.

Les trésoriers de France jouissent de plusieurs privilèges, dont les preuves ont été recueillies par Fournival.

Il sont commensaux de la maison du roi, comme officiers qualifiés de France, & jouissent en conséquence de tous les privilèges attribués aux commensaux, tels que les droits de *commitimus*, de franc-salé & le droit de deuil à la mort des rois.

En cette même qualité de commensaux ils sont encore exempts de guet, de garde, de réparations des villes & des subventions.

Ils sont du corps des compagnies souveraines, & ont les mêmes privilèges, notamment la noblesse transmissible.

Ceux de Paris l'ont au premier degré en vertu d'un édit du mois d'avril 1705 ; ceux des autres Bureaux des finances ne tranfmettent que par l'aïeul & le père.

Par le règlement de la réforme des habits, ils font traités comme les compagnies fouveraines.

Et en effet dans certain cas ils jugent fouverainement.

Il y a des édits & déclarations qui leur font adreffés.

Ils ont l'honneur de parler debout au roi, comme les cours fouveraines.

Ils doivent jouir du droit d'indult.

Dans les villes où il n'y a pas d'autres cours, ils ont près d'eux une chancellerie établie à l'inftar de celles des compagnies fouveraines.

Leurs huiffiers ont été créés à l'inftar de ceux des autres compagnies fouveraines.

Ils ont rang & féance aux entrées & pompes funèbres des rois, reines, & autres princes.

Ils ont auffi entrée & féance au parlement entre les confeillers, lorfqu'ils viennent ou font mandés pour quelqu'affaire ; & lorfqu'ils viennent feulement pour affifter aux grandes audiences, ils ont droit de fiéger les premiers fur le banc des baillis & des fénéchaux.

Ils ont auffi droit de féance à la cour des aides lorfqu'ils y font mandés pour affaires.

Par édit du mois de février 1770 le roi ayant jugé à propos de faire un emprunt de huit millions de livres fous le titre de fupplément de finance de différens offices, les tréforiers de France qui compofent les divers Bureaux des finances du royaume, furent compris dans l'état d'emprunt pour quatre millions qu'ils furent chargés de payer dans l'efpace d'une année

BUREAU.

selon la répartion arrêtée au conseil de sa majesté. Par ce moyen il leur fut créé une rente de deux cens mille livres à diviser entre eux proportionnément au capital que chacun auroit payé.

Cette opération détermina ces officiers à représenter au roi que les Bureaux des finances étant les seules compagnies de magistrature qui eussent été comprises dans les demandes faites par l'édit de février 1770, ils auroient lieu de craindre que cet édit ne préjudiciât par la suite aux droits, honneurs & prérogatives de leurs offices, & singulièrement à la distinction d'être au rang des officiers des cours supérieures, &c.

Sur ces représentations, le roi donna le 12 juillet 1770 une déclaration qui a été enregistrée au grand conseil le 12 septembre suivant, & qui contient deux articles dont voici les dispositions :

» *Article premier.* Nos amés & feaux conseil-
» lers, présidens, trésoriers de France & géné-
» raux de nos Finances, chevaliers d'honneur,
» nos avocats, procureurs & greffiers en chef
» des Bureaux & chambres de nos domaines &
» finances des généralités de notre royaume,
» seront maintenus & confirmés, comme nous
» les maintenons & confirmons par ces présen-
» tes, dans tous les droits, fonctions, honneurs,
» prérogatives, prééminences, franchises, li-
» bertés, privilèges, exemptions & immunités
» qui ont été attribués à leurs états & offices,
» tant comme domestiques-commensaux de no-
» maison, que comme étant des corps de nos
» compagnies supérieures, particulièrement de
» nos chambres des comptes & cours des aides,

» pour en jouir comme ils ont toujours fait, en-
» semble leurs vétérans & veuves demeurans en
» vuiduité, comme si le tout étoit ici exprimé
» en détail, conformément à nos ordonnances,
» édits & déclarations des mois d'avril 1519,
» janvier 1551, septembre 1552, janvier 1586,
» avril 1627, août 1628, février 1633, mai
» 1635, janvier 1641, mars 1644, avril 1694,
» février & août 1715, décembre 1743 & août
» 1758, lesquels seront exécutés en tout leur
» contenu, selon leur forme & teneur.

» II. Voulons que lesdits officiers de nos Bu-
» reaux des finances continuent d'être compris
» sous le titre commun de compagnies supérieu-
» res, nonobstant qu'ils soient les seuls du même
» ordre qui aient été assujettis aux dispositions
» de notre édit du mois de février dernier, sans
» que le payement qu'ils feront, en conséquence
» dudit édit, des quatre millions d'augmenta-
» tion de finance, puisse leur être objecté, ni
» préjudicier aux droits, honneurs, préroga-
» tives, prééminences & privilèges attachés à
» leursdits états & offices, sous prétexte que les
» compagnies supérieures, dont ils sont mem-
» bres, n'ont point été comprises comme eux
» dans le même édit. Si donnons en mandement
» à nos amés & féaux conseillers, les gens te-
» nans notre grand conseil, présidens, trésoriers
» de France & généraux de nos finances, en
» nos Bureaux des généralités du royaume, que
» ces présentes ils ayent à faire lire, publier, &c.»

BUREAUX DES DÉCIMES. On appelle ainsi
des juridictions ecclésiastiques établies pour
régler tout ce qui concerne les dîmes & les
dons gratuits ou autres impositions sur les bénéfices.

On diſtingue deux ſortes de Bureaux des
décimes ; ſavoir *les Bureaux diocéſains*, & les
Bureaux généraux ou *ſouverains*, qu'on appelle
auſſi *Bureaux provinciaux*.

Les *Bureaux diocéſains* ont été établis par
des lettres-patentes en forme d'édit du mois de
juillet 1616, conformément au contrat paſſé
entre le roi & le clergé le 8 juillet 1615. Chacun de ces Bureaux a pour reſſort l'étendue d'un
diocèſe. On y fixe la part que doit porter chaque bénéficier & chaque communauté des pays
de décimes pour les ſubventions ordinaires ou
extraordinaires.

Dans chaque diocèſe, le Bureau des décimes
eſt compoſé de l'évêque ou en ſon abſence de
ſon grand-vicaire, des députés des curés, des
abbés, des communautés régulières, des chapitres ſéculiers & du ſyndic diocéſain du clergé.
Suivant le droit commun, le député des abbés
doit avoir été nommé par le plus grand nombre
des abbés. Il faut ſuivre la même règle pour les
députés des communautés régulières & pour
celui des curés. Le ſyndic diocéſain reçoit les
ordres des aſſemblées du clergé par ſes agens
généraux ; il fait la fonction de promoteur dans
le Bureau particulier ; il pourſuit les affaires qui
regardent la religion, le ſervice divin, l'honneur & les droits du diocèſe qui l'a nommé. On
l'élit dans l'aſſemblée générale du diocèſe, c'eſt-
à-dire dans le ſynode ; & il ne peut être révoqué que par une pareille aſſemblée. Les autres
députés peuvent être auſſi révoqués par ceux qui
les ont conſtitués. Il y a quelques diocèſes où
les évêques prétendent ſe rendre maîtres de ces
places pour en diſpoſer en faveur de qui ils

jugent à propos. Il eſt de l'intérêt du ſecond ordre de veiller ſur ce point à la conſervation de ſes droits.

S'il ſurvient des conteſtations dans un diocèſe au ſujet des ſyndics & des députés au Bureau des décimes, elles doivent être décidées par l'aſſemblée genérale du clergé ou par la chambre des décimes de la province, ſi l'affaire eſt preſſante.

Un arrêt du conſeil du 23 février 1646 renvoya à l'aſſemblée génerale du clergé les ſyndics & les députés du diocèſe du Mans pour y être réglés ſur l'ordre des Bureaux & des aſſemblées diocéſaines. Un autre arrêt du dernier ſeptembre 1650, a renvoyé à l'aſſemblée du clergé les conteſtations d'entre M. l'archevêque de Tours, les députés du clergé de ce diocèſe & le chapitre de ſaint Martin de Tours au ſujet du Bureau particulier que prétendoit avoir ce chapitre.

Les ſyndics & les autres députés aux Bureaux diocéſains ſont tenus préſens à leurs bénéfices tant qu'ils travaillent actuellement aux Bureaux, & ils en perçoivent les fruits de même que s'ils avoient aſſiſté au ſervice divin.

C'eſt ce qui réſulte d'une délibération de l'aſſemblée du clergé de 1655.

Cette délibération a été confirmée par pluſieurs arrêts du conſeil & des autres tribunaux. Elle eſt conforme aux règles générales du droit canonique, ſuivant leſquelles celui qui travaille pour le bien général, ſoit ſpirituel, ſoit temporel de l'égliſe, doit jouir des fruits de ſon bénéfice.

Lorſqu'une communauté eccléſiaſtique ou un particulier prétend avoir été impoſé au deſſus de ce qu'il doit porter, tant des décimes ordinaires que des subventions extraordinaires, il ne peut se pourvoir en première instance que par la voie de l'opposition au Bureau des décimes du diocèse. Les Bureaux particuliers jugent en dernier ressort les contestations pour les décimes ordinaires qui n'excèdent point la somme de vingt livres en principal, & les différends pour les subventions extraordinaires quand ils ne sont pas au dessus de trente livres. Ceux qui veulent se pourvoir contre leur taxe ne peuvent en demander la modération qu'ils n'aient payé les termes échus & la moitié du courant, & qu'ils n'aient joint à leur requête un état par eux certifié véritable du revenu & des charges des bénéfices, de la communauté ou de la mense conventuelle ou capitulaire. Il faut en outre qu'à cet état les plaignans joignent les pièces justificatives du revenu, à peine de payer le double de l'imposition. C'est ce qui résulte des lettres-patentes des 24 mai 1760 & 30 juin 1762.

Avant l'assemblée générale tenue à Melun en 1579, les syndics généraux du clergé avoient en dernier ressort la connoissance de toutes les affaires concernant les subventions ordinaires & extraordinaires. Mais cette assemblée ayant révoqué ces syndics, elle obtint du roi le 10 février 1580 un édit portant création de sept Bureaux généraux dans les villes de Paris, Lyon, Toulouse, Bordeaux, Rouen, Tours & Aix. Cet édit règle le ressort de chacun de ces Bureaux, & leur attribue en dernier ressort la connoissance de toutes les affaires concernant les subventions, comme l'avoient auparavant les syndics généraux du clergé.

L'assemblée de 1585 obtint la confirmation de ces sept chambres & la création d'une huitième dans la ville de Bourges par des lettres-patentes du 6 juin 1586, vérifiées au parlement de Paris. Ces lettres-patentes portoient la confirmation de ces huit chambres pour dix ans seulement. L'édit de Henri IV du premier mai 1596 qui en fait mention les confirma encore pour le même temps, & régla le ressort de chacune de ces chambres autrement que n'avoit fait l'édit de 1580, par rapport à la huitième chambre établie à Bourges. Par un autre édit du mois de janvier 1698, Henri IV attribua aux élus en première instance la connoissance des différens pour raison de la perception ou payement des décimes, circonstances & dépendances, & aux cours des aides par appel, conformément à un édit de Henri II de 1551 ; mais le clergé en obtint la révocation. Par lettres-patentes du 9 avril 1598, le roi rétablit les Bureaux pour les décimes dans les mêmes villes & dans leur première juridiction. Ces lettres-patentes furent vérifiées au parlement le 3 juin 1598.

Le même roi Henri IV confirma le pouvoir des Bureaux généraux des décimes par son réglement du mois de janvier 1599. Enfin la déclaration du mois de mai 1626, duement vérifiée au parlement de Paris, confirme & continue à perpétuité l'établissement, le ressort & la juridiction des Bureaux ou chambres ecclésiastiques. Depuis cette déclaration, les choses n'ont plus varié, à quelques contestations près, par rapport au ressort plus ou moins étendu de certains de ces Bureaux ; & les assemblées du clergé n'ont plus fait insérer dans les contrats l'article pour la confirmation de la juridiction attribuée aux Bureaux.

Par édit du mois de juin 1633, Louis XIII établit un nouveau Bureau général à Pau pour juger les appellations des jugemens rendus par les Bureaux diocéfains de Lefcar & d'Oléron, pour les taxes des bénéficiers de Béarn, de Navarre & de Soule, & pour les autres affaires concernant les fubventions ordinaires & extraordinaires de ces pays.

L'établiffement de ce Bureau général a été confirmé comme celui des huit autres Bureaux généraux dans les contrats que le clergé a depuis paffés avec le roi : mais les diocèfes d'Oléron & de Lefcar ayant par la fuite négligé de nommer des députés pour compofer ce Bureau général de Pau, il s'eft trouvé éteint ; il ne fubfiftoit déja plus en 1670, comme le prouve un arrêt du confeil du 18 décembre de cette année. Cet arrêt intervenu fur la requête des agens généraux du clergé, caffoit les arrêts du parlement de Pau rendu au fujet des décimes & impofitions dont il avoit entrepris de connoître fur l'appel des chambres de Lefcar & d'Oléron ; il étoit ordonné que les eccléfiaftiques de ces deux diocèfes du pays de Soule & de la baffe Navarre fe pourvoieroient pour le fait des décimes aux Bureaux diocéfains ; & en cas d'appel à la chambre eccléfiaftique de Bordeaux jufqu'à ce que celle de Pau eût été rétablie, avec défenfes au parlement de Pau d'en prendre connoiffance. Il y eut de la part du fyndic des états de Béarn plufieurs pourfuites & procédures faites au parlement de Pau pour ce rétabliffement. La conteftation entre ce fyndic

& celui des diocèfes d'Oléron & de Lefcar a
été portée au confeil ; ce dernier défendoit fur
l'inutilité de la chambre fupérieure de Pau &
les grands frais qu'elle entraîneroit pour ces
diocèfes très-pauvres. La principale raifon du
fyndic des états de Bearn étoit prife des privilèges du pays, fuivant lefquels les fujets ne
peuvent être traduits dans d'autres tribunaux
que ceux de la province.

Après plufieurs années de pourfuite, cette affaire a été enfin terminée par des lettres-patentes
du mois de juin 1743. Par cette loi fa majefté
a révoqué l'édit de juin 1633, portant création
d'une chambre eccléfiaftique fupérieure à Pau &
ordonné que les eccléfiaftiques des diocèfes de
Lefcar & d'Oléron, Soule & baffe Navarre, en
cas de conteftation touchant les décimes, fe pourvoiroient aux Bureaux diocéfains de Lefcar & par
appel à la chambre eccléfiaftique de Bordeaux.

Chaque diocèfe nomme un député au Bureau
général dans le reffort duquel il fe trouve. Ces
députés jugent toutes les affaires qui concernent les fubventions ordinaires ou extraordinaires en appelant avec eux trois confeillers-
clers du parlement quand le Bureau eft établi
dans une ville où il y a un parlement, & s'il
n'y a point de parlement, en appelant trois confeillers laïques du préfidial du lieu où le Bureau
eft établi.

Quand les députés au Bureau général des
décimes ont des bénéfices qui obligent à réfidence, ils font tenus préfens à leurs bénéfices
& ils reçoivent les gros fruits & les diftribu-
tions manuelles tant qu'ils font abfens pour le
fervice du Bureau. Il faut que les députés foient

                                        gradués

gradués & conftitués dans les ordres facrés. Il
ne leur eft pas permis de recevoir des appointemens des diocèfes qui les ont commis. Les
archevêques & les évêques du reffort qui fe
trouvent au Bureau y préfident. Les deux frères
ou les deux autres parens qui fe trouvent dans
un degré prohibé par les ordonnances pour tenir
des charges dans un même fiège ne doivent
point être admis dans le tribunal où l'on juge les
affaires des décimes.

L'attribution au Bureau diocéfain de la connoiffance de toutes les affaires qui concernent
les décimes & les autres fubventions eft fi générale, qu'elle a lieu même contre les communautés dont tous les procès doivent être portés au
grand confeil, en vertu d'un attribution particulière.

En cas qu'il furvienne quelque conteftation
entre deux Bureaux au fujet du reffort, ils peuvent choifir un Bureau voifin pour décider le
différent ou attendre l'affemblée générale du
clergé, à laquelle nos rois ont accordé le droit
de prononcer fur les affaires de cette nature.

C'eft ce qui réfulte de l'édit du mois de février 1680; & cette difpofition fe trouve dans
les contrats que le roi a renouvelé poftérieurement avec le clergé.

Les rôles des taxes & les jugemens rendus
fur ce fujet par les Bureaux diocéfains doivent
être exécutés par provifion: c'eft pourquoi il eft
expreffément défendu aux Bureaux fupérieurs
de donner des défenfes d'exécuter ces jugemens
ou d'accorder la main-levée des faifies faites à
la requête des receveurs des décimes; ce qui a

lieu pour les décimes ordinaires, de même que pour les subventions extraordinaires. C'est ce qui résulte des lettres-patentes données pour le don gratuit de 1715.

Les lettres-patentes de 1742 font défenses aux Bureaux généraux en prononçant sur les appellations des sentences des Bureaux diocésains, de fixer pour toujours à une certaine somme les cotes de ceux qui sont sujets aux impositions du clergé, à peine de nullité & de cassation des jugemens. Les lettres-patentes de 1745 contiennent une disposition semblable ; en conséquence par arrêt du 18 janvier 1746, le conseil a cassé un jugement de la chambre souveraine ecclésiastique de Toulouse, contraire à ces lettres-patentes. Les mêmes dispositions ont été renouvelées dans les lettres-patentes de 1760 & 1762.

Suivant l'édit du mois de janvier 1673, on ne doit examiner par commissaires aux Bureaux ecclésiastiques, que les procès ou les instances qui présentent plus de cinq chefs de demande au fond. Il faut que les chefs de demande soient justifiés par différens moyens & qu'ils ne concernent point la procédure. Les autres procès ou instances doivent être jugés à l'audience, ou par rapport fait à l'ordinaire sans examen de commissaires.

Lorsqu'une partie à quelque moyen de requête civile, comme le recouvrement de quelque pièce retenue par ses parties adverses, le dol, la fraude, elle peut par une simple requête, se pourvoir au Bureau provincial qui a rendu le jugement, sans qu'elle soit obligée de prendre en chancélerie des lettres en forme de requête civile. Quand la partie est déboutée de sa requête, il ne lui eft pas permis de fe pourvoir de nouveau. C'eft ce qui réfulte de l'édit du mois de mai 1596.

Lorfque les Bureaux provinciaux jugent contre la difpofition des ordonnances, des contrats paffés entre le roi & le clergé & des lettres-patentes expédiées en conféquence, on peut fe pourvoir au confeil du roi pour faire caffer le jugement. Mais le confeil renvoie fouvent ces fortes de conteftations à la prochaine affemblée générale du clergé. A l'égard des différents qui peuvent naître entre les pays des décimes & les provinces qui n'y font point affujetties, ils ne fe décident qu'au confeil du roi, parce que l'affemblée générale du clergé doit toujours être regardée comme partie dans ces conteftations.

On peut voir dans les mémoires & dans les procès-verbaux des affemblées du clergé plufieurs arrêts du confeil qui ont renvoyé à l'affemblée générale la connoiffance des requêtes en caffation prifes contre les jugemens qui avoient été rendus par les Bureaux provinciaux. En 1699 le fyndic du diocèfe de Cahors fe plaignit au confeil de ce que la chambre eccléfiaftique de Touloufe avoit réduit la taxe du chapitre de Figeac. Les moyens du fyndic étoient que ce chapitre avoit été impofé pour la fubvention extraordinaire, même au deffous du fou la livre des départemens faits en 1641 & 1646, & que le Bureau provincial avoit reçu la requête du chapitre de Figeac avant qu'il eût payé les termes de la taxe qui étoient échus. L'arrêt du confeil du 23 décembre 1699 a renvoyé la requête à l'affemblée générale du clergé pour y être fait droit. Cet arrêt est dans le procès-verbal de l'assemblée de 1700. On trouve dans le même procèsverbal un arrêt du conseil qui juge par provision que les appellations du Bureau des décimes de Nevers seront portées au Bureau provincial de Paris, & qui renvoie le fond de la contestation d'entre les Bureaux de Paris & de Lyon à l'assemblée générale du clergé.

Le Bureau général de Paris a pour ressort dixhuit diocèses, qui sont Paris, Orléans, Sens, Blois, Troyes, Boulogne, Laon, Auxerre, Beauvais, Nevers, Châlons, Reims, Noyon, Meaux, Soissons, Amiens, Chartres & Senlis.

Celui de Rouen a dans son ressort les sept diocèses de Normandie ; savoir Rouen, Evreux, Lizieux, Séez, Bayeux, Coutances & Avranches.

Celui de Lyon comprend treize diocèses ; savoir Lyon, Vienne, Embrun, Langres, Viviers, Mâcon, Autun, Châlons-sur-Saône, Grenoble, Valence, Die, St.-Paul-Trois-Châteaux & Nevers ; ce dernier diocèse a été déja mis dans le ressort du Bureau général de Paris, & il y doit être suivant le réglement de l'assemblée du clergé du 28 janvier 1616 ; mais dans le fait & après quelques contestations il est demeuré dans le ressort du Bureau général de Lyon.

Celui de Tours a douze diocèses ; Tours, le Mans, Angers, Nantes, Vannes, Quimper-Corentin, Saint-Paul-de-Léon, Treguier, Saint-Brieux, Rennes, Dol & Saint-Malo.

Celui de Toulouse a vingt-quatre diocèses ; Toulouse, Ausch, Narbonne, Lavaur, Montauban, Leictoure, Lombès, Tarbes, Comminges ; Conferans, Pamiers, Rieux, Saint-Papoul, Mirepoix, Carcaffonne, Aleth, Saint-Pons de Tommières, Agde, Beziers, Lodève, Montpellier, Nîfmes, Uzès & Alais.

Celui de Bordeaux a quatorze diocèfes ; Bordeaux, Saintes, la Rochelle, Luçon, Poitiers, Angoulême, Périgueux, Sarlat, Agen, Condon, Bazas, Aire, Dax & Bayonne : à ce nombre on ajoutera le diocefe d'Oléron & celui de Lefcar, tandis que le Bureau général de Pau ne fera pas rétabli.

Celui d'Aix a quatorze diocèfes ; Aix, Arles, Apt, Marfeille, Toulon, Riez, Fréjus, Graffe, Vence, Senez, Digne, Glandèves, Sifteron & Gap.

Celui de Bourges a fept diocèfes ; Bourges, Limoges, Tulles, Clermont, Saint-Flour, le Puy en Velay & Mende.

Voyez l'édit du mois de mars 1693 ; les déclarations des 19 mars 1696, 21 mars 1671, 19 juillet 1704, 17 février 1731 & 9 mars 1709 ; le dictionnaire raifonné des domaines ; l'ordonnance du mois de février 1687, concernant les cinq groffes fermes ; les arrêts du confeil & lettres-patentes des 28 novembre & 16 décembre 1721 ; l'ordonnance du mois de juillet 1681 ; le traité général des droits d'aides ; les baux de Carlier & de Forceville des 19 août 1726 & 16 septembre 1738 ; le dictionnaire des fciences ; la déclaration de Charles VIII du 13 août 1496 ; l'édit du mois de juin 1536 ; la déclaration du mois de février 1543 ; l'édit du mois de mars 1627 ; le réglement du mois de février 1668 ; les édits d'août 1669, mars 1693, avril 1694 & février 1704 ; le recueil des ordonnances de la troifième race ; l'édit du mois de juin 1771 ; la

déclaration du 2 octobre 1703 ; les arrêts du con-
feil des 11 août 1705, 19 octobre 1706, 9 septem-
bre 1710, 13 juillet 1723, 20 janvier 1728, 25
avril 1730, 13 octobre 1739, 5 octobre 1745, 21
février 1747, 15 janvier 1754, 21 juillet & 31
août 1758, 27 février 1765, 4 février & 5 avril
1774 & 13 juillet 1775 ; le recueil général des
titres concernant les fonctions, rangs & privi-
lèges des tréforiers de France par Simon Four-
nival ; les mémoires fur les privilèges & fonc-
tions des tréforiers de France ; l'édit du mois de
février 1770 & la déclaration du 12 juillet de la
même année ; les lettres-patentes de Louis XIII
du mois de juillet 1616 ; l'ordonnance de Blois ;
l'édit du mois d'avril 1696 ; le réglement fait en
l'assemblée générale du clergé de 1650 ; le diction-
naire de droit canonique ; les mémoires du clergé ;
les lois eccléfiaftiques de France ; les lettres-pa-
tentes des 24 mai 1760 & 13 juin 1762 ; les
édits de février 1580, juin 1633 & janvier 1673,
&c. Voyez auffi les articles CONTRÔLE, INSI-
NUATION, CENTIÈME DENIER, AMENDE,
ÉPICES, PRÉSENTATION, MARCHANDISE,
ENTRÉE, SORTIE, VISITE, DÉCLARATION,
CONFISCATION, TARIF, VOIERIE, TRÉSO-
RIERS DE FRANCE, MARC D'OR, NOBLESSE,
CHEMINS, DÉCIMES, SUBVENTION, ÉVÊQUE,
CURÉ, CLERGÉ, &c.

C

CABARETIER. C'est celui qui tient une maison où l'on donne à boire & à manger à toutes fortes de personnes pour de l'argent.

Nous allons d'abord parler de la police qui concerne les Cabaretiers, ensuite nous analyserons les règlemens auxquels ils sont assujettis pour les droits d'aides.

Police concernant les Cabaretiers.

Si les règlemens rendus sur cette matière étoient observés à la lettre, les Cabaretiers ne recevroient chez eux aucun habitant de l'endroit pour lui donner à boire & à manger ; ils se contenteroient de débiter leurs denrées à ceux qui voudroient les consommer dans leur famille. L'article 25 de l'ordonnance d'Orléans « fait dé-» fenses aux domiciliés, à ceux qui sont mariés » & ont ménage, d'aller boire & manger ès ta-» vernes ou cabarets ; & aux taverniers ou Ca-» baretiers de les y recevoir, à peine d'amende » pour la première fois, & de prison pour la » seconde ».

Quoique cette disposition de l'ordonnance soit très-sage elle ne s'exécute point à la rigueur, sur-tout depuis que les droits d'aides sur le vin sont établis ; on exige seulement que les Cabaretiers ne donnent ni à boire ni à manger les jours de dimanche & de fête pendant le service divin, c'est-à-dire suivant une déclaration du roi 16 décembre 1698, pendant la grand-messe &

les vêpres : mais la jurifprudence pour les rendre plus difficiles à recevoir chez eux des perfonnes domiciliées dans le lieu, leur a interdit toute action pour demander en juftice le payement de la dépenfe faite dans leurs cabarets. L'article 128 de la coutume de Paris contient une difpofition qui forme à cet égard le droit commun : au refte cette loi ne s'applique point aux feftins qui fe donnent chez des Cabaretiers dans certaines occafions, furtout parmi les gens de campagne & les gens du peuple lorfqu'il s'agit de nôces, d'enterremens, &c. ce font en quelque façon des repas de néceffité & de bienféance que fort fouvent de fimples particuliers ne pourroient pas donner auffi facilement chez eux que dans des cabarets : c'eft pourquoi il a paru jufte de conferver aux Cabaretiers leur action pour le payement de ces fortes de dépenfes ; mais ces occafions à part, il feroit contraire au bon ordre de les écouter pour d'autres dépenfes faites chez eux fans néceffité.

Un arrêt du parlement de Dijon rendu fur la requête du procureur général, le 12 janvier 1718, déclare nulles les obligations paffées pour dépenfes faites dans les cabarets, & fait défenfes aux juges d'y avoir égard (*).

Ce même arrêt défend aux habitans mariés ;

_____

(*) Les difpofitions de cet arrêt ne font qu'un renouvellement de l'article 361 de l'ordonnance de Blois qui fait défenfe aux Cabaretiers de prendre aucun fonds en payement de dettes contractées dans leurs cabarets : elle déclare nulles les ventes qui pourroient avoir lieu à ce fujet, & prononce une amende contre les notaires qui les recevroient. La jurifprudence des arrêts eft de déclarer nulles les promeffes qui peuvent avoir trait à des dettes de cette efpèce.

à leurs enfans & à leurs domeſtiques de fréquenter les cabarets des lieux de leur domicile
& de ceux qui n'en ſont qu'à la diſtance d'une
lieue aux environs (*). Il défend pareillement
aux Cabaretiers de les y recevoir dans aucun
tems, à peine contre les uns & les autres de
cinquante livres d'amende, dont les chefs de
maiſon ſont reſponſables. Il défend auſſi ſous les
mêmes peines d'ouvrir les cabarets & d'y ſouffrir des jeux & des danſes les jours de dimanches & de fêtes ; & il enjoint aux juges des lieux
d'y tenir la main, à peine d'en demeurer reſponſables.

Un arrêt du même parlement du 4 janvier 1723, ordonne la publication du précédent arrêt tous les ſix mois à l'iſſue des meſſes
de paroiſſe.

Par un autre arrêt du conſeil du 4 janvier
1724 : « Il eſt fait défenſes aux taverniers, Ca-
» baretiers & autres vendans vins & boiſſons
» de tenir les cabarets ouverts, d'y donner à
» boire & à manger & d'y recevoir aucunes
» perſonnes après huit heures du ſoir en hiver
» & après dix heures du ſoir en été, à peine
» d'être pourſuivis ſuivant la rigueur des ordon-
» nances ». Un arrêt du parlement de Paris du
15 décembre 1711, porte les mêmes défenſes,
à peine d'amende arbitraire pour la première
fois, de priſon pour la ſeconde, même de plus
grande peine s'il y a lieu.

Un autre arrêt du même parlement du 10
février 1724, rapporté dans le code de

_____

(*) Il y a un arrêt du parlement de Beſançon du 4 janvier 1732, à peu près ſemblable.

police, « fait défenses à toutes perfonnes de
» fréquenter les cabarets & autres lieux où fe
» vendent vin, eau-de-vie, caffé & autres li-
» queurs pendant la nuit & autres heures in-
» dues, & pendant le fervice divin ; fait pa-
» reilles défenfes à tous hôtes, Cabaretiers, ta-
» verniers, limonadiers & autres de les y rece-
» voir, à peine d'une amende qui ne pourra
» être la première fois au-deffous de cinquante
» livres dans les villes, & de vingt livres dans
» les bourgs & villages, & contre ceux qui au-
» ront fréquenté lefdits cabarets & autres lieux,
» d'une amende au moins de vingt livres dans
» les villes & de cinq livres dans les bourgs &
» villages, & à peine contre les uns & les au-
» tres de prifon pour la feconde fois, & d'une
» amende au moins du double de celle ci-deffus,
» même de punition corporelle s'il y échet &
» notamment en cas de récidive ; enjoint aux ju-
» ges royaux & aux officiers des fieurs hauts-
» jufticiers d'y tenir la main, à peine d'en ré-
» pondre en leur propre & privé nom, & aux
» officiers des maréchauffées de leur prêter
» main-forte pour l'exécution du préfent arrêt,
» & d'arrêter ceux qu'ils trouveront en contra-
» vention en cas de récidive.

Un édit du duc Léopold de Lorraine du 28
mai 1723, enregiftré à la cour fouveraine de
Nanci le 10 juin fuivant, fait défenfes à toutes
perfonnes notament aux gens de la campagne
de fréquenter les cabarets des lieux de leur demeure & même les autres cabarets qui n'en
font qu'à une lieue de diftance. Il eft pareillement défendu aux Cabaretiers de les y recevoir
fous quelque prétexte que ce foit, à peine

pour la première fois de *cinq francs* d'amende contre chacun des contrevenans , & de pareille fomme contre les Cabaretiers; du double pour la feconde fois ; & de punition arbitraire pour la troifième.

Les enfans de famille , les apprentis , garçons & compagnons de boutique, les valets , les ferviteurs, domeftiques & ceux qui ont la réputation d'être prodigues & de mauvaife conduite ne peuvent pas non plus être reçus dans les cabarets , quand même ils feroient domiciliés à plus d'une lieue de diftance de ces cabarets, & cela à peine de dix francs d'amende pour la première fois , du double pour la feconde & de châtiment exemplaire pour la troifième , avec privation du droit de cabaret contre le Cabaretier. On excepte néanmoins les valets & les ferviteurs ou domeftiques auxquels les maîtres donnent une certaine fomme tous les jours à dépenfer.

Il eft enjoint par cette loi à tous juges de déclarer nulles toutes dettes contractées au profit des Cabaretiers pour dépenfe de bouche , quand même il y auroit une autre caufe mêlée , telle que de l'argent prêté , une vente de grains & d'autres denrées ; on doit même les condamner à l'amende fuivant la qualité du fait & des perfonnes. On doit à plus forte raifon leur refufer toute action en juftice pour écots faits à crédit chez eux dans les cas dont il vient d'être parlé , foit qu'ils aient des livres journaux ou non.

Il eft défendu à tous juges, prévôts, maires, fubftituts, procureurs d'office, greffiers, tabellions & notaires de tenir cabaret, à peine de deux cens francs d'amende pour la première fois, du double pour la seconde, & de privation d'office pour la troisième avec incapacité d'en posséder à l'avenir.

Il est pareillement défendu à tous officiers de justice de boire & de manger au cabaret avec les parties qui plaident devant eux, à peine de cent francs d'amende contre les juges & gens de caractère public, & de vingt-cinq francs contre chacune des parties litigantes.

Ceux qui vendent du vin en détail & à la feuillée, au pot & à la pinte, ne peuvent point s'en faire un prétexte pour faire boire le vin chez eux : ils sont obligés de le livrer à la porte de leurs caves, à peine de dix francs d'amende pour la première fois, du double pour la seconde, & d'amende arbitraire pour la troisième ; mais rien n'empêche qu'on n'envoie chercher dans les cabarets le vin dont on a besoin & même d'y faire préparer les denrées qu'on veut consommer chez soi.

La loi n'empêche pas non plus que les étrangers qui s'arrêtent dans un cabaret ne puissent y appeler pour boire & manger les personnes de l'endroit que bon leur semble, pourvu que ce ne soit point des officiers de justice devant lesquels ils aient des procès. La même permission est pour ceux qui vont aux foires & qui ont des marchés à conclure, soit avec des forains, soit avec des gens de l'endroit.

Un article sagement introduit pour empêcher la dépense excessive à laquelle on se livre ordinairement à l'occasion des festins de noces, est celui qui défend aux bourgeois, aux laboureurs

& aux artifans des villes de convoquer à ces festins plus de douze perfonnes, foit parens ou amis des deux côtés, & de huit perfonnes pour les manœuvres, artifans & autres gens de campagne.

Les amendes portées par l'édit que nous venons d'analyfer, font adjugées pour un tiers au dénonciateur, pour un autre tiers aux pauvres de la paroiffe, & pour le furplus au domaine du fouverain ou des feigneurs dans leur juftice; & il eft dit qu'elles feront exécutées par provifion fi elles n'excédent pas vingt-cinq francs dans les bourgs & les villages & cinquante francs dans les villes.

Comme il eft affez ordinaire la veille de Noel d'employer la nuit à la débauche, les officiers de police doivent particulièrement défendre à tous Cabaretiers, traiteurs, limonadiers, &c. de recevoir chez eux perfonne ce jour-là après huit heures du foir. Ces défenfes fe renouvellent à Paris aux approches de la fête de Noel, & les contrevevans encourent la première fois une amende de deux cens livres & l'interdiction de leur commerce en cas de récidive.

Les défenfes faites aux Cabaretiers de recevoir chez eux des perfonnes de l'endroit, n'ont aucun rapport, comme nous l'avons déjà obfervé aux livraifons qu'ils peuvent leur avoir faites de denrées pour être confommées dans leur famille; auffi leur eft-il permis de former des actions pour le payement de ce qui peut leur être dû à ce fujet: ils ont fix mois à cet effet aux termes de l'article 8 du titre premier de l'ordonnance de 1673; mais comme cette loi n'a point dérogé aux coutumes, & qu'il y en a plufieurs qui ne leur accordent qu'un temps beaucoup moins long, nombre d'auteurs sont d'avis que les Cabaretiers dans ces coutumes sont obligés de se pourvoir dans le tems qu'elles ont déterminé. La coutume de la Marche par exemple, veut qu'ils forment leur action dans les trois mois & même qu'ils affirment que leurs débiteurs sont dans l'usage de prendre chez eux à crédit : ce qui paroît un peu singulier ; car dans le doute, lorsque le débiteur assure qu'il a payé à chaque livraison, il devroit être écouté par préférence au demandeur. Il est vrai que la coutume de la Marche ne défère le serment au demandeur dans les trois mois, que jusqu'à concurrence de sept sous ; mais ces sept sous valent sept livres aujourd'hui, au moyen dequoi il doit dépendre des circonstances d'admettre le serment de l'un plutôt que celui de l'autre.

Les denrées des Cabaretiers ne peuvent point être taxées, surtout pour ce qui concerne le vin : c'est une des dispositions de l'article 5 du titre 14 de l'ordonnance des aides de Normandie. Cet article permet aux Cabaretiers de vendre leurs boissons au prix qu'ils jugent à propos. Un bailli de Briouze crut pouvoir en fixer le prix par forme de police ; il rendit à ce sujet une sentence qui fut cassée & annullée par une autre sentence des élus de Falaise du 24 juin 1758, devant lesquels le fermier des aides s'étoit pourvu : ce conflit de juridiction donna lieu à un appel de la part du comte de Briouze comme prenant fait & cause pour son bailli ; mais par arrêt de la cour des aides de Rouen du 8 août 1759 la sentence du bailli fut mal accueillie, & il lui fut fait défenses d'en rendre de pareilles à l'avenir.

Il eſt expreſſément défendu aux officiers de juſtice de tenir cabaret ; la raiſon de cette défenſe eſt ſenſible : il ſeroit fort indécent que ceux qui ſont faits pour condamner la débauche la favoriſaſſent : d'ailleurs s'il leur étoit permis d'être Cabaretiers, ils pourroient abuſer de leur autorité pour avoir de la part de leurs juſticiables, une certaine préférence ſur ceux qui feroient le même commerce. Il leur eſt pareillement défendu de fréquenter les cabarets & d'y tenir leurs ſéances pour les actes de leur juridiction : il y a à ce ſujet deux arrêts du parlement l'un du 22 janvier 1672 rapporté dans les anciens mémoires du Clergé, & l'autre du 28 avril 1673 rapporté au journal des audiences.

Le premier arrêt porte une peine de cinquante livres d'amende pour la première fois, & d'interdiction en cas de récidive.

D'autres arrêts poſtérieurs veulent qu'on n'exerce d'acte de juridiction que dans les lieux deſtinés à cet effet, à peine de nullité ; cette peine n'eſt que comminatoire à la vérité, mais elle pourroit être prononcée dans toute ſa rigueur contre des jugemens qui auroient été rendus dans des cabarets. Voyez ce qui a été dit à ce ſujet à l'article AUDIENCE.

A l'égard des eccléſiaſtiques, ſi ſaint Jérôme les exhorte à ne point ſe trouver dans les repas où les bienſéances ne ſont point gardées, à plus forte raiſon doivent-ils éviter, on ne dit pas de tenir des cabarets, mais encore de les fréquenter. Le concile de Nantes contient à ce ſujet des défenſes expreſſes. Le vin dit ſaint Paul eſt un poiſon pour les eccléſiaſtiques, & l'ivreſſe eſt pour eux comme un incendie. Si un eccléſiaſtique étoit fi peu maître de lui qu'il fréquentât les cabarets, l'Evêque devroit lui repréfenter fes devoirs, & fi après la monition cet eccléfiaftique perféveroit dans fon habitude, il feroit dans le cas d'être puni par une fufpenfe de fes fonctions, & même par une privation entière de fon bénéfice.

Comme il faut que les eccléfiaftiques trouvent en route de quoi boire & manger ainfi que les autres voyageurs, il leur eft permis en cette occafion de s'arrêter dans les auberges & dans les cabarets. La plupart des diocèfes ont des règlemens à cet égard: ils ne peuvent fuivant la difcipline introduite par ces règlemens s'arrêter dans les cabarets qu'en voyage & lorfqu'ils font à une lieue de leur domicile. Cette prohibition ceffe même dans le lieu de leur domicile lorfqu'ils font appelés dans des endroits pour affifter à des repas de famille entre proches parens: comme les chofes alors fe paffent fans fcandale la loi ufe d'indulgence.

Règlemens auxquels les Cabaretiers font affujettis dans les pays d'aides.

Le vin que vendent les hôteliers, taverniers ou Cabaretiers, foit de leur crû ou d'achat, à pot ou à affiettes, quoique le débit s'en faffe dans différentes çaves, maifons ou quartiers, eft fujet aux mêmes règlemens excepté pour la ville de Paris, dans les maifons détachées & non comprifes dans la réunion du gros aux entrées de cette capitale.

Il eft permis à cet effet aux commis d'entrer même les jours de dimanches & de fête, hors les heures du fervice divin, dans les maifons

des

des vendans en détail qui font tenus de leur en faire l'ouverture ; mais ils ne peuvent pas entrer dans les chambres des bourgeois qui vendent le vin de leur crû à pot, fous prétexte que ceux-ci le vendent par affiète, à moins qu'ils n'en aient obtenu la permiffion du juge.

Les vendeurs de vin en détail font tenus, à peine de confifcation & de cent livres d'amende, de mettre un bouchon ou une enfeigne à leur porte ou aux autres lieux où ils en veulent faire le débit. Ils ne peuvent en vendre qu'ils n'en aient un muid ou demi-muid : ils ne leur eft point permis d'en avoir chez eux en bouteilles, cruches ou barils, ni d'en envoyer chercher ailleurs dans des vaiffeaux de pareille quantité : la raifon en eft que le vin doit être dans des vaiffeaux fufceptibles de la rouane pour juger du débit. On a voulu d'ailleurs réprimer par cette prohibition la fraude du barrillage, en interdifant l'ufage de tous ces vaiffeaux dont le tranfport furtif eft trop facile.

C'eft par cette même raifon que les vendans vin ne peuvent avoir aucune ouverture dans les murs de féparation des maifons voifines, à peine de confifcation du vin & de cent livres d'amende. Les commis à cet effet font autorifés à faire les vifites néceffaires : il leur eft permis de fceller les portes de communication, qui en cas de néceffité ne peuvent être ouvertes qu'en leur préfence.

Les Cabaretiers font tenus de déclarer aux commis à la première fommation, s'ils ont du vin en d'autres lieux dans l'étendue de l'élection où ils demeurent, & ces déclarations doivent porter non-feulement fur les vins ordinaires,

mais encore fur les demi-vins, les boiffons ou
piquetes tirées à clair pour lefquelles ils doivent
des droits. Il ne fuffiroit pas que ces demi-vins
duffent fe confommer dans leur ménage ; on en
excepte cependant les *piquetes* compofées de
marc preffuré & entonné avec de l'eau, pour
lefquelles ils ne doivent de droits qu'en cas de
vente. Il y a à ce fujet un arrêt du confeil du premier août 1741, revêtu de lettres-patentes du 26
du même mois, regiftrées en la cour des aides de
Paris le 21 février 1742.

Il eft défendu aux pâtiffiers, cuifiniers, maréchaux, bourreliers & à tous autres de pareille
qualité ainfi qu'aux Cabaretiers, de loger aucune perfonne à pied ou à cheval, & même de
donner du foin ou de l'avoine à leurs chevaux,
lors même qu'ils ne font que les tenir momenta-
némentà l'attache, qu'ils n'aient du vin en per-
ce. Il leur eft pareillement défendu de faire boire à perfonne du vin chez eux fous prétexte
qu'ils l'auroient fait venir d'ailleurs, à peine de
trois cens livres d'amende. Il y a à ce fujet une
foule d'arrêts du confeil dont l'énumération feroit trop longue.

Les Cabaretiers ne peuvent ceffer le débit de
leur vin qu'en le dénonçant au fermier trois
mois auparavant, à moins qu'ils ne payent les
droits fur le pied du total ; & pendant ces trois
mois ils font obligés de faire leur déclaration des
boiffons nouvelles qui leur arrivent dans cet intervalle tout comme s'ils en devoient continuer
le débit. Cependant leurs veuves & leurs héritiers peuvent ceffer le commerce en dénonçant
cette ceffation au fermier dans la quinzaine, à
compter du jour du décès. Mais s'ils n'avoient

pas fait leur déclaration dans ce temps, ils ne pourroient discontinuer le débit que trois mois après la dénonciation.

Il est défendu à toute personne d'encaver dans sa maison aucune boisson appartenante aux hôteliers, taverniers & Cabaretiers, à peine de cinq cens livres d'amende solidaire avec ceux-ci, & de confiscation. Il faut voir à ce sujet une déclaration du premier septembre 1750, regiſtrée en la cour des aides de Rouen le premier octobre suivant.

Les particuliers qui demeurent dans des maiſons où l'on tient Cabaret, & qui ont dans ces maisons du vin ou d'autres boiſſons, ſont tenus de souffrir l'exercice des commis, & de payer les droits de détail ainſi que les Cabaretiers, déduction faite de ce qui peut concerner leur *boite* ou boiſſon particuliere, ſuivant un arrêt de la cour des aides de Paris du 22 août 1738. Sur quoi nous obſerverons que pour prévenir toute fraude, il a été dit par un autre arrêt de la même cour du 14 février 1696, & par deux arrêts du conſeil des 27 août 1709, & 24 janvier 1711, que les particuliers qui par les baux à loyer qu'ils feroient de leurs maiſons aux hô-teliers, Cabaretiers & vendans vins, tant en gros qu'en détail, s'obligeroient de fournir aux locataires des meubles pour garnir leurs appar-temens, feroient tenus dans les trois mois de la paſſation de ces baux, de faire par-devant les mêmes notaires qui les recevroient, un inven-taire ſommaire des meubles qu'ils auroient four-nis à ces mêmes locataires; & que trois jours après il feroit fourni du tout, à peine de nullité, une copie au fermier des aides ou à fes commis en leurs bureaux.

Les contraintes pour les droits de détail fe décernent par corps contre les hôteliers, taverniers & Cabaretiers ; & trois jours après qu'elles ont été fignifiées, elles peuvent s'exécuter (*). Ils ne font pas reçus au bénéfice de ceffion : c'eft une loi commune à tous ceux qui font contraignables par corps au payement des droits du roi.

Les vendeurs en détail font encore tenus de déclarer aux commis les lieux où ils ont acheté leur vin & le prix de l'achat : ils font même obligés d'en repréfenter les congés s'ils en font requis à la première vifite, à peine de cent livres d'amende. A cet effet les commis doivent laiffer les congés biffés & lacérés entre les mains des voituriers qu'ils rencontrent pour les remettre à ceux à qui le vin eft deftiné.

On affimile aux Cabaretiers pour le payement des droits de détail, les perfonnes fuivantes : 1°. tous ceux qui donnent à loger én chambre garnie ; 2°. ceux qui tiennent des penfionnaires à la femaine, au mois, à l'année ; excepté cependant les précepteurs, les régens & les particuliers qui ont en penfion des écoliers étudians dans des univerfités ou dans des colléges publics, & qui les inftruifent, foit par eux-mêmes, foit

---

(*) Ceci n'a pas lieu à l'égard des octrois perceptibles en détail, même pour la moitié de ces octrois appartenant au roi ; ni contre d'autres perfonnes vendant en détail de quelqu e qualité qu'elles foient : la contrainte par corps ceffe à leur égard. Il y a à ce fujet une déclaration du 4 mai 1688.

par des maîtres ou des répétiteurs demeurans actuellement dans ces colléges ; mais s'ils logeoient d'autres personnes avec les écoliers, en ce cas ils devroient les droits de détail de tout le vin consommé chez eux , ainsi que ceux qui reçoivent à loger en chambre garnie.

Les écuyers qui avec permission par écrit du roi, tiennent académie, les notaires, les procureurs & autres gens d'affaires qui ont chez eux des pensionnaires, sont pareillement exempts des droits dont il s'agit.

Mais on met dans la classe des vendeurs de vin, les buvetiers, même ceux des cours souveraines, lorsqu'ils vendent du vin en détail au public. Ils doivent alors les droits de détail de tous les vins consommés chez eux , même de celui qu'ils fournissent aux officiers ; en conséquence ils sont tenus de souffrir les visites des commis.

Les traiteurs doivent les mêmes droits que les Cabaretiers : il leur est enjoint d'avoir dans leur cave du vin en muid ou demi-muid ; & ils ne doivent pas souffrir qu'il en soit apporté chez eux par ceux qu'ils doivent traiter.

Les maîtres de jeu de paume ne doivent rien, pas même l'annuel, lorsqu'ils n'ont pas de vin chez eux & qu'ils ont déclaré n'en vouloir point tenir; mais ils sont toujours sujets aux visites des commis.

Les vivandiers doivent le droit. Les ordonnances des 12 mars 1675 , & 30 avril 1707, défendent à tous soldats & vivandiers de vendre des boissons en détail sans déclaration , à peine de confiscation & de trois cent livres d'amende : les commandans & les officiers en répondent même en leur nom. Une ordonnance du 13 mai 1666, & une déclaration du 30 janvier 1717, font défenses à toutes personnes de se dire vivandiers & d'en faire les fonctions, à peine de confiscation du vin & de punition corporelle, tant que les troupes demeurent en garnison dans les pays où les aides ont cours, à l'exception cependant des troupes suisses auxquelles il est permis d'avoir leurs vivandiers particuliers, à la charge par eux de ne faire entrer dans chaque lieu que la quantité nécessaire à la consommation de ces troupes.

Les gargotiers, ceux qui donnent à manger à peu de frais aux ouvriers & aux gens du peuple, doivent le droit de détail.

Les géoliers sont assujettis au même droit pour tous les vins qu'ils font entrer dans leurs caves & leurs celliers, quoiqu'ils déclarent n'en vouloir point vendre. Il y a à ce sujet un arrêt du conseil du 11 juillet 1719. Des lettres-patentes du 26 novembre suivant les rendent même responsables du fait de leurs prisonniers.

Il en est de même des concierges des bâtimens destinés pour les foires, quoiqu'elles soient franches, & que le vin soit débité pendant qu'elles se tiennent.

Les adjudicataires des forêts du roi, les maîtres des forges, les entrepreneurs d'ouvrages publics, comme architectes, maçons, charpentiers, couvreurs & autres, sont sujets aux mêmes droits, lorsqu'ils fournissent à boire aux ouvriers qu'ils emploient. Mais les habitans des villes & de la campagne en sont exempts relativement au vin qu'ils font boire aux ouvriers qu'ils emploient pour leurs travaux particuliers & pour les récoltes de leurs terres.

Ceux que nous venons de dénommer sont sujets à la même règle que les Cabaretiers, à l'exception de la contrainte par corps, parce que le débit du vin ne fait point leur état principal : cette espèce de commerce n'en est qu'un accessoire.

Il nous reste à observer au sujet des Cabaretiers, qu'il ne doit point dépendre des officiers de police, que les gens de cet état se multiplient plus ou moins dans les lieux où ils jugent à propos de s'établir, soit en pays d'aides ou en pays libre. On regarde le vin & toutes les denrées qui font l'objet du trafic des cabaretiers, comme des productions sujettes à dépérissement dont on ne sauroit trop faciliter le débit. On prétend que la multiplicité des Cabarets en entretenant l'abondance & la concurrence dans le commerce du vin, prévient le renchérissement ; & qu'étant favorable à la consommation, elle favorise aussi le progrès des droits dus au roi pour le détail des boissons. C'est sur ce fondement qu'un arrêt du conseil du 13 mai 1760, a cassé une ordonnance rendue par le bailli du marquisat de la Palisse, le 7 janvier précédent, qui avoit défendu de donner à boire & à manger à aucun habitant de sa justice, dans quelque saison & à quelque heure que ce fût, ni de mettre d'enseigne ou de bouchon pour vendre du vin, qu'on n'en eût obtenu sa permission.

- Un autre arrêt du conseil du 5 août 1760, a cassé une ordonnance du lieutenant général de police de Moulins du 19 avril 1760, qui contenoit les mêmes défenses que celles qu'avoit faites le bailli de la Palisse ; & qui de plus, en assujettissant les hôteliers & les Cabaretiers établis & à établir, à fe faire infcrire au regiftre du greffe de la police, les forçoit de payer un droit de dix fous pour cet enregiftrement. L'arrêt du confeil a donné pleine liberté à tous parti-culiers, de tenir hôtellerie ou Cabaret, de vendre du vin & d'autres boiffons à Moulins, fans en avoir obtenu la permiffion du juge de police, & fans être tenu à d'auttes formalités que d'en faire leur déclaration au bureau des aides en la manière ordinaire. Ce même arrêt a condamné le greffier de police de Moulins à reftituer aux hôteliers & Cabaretiers de l'en-droit, les dix fous qu'il avoit exigés en vertu de l'ordonnance du juge, avec défenfes à celui-ci de rendre à l'avenir de pareilles ordonnances, fous les peines portées par les règlemens.

La fénéchauffée de la Rochelle ayant rendu le 24 janvier 1769, une ordonnance de police à peu près comme celle du lieutenant général de police de Moulins, cette ordonnance a été pareillement caffée par un arrêt du confeil du 5 feptembre de la même année.

La même chofe a été jugée par un autre arrêt du conteil du 23 juin 1772, contre une ordon-nance du fénéchal juge confervateur des foires & privileges de Guibrai, rendue le 26 août précedent.

Le 15 juin 1773, un autre arrêt du confeil a caffé une fentence des officiers municipaux de la ville de Boulogne fur mer, du 19 avril pré-cédent. Cette fentence portoit des défenfes de la nature de celles que les arrêts que nous ve-nons de citer avoient condamnées.

Quoique les juges de police ne puiffent em-pêcher le commerce du cabaret à ceux qui veulent l'exercer, il ne s'enfuit pas que ces juges ne conservent sur les Cabaretiers l'inspection que leur attribuent les règlemens. Ils sont toujours en droit d'empêcher qu'il ne se passe dans les Cabarets aucun desordre ; de voir si les Cabaretiers ont des mesures fideles ; s'ils ne donnent pas à boire & à manger pendant le service divin & à des heures indues, &c. Les arrêts du conseil ci-dessus rapportés ne détruisent nullement les lois qui ont été données à ce sujet.

A l'égard des délits qui se commettent dans les Cabarets, mais principalement dans les auberges où l'on reçoit les voyageurs & leurs équipages, voyez ce que nous dirons particulièrement là-dessus à l'article HÔTELIER ou HÔTELLERIE.

Voyez *l'ordonnance d'Orléans ; une déclaration du 16 décembre 1698 ; la coutume de Paris ; celles de Normandie, de la Marche, &c. un arrêt de réglement du parlement de Dijon du 12 janvier 1718 ; l'ordonnance de Blois ; un arrêt de règlement du parlement de Besançon du 4 janvier 1732 ; deux arrêts de règlement du parlement de Paris, l'un du 15 décembre 1711, & l'autre du 10 février 1724 ; le journal des audiences ; un arrêt du conseil du 4 janvier 1724 ; un autre du premier août 1741 ; une déclaration du premier septembre 1750 ; un arrêt de la cour des aides de Paris du 14 février 1696 ; deux arrêts du conseil des 27 août 1709, & 24 janvier 1711 ; les ordonnances des 13 mai 1666, 12 mars 1675, & 30 avril 1707 ; une déclaration du 30 janvier 1717 ; un arrêt du conseil du 11 juillet 1719 ; les ordonnances concernant les cours des aides de*

Paris & de Normandie, &c. Voyez aussi les articles AIDES, ENTRÉE, HÔTELIER, VIN, &c. (*Article de M. DAREAU, avocat*, &c.)

CABINET. On appelle ainsi une sorte de buffet à plusieurs layettes ou tiroirs.

. Les Cabinets d'ébène & autres enrichis de cuivre doré, peinture & broderie de toutes sortes, doivent pour droit d'entrée dans les provinces des cinq grosses fermes, six pour cent de la valeur, & autant pour droit de sortie, conformément au tarif de 1664.

Quant aux Cabinets de bois ou d'Allemagne de peu de valeur, ils doivent payer comme mercerie.

Voyez *le tarif de 1664 & l'observation sur ce tarif.* Voyez aussi les articles ENTRÉE, SORTIE, MARCHANDISE, SOU POUR LIVRE, MERCERIE, &c.

CABOTAGE. Terme de jurisprudence maritime qui désigne la navigation le long des côtes, de cap en cap, de port en port.

- On distingue deux sortes de Cabotages : le grand & le petit.

Suivant l'article 2 du règlement du 23 janvier 1727, la navigation au petit Cabotage comprenoit tous les ports, depuis Bayonne jusqu'à Dunkerque inclusivement. Le grand Cabotage s'étendoit par conséquent à toute autre navigation plus éloignée qui n'étoit pas déclarée voyage de long cours : mais l'ordonnance du 18 octobre 1740 a donné au petit Cabotage plus d'extension qu'il n'en avoit eu jusqu'alors.

Comme cette ordonnance est importante, tant en ce qu'elle détermine les limites de la navigation au petit Cabotage, qu'à cause qu'elle règle les formalités à observer pour la réception des maîtres ou patrons des bâtimens employés à cette navigation, nous allons la rapporter ici :

· « Sa majefté étant informée que l'exécution
» des articles 1 & 2, liv. 2, titre premier de
» l'ordonnance du mois d'août 1681, de l'ar-
» ticle 11, livre 8, titre premier de l'ordon-
» nance du 15 avril 1689, & de l'article pre-
» mier, titre premier du règlement du 15 août
» 1725, concernant la réception des capitaines,
» maîtres ou patrons des bâtimens de mer, a
» fait naître des difficultés & a donné lieu à une
» diverfité d'ufage dans les différens fièges des
» amirautés du royaume : les officiers de la
» plupart defdits fièges, jugeant qu'il ne leur
» eft pas permis de s'écarter des difpofitions
» générales de ces articles, ni de recevoir aucun
» capitaine, maître ou patron, à quelque efpèce
» de navigation qu'il fe deftine, qu'il n'ait con-
» formément aux difpofitions defdits articles,
» navigué pendant cinq ans fur les bâtimens
» marchands, qu'il ne foit âgé de vingt-cinq
» ans & fait deux campagnes de trois mois au
» moins chacune, fur les vaiffeaux de la ma-
» jefté ; les autres fe perfuadant au contraire,
» que ces difpofitions ne doivent avoir lieu que
» pour la réception des capitaines, maîtres ou
» patrons qui fe propofent de commander des
» bâtimens deftinés aux voyages de long cours
» ou au grand Cabotage, & qu'à l'égard des
» matelots ou autres gens de mer qui fe bor-
» nent à commander des bâtimens deftinés feu-
» lement pour naviguer au petit Cabotage, de
» port en port le long des côtes, ils ne doivent
» point être affujettis à toutes les formalités

» prescrites par lesdites ordonnances & règle-
» mens ; que sur ce principe, & à la faveur de
» cette distinction, les officiers de plusieurs ami-
» rautés laissent aux matelots & autre gens de
» mer, la liberté de commander toutes sortes
» de bâtimens destinés au petit Cabotage, sans
» les soumettre à aucun examen ni aucune ré-
» ception, & que d'autres se sont cru permis
» d'introduire à leur égard une forme de récep-
» tion particuliere, différente de celle qui est
» prescrite par lesdites ordonnances & règle-
» mens : en quoi les uns & les autres s'écartent
» également des dispositions desdites ordon-
» nances & règlemens ; les premiers en laissant
».commander des bâtimens par de simples ma-
» telots non-reçus maîtres ou patrons, & les
» seconds en recevant des capitaines, maîtres
» ou patrons, qui n'ont pas les qualités requises
» par les ordonnances de sa majesté. Elle a résolu
» d'établir une règle uniforme à ce sujet dans
» tous les sièges des amirautés ; & ayant jugé
» qu'il convenoit au bien du commerce & de la
» navigation, de ne pas exclure entièrement
» du commandement des bâtimens marchands
» les matelots & autres gens de mer qui, sans
» avoir fait les cinq années de navigation sur les
» bâtimens marchands, prescrites par ladite or-
» donnance du mois d'août 1681, ni satisfait aux
» deux campagnes de trois mois au moins cha-
» cune sur les vaisseaux de sa majesté, peuvent
» avoir assez d'expérience & de capacité pour
» être en état de commander des bâtimens
» destinés uniquement au petit Cabotage, sa
» majesté s'est d'autant plus volontiers déter-
» miné à leur accorder la faculté de commander

» ces fortes de bâtimens , que cette navigation
» n'exige que de la pratique & la connoiſſance
» particulière des ports, havres & autres lieux
» où elle ſe fait ; que non-ſeulement il ſeroit
» inutile, mais préjudiciable au commerce , d'aſ-
» ſujettir ceux qui s'y bornent, à l'examen & aux
» autres formalités preſcrites à l'égard de ceux
» qui ſe deſtinent aux voyages de long cours
» ou au grand Cabotage ; & que la liberté que
» ſa majeſté a réſolu de leur accorder, de com-
» mander des bâtimens deſtinés au petit Cabo-
» tage , ne peut qu'exciter parmi eux une émula-
» tion utile au commerce & à la navigation.
» Mais comme il ne conviendroit pas d'admettre
» indirectement toutes ſortes de matelots &
» gens de mer à prendre le commandement des
» bâtimens deſtinés au petit Cabotage , parti-
» culièrement dans la vue que ſa majeſté a
» d'étendre les bornes de cette navigation , ſans
» être auparavant aſſuré de leur capacité , &
» ſans que la qualité de maître ou de patron, qui
» doit les faire connoître aux négocians & leur
» donner ſur les équipages l'autorité qui leur
» eſt néceſſaire , leur ait été conférée par les
» officiers des amirautés : ſa majeſté a réſolu
» d'établir pour ceux qui ſe bornent à la navi-
» gation du petit Cabotage , une forme d'examen
» & de réception, proportionnée aux connoiſ-
» ſances qui leur ſont néceſſaires , en les diſpen-
» ſant de partie des formalités qui ſont preſcrites
» par leſdites ordonnances du mois d'août 1681,
» & du 15 avril 1689 , & par le règlement du
» 15 août de l'année 1725 , auxquels elle a jugé
» à propos de déroger à cet égard , ainſi qu'il
» en ſuit.

ARTICLE PREMIER. » Seront réputés voyages
» de long cours, ceux aux Indes, tant orientales
» qu'occidentales, en Canada, Terre-neuve,
» Groënland & ifles de l'Amérique méridionale
» & feptentrionale, aux Açores, Canaries,
» Madere, & en tous les détroits de Gibraltar
» & du Sund, & ce conformément au règlement
» du 20 août 1673.

» II. Les voyages en Angleterre, Ecoffe,
» Irlande, Hollande, Dannemarck, Hambourg
» & autres ifles & terres au-deçà du Sund, en
» Efpagne, Portugal ou autres ifles & terres
» au-deçà du détroit de Gibraltar, feront cenfés
» au grand Cabotage, aux termes dudit règle-
» ment du 20 août 1673.

» III. Sera néanmoins réputée navigation au
» petit Cabotage, celle qui fe fera par les bâti-
» mens expédiés dans les ports de Bretagne ,
» Normandie, Picardie & Flandres, pour ceux
» d'Oftende, Bruges, Nieuport, Hollande ,
» Angleterre, Ecoffe & Irlande ; celle qui fe
» fera par les bâtimens expédiés dans les ports
» de Guienne, Saintonge, pays d'Aunis, Poitou
» & ifles en dépendants, fera fixée depuis
» Bayonne jufqu'à Dunkerque inclufivement,
» conformément à l'article 11 du règlement du
» 23 janvier 1727, concernant ladite naviga-
» tion; celle qui fe fera pareillement par les
» bâtimens expédiés dans les ports de Bayonne
» & de Saint Jean-de-Luz à ceux de Saint-Sé-
» baftien, du Paffage & de la Corogne, & juf-
» qu'à Dunkerque auffi inclufivement ; & pour
» ce qui concerne les bâtimens qui feront ex-
» pédiés dans les ports de Provence & de Lan-
» guedoc, fera réputée navigation au petit Ca-

» botage ; celle qui fe fera depuis & compris
» les ports de Nice , Ville-franche & ceux de
» la principauté de Monaco, jufqu'au Cap de
» Creuz, ainfi qu'il eft énoncé par l'article 11
» du règlement du 13 août 1726, concernant
» ladite navigation, & ce nonobftant ce qui eft
» porté par ledit règlement du 20 août 1673,
» auquel & à tous autres à ce contraire, fa
» majefté a dérogé pour ce regard feulement.

» IV. Veut & entend fa majefté, que tous
» les autres voyages non compris dans les Ier.
» & IIe. articles de la préfente ordonnance,
» foient cenfés & réputés au petit Cabotage.

» V. N'entend néanmoins fa majefté dêroger
» aux précédens règlemens en ce qui concerne
» les congés de l'amiral & les droits dûs, tant
» audit amiral pour la délivrance defdits congés,
» qu'aux officiers des amirautés, pour l'enre-
» giftrement d'iceux & les rapports des maîtres
» ou patrons. Veut fa majefté qu'il en foit ufé
» à cet égard comme par le paffé, nonobftant
» l'extenfion qu'elle a donnée par l'article III
» de la préfente ordonnance, à la navigation au
» petit Cabotage.

» VI. Tous les matelots & autres gens de
» mer qui auront fervi pendant quatre années
» fur les bâtimens des fujets de fa majefté,
» pourront être admis dorénavant à commander
» des bâtimens deftinés à la navigation au petit
» Cabotage, tel qu'il eft ci-deffus limité, en
» juftifiant de leurs fervices par un certificat en
» forme, de l'officier des claffes de leur dépar-
» tement ou quartier ; lequel certificat ils re-
» préfenteront aux officiers de l'amirauté, aux-
» quels fa majefté enjoint de les recevoir en

» qualité de maîtres ou patrons pour le petit
» Cabotage feulement, après leur avoir fait
» fubir un examen qui roulera uniquement fur
» la connoiffance qu'ils doivent avoir des côtes,
» ports, havres & parages compris dans l'éten-
» due de ladite navigation, & fans que lefdits
» matelots & autres gens de mer puiffent pour
» raifon de leur réception, être affujettis aux
» autres formalités prefcrites par les ordon-
» nances du mois d'août 1681, du 15 avril
» 1689, & ledit règlement du 15 août de l'année
» 1725, auxquels fa majefté a dérogé à cet
» égard.

  » VII. Ceux qui auront été reçus maîtres
» ou patrons pour la navigation du petit Cabo-
» tage feulement, dont l'équipage fera au def-
» fous de dix hommes, tout compris, feront
» tenus de prendre fur leur bord, à chaque
» voyage qu'ils feront en mer, un mouffe ou
» jeune garçon au-deffous de dix-huit ans, &
» deux lorfque leur équipage fera au-deffus de
» dix hommes, auffi tout compris, en augmen-
» tant toujours de dix en dix, à peine de cent
» livres d'amende, & d'être déchus du com-
» mandement à perpétuité, fans que fous pré-
» texte de l'embarquement defdits mouffes ou
» la réception defdits maîtres ou patrons pour
» la navigation au petit Cabotage, ils puiffent
» être exempts de l'ordre & du fervice des
» claffes. Enjoint fa majefté aux officiers des
» claffes départis dans les différens quartiers du
» royaume, de les comprendre à leur tour dans
» les rôles de levées de matelots & autres gens
» de mer, fuivant leur claffe & numéro, fans
» avoir égard à leur réception.

                   » VIII. Défend

» VIII. Défend fa majefté à tous matelots
» & autres gens de mer, de monter aucuns
» bâtimens deftinés au petit Cabotage en qua-
» lité de maître ou patron, & à tous proprié-
» taires d'en établir fur leurs bâtimens, qu'ils
» n'aient été reçus en la manière prefcrite par
» l'article VI de la préfente ordonnance, à
» peine de cent livres d'amende contre chacun
» des contrevenans.

» IX. Veut fa majefté qu'il ne foit délivré
» des rôles d'équipage aux maîtres ou patrons
» des bâtimens qui feront deftinés feulement
» pour la navigation au petit Cabotage, que
» pour le terme de trois ou quatre mois au plus,
» fans que lefdits maîtres ou patrons puiffent
» excéder ledit terme, fous quelque prétexte
» que ce puiffe être, à peine de vingt-cinq li-
» vres d'amende pour chaque mois d'excédant,
» & de confifcation des bâtimens après une
» année expirée.

» X. Défend fa majefté aux officiers des ami-
» rautés, de délivrer des congés aux maîtres
» ou patrons deftinés feulement pour la naviga-
» tion au petit Cabotage, qu'au préalable le
» double defdits rôles n'ait été dépofé à leur
» greffe, à peine de nullité defdits congés, d'in-
» terdiction contre lefdits officiers des amirau-
» tés, de deux cent livres d'amende contre les
» commis établis dans les ports obliques qui les
» auront délivrés, & de cent livres d'amende
» contre les maîtres ou patrons.

» XI. Les capitaines, maîtres ou patrons des
» bâtimens deftinés, foit pour les voyages de
» long cours, le grand ou le petit Cabotage,
» feront tenus de repréfenter leurs rôles d'équi-

» page à l'officier des classes, & leurs congés
» aux officiers de l'amirauté du port où ils feront
» leur retour avant d'obtenir de nouveaux rôles
» & congés, à peine de deux cent livres d'amende
» contre les capitaines destinés pour le long
» cours ou le grand Cabotage, & de cinquante
» livres aussi d'amende pour ceux qui n'auront
» navigué qu'au petit Cabotage.

» XII. Ceux qui ont été ou feront reçus ca-
» pitaines, maîtres ou patrons, pour commander
» des vaisseaux & autres bâtimens destinés au
» long cours ou au grand Cabotage, auront la
» liberté de commander des bateaux & autres
» bâtimens destinés pour naviguer au petit Ca-
» botage, sans être assujettis à une seconde ré-
» ception.

» XIII. Pour la réception des capitaines,
» maîtres ou patrons qui commanderont des
» vaisseaux & autres bâtimens destinés aux longs
» cours ou au grand Cabotage, & pour celle
» des pilotes-hauturiers, les officiers des ami-
» rautés continueront à percevoir les droits qui
» leur sont attribués pour chaque réception de
» pilote-hauturier, par les règlemens des 20 août
» 1673, & 5 août 1688, & par le tarif du 15
» décembre 1714, lesquels feront exécutés selon
» leur forme & teneur ; consistans lesdits droits,
» savoir, aux lieutenans, quatre livres, les deux
» tiers aux procureurs de sa majesté, & quarante
» sous aux greffiers, non compris leurs expédi-
» tions.

» XIV. Les mêmes droits feront perçus à
» l'avenir pour la réception des pilotes-lama-
» neurs ou locmans ; & à l'égard des maîtres
» ou patrons qui feront reçus pour faire seule-

» ment la navigation au petit Cabotage, ainſi
» qu'il eſt porté par l'article VI de la préſente
» ordonnance, il ſera payé aux officiers de l'a-
» mirauté pour chacune deſdites réceptions ;
» ſavoir, trente ſous au lieutenant, vingt ſous
» au procureur de ſa majeſté, & quinze ſous au
» greffier, non compris ſon expédition : Fait ſa
» majeſté très-expreſſes inhibitions & défenſes
» auxdits officiers de l'amirauté, d'exiger autres
» ni plus grands droits pour toutes leſdites ré-
» ceptions, ſous prétexte de procédures & for-
» malités, & pour telle autre cauſe que ce puiſſe
» être, à peine de concuſſion & de reſtitution
» deſdits droits. Enjoint ſa majeſté aux greffiers
» des amirautés, conformément à l'article IV
» du livre I, titre IV de l'ordonnance du mois
» d'août 1681, & aux règlemens des 20 août
» 1673, & 5 août 1688, de faire mention au
» bas de chacune des lettres deſdites réceptions,
» de la totalité des droits & frais qui auront été
» payés ; & ce ſous les peines portées par ladite
» ordonnance & par leſdits règlemens.

» XV. Toutes les amendes mentionnées aux
» préſentes ſeront ſolidaires, tant contre les ca-
» pitaines, maîtres ou patrons, que contre les
» propriétaires ou armateurs des vaiſſeaux &
» autres bâtimens.

» XVI. Les officiers des claſſes & ceux qui
» en feront les fonctions, donneront avis aux
» procureurs de ſa majeſté dans les amirautés,
» de ceux qu'ils ſauront avoir contrevenu aux
» diſpoſitions de la préſente ordonnance, leſ-
» quels ſeront pourſuivis à la requête deſdits
» procureurs de ſa majeſté ; & les ſentences qui
» interviendront contre les délinquans, ſeront

F ij

» exécutées pour les condamnations d'amende ,
» nonobſtant l'appel & ſans préjudice d'icelui.

   » XVII. Ceux qui appelleront deſdites ſen-
» tences, feront tenus de faire ſtatuer ſur leur
» appel ou de le mettre en état d'être jugé défi-
» nitivement dans un an, du jour & date d'ice-
» lui, finon & à faute de ce faire, leſdites ſen-
» tences ſortiront leur plein & entier effet, &
» les dépoſitaires demeureront bien & valable-
» ment déchargés.

   » Mande & ordonne ſa majeſté à M. le duc de
» Penthievre, amiral de France, & aux inten-
» dans de la marine & des claſſes, de tenir la
» main chacun en droit ſoi, à l'exécution de la
» préſente ordonnance, qui ſera lue, publiée &
» regiſtrée par-tout où beſoin ſera. Fait à Fon-
» tainebleau, &c.

   Il faut néanmoins obſerver que pendant la
guerre de la ſucceſſion d'Autriche, il a été dérogé à quelques diſpoſitions de cette ordonnance
relativement aux armemens en courſe. Le 24
mars 1746, le roi écrivit à M. l'amiral une
lettre (*) par laquelle ſa majeſté déclara avoir

_____

(*) *Voici cette lettre.* Mon couſin, j'ai été informé que
pluſieurs négocians feroient diſpoſés à faire armer en différens ports de mon royaume des chaloupes & autres petits
bâtimens pour faire la courſe contre les ennemis de l'état,
s'ils avoient la liberté d'en donner le commandement aux
officiers, mariniers & matelots, auxquels ils pourroient
avoir confiance, ſans que ceux qu'ils voudroient employer
fuſſent pour cet effet obligés de ſe faire recevoir en qualité
de capitaine, maître ou patron ; & attendu que la navigation que pourroient faire de pareils bâtimens qui ſont preſ-
que toujours à la vue des côtes, n'exige point l'exécution
des différentes règles preſcrites par les ordonnances pour

permis aux négocians qui armeroient pour la
course des bâtimens de cinquante tonneaux &
au-deſſous, d'en donner le commandement à
tels officiers, mariniers & autres gens de mer
qu'ils jugeroient à propos, ſans qu'il fût néceſſaire de leur faire ſubir aucun examen ni de les
faire recevoir capitaines, à la charge toutefois
qu'après la course finie, ces ſortes de gens ne
pourroient commander d'autres navires, ni

parvenir au commandement des navires deſtinés pour des
voyages de long cours, je me ſuis déterminé à accorder en
cette occaſion aux armateurs la faculté qu'ils déſirent pour
les mettre de plus en plus en état de former de nouvelles
entrepriſes, ce qui fait que je vous écrits cette lettre, pour
vous dire que nonobſtant ce qui eſt porté par mes ordonnances, mon intention eſt que les négocians qui armeront
des bâtimens du port de cinquante tonneaux & au-deſſous
deſtinés pour faire la course, puiſſent en donner le commandement à des officiers, mariniers, matelots & autres gens
de mer, leſquels pourront faire les fonctions de capitaines
ſur leſdits bâtimens, ſans être pour cet effet obligés de ſe
faire recevoir capitaines, maîtres ou patrons, ni aſſujettis
à aucun examen, ni autre formalité devant les officiers de
l'amirauté, à condition néanmoins, que leſdits officiers,
mariniers, matelots & autres gens de mer, qui feront ainſi
ſeulement les fonctions de capitaines pendant les temps réglés
pour la course des bâtimens dont la conduite leur ſera
confiée, ne pourront point enſuite commander d'autres navires au-deſſus du port de cinquante tonneaux, ni être
d'ailleurs réputés au nombre des capitaines, maîtres ou
patrons, qu'après qu'ils auront été reçus en ladite qualité,
& qu'ils continueront d'être aſſujettis à l'ordre & diſcipline
des claſſes, & commandés pour ſervir à leur tour ſur mes
vaiſſeaux comme les autres matelots; & la préſente n'étant
à autre fin, je prie Dieu qu'il vous ait, mon couſin, en ſa
ſainte & digne garde. Ecrit à Verſailles le 24 mars mil ſept
cent quarante-ſix. Signé Louis, & plus bas, Phelypeaux.

être réputés capitaines, qu'après avoir été reçus en cette qualité avec les formalités prescrites.

Voyez *l'ordonnance de la marine du mois d'août 1681, & les commentaires de cette ordonnance; le règlement du 23 janvier 1727,* &c. Voyez aussi les articles NAVIGATION, VOYAGE, COMMERCE, PILOTE, CAPITAINE, &c.

CACAO. C'est une sorte d'amande qui forme le principal ingrédient de la composition appelée chocolat.

Le Cacao doit pour droit d'entrée des cinq grosses fermes deux livres dix sous par cent pesent conformément au tarif de 1664.

Le Cacao venant d'Angleterre, d'Ecosse, d'Irlande & des pays en dépendans est prohibé à toutes les entrées du Royaume par l'arrêt du 6 septembre 1761.

Le Cacao en féves des îles Fraçoises de l'Amérique entrant par les ports désignés dans les lettres patentes du mois d'avril 1717 (*), doit selon l'article 19 des mêmes lettres dix livres par cent pesant, pour droit d'entrée dans ces ports.

Le Cacao venant de l'étranger doit à l'entrée les deux livres dix sous par cent pesant mentionnés au tarif de 1664, & en outre quinze sous pour chaque livre de poids suivant les arrêts des 12 mai 1693 & 20 décembre 1729.

Le Cacao venant de l'île de Caracque doit à l'entrée quinze sous par livre pesant, conformé-

---

(*) Ces ports sont Calais, Dieppe, le Havre, Rouen, Honfleur, la Rochelle, Bordeaux, Bayonne, & Cette.

ment aux arrêts qu'on vient de citer, dont le dernier révoque celui du 18 octobre 1720.

Il ne faut point examiner si le Cacao est du crû des îles ou de Caracque, il suffit qu'il vienne des îles par les vaisseaux de retour, pour ne devoir que le droit porté par les lettres patentes de 1717, conformément à l'arrêt du 20 décembre 1729 & à la décision du 5 octobre 1733.

Le Cacao des îles, doit outre le droit d'entrée celui du domaine d'Occident ; le Cacao provenant de la traite des négres ne doit que moitié du droit de 10 livres, suivant les lettres patentes de janvier 1716.

Le Cacao broyé & en pâte, doit être regardé comme chocolat & payer le droit de vingt-un sous la livre venant des isles françoises de l'Amérique comme de l'étranger, suivant l'arrêt du 15 juin 1751, confirmatif de la décision du conseil du 6 août 1744, pour favoriser les manufactures de France.

Ces dispositions ont été précédées d'une décision du 28 mai 1717, qui prescrivoit de ne percevoir sur le Cacao broyé & en pains, pourvu qu'il n'y eut ni sucre ni vanille, que les mêmes droits que sur le Cacao en feves ; ce qui a encore été ordonné au Havre le 12 août 1745, au sujet du Cacao venant des isles françoises, sur lequel il n'étoit dû que le droit de dix livres du cent pesant imposé par les lettres-patentes de 1717, comme sur le Cacao en feves.

Le Cacao entrant par les ports de Saint-Malo, Morlaix, Nantes & Vannes, doit, outre les droits locaux qui se perçoivent dans ces ports, ceux de Prévôté, tels qu'ils sont perçus à Nantes, suivant l'édit du 21 avril 1717 & l'arrêt du

21 décembre 1728; & fi ce Cacao fort des ports dont il s'agit pour entrer dans les provinces des cinq grosses fermes ou autres du royaume, il est encore fujet aux dix livres du cent pesant porté ci-dessus, suivant l'article XXII des lettres-patentes de 1717.

Par l'article XVIII des lettres-patentes de février 1719, qui permet aux négocians de Marseille de faire le commerce des isles françoises de l'Amérique, le Cacao introduit par cette ville dans le royaume, accompagné de certificats de la chambre du commerce de Marseille, portant qu'il provient de ces isles, doit aussi pour tous droits dix livres du cent pesant.

Voyez *le lois citées*, & *les articles* ENTRÉE, SORTIE, MARCHANDISE, SOU POUR LIVRE, &c.

CACHET. On appelle ainsi non-seulement l'instrument dont on se sert pour fermer des lettres, sceller des papiers, &c. mais encore l'empreinte formée sur la cire avec cet instrument.

Par un arrêt du conseil du 17 mai 1740, il a été ordonné que « tous les capitaines des navi-
» res françois ou étrangers remontant à Rouen,
» seront tenus de souffrir, à leur premier abord
» & mouillage sur les côtes de la rivière de Seine,
» l'apposition des plombs & Cachets de la fer-
» me sur les écoutilles de leurs navires; que les
» capitaines & maîtres d'aléges ou de barques,
» faisant leurs chargemens au Havre, & à Hon-
» fleur pour Rouen, seront pareillement tenus
» de souffrir la même apposition de plombs &
» Cachets, & que tous ces capitaines & maîtres,
» soit de navires étrangers ou françois, soit d'a-
» léges ou de barques, feront sur le registre du
» commis des fermes, au lieu où cette apposi-

» tion fera faite, leur foumiffion de repréfenter
» à leur arrivée à Rouen le même nombre de
» plombs & Cachets qui y auront été appofés
» fains & entiers, à peine de confifcation des
» navires, aléges & autres bâtimens qui fe trou-
» veront remontant la rivière chargés de mar-
» chandifes, fans que les écoutilles foient fcel-
» lées, ou dont les plombs ou Cachets feront
» rompus, & de trois cent livres d'amende;
» defquelles peines les capitaines & maîtres de
» navires, d'aléges ou de barques, ne pourront
» être déchargés fous prétexte de rifques, dépé-
» riffement de marchandifes ou autres caufes
» généralement quelconques; finon en rappor-
» tant un procès-verbal figné de tout l'équipage
» & fait en préfence des commis de la ferme,
» s'il y en a à portée, qui établiffe la néceffité
» indifpenfable de rompre lefdits plombs & Ca-
» chets, pour éviter la perte du bâtiment &
» dépériffement des marchandifes, fur lequel
» procès-verbal ce fermier pourra faire affirmer
» & interroger l'équipage; & au cas qu'il foit
» reconnu que les faits contenus au procès-ver-
» bal foient fuppofés, veut fa majefté que le bâ-
» timent foit faifi & confifqué, & le capitaine
» ou maître dudit bâtiment condamné en trois
» mille livres d'amende; à l'effet de quoi fa ma-
» jefté évoque à foi & à fon confeil toutes les
» conteftations nées & à naître pour raifon de
» tout ce que deffus en quelques juridictions que
» ce foit; & icelles circonftances & dépendan-
» ces a renvoyées & renvoie pardevant le fieur
» intendant & commiffaire départi en la généra-
» lité de Rouen, pour être lefdites conteftations
» par lui jugées, fauf l'appel au confeil, fa ma-

» jefté attribuant à cet effet toute cour, juridic-
» tion & connoiſſance, icelle interdifant à toutes
» fes cours & autres juges. »

. On appelle *lettres de Cachet*, des lettres émanées du fouverain, fignées de lui & contrefignées
d'un fecrétaire d'état, écrites fur fimple papier
& pliées de manière qu'on ne peut les lire fans
rompre le Cachet dont elles font fermées, à la
différence des lettres appellées lettres-patentes
qui font toutes ouvertes, n'ayant qu'un feul re-
pli au-deffous de l'écriture qui n'empêche point
de lire ce qu'elles contiennent.

On n'appelle pas lettres de Cachets toutes
les lettres miffives que le prince écrit felon les
occafions, mais feulement celles qui contiennent
quelque ordre, commandement ou avis de la
part du prince.

· La lettre commence par le nom de celui ou
de ceux auxquels elle s'adreffe, par exemple :
Monfieur * * * (enfuite font le nom & les qualités) *je vous fais cette lettre pour vous dire que ma
volonté eft que vous faffiez telle chofe dans tel tems ;
fi n'y faites faute. Sur ce je prie dieu qu'il vous ait
en fa fainte & digne garde.*

La fufcription de la lettre eft à celui ou à ceux
à qui la lettre eft adreffée.

- Ces fortes de lettres font portées à leur deftination par quelque officier de police, ou même par quelque perfonne qualifiée, felon les perfonnes auxquelles la lettre s'adreffe.

' Celui qui eft chargé de remettre la lettre fait
une efpèce de procès-verbal de l'exécution de fa
commiffion, en tête duquel la lettre eft tranf-
crite, & au bas il fait donner à celui qui l'a reçue une reconnoiffance comme elle lui a été re-

mife ; ou s'il ne trouve perfonne, il fait mention des perquifitions qu'il a faites.

L'objet des lettres de Cachet eft fouvent d'envoyer quelqu'un en exil, ou pour le faire enlever & conftituer prifonnier, ou pour enjoindre à certains corps politiques de s'affembler & de faire quelque chofe, ou pour leur enjoindre de délibérer fur certaines matières. Ces fortes de lettres ont auffi fouvent pour objet l'ordre qui doit être gardé dans certaines cérémonies, comme les *te Deum*, proceffions folemnelles, &c.

Le plus ancien exemple que l'on trouve des lettres de Cachet, en tant qu'on les employe pour exiler quelqu'un, eft l'ordre qui fut donné par Thierry ou par Brunehaut contre S. Colomban pour le faire fortir de fon monaftère de Luxeuil & l'exiler dans un autre lieu jufqu'à nouvel ordre. Le faint y fut conduit de force, ne voulant pas y déférer autrement ; mais auffitôt que les gardes furent retirés il revint à fon monaftère : fur quoi il y eut de nouveaux ordres adreffés au comte juge du lieu.

Nos rois font depuis fort long-tems dans l'ufage de fe fervir de différens fceaux ou Cachets felon les lettres qu'ils veulent fceller.

On tient communément que Louis-le-Jeune fut le premier qui, outre le grand fceau royal dont on fcelloit dès-lors toutes les lettres-patentes, eut un autre fcel plus petit, appellé *fcel du fecret*, dont il fcelloit certaines lettres particulières qui n'étoient point publiques comme les lettres-patentes.

Les lettres fcellées de ce fceau étoient appellées lettres clôfes : il eft parlé de ces lettres

clôfes dans les lettres de Charles V, alors lieutenant du roi Jean fon père, du 10 avril 1357.
Ce fcel fecret étoit porté par le grand chambel-
lan, & l'on s'en fervoit en l'abfence du grand
fceau pour fceller les lettres-patentes.

Il y eut même un temps où l'on ne devoit
point appofer le grand fceau aux lettres-patentes qu'elles n'euffent été envoyées au chancelier clofes de ce fcel fecret, comme il eft dit
dans une ordonnance de Philippe V, du 16 novembre 1318. Ce fcel fecret s'appofoit auffi au
revers du grand fcel, d'où il fut appellé *contre-
fcel*, & de-là eft venu l'ufage des contre-fceaux
que l'on appofe préfentement à la gauche du
grand fcel; mais Charles V étant régent du
royaume, fit le 14 mai 1358 une ordonnance
portant entre autres chofes, que plufieurs lettres-patentes avoient été au temps paffé fcellées
du fcel fecret, fans qu'elles euffent été vues ni
examinées en la chancellerie; il ordonna en conféquence que dorénavant nulles lettres-patentes
ne feroient fcellées pour aucune caufe de ce fcel
fecret, mais feulement les lettres clofes. Ce
même prince, étant encore régent du royaume,
fit une autre ordonnance le 27 janvier 1359,
portant que l'on ne fcelleroit nulles lettres ou
cédules ouvertes du fcel fecret, à moins que ce
ne fuffent des *lettres très-hatives touchant monfieur ou nous*, & en l'abfence du grand fcel & du
fcel du châtelet, & non autrement ni en autre
cas; & que fi quelques-unes étoient fcellées
autrement, on n'y obéiroit pas.

Le roi Jean donna le 3 novembre 1361, des
lettres ou mandement pour faire exécuter les
ordonnances qui avoient fixé le prix des mon-

noies. *Lettres* scellées du grand scel du roi furent envoyées à tous baillifs & sénéchaux, dans une boîte scellée du contre-scel du châtelet de Paris, avec des lettres clôses du 6 du même mois scellées du scel secret du roi, par lesquelles il leur étoit ordonné de n'ouvrir la boîte que le 15 novembre, & de ne publier que ce jour-là les lettres qu'ils y trouveroient. La forme de ces lettres clôses étoit telle :

« De par le roi.... bailli de.... nous vous
» envoyons certaines lettres ouvertes scellées
» de notre grand scel, encloses en une boîte
» scellée du contre-scel de la prévôté de Paris :
» si vous mandons que le contenu d'icelles vous
» fassiez tenir & garder plus diligemment que
» vous n'avez fait au temps passé, & bien vous
» garder que icelle boîte ne soit ouverte, &
» que lesdites lettres vous ne véez jusqu'au quin-
» zieme jour de ce présent mois de novembre,
» auquel jour nous voulons que le contenu d'i-
» celles vous fassiez crier & publier par-tout
» votre bailliage & ressort d'icelui, & non avant,
» si gardez si cher comme vous doutez encourre
» en notre indignation que de ce faire n'ait au-
» cun défaut. Donné à Paris le 6 novembre 1361.
» Ainsi signé COLLORS. »

Il y avoit pourtant des-lors outre le scel secret un autre Cachet ou petit Cachet du roi, qui est celui dont ces sortes de lettres sont présentement formées ; c'est pourquoi on les a appelées lettres Cachet ou de petit Cachet. Ce Cachet du roi étoit autrefois appelé le *petit signet :* le roi le portoit sur soi, à la différence du scel secret qui étoit porté par un des chambellans. Le roi appliquoit quelquefois ce petit signet aux lettres-patentes pour faire connoître qu'elles étoient fcellées de fa volonté : c'eſt ce que l'on voit dans des lettres de Philippe VI du 16 juin 1349, adreſſées à la chambre des comptes, à la fin defquelles il eſt dit : *& ce voulons être tenu & gardé…. fans rien faire au contraire pour quelconques prières que ce foit, ne par lettres fe notre petit fignet que nous portons n'y était plaqué & apparent.* On trouve dans les ordonnances de la troiſième race deux lettres cloſes ou de Cachet, du 19 juillet 1367, l'une adreſſée au parlement, l'autre aux avocat & procureur-général du roi pour l'exécution de lettres-patentes du même mois. Ces lettres de Cachet qui font viſées dans d'autres lettres-patentes du 27 du même mois, font dites fignées de la propre main du roi, *fub figneto annuli noſtri fecreto.* Ainſi le petit fignet ou petit Cachet du roi étoit alors l'anneau qu'il portoit à fon doigt.

L'ordonnance de Charles V du dernier février 2378, porte que le roi aura un fignet pour mettre aux lettres, *fans lequel nul denier du domaine ne fera payé.*

Il eſt auſſi ordonné que les aſſignations d'arrérages, dons tranfports, aliénations, changemens de terre, &c. feront fignés de ce fignet, & autrement n'auront point d'effet.

Que les gages des gens des comptes feront renouvellés par chacun an par un mandement & lettres du roi fignées de ce fignet, & ainſi feront payés & non autrement.

Les lettres que le roi adreſſe à fes cours concernant l'adminiſtration de la juſtice, font toujours des letttes-patentes & non des lettres closes ou de Cachet, parce que ce qui a rapport à la justice doit être public & connu de tous, & doit porter la marque la plus authentique & la plus solemnelle de l'autorité du roi.

Du Tillet, en son recueil des ordonnances des rois de France, parle d'une ordonnance de Philippe-le-Long, alors régent du royaume, faite à S. Germain-en-Laie au mois de juin 1316. Après avoir rapporté ce qui est dit par cette ordonnance sur l'ordre que l'on devoit observer pour l'expédition, signature & sceau des lettres de justice : il dit que « de cette ordonnance est »tirée la maxime reçue, qu'en fait de justice on »n'a regard à lettres missives, & que le grand »scel du roi y est nécessaire, non sans grande »raison ; car les Chanceliers de France & maî- »tres des requêtes sont institués à la suite du »roi, pour avoir le premier œil à la justice de »laquelle le roi est débiteur ; & l'autre œil est »aux officiers ordonnés par les provinces pour »l'administration de ladite justice, mêmement »souveraine, & faut pour en acquitter la con- »science du roi & des officiers de ladite justice, »tant près la personne dudit roi, que par ses »provinces, qu'ils y apportent tous une volonté »conforme à l'intégrité de ladite justice, sans »contention d'autorité, ni passion particuliere »qui engendre injustice, provoque & attire »l'ire de Dieu sur l'universel. Ladite ordon- »nance, ajoute du Tillet, étoit sainte, & par »icelle les rois ont montré la crainte qu'ils »avoient qu'aucune injustice se fît en leur »royaume, y mettant l'ordre susdit pour se gar- »der de surprise en cet endroit, qui est leur »principale charge ».

. Il y a même plusieurs ordonnances qui ont expressément défendu à tout juge d'avoir aucun égard aux lettres closes ou de Cachet qui seroient accordées sur le fait de la justice.

: La première est l'ordonnance d'Orléans, article 3.

La seconde est l'ordonnance de Blois, article 281.

La troisième est l'ordonnance de Moulins, qui est encore plus générale & plus précise sur ce sujet ; sur quoi on peut voir dans Néron les remarques tirées de M. Pardoux du Prat, savoir que pour le fait de la justice les lettres doivent absolument être patentes, & que l'on ne doit avoir en cela aucun égard aux lettres closes.

On trouve néanmoins quelques lettres de Cachet regîstrées au Parlement ; mais il s'agissoit de lettres qui ne contenoient que des ordres particliers & non de nouveaux règlemens. On peut mettre dans cette classe celle de Henri II du 3 décembre 1551, qui fut enregîstrée au parlement le lendemain, & dont il est fait mention dans le traité de la Police. Le roi dit dans cette lettre, qu'ayant fait examiner en son Conseil les ordonnances sur le fait de la police, il n'avoit rien trouvé à y ajouter ; il mande au Parlement d'y tenir la main, &c.

La déclaration du roi, du 24 Février 1673, porte que les ordonnances, édits, déclarations & lettres-patentes, concernant les affaires publiques, soit de justice ou de finance, émanées de la seule autorité & propre mouvement du roi, sans parties, qui feront envoyées à son procureur général avec ses lettres de Cachet portant ses ordres pour l'enregîstrement, seront

présentées

préfentées par le procureur général en l'affemblée des chambres avec ces lettres de Cachet.

Lorfqu'un homme eft détenu prifonnier en vertu d'une lettre de Cachet, on ne reçoit point les recommandations que fes créanciers voudroient faire, & il ne peut être retenu en prifon en vertu de telles recommandations.

Voyez l'arrêt du Confeil du 17 mars 1740 ; le recueil des ordonnances de la troifième race ; le dictionnaire des fciences ; les ordonnances des 16 novembre 1318 , 14 mai 1358 , 27 janvier 1359 , & dernier Février 1378 ; le recueil de Néron ; les ordonnances d'Orléans , de Blois & de Moulins ; Théveneau fur les ordonnances ; la déclaration du 24 Février 1673 , &c. Voyez auffi les articles CONTREBANDE, VISITE, COMMIS, SCEL, LETTRES-PATENTES, ENREGISTREMENT, JUGE, PRISONNIER, &c.

CACHOT. Prifon baffe voûtée & obfcure deftinée à enfermer les criminels.

On ne met ordinairement dans les Cachots que les particuliers accufés de crimes capitaux, comme l'affaffinat, la rebellion à juftice, &c.

L'article 19 du titre 13 de l'ordonnance de 1670 défend aux geoliers de mettre fans un ordre du juge, les prifonniers dans les Cachots. Cependant pour prévenir quelque accident fâcheux, & lorfqu'il y a lieu de craindre la violence d'un prifonnier, le geolier peut le renfermer dans un Cachot : mais alors il doit en faire promptement fon rapport au juge afin que celui-ci ordonne ce qu'il eftimera devoir être fait.

L'ordonnance citée veut que les geoliers vifitent les Cachots au moins une fois par jour & elle leur enjoint d'avertir les procureurs du roi ou ceux des seigneurs s'il y a quelque prisonnier malade, afin qu'il soit visité & transféré ailleurs, si le juge l'ordonne.

Les prisonniers enfermés dans les Cachots ne doivent avoir entre eux aucune communication, & le geolier ne doit pas permettre qu'il leur soit donné aucune lettre ou billet; c'est ce qui résulte de l'article 17 du titre cité.

. C'est le juge criminel & non celui qui a la police des prisons qui peut ordonner que l'accusé auquel on fait le procès sera mis au Cachot: cela est ainsi décidé par l'article 31 de l'arrêt de règlement du premier septembre 1717 rendu pour les prisons du ressort du parlement de Paris. Cependant si un prisonnier détenu pour crime venoit à troubler le bon ordre & la police des prisons, il n'est pas douteux que le juge auquel cette police est confiée, ne fût en droit de faire mettre un tel prisonnier au Cachot.

Les femmes ne doivent jamais être enfermées dans les Cachots, de quelque crime qu'elles soient accusées ; mais on les met quelquefois au secret.

Voyez *l'ordonnance criminelle du mois d'août 1670 ; le traité de la justice criminelle de France ; l'arrêt de règlement du parlement de Paris du premier septembre 1717*, &c. Voyez aussi les articles PRISONS, GEOLIER, CRIME, DETTE, &c.

CACHOU. Suc d'un arbre des indes dont les épiciers font commerce.

Suivant le tarif de 1664, le Cachou est dans la classe des drogueries & il paye pour droit d'entrée trois livres par cent pesant.

Voyez *le tarif cité* ; & les articles ENTRÉE, SORTIE, MARCHANDISE, SOU POUR LIVRE, &c.

CADASTRE. C'eſt un regiſtre public que l'on tient dans quelques provinces du royaume & dans lequel la quantité & la valeur des biens fonds ſont marqués en détail.

L'objet du Cadaſtre eſt d'ôter l'arbitraire dans l'impoſition des charges publiques, d'introduire une proportion convenable dans la répartition & de prévenir tout abus dans la perception : l'effet du Cadaſtre eſt d'empêcher que le plus foible ne paye à l'état plus qu'il ne lui doit, que le riche ne ſe ſouſtraie au tribut & que les frais de collecte ne ſoient onéreux au peuple.

Le Cadaſtre étant fait non ſeulement avec ſoin & avec équité, mais même avec le concours des contribuables, ne doit laiſſer à chaque particulier ſujet à l'impôt aucune inquiétude ſur la part à percevoir ſur ſes revenus pour l'acquit des charges publiques. En ſimplifiant la juriſprudence ſur ces matières, le Cadaſtre fournit aux Magiſtrats des règles certaines contre les délits, contre les abus & contre les interprétations forcées.

On confond ſouvent les Cadaſtres avec les terriers ; mais les Cadaſtres s'étendent à tous les héritages d'une province & ſont faits pour parvenir à l'aſſiette de l'impôt néceſſaire au beſoin de l'état ; au lieu que les terriers ſont les dénombremens des héritages & des arrière-fiefs ſoumis à certains droits & à certaines redevances envers les ſeigneurs ou envers le ſouverain à cauſe de ſon domaine.

Ainſi le Cadaſtre devant ſervir à la répartition de l'impôt ſur les terres il ne doit être uſité que dans les pays où la taille eſt réelle, commé dans les généralités du Languedoc, de Mon-

tauban, &c. Mais les provinces telles que la
Guyenne où le roi a des droits étendus fur les
héritages de fes vaffaux ou de fes cenfitaires
ont des livres terriers où ces droits font enre-
giftrés.

Il y a deux manières de faire les Cadaftres;
la première en formant avec le fecours des experts, des officiers municipaux & des contribuables, certains régiftres qui déterminent les
revenus de chaque propriétaire en livres, fous
& deniers à raifon des qualités bonnes, médiocres & mauvaifes des héritages, foit qu'on
les cultive; comme prés, bois, vignes, terres
labourables, &c; foit qu'on ait égard à la fituation plus ou moins favorable de ces héritages,
& au débit plus ou moins confidérable des fruits
qu'on y recueille.

La feconde confifte à mefurer exactement tous
les héritages des propriétaires, & après avoir déterminé la fuperficie, à en faire l'eftimation non-
feulement par rapport à la qualité & à la fituation mais encore par rapport à l'étendue qu'ils
peuvent avoir.

L'origine des Cadaftres doit remonter au premier gouvernement qui a établi des règles pour
impofer les citoyens proportionnément à leurs
facultés. Dans les anciennes républiques, il ne
falloit pas déterminer le fubfide que chacun devoit à la patrie, on n'avoit rien qu'on ne defi-
rât lui donner; qu'eût fervi un Cadaftre entre
les mains d'un defpote qui favorife quand il
n'exige que modérément? c'étoit pour facrifier
à fon avidité les plus riches propriétaires, que
Caligula feuilletoit les Cadaftres des provinces.

Les Romains avoient établi l'ufage du Cadaftre

dans tous les lieux de leur domination : leur histoire & leurs loix (*) nous apprennent que les tributs publics consistoient en deux sortes d'impositions, dont l'une étoit la taxe réelle à raison de tant par arpent, & l'autre la capitation: pour asseoir ces impôts on dressoit des registres ou des recensements, dans lesquels on inscrivoit métropole par métropole, cités par cités, les noms des sujets, leur âge, leur condition, les qualités & la nature de leurs biens. Ce fut de cette manière que l'on décrivit le monde romain dans le tems de Jesus-Christ.

La loi *Placuit* (**) vouloit que les Cadastres fussent rédigés dans chaque cité par les officiers du lieu qui les faisoient ensuite approuver par le gouverneur de la province ; après quoi, ils étoient déposés dans les archives comme des actes qui faisoient foi en justice.

On conserve encore en Italie des *Censimenti* ou Cadastres que l'on dit avoir été rédigés par ordre des empereurs Romains, & quelques savants publicistes François soutiennent que sous Clovis & les autres rois Merovingiens au moins dans les terres du domaine, la premiere branche du tribut public provenoit des produit des terres évaluées par des Cadastres. Ils se fondent sur des

---

(*) La loi 8, code theod. titre *de diversis rescriptis* XXVI, tit. *de exactionibus XIII*, tit. *de censu sive adscriptione XVIII*, *de muneribus & honoribus*. C. Just. L. II, *de muneribus patrimonium.*

(**) *Placuit ut descriptiones si quæ per singulos cogentibus, diversis negotiis agitentur, non sumant ante principium quam apud acta provinciarnm rectoribus intimentur, & ex eorum fuerint receptæ sententiis.* Cod. liv. 10, tit. 22. loi 1.

passages de Gregoire de Tours, dont voici les deux principaux « Le roi Chilperic ordonna que » dans tous ses états il fût dressé une nouvelle » description, & que les taxes y fussent ensuite » imposées sur un pied plus haut que celui sur » lequel on s'étoit reglé dans les Cadastres pré- » cédens. Cela fut cause que plusieurs de ses su- » jets abandonnèrent leurs biens pour se retirer » dans les autres partages, aimant mieux y vivre » dans la condition d'étrangers, que d'être ex- » posés dans la cité dont ils étoient citoyens, » à des contraintes dures & inévitables. En » effet suivant le pied sur lequel on s'étoit re- » glé en asseyant les taxes, en conséquence de » la nouvelle description, celui qui possédoit » une vigne en toute propriété se trouvoit taxé » à un tonneau de vin par arpent, & il étoit » encore comme impossible que les contribua- » bles acquitassent les autres charges mises sur » les terres. D'ailleurs ce qui étoit demandé à » raison de chaque serf étoit excessif : aussi les » habitans du Limousin qui étoient réduits au dé- » sespoir par ces impositions exorbitantes, ayant » été assemblés le premier jour de mars par un » officier des finances nommé Marcus, qui avoit » pris la commission d'établir le nouveau Cadas- » tre dans le pays, ils voulurent le mettre en » pièces, ce qu'ils auroit exécuté, si l'évêque » Ferreolus ne l'eût fait sauver. Cependant on » ne put empêcher le peuple de se saisir des re- » gistres de la nouvelle description & de les brû- » ler. (liv. 5 chap. 19 Greg. de Tours).

Voici le second passage » Sur la requisition » de Marovius évêque de Poitiers, le roi Chil- » debert le jeune y envoya Florentius Maire du

» palais avec la commiffion de faire, à la defcrip-
» tion fuivant laquelle le tribut avoit été payé
» fous le règne de Sigebert fon pere, tous les
» changemens qu'il conviendroit à caufe des
» mutations furvenues dans le pays depuis
» qu'elle avoit été dreffée ; en effet depuis ce
» tems-là plufieurs chefs de famille qui portoient
» une grande partie du tribut public, étoient
» décédés & leur cotte part fe trouvoit être
» retombée fur des veuves, fur des orphelins &
» fur d'autres perfonnes qui avoient befoin d'être
» foulagées. Les commiffaires après avoir exa-
» miné fur les lieux l'état des chofes, foulagèrent
» les pauvres & repartirent les fommes aux-
» quelles fe montoient les diminutions faites à
» ces cottes parts fur des contribuables qui fui-
» vant les règles de l'équité devoient payer une
» portion de rejet.

Ce n'eft point ici le lieu d'examiner fi les
conféquences différentes que l'on a tirées des ces
paffages font fondées, nous nous contentons de
citer les textes anciens relatifs aux Cadaftres.

Les Chinois font remonter leur Cadaftre à la
plus haute antiquité : il eft un des plus beaux &
des plus utiles monumens entrepris par les gou-
vernemens, non-feulement pour la perception
de l'impôt, mais encore pour tout ce qui concerne l'augmentation de la richeffe publique. Il eft
fondé fur le plus grand plan topographique qui ait
jamais été exécuté. Il fait le dénombrement non-
feulement des habitans, mais encore de toutes
leurs terres & de leurs revenus dont on prélève
depuis le trentième jufqu'au dixième, fuivant la
qualité du fol. Ces plans fervent auffi de bafe
aux projets utiles pour augmenter la valeur des

productions; ils ont fervi à ces célèbres calculs qui ont déterminé quelles étoient les productions dont la culture étoit la plus lucrative, & qui ont conduit à diminuer les moins néceſſaires afin de multiplier les ſubſiſtances des hommes. Ce ſont auſſi ces plans topographiques qui ont dirigé la conduite des canaux de navigation qui réuniſſent toutes les rivières de la Chine, & ceux d'arroſement qu'on regarde comme la principale cauſe de la fertilité des terres de cet empire.

C'eſt à l'imitation des Chinois qu'on leve aujourd'hui en Angleterre un plan ſur une échelle d'un douzième de ligne pour toiſe, qui doit non-ſeulement corriger les Cadaſtres faits depuis plus de trois ſiècles, mais auſſi conduire aux recherches de la plus grande utilité pour l'adminiſtration publique. Ce travail eſt exécuté par les ſçavans les plus connus.

Il n'en eſt pas de même des plans topographiques qui ont été levés dans les états de Milan, en Piemont, à Bologne & dans quelques autres parties de l'Italie pour perfectionner les Cadaſtres; les règlemens qui les concernent faits avec les meilleures intentions par des adminiſtrateurs très-éclairés dans la perception de l'impôt, n'ont pas été viſés par des géographes qui aient preſcrit de bonnes règles pour la conduite des arpenteurs.

Exceptez le Cadaſtre de Corſe, ceux des autres provinces de France ne ſont que des regiſtres où ſe trouvent l'évaluation des héritages; celui de Languedoc eſt appellé *compoix*; l'impôt y eſt ſubdiviſé en livres, ſous, deniers, oboles & mailles; de ſorte que la taille d'une comunauté se monte à une somme exprimée par ces monnoies idéales; ensuite la communauté distribue sa portion entre ses habitans, selon la nature & la valeur de leurs possessions.

Tout propriétaire d'héritage paye sans égard à son domicile ni à sa qualité personnelle de noble, d'ecclésiastique, d'officier, de citadin, ou de campagnard : les seules terres nobles sont privilégiées & exemptes de tailles. Les terres de cette classe ont été déterminées par les règlemens de Louis XII, de François I & par l'ordonnance de Philippe de Valois.

Il y a aussi en Languedoc de semblables régistres pour la taxe des maisons, & pour la taxe de l'industrie sur les marchands & les artisans, afin que toutes les sortes de biens contribuant aux charges publiques, l'impôt soit réparti proportionnément aux facultés de chaque particulier.

Depuis le quinzième siècle, le Cadastre général de chaque diocèse & de chaque communauté n'a point été renouvelé, mais celui des propriétaires habitans d'une même communauté se renouvelle de trente ans en trente ans ; les états choisissent pour le renouveler , des commissaires qui sont autorisés par un arrêt du conseil à visiter les propriétés de chaque communauté & à en faire l'estimation ; le résultat de leur opération est rapporté & vérifié dans l'assemblée générale des états : il est ensuite approuvé par un nouvel arrêt du conseil; de sorte que l'administration de la province & du royaume sçait toujours de quelle façon l'on a operé & quel est le produit de l'opération.

En Provence, le Cadastre général de la Province eſt appellé *affouagement* ; les nobles & le clergé y ſont inſcrits quand ils poſſédent des biens roturiers, & les roturiers n'y ſont point, quand ils ne poſſédent que des biens nobles. On renouvelle le Cadaſtre général tous les 30 ans avec les mêmes formes qu'on renouvelle en Languedoc celui des particuliers ; & quand l'année du renouvellement eſt arrivée, on aſſemble la communauté pour ſavoir s'il ne reſte aucune plainte ſur la fixation particulière de chaque contribuable, afin d'y faire droit ſans délai.

La vérification terminée, le Cadaſtre eſt accepté par le conſeil, & dès ce jour, de même que dans les autres provinces où il y a des Cadaſtres, les regiſtres fixent toutes les impoſitions ; chaque propriétaire connoiſſant la valeur de ſon bien ſçait combien il doit ſupporter de livres de Cadaſtre & par conſéquent, dès que l'on publie à combien doit ſe monter l'impôt général de la province, on connoît la valeur de la livre de Cadaſtre, qui ſe ſubdiviſe ; on ſçait auſſi la ſomme répartie ſur chaque feu, d'où chaque particulier peut calculer lui-même combien il doit payer, & en cas de mutation de combien ſa part doit diminuer. La note écrite à la marge d'une portion du Cadaſtre indique aux collecteurs que c'eſt l'acquéreur qui doit payer la partie de l'impôt due par cette portion.

Le Cadaſtre général de Dauphiné a été renouvelé en 1699 par M. Douchu qui étoit alors intendant de cette province. Il eſt renommé par le ſoin & l'application avec leſquels cet intendant y travailla ; il eſt en forme de regiſtres appellés *affouagemens* comme en Provence.

Dans la province d'Artois on paye des centièmes qui font un impôt réel réparti fur une ancienne eftimation de la province femblable aux anciens Cadaftres. Ce font les états qui font chargés de fixer d'après le Cadaftre des revenus, la portion que doit chaque héritage.

M. Colbert qui a procuré à la France tant de beaux réglemens, a dreffé ceux du Cadaftre de la généralité de Montauban, où ils fubfiftent encore fans altération. Ils contiennent des particularités trop remarquables pour ne pas les rapporter ici. Ils divifent cette généralité en douze mille feux, chacun de cent *étincelles* ou *belluques* ; on répartit l'impôt fur ce pied fans que les communautés puiffent être chargées à caufe d'une augmentation de population , ni déchargées à caufe d'une diminution. S'il arrive quelqu'accident, l'intendant obtient une diminution de taille pour foulager les communautés affligées , ainfi que cela eft arrivé en 1700. L'impofition eft affife fur tous les biens, foit qu'ils appartiennent au clergé ou à la nobleffe ; elle eft auffi affife fur l'induftrie , fur les fonds de marchandifes , fur les meubles , fur les deniers à intérêt & fur les rentes conftituées. Le Cadaftre n'affranchit de l'impôt qne les biens annoblis avant 1600 ; & y affujettit tous les autres, même ceux qui ont été annoblis par lettres patentes vérifiées , fauf à pourvoir au dédommagement des propriétaires.

La répartition fur les communautés n'augmentant ni ne diminuant à raifon des augmentations ou des diminutions de la population , chacun eft donc intéreffé à augmenter fes feux. Il lui eft permis à cet effet de s'emparer des terres abandonnées, à condition de les mettre en culture, fans que le propriétaire puiffe y rentrer après trois années expirées. Les arrêts de la cour des aides de Montauban & du confeil, ont maintenu dans toute fa pureté l'ordonnance rédigée par M. Colbert.

Le Cadaftre de Bretagne fe divife comme celui de Languedoc en un certain nombre de feux qu'on appelle *fouages* & l'effet en eft à peu près le même.

Immédiatement après la ceffion faite de la Corfe aux François par les Genois, on a commencé le Cadaftre de cette île en vertu de différens arrêts du confeil, pour affeoir un impôt réel, pour connoître par une recherche exacte en quoi confifte l'étendue des domaines fonciers & des droits du roi dans l'île, enfin pour procurer aux habitants des actes autentiques qui établif-fent leurs légitimes poffeffions & qui fuppléent aux titres primordiaux détruits par les défaftres de la guerre.

Les règlemens conçernant ce Cadaftre veulent qu'il foit levé fur une échelle d'un huitième de ligne pour toife une carte topographique de tous les terreins qui compofent l'étendue des *pieves* (*) circonftances & dépendances; que ces cartes repréfentent le plus exactement qu'il eft poffible la configuration & l'étendue des terreins, leur contenance & mefurage en arpens, fubdivifion d'arpent, & à cet effet l'arpent doit être déterminé à 100 perches de fuperficie, & la perche à 20 pieds mefure de Paris; que chaque article de ces plans & cartes foit marqué de nu-

_____

(*) Piève fignifie un diftrict compofé de plufieurs communautés.

méros comprenant un canton ou une subdivision de canton qui correspondent à des cahiers d'explication sur la nature & sur la qualité des terreins représentés par les cartes.

Ce Cadastre qui est aussi un terrier est la plus vaste entreprise de ce genre qui ait été faite en Europe; il y a six ans qu'elle est commencée, un grand nombre de géomètres y ont été employés d'abord avec des appointemens fixes: ils le sont aujourd'hui à raison de 5 sous par chaque arpent qu'ils dressent: des onze provinces de l'île trois sont déja levées & celle du cap Corse l'est avec une échelle d'un quart de ligne pour toise. On a fait passer la base à travers les plus hautes montagnes, ce qui a procuré sur chaque coté des profils très singuliers. Ce travail se fait de point en point, *pieve* par *pieve*, province par province.

En attendant qu'on puisse appliquer le Cadastre à ces plans & à une évaluation avouée des contribuables, ce qui est l'objet essentiel d'un Cadastre, on prélève l'impôt sur les déclarations que chaque particulier, chaque communauté, chaque province, font de leurs revenus après que ces déclarations ont été vérifiées dans l'assemblée générale des états. (*)

Il y a en Bourgogne quelques territoires où la taille est réelle & où elle se perçoit sur d'anciennes estimations d'après les règlemens des élus généraux nommés par les états.

Quelques pays d'élection comme Agen, Condom, & Aix en Guyenne ont aussi des Cadastres & l'on y perçoit la taille réelle. La répartition s'en

_____

(*) Voyez l'article CORSE.

fait par le syndic ou consul qui se trouve chargé de recueillir les deniers & tient lieu de collecteur. On renouvelle rarement ces Cadastres ou estimations des biens; il y en a qui ne l'ont pas été depuis plus d'un siècle. C'est l'intendant, qui a la police de tout ce qui les concerne, qui nomme les experts chargés de l'estimation & enfin qui dans les cas d'accidens exempte d'impôt les communautés souffrantes.

C'est ici le lieu de rappeller que plusieurs publicistes ont essayé d'établir, qu'après les Romains, les rois de France Merovingiens levèrent selon l'ancien usage les impôts sur les Cadastres faits par ordre des Romains & qu'ils renouvellèrent ensuite ces Cadastres; ces mêmes publicistes veulent que ces termes des capitulaires de Charles le Chauve de 864, *de illis autem qui secundum legem Romanam vivunt, nihil aliud, nisi quod in eisdem legibus continetur definimus*, fassent connoître que dès lors plusieurs provinces de France qui ont actuellement des Cadastres payoient les impôts sur des registres d'estimations dans la forme des anciens registres Romains; & ils proposent les ordonnances de Philippe le Hardi du 29 novembre 1273, celle de Philippe le Bel du 7 janvier 1306, comme des preuves indubitables que les impôts se percevoient encore alors dans cette forme. Ils tirent les mêmes conséquences de ce texte d'une ordonnance du roi Jean de 1360, *vobis mandamus quatenus debite compellatis ad contribuendum dictis talliis regiis & ad solvendum arreragia quæ solvere cessaverunt, juxta facultatem bonorum & hœreditatum;* des ordonnances des 22 juin 1372 & 1392 & 21 mars 1402, dans lesquelles on trouve de même la preuve de l'exiſtence des tailles réelles perçues ſelon les premières formes *pro quibus ab antiquo cum aliis habitatoribus ſolvere & contribuere tenentur & conſuerunt.*

Mais peut-on encore diſconvenir comme l'ont fait autrefois des auteurs célèbres, que les Cadaſtres ayent eu lieu dans les pays d'états avant le règne de Charles VII, puiſqu'il exiſte encore dans ces provinces des Cadaſtres faits antérieurement?

Notre hiſtoire nous fait connoître les avantages que cette forme de répartir l'impôt a procurés aux provinces où elle eſt admiſe. Peut-être *Sulli*, qui fit tant pour procurer l'aiſance & le bonheur des peuples, & qui réforma avec tant de peine l'adminiſtration vicieuſe des impôts eût-il fixé par un Cadaſtre les principes qui guidoient ſes opérations s'il eût auſſi bien connu la nature de l'impôt que les détails de la régie.

L'hiſtorien Mezerai a trop bien fait connoître les inconvéniens des impôts indirects & perſonnels, pour qu'on doute que dans le temps de Louis XIII on ne ſentît la néceſſité d'avoir des mémoires & des Cadaſtres qui fiſſent connoître les revenus des Citoyens afin d'établir un équilibre dans la répartition de l'impôt & dans la diſtribution des charges de l'état.

C'étoit ces motifs qui occaſionnèrent les projets de règlemens de Colbert pour la confection d'un Cadaſtre général de France, qui devoit être le dénombrement des habitans de chaque élection, celui des citadins, des laboureurs, des artiſans & des manœuvres; la quantité des bonnes, des médiocres & des mauvaiſes terres;

la nature des différens biens , les revenus du clergé régulier & féculier, les communes des villes & des communautés.

Il réfulta de ces projets de règlemens , le Cadaftre de Montauban que nous avons fait connoître , & les mémoires des intendans fur leurs généralités , publiés par M. de Boulainvilliers.

L'abbé de S. Pierre donna depuis des projets relatifs à la taille tarifiée & au Cadaftre de France, auxquels on prêta d'abord beaucoup d'attention : mais ils furent dans la fuite, ainfi que tous fes projets , mis au rang des rêves d'un homme de bien , & l'on n'annonça dans la déclaration du 23 novembre 1763, le projet d'un Cadaftre général, que par la difficulté reconnue de répartir dans une jufte proportion un impôt de vingt millions pour la liquidation & le remboursement des dettes de l'état. Cette déclaration eft un monument qui fera connoître à la poftérité combien feroit importante au bonheur des peuples l'exécution d'un Cadaftre général du royaume.

Elle veut par l'article premier , qu'il foit inceffamment envoyé au roi par les parlemens, par les chambres des comptes & par les cours des aides , des mémoires contenant leurs vues fur les moyens de perfectionner & de fimplifier l'établiffement, la répartition , le recouvrement, l'emploi & la comptabilité de tout ce qui compofe l'état des finances, & de donner à toutes ces parties la forme la moins onéreufe aux fujets: « Defquels néanmoins, » ajoute le légiflateur , » il nous fera fans délai rendu compte par les » perfonnes que nous nous propofons d'en char- » ger auffi-tôt après l'enregiftrement des pré- » fentes,

» fentes, à l'effet que nous puiſſions avoir la
» ſatisfaction d'annoncer à nos peuples le plutôt
» qu'il ſera poſſible, &'dans les formes ordi-
» naires, nos volontés ſur une adminiſtration
» qui procure autant leur ſoulagement que l'a-
» mélioration de nos finances».

L'article 2 porte que le roi deſirant préparer
dès-à-préſent un moyen général d'exclure tout
arbitraire & toute inégalité dans la répartition
des impoſitions qu'il aura déterminées, d'après
l'examen preſcrit par le précédent article, ſa
majeſté veut, « qu'inceſſamment & auſſi-tôt
» après la vérification faite dans les cours en la
» forme ordinaire, des règlemens qui leur ſeront
» adreſſés, il ſoit procédé à la confection d'un
» Cadaſtre général de tous les biens fonds ſitués
» dans le royaume, même de ceux dépendans
» du domaine de la couronne, de ceux apparte-
» nans aux princes du ſang, aux eccléſiaſtiques,
» nobles, privilégiés, de quelque nature & qua-
» lité qu'ils ſoient, ſans qu'aucuns ne puiſſent en
» être exceptés ſous quelque prétexte que ce
» ſoit, & ce dans la forme la plus utile au ſou-
» lagement des peuples, & qui ſera ordonné par
» ces règlemens».

Après cette déclaration, on eſſaya de dreſſer
le Cadaſtre de quelques élections ; mais par la
fatalité qui eſt ſouvent attachée à l'exécution
des meilleures vues, cet eſſai n'eut pas le ſuccès
qu'on en attendoit, & l'adminiſtration remit à
des circonſtances plus favorables l'exécution
d'un Cadaſtre général.

On devoit par ces premiers eſſais, exécuter
dans une élection la perception de la taille ou
de la dîme en nature, ſelon le ſyſtême de M. de

Vaubau. Dans une autre, la répartition se seroit faite sur un Cadastre dressé avec des regiftres d'évaluation, selon la première espèce de Cadaftre que nous avons fait connoître au commencement de cet article ; & dans une troisiéme on devoit percevoir sur un Cadaftre de la seconde espece, c'est-à-dire fondé sur des plans détaillés de chaque héritage.

Ces deux espèces de Cadaftres ont des règlemens communs & particuliers qu'il nous reste à faire connoître.

Ceux qui sont communs aux deux espèces de Cadaftres ont pour objet, 1°. de fixer la nature des fonds & des biens qui doivent y être inférés.

2°. De dénombrer quels sont les biens nobles ou ecclésiastiques exempts d'impôt.

3°. D'ordonner comment il doit être procédé à l'évaluation des fonds inscrits aux Cadaftres, & comment on enregiftrera les mutations.

4°. De régler quel sera le recours des particuliers en cas de plainte.

5°. De déterminer comment seront payés les arpenteurs, experts & employés aux Cadaftres, & les autres dépenses nécessaires.

6°. La révolution des renouvellemens & le temps de l'année où l'on doit y travailler.

La plupart de ces règlemens assujettiffent au Cadastre, toute espèce de biens, de quelque nature qu'ils soient, les biens commerçables, les fonds de boutique, les meubles, les deniers à intérêt, les rentes constituées, &c. dans l'esprit de mettre dans l'impôt la plus jufte proportion qu'il soit poffible, en y soumettant tous ceux qui ont quelques droits de propriété.

Il n'y a d'excepté que les terres qui étoient réputées nobles ou qui dépendoient des bénéfices lors de la première formation du Cadaftre ; mais il faut toujours recourir aux lois qui établiſſoient à cette époque le droit des privilégiés : l'énonciation du Cadaſtre , lors même qu'elle eſt ſoutenue de la poſſeſſion la plus longue , ne peut être admiſe pour opérer la continuation de l'exemption des tailles , ſi cette exemption eſt vicieuſe dans ſa ſource. L'article 17 de la déclaration de 1684, veut formellement , « qu'aucune preſcription ou poſſeſſion » immémoriale d'indemnité, ne puiſſe être alléguée ou oppoſée pour la preuve de la nobilité » des héritages ».

Ainſi lorſqu'en Languedoc la communauté de Pézenas voulut cotriſer le domaine *des prés* qui avoit en ſa faveur une pareille poſſeſſion, Armand , prince de Conti , propriétaire de ce domaine, ne put s'en prévaloir. Feu M. de Choiſeul , évêque de Mende, s'eſt trouvé dans le même cas pour des terres de ſon évêché.

Il eſt également de principe dans les pays où la taille réelle a lieu, que les Cadaſtres des communautés ne peuvent leur ſervir pour ſe ſouſtraire à des droits envers les ſeigneurs feudataires, parce que ces Cadaſtres ſont des titres qu'elles ſe font elles-mêmes, & à la confection deſquels le ſeigneur n'aſſiſte pas. L'objet de ces communautés eſt de déterminer entre les habitans dont elles ſont compoſées, la portée des contributions que chacun d'eux doit payer à l'état, & non de favoriſer les prétentions qu'ils peuvent former contre des tiers ; c'eſt par cette raiſon que le parlement de Provence refuſe d'ad-

H ij

mettre comme titre contre les seigneurs les Cadastres des communautés.

L'estimation des terres doit se faire par rapport aux qualités, à la nature, à l'exposition des fonds, aux circonstances locales qui peuvent augmenter la valeur des revenus ; & si les fonds sont dégradés par la négligence des possesseurs, comme s'ils sont améliorés par leur industrie, ils doivent être réputés de la même valeur que les circonvoisins de même nature.

L'estimation des terres étant la base de la proportion de l'impôt, la nomination des experts-estimateurs doit se faire par des actes authentiques à la participation des intéressés. Ces experts peuvent être rejetés sur les représentations des contribuables qui auroient quelques raisons à produire contr'eux ; ils doivent faire serment d'exercer fidellement leur charge & avec toute l'attention & la probité requises, & d'exécuter avec exactitude les règlemens donnés. Ce serment se fait en présence des témoins nommés par la communauté ; il en est dressé acte qu'on enregistre dans le livre du Cadastre. On choisit ordinairement les experts hors du pays pour éviter les abus auxquels la partialité & la parenté pourroient donner lieu.

Ailleurs on emploie non-seulement à cette évaluation plusieurs experts, mais une assemblée composée des plus habiles praticiens du lieu & des députés du Cadastre.

Pour procéder à l'estimation, on distingue les territoires de chaque communauté en plusieurs parties ; par exemple, depuis tel chemin jusqu'à tel autre ; depuis telle rivière jusqu'à tel sentier, &c., & l'on fait l'évaluation par masses

égales ou inégales, felon les circonftances locales les plus favorables ; mais fi le territoire eft
entremêlé de terreins de qualités différentes,
enforte qu'il foit impoffible de les divifer en
grandes portions, & qu'il faille évaluer pièce
par pièce, les eftimateurs & députés doivent
s'en affurer préalablement avec toute l'attention
poffible & opérer pièce par pièce.

Si le Cadaftre fe fait par le moyen des plans,
on eftime les terreins à mefure qu'ils font ar-
pentés, & le géometre dreffe avec les experts
le regiftre du Cadaftre.

On décrit préliminairement dans ces regiftres
la communauté, fa fituation, la généralité & le
diocèfe dont elle dépend ; on fait enfuite connoître le nombre des propriétaires, & l'on en
forme une lifte dans l'ordre alphabétique, à côté
des numéros qui défignent chaque portion de
terre. On marque en marge la qualité du terrein, le nombre d'arpens qu'il comprend, &
l'on écrit en toutes lettres l'évaluation de ce
terrein à raifon de l'eftimation qui a été déter-
minée par les experts ; mais dans des colonnes
féparées, on écrit en chiffres toutes les quantités
qui expriment la valeur de chaque héritage &
fa fuperficie, fi elle a été arpentée, afin de connoître au bas de chaque colonne & à la fin du
regiftre, la fuperficie & l'évaluation de toutes
les terres contenues dans le territoire de la
communauté pour laquelle fe fait le Cadaftre.

Dans ces mêmes regiftres, on fait mention
de la quantité des terreins appartenans au public,
comme les chemins, les fleuves, les rivières,
les ruiffeaux, les lacs, les communes deftinées
au pacage des beftiaux & les terres abandon-

nées comme n'étant pas susceptibles d'être cultivées.

Les variations qui doivent continuellement arriver par les ventes, les successions & les autres cas qui donnent lieu au changement de propriétaire, ont fait régler que tous ceux qui vendroient, acheteroient, échangeroient, donneroient en dot quelques parties de leur héritage; que les particuliers qui hériteroient d'un fonds quelconque, ou qui en acquérroient de nouveaux, seroient tenus d'en avertir la personne préposée à recevoir leur déclaration pour en dresser un nouvel article au registre du Cadastre.

Ces additions au Cadastre se marquent à la suite de l'article du déclarant, si son nom se trouve sur le registre dans la liste des propriétaires; & s'il ne s'y trouve pas, on en forme à la fin du registre un nouvel article, ayant attention de marquer en note à côté du numéro qui désignoit d'abord cet héritage, comment il est passé en d'autres mains.

Les officiers municipaux vérifient ensuite les registres (*) : si quelques particuliers se croient lésés, la plainte se vérifie sur le champ par de nouveaux experts en présence des anciens; si elle est fondée, elle est corrigée aux frais de la communauté; si elle ne l'est point, la vérification reste aux frais du plaignant. Si le particulier insiste à une seconde vérification, il doit prendre la voie judiciaire & spécifier dans sa nouvelle plainte la partie de terre qu'il dit avoir été mal

_____

(*) Ils sont remis au lieu de l'assemblée de la communauté & exposés à la critique des contribuables.

mefurée & mal évaluée ; il eft tenu en formant
fon inftance , de dépofer les frais qu'elle occa-
fionnera & qui lui feront rendus s'il échet.

Pour fubvenir aux payemens des falaires des
arpenteurs & des experts, on augmente la
fomme que la communauté doit payer pour
l'impofition publique, & quelquefois on répartit
ce fupplément fur plufieurs années.

Les communautés font tenues de fournir à
l'arpenteur & aux experts, le nombre d'hommes
néceffaires, foit pour tenir la chaîne , foit pour
porter les inftrumens , foit pour donner les indications fur les limites des héritages & des territoires de chaque communauté.

S'il arrive que les débordemens altèrent la
qualité des terreins fitués près des rivières, qu'il
fe forme des aterriffemens qui en changent la
figure , que les terres qui couvrent les coteaux
s'éboulent , que les chemins aient reçu de
nouvelles directions ; que par des accidens
quelconques, des cantons fe foient dépeuplés &
appauvris ; alors les terres n'étant plus les mêmes ont changé de valeur ; il faut donc procéder
au renouvellement du Cadaftre afin de rétablir
la jufte proportion fur laquelle l'impôt doit être
réparti.

Si le premier Cadaftre eft bien fait , le renouvellement eft facile. En cas d'arpentage , il ne
faut le recommencer qu'en partie , & les premiers principes conduifent à la nouvelle eftimation qui eft moins pénible que la premiere ,
puifqu'on eft aidé par les anciens regiftres.

Les opérations du Cadaftre ne peuvent fe
faire que dans le temps où la communauté eft
le moins occupée des travaux de campagne &

qu'on peut parcourir les terres fans nuire aux cultures.

Les règlemens concernant la première manière de former un Cadaftre, c'eft-à-dire, d'eftimer le revenu des terres, obligent tous les propriétaires à des déclarations dans lefquelles ils doivent énoncer la fituation, les limites, la nature, la qualité, la fuperficie de chaque canton, les droits actifs & paffifs qui fe trouvent attachés à chaque bien déclaré, indiquer le nom du canton où ils fe trouvent, les titres des héritages & la nature des revenus. Ces règlemens veulent que les commiffaires du Cadaftre & les officiers municipaux fe tranfportent fur les lieux & y vérifient les déclarations avant qu'on procède à l'eftimation de la valeur réelle des terres.

Les règlemens relatifs à la feconde méthode de former un Cadaftre, concernent les devoirs des géometres employés à la mefure des terreins ; ils leur prefcrivent les inftrumens dont ils doivent fe fervir, la manière dont les plans doivent être deffinés, ce qu'ils doivent obferver pour diftinguer la nature des fonds, pour exprimer les montagnes, les collines & les plaines, pour limiter les héritages, les communautés & les provinces.

Ces règlemens prefcrivent auffi qu'en matière de litige, le géometre ne peut en connoître que lorfqu'il eft pris pour arbitre par les parties intéreffées ; il doit feulement diftinguer fur fes plans l'héritage contefté par le nom de celui qui en eft refté poffeffeur. Si l'héritage eft un bois ou une portion de forêt, les communautés font obligées de faire abattre les arbres qui entourent les bornes pour qu'on les repréfente fur les plans.

Il eft auffi réglé, 1°. qu'on retiendra pendant un certain temps le tiers des honoraires du géometre pour fervir de caution & de fûreté au cas qu'il fe foit gliffé des erreurs fur fes plans. 2°. Que fi dans une vérification les plans fe trouvent inexacts, il fera obligé de payer non-feulement les frais de vérification, mais encore ceux de la nouvelle levée de plans.

Tels font les règlemens d'après lefquels font formés les différens Cadaftres connus.

Voyez les mémoires de Sully ; l'hiftoire de France de Mezeray ; Grégoire de Tours ; les capitulaires de Charles le Chauve ; le recueil de Baluze & celui de MM. Secouffe & de Laurière, &c. Voyez auffi les articles IMPÔT, TERRIER, TAILLE RÉELLE, &c. (*Article de M. HENRIS DE RICHEPREY, ingénieur & commis des finances*).

CADAVRE. C'eft le corps d'une perfonne morte.

Lorfqu'on trouve des Cadavres & qu'on a des raifons pour foupçonner que les perfonnes ne font point mortes d'une mort naturelle, on eft obligé d'en informer la juftice ordinaire du lieu, & on ne peut les inhumer avant qu'elles n'aient été vifitées, & que l'inhumation n'en ait été ordonnée. C'eft ce que portent une déclaration du 5 feptembre 1712, & un arrêt en forme de règlement du premier feptembre 1725. Voyez ce que nous avons dit à ce fujet à l'article *Bleffé*, où nous avons détaillé ce qui concerne la vifite des bleffures tant des perfonnes mortes que des perfonnes vivantes.

Lorsqu'un accusé décède dans le cours de la procédure & même durant l'appel d'une sentence de condamnation, il meurt en possession de son état, & l'on ne peut continuer le procès à son Cadavre ou à sa mémoire que lorsqu'il est prévenu du crime de leze-majesté divine ou humaine, de duel, ou de rebellion à justice à force ouverte, & qu'il a été tué dans le temps même de la rebellion, car s'il ne mouroit qu'après, il n'y auroit point lieu à procéder contre lui. C'est ce que l'article premier du titre 22 de l'ordonnance de 1670, a expressément décidé.

Comme le suicide ou l'homicide réfléchi de soi-même est un crime, & que celui qui s'en rend coupable n'en peut être puni autrement que par la flétrissure de sa mémoire, le même article de l'ordonnance permet de faire le procès au défunt; mais ce procès ne doit avoir trait purement qu'au suicide & non aux autres délits dont le défunt pouvoit être prévenu, parce qu'il est de maxime que la mort acquitte les dettes des vivans envers la société, à moins qu'il ne s'agisse, comme nous venons de le dire, de ces crimes dont parle l'ordonnance, & que l'on peut poursuivre contre la mémoire de ceux qui s'en sont rendus coupables.

Nous avons plusieurs exemples de procès criminels faits aux Cadavres, entr'autres celui qui fut fait en 1604, à un commis de M. de Villeroi secrétaire d'état, pour crime de leze-majesté. Ce particulier en voulant se sauver, se noya dans la rivière de Marne : on en retira son Cadavre qui fut démembré à quatre chevaux, & mis en quatre quartiers sur quatre roues aux quatre principales avenues de Paris.

Lorsqu'il s'agit de faire le procès au Cadavre ou à la mémoire d'un défunt, il faut d'abord, suivant M. Jousse, commencer par informer ; mais cette assertion prise dans un sens général est erronnée. Lorsque la personne est accusée, par exemple, de crime de leze-majesté & que la procédure se trouve commencée, on doit la suivre dans l'état où elle est, avec un curateur que l'on nomme d'office au défunt. Il en est de même lorsque cette personne est morte dans un duel ou dans une rebellion.

Le seul cas où il faille commencer par informer avant de nommer un curateur, c'est lorsque le défunt est présumé s'être volontairement donné la mort. Comme avant de poursuivre sa mémoire, il faut s'assurer s'il est coupable de suicide, il est dès-lors convenable qu'on commence par une information qui est la voie la plus propre à se procurer quelque certitude à ce sujet, & même cette information doit être précédée d'une visite & d'un rapport de chirurgiens & de médecins, parce que rien de plus propre que ce préliminaire à faire connoître si le défunt s'est homicidé volontairement.

Dans quelque cas que ce soit, lorsqu'il s'agit de procéder contre le Cadavre ou contre la mémoire d'un défunt, il est certain qu'on doit lui faire nommer un curateur : c'est ce que prescrit l'article 2 du titre 22 de l'ordonnance de 1670 (*), le juge peut nommer d'office qui bon lui semble ; mais il est tout naturel qu'il donne

(*) *Formule pour la nomination d'un curateur.*
» Remontre le procureur du roi que (*tel*) accusé de...

la préférence à un parent s'il s'en préfente quelqu'un pour cette commiffion, par la raifon qu'un

---

» qui eft un de ces crimes dont la vengeance publique
» doit s'exercer contre le cadavre ou la mémoire du cou-
» pable, étant décédé, il convenoit qu'il lui fût nommé
» un curateur, & qu'à cet effet il vous donne la préfente
» requête «.

Ordonnance » vû la préfente requête nous nommons
» d'office la perfonne de (*tel*) pour curateur au défunt, &
» ordonnons qu'il fera affigné pour prêter le ferment en
» pareil cas requis «.

Preftation de ferment » aujourd'hui, &c. pardevant
» nous, &c. à comparu (*tel*) qui nous a dit avoir été affi-
» gné en vertu de notre ordonnance à la requête du pro-
» cureur du roi de ce fiége, par exploit de.... huiffier,
» en date du, &c. pour accepter la commiffion de curateur
» que nous lui avons donnée à la mémoire de défunt, &c.
» & pour prêter le ferment requis en pareil cas, & qu'à cet
» effet il comparoiffoit devant nous, de laquelle comparu-
» tion nous avons fait acte ainfi que de l'acceptation qu'il
» fait de la commiffion dont il s'agit & du ferment par lui
» prêté de s'en acquitter fidélement «.

Lorfqu'il s'agit d'un fuicide, avant d'en venir à la nomination d'un curateur, il faut, comme nous l'avons dit,
une plainte & une information : parceque fi par l'information, il paroiffoit qu'il n'y eût point lieu à une plus longue
procédure, & qu'il fût établi que le défunt étoit fujet à des
égaremens, à des folies, & qu'il ne s'eft donné la mort
que dans des momens d'abfence d'efprit & de raifon, ce
fuicide n'étant plus alors qu'un délit matériel, ne feroit
point fujet à la vindicte publique.

Il eft encore bon d'obferver qu'en fait de curateur pour
quelque délit que ce foit, les cours peuvent en élire un
autre que celui qui a été nommé par les juges dont eft
appel : c'eft la difpofition de l'article 5 du titre 22 de l'ordonnance de 1670, furtout lorfqu'il y auroit trop de difficulté à ce que le premier curateur fe tranfportât hors de
chez lui.

parent eft toujours plus porté à défendre l'innocence du défunt qu'un étranger.

Si le cadavre eft encore extant & que la procédure puiffe être achevée fans crainte d'infection, on le conferve, furtout en fait de fuicide, lorfqu'il y a lieu de lui faire fubir l'ignominie publique qui eft celle d'être traîné fur une claie ; autrement on en ordonne l'inhumation en terre bénite ou en terre profane fuivant les circonftances. (*) Autrefois pour l'exécution de la condamnation qui devoit intervenir, en faifoit embaumer le cadavre, afin de le conferver, ou on le faifoit exhumer pour être traîné publiquement. Aujourd'hui on eft revenu de cette pratique qui avoit trop d'inconvéniens, fauf à faire l'exécution en effigie.

Le curateur qu'on donne au défunt doit fuivant l'ordonnance, favoir lire & écrire. On procéde contre ce curateur en la manière ordinaire, comme on procéderoit contre l'accufé lui-même : on lui fait fubir des interrogatoires, mais jamais fur la fellette. On recolle les témoins, on les confronte avec lui, parce qu'il peut avoir des moyens & des reproches à leur oppofer, mais la condamnation ou l'abfolution n'interviennent jamais que pour ou contre la mémoire du défunt.

Il eft du devoir du curateur d'employer tous les moyens de fait & de droit capables de juftifier la conduite du défunt & de fauver fa mé-

---

(*) C'eft au tribunal entier qu'il appartient de décider fi le Cadavre fera inhumé en terre fainte ou en terre profane : le juge d'inftruction ne peut prendre feul cet article fur fon compte.

moire & l'honneur de sa famille. Lorsqu'il a lieu
de croire que les premiers juges ne lui ont pas
rendu justice, il est de son devoir d'interjeter
appel de leur jugement. Il peut même y être
forcé, aux termes de l'ordonnance, par quelqu'un des parens ; mais en ce cas ce parent est
obligé d'avancer les frais nécessaires pour la
suite de l'appel.

Il résulte des dispositions de cette ordonnance
que l'appel des sentences de condamnation contre le cadavre ou la mémoire d'un défunt n'a
pas lieu de plein droit, & que ces dispositions
se réfèrent à celles de l'article 6 du titre 26 de
la même ordonnance. Cependant il y a deux
arrêts rapportés au nouveau recueil de règlemens, l'un du 2 Décembre 1737, l'autre du 31
janvier 1749, suivant lesquels il paroît que le
parlement de Paris établit pour maxime que les
condamnations dont il s'agit, ne peuvent s'exécuter dans les cas mêmes où il n'y a point d'appel, que lorsqu'elles ont été confirmées par
arrêt. C'est ce qu'il a encore jugé à l'occasion
d'un suicide par un arrêt du 27 Mars 1770, dont
il a fait envoyer copie dans tous les Bailliages du
ressort pour y être lu, publié & enregistré.

C'est une question si le juge d'église peut prendre connoissance du procès qu'on instruit contre
le Cadavre ou contre la mémoire d'un ecclésiastique : les sentimens étoient partagés autrefois,
mais aujourd'hui on pense communément que le
juge d'église n'a rien a y voir, parce que son
jugement ne pouvant avoir trait qu'à des peines
canoniques qui ne sçauroient s'appliquer à un
Cadavre, il seroit fort inutile qu'il fût appelé
à la procédure. Telle est la jurisprudence du

parlement de Dijon & de celui de Paris. On
fçait qu'un docteur de Sorbonne s'étant homicidé, le lieutenant-criminel du châtelet de Paris
prit feul connoiffance du fait, & que le Cadavre
fut traîné fur la claie, fans que le juge d'églife eut
été apelé à la procédure.

Les Cadavres des perfonnes mifes à mort par
autorité de juftice font ordinairement expofés
fur les fourches patibulaires, afin que ce fpecta-
cle foit une leçon pour les vivans. Les réglemens
défendent d'expofer les Cadavres des perfonnes
du fexe. Le juge qui préfide à une exécution criminelle eft maître de faire donner la fépulture à ces
Cadavres, lorfque certaines confidérations l'exigent; il eft maître auffi d'en difpofer en faveur des
démonftrateurs en chirurgie : il y a plus; c'eft que
par l'article 25 d'un édit du mois de mars 1707,
il eft enjoint aux magiftrats & aux directeurs
des hôpitaux, de faire fournir des Cadavres aux
profeffeurs de médecine pour les démonftrations
d'anatomie & pour les opérations de chirurgie;
mais ceci ne doit avoir lieu qu'en hiver dans un
temps où il n'y a point d'infection à craindre,
& ce temps eft réglé depuis le premier octobre
jufqu'au premier avril fuivant.

C'eft un crime public que de déterrer les Cadavres, foit par curiofité ou par intérêt. On doit
ce refpect aux défunts de ne point troubler le
lieu de leur repos après leur mort. Tout le monde connoît ce fameux arrêt du parlement de
Paris rendu le 11 Février 1711, en faveur du
duc de Lefdiguières contre l'abbé & les religieux
de faint Waft de Moreuil, qui avoient exhumé
les corps des feigneurs de Crequi pour en voler
les plombs.

Par cet arrêt un des religieux a été condamné à être conduit par l'exécuteur de la haute justice, en chemise, la corde au cou, tenant une torche de cire ardente du poids de deux livres devant la principale entrée de l'église de saint Wast, & là, étant à genoux, dire & déclarer à haute & intelligible voix, que méchamment & comme mal avisé, il avoit profané les tombeaux des anciens seigneurs de Crequi, qu'il avoit volé & vendu les plombs de six cercueils, dont il se repentoit & en demandoit pardon à Dieu, au roi, à la justice & aux de Crequi. Il fut ordonné de plus qu'il seroit célébré un service solemnel auquel assisteroit le religieux en son habit ordinaire, étant à genoux, ayant entre ses mains un cierge du poids d'une livre, & qu'ensuite il seroit conduit aux galères pour trois ans.

Par le même arrêt, l'abbé, un autre religieux & un maçon furent mandés en la chambre de la Tournelle, où l'abbé & le maçon furent blâmés & l'autre religieux admonesté. Le maçon fut condamné de plus à assister nue tête & à genoux au service solemnel & à trois livres d'amende ; l'abbé fut condamné à dix livres d'amende, & l'autre religieux à aumôner trois livres au pain des prisonniers.

Un arrêt antérieur qu'on trouve au journal des audiences, sous la date du 27 juin 1708, prononce des peines infâmantes contre plusieurs vassaux qui avoient violé le tombeau du comte de Beaujeu, lieutenant-général des armées du roi, tué au siége d'Arras.

Il y a d'autres exemples assez récens suivant lesquels des fossoyeurs ont été condamnés les uns

uns au blâme, d'autres au banniſſement, d'autres enfin aux galères pour avoir violé des ſépulcres.

Par un arrêt du 12 juillet 1683, le fils d'un foſſoyeur de ſaint Sulpice fut admoneſté & condamné à l'aumône pour avoir vendu pluſieurs Cadavres à des chirurgiens. Il eſt bien permis aux chirurgiens, comme nous l'avons vu, de demander des Cadavres, mais il n'appartient pas aux foſſoyeurs de toucher à ceux qui ſont inhumés.

Il arrive auſſi quelquefois que pour cacher la vacance d'un bénéfice, & pour avoir par-là le temps de ſe pourvoir, on cele la mort de celui qui en étoit titulaire en recelant ſon Cadavre. Cette pratique, qu'on appelle *deteſtandæ feritatis*, eſt également condamnée, & par les lois de l'égliſe & par les lois de l'état.

« Défendons, dit l'article 56 de l'ordonnance de 1539, » la garde deſdits corps décédés .... » ſur peine de confiſcation de corps & de biens » contre les laiques qui en ſeront trouvés cou- » pables; & contre les eccléſiaſtiques, de priva- » tion de tout droit poſſeſſoire qu'ils pourroient » prétendre ès bénéfices ainſi vacans, & de » groſſe amende à l'arbitration de juſtice ».

Une déclaration du roi du 9 février 1657, en renouvellant cette diſpoſition de l'ordonnance, autoriſoit les évêques, leurs vicaires généraux & leurs officiaux à faire dans les maiſons des ſéculiers la recherche des Cadavres des gens d'égliſe qu'ils ſoupçonnoient d'y être recelés, & à ſe faire aſſiſter d'un juge royal, qui étoit obligé de leur prêter main-forte pour l'execution de leurs démarches; ce qui parut un peu violent

aux cours où cette déclaration fut envoyée pour
être vérifiée, & les obligea d'en différer l'enregiftrement. Il s'étoit déja paffé quatre ans
qu'elle n'étoit point encore adoptée : le clergé
voyant qu'elle éprouvoit des difficultés dans les
parlemens, obtint des lettres de furannation,
& fit adreffer cette déclaration au grand-confeil
par des lettres-patentes du 30 mars 1661, avec
attribution de juridiction & interdiction à toutes
les cours de parlement d'en connoître. Cette
déclaration & les lettres-patentes y furent enregiftrées le lendemain avec ces modifications :
» que les perquifitions & exhumations des corps
» des bénéficiers clandeftinement gardés , ne
» *pourroient* être faites que par les juges royaux
» des lieux & de leur autorité ; lefquels, à la
» réquifition des collateurs, *feroient* tenus de
» procéder à ladite perquifition en préfence de
» trois témoins & defdits collateurs qui *pour-*
» *roient* y affifter , fi bon leur fembloit , ou au-
» tres commis par eux à cet effet ; & faute par
» les parens ou domeftiques de repréfenter lef-
» dits bénéficiers malades , & de fouffrir lefdites
» recherches , leurs bénéfices *feroient* cenfés va-
» cans par ledit refus, en cas qu'ils *décédaffent*
» de la maladie dont ils *étoient* détenus, & les
» collateurs *pourroient* y pourvoir le même
» jour ».

Les exhumations permifes par cette loi peuvent paroître fingulières ; il eft pourtant vrai de
dire que dans ce temps-là il n'étoit pas rare de
trouver beaucoup de cadavres de gens d'églife
qui avoient été falés, & dont on avoit rempli
d'étoupes le ventre & l'eftomac. Pour arrêter
une pratique femblable , on crut qu'il n'y avoit

pas de meilleur moyen pour reconnoître la fraude, que de permettre ces sortes d'exhumations.

Lorsque sur le refus des parens ou des domestiques de représenter un bénéficier, le bénéfice a été conféré, la collation demeure valable pendant que subsiste l'incertitude si ce bénéficier étoit pour lors mort ou vivant ; mais si dans la suite il se découvre qu'il étoit encore vivant, la collation est regardée comme non avenue sans nuire ni préjudicier à personne.

Si celui qui a impétré le bénéfice du défunt dont on a recélé le Cadavre, n'a eu absolument aucune part à ce délit, & qu'il ait été dans une entière bonne-foi, le fait d'autrui ne sçauroit lui nuire en cette occasion.

Comme le dévolut a lieu pour crime de recélé, le dévolutaire présente requête au grand-conseil où le fait du recélé est allégué. Il obtient permission d'informer à ses frais & à la requête du procureur-général. Si le fait se trouve grave, on décrete & l'on instruit par récollement & par confrontation. Les amendes envers le roi & le bannissement sont les peines ordinaires que l'on impose aux coupables autres que le pourvu, qui est puni par la privation du bénéfice.

Quand le fait d'un recélé est incidemment allégué dans une complainte bénéficiale portée devant le juge ordinaire, ce juge peut également permettre d'en informer : il peut aussi donner cette permission, sans qu'il soit saisi d'aucune action principale, lorsqu'il est requis par le collateur de se transporter chez le bénéficier malade, & il peut informer de la garde & du recélement de son cadavre. Mais dans ce cas

comme dans tout autre, le procureur-général
au grand-conseil peut y faire évoquer toute la
procédure.

Le grand-conseil ne s'écarte point des dispositions des ordonnances lorsqu'il est question de
prononcer sur un fait de recélé. Il donna le 20
mars 1734, au sujet de la cure d'Espennes en
Provence, un arrêt en forme de règlement par
lequel il est enjoint aux domestiques des bénéficiers décédés, d'aller sur le champ, à peine de
punition corporelle, faire sonner les cloches
comme on a coutume de les sonner pour les
eccéfiastiques décédés ; & il est expressément
défendu aux sonneurs, sous la même peine, de
s'y refuser à quelque heure du jour qu'ils en
soient avertis.

Le sieur Mansel ayant été convaincu d'avoir
recélé le cadavre du curé de Lingesvres, fut
privé du bénéfice du défunt, par arrêt du grand-
conseil en date du 26 septembre 1735, & il
fut ordonné que le domestique de ce bénéficier
seroit admonesté pour ne s'être point conformé
au règlement dont nous venons de parler.

Le même tribunal, par un autre arrêt du 7
janvier 1751, a condamné un prêtre sacristain
de la paroisse de saint Paul de Lyon à être admonesté & à trois livres d'aumône, pour avoir
pareillement recélé le Cadavre d'un bénéficier.
Il a été en même-temps ordonné que le règlement du 20 mars 1734 seroit exécuté suivant sa
forme & teneur.

Avant d'enterrer un Cadavre, on doit être
bien assuré que la personne est morte, & il est
d'usage, suivant les règlemens de la plupart des
diocèses, d'attendre vingt-quatre heures. Cepen-

dant dans les grandes chaleurs, lorfquè la pu-
tréfaction s'annonce avant les vingt-quatre heures & que la mort eft atteftée par les gens de
l'art, on peut fur leur certificat procéder à
l'inhumation avant l'échéance du délai dont il
s'agit.

On a obfervé que les chirurgiens fe donnoient
fouvent la permiffion d'ouvrir les Cadavres immédiatement après le dernier foupir apparent :
cette pratique peut avoir autant d'inconvéniens
que celle de les enterrer avant les vingt-quatre
heures.

A Paris, lorfqu'on trouve le Cadavre d'une
perfonne inconnue, il eft d'ufage de l'expofer
aux yeux du public dans la baffe geole du châtelet pour fçavoir s'il fera reconnu, & c'eft cet
endroit qu'on appelle la *morgue*. Ceux qui ont
intérêt de le reconnoître & de réclamer fa dé-
pouille, peuvent le faire, & il ne leur en coûte
abfolument rien. Il y a à ce fujet un règlement
du lieutenant-criminel du châtelet rendu fur les
conclufions du procureur du roi, le 6 décembre
1736.

*Voyez une déclaration du 5 feptembre 1712;
un arrêt de règlement du 1 feptembre 1725; l'ordonnance de 1670; l'ordonnance de 1539; une
déclaration du 9 Février 1657, & l'arrêt d'enregiftrement au grand-confeil; un arrêt de règlement
du même tribunal, du 20 mars 1734; le journal
des audiences; Dumoulin, Louet, Papon; le
traité des préventions de M. Piales; la jurifprudence canonique, &c.* Voyez auffi les articles
Blessé, Cimetière, Sépulcre, &c. (*Article
de M. Dareau, Avocat, &c.*)

CADET-GENTILHOMME. C'eſt le titre qui vient d'être donné aux ſujets deſtinés à remplir les emplois de ſous-lieutenant dans la plupart des régimens qui compoſent les troupes de France.

Le roi ayant par ſa déclaration du premier février 1776, établi un nouveau plan d'éducation relativement aux élèves de l'école royale militaire, ſa majeſté annonça par cette loi qu'elle s'étoit propoſée d'entretenir dans ſes régimens, au moins douze cens Cadets-gentilshommes pour ſervir de pépinière aux officiers de ſes troupes.

Ce projet a été effeêtué par l'ordonnance du 25 mars ſuivant: en conféquence de cette loi il doit y avoir à l'avenir dans chaque compagnie d'infanterie, de cavalerie, de dragons & de chaſſeurs un emploi de Cadet-gentilhomme. Obſervez néanmoins que cet établiſſement ne s'étend pas aux corps qui compoſent la maiſon du roi, ni à la gendarmerie, ni aux onze régimens ſuiſſes.

Les emplois de ſous-lieutenant des divers régimens ne doivent être remplis que par des Cadets-gent'lshommes attachés à ces régimens: le roi s'eſt ſeulement réſervé de déroger à cette règle en faveur des pages attachés à ſon ſervice & à celui de la reine.

Perſonne ne doit être admis dans les Cadets-gentilshommes qu'avec l'agrément & avec des lettres du roi ſur la nomination des colonels des régimens préſentée au ſecrétaire d'état ayant le département de la guerre. Il faut cependant excepter de cette diſpoſition les élèves tirés des nouvelles écoles militaires: le roi s'eſt réfervé de les placer par préférence & à tour de rôle dans tous les régimens de fes troupes comme il nommoit précédemment les élèves de l'ancienne école militaire, à des emplois d'officiers. Au furplus, cette réferve n'empêche pas que les parens d'un élève ne puiffent obtenir pour lui un emploi de Cadet-gentilhomme dans un régiment où ils defireroient qu'il fût placé de préférence. Les colonels qui prennent un intérêt particulier à quelqu'élève, peuvent aufli le demander : l'intention du roi eft même que les élèves ainfi demandés par les colonels leur foient accordés par préférence.

Les colonels ne peuvent propofer pour les emplois de Cadets-gentilshommes aucun fujet qui foit au deffous de l'âge de 15 ans révolus, ni au deffus de celui de vingt, & qui n'ait fourni les preuves qu'il eft né noble, ou fils d'un officier ayant un grade fupérieur, tel que celui de colonel, de lieutenant colonel, ou de major, ou d'un capitaine étant chevalier de l'ordre de faint Louis : c'eft pourquoi les fujets qui font dans la première claffe doivent adreffer au fecrétaire d'état ayant le département de la guerre, leur extrait de baptême & leur certificat de nobleffe vérifiés & vifés par les commandans des provinces & les intendans des généralités : les fujets de la feconde claffe doivent joindre à leurs extraits de baptiftaire les atteftations des fervices de leurs pères. Aucune nomination ne doit avoir lieu que ces formalité n'aient été remplies.

Les Cadets-gentilshommes doivent porter un unifo me tel que celui des foldats, cavaliers, dragons ou chaffeurs des régimens auxquels ils font attachés : il y a néanmoins cette différence que le drap qui habille les Cadets-gentilshommes doit être femblable à celui des bas officiers ; que les boutons de leur uiforme doivent être dorés ou argentés, fuivant la couleur du régiment, & que l'habit doit être orné d'une épaulette en galon d'or ou d'argent.

C'eft aux frais de l'école militaire que doit être fourni le premier habillement du Cadet-gentilhomme qui arrive dans un régiment : enfuite il doit être habillé tous les deux ans fur les fonds de la maffe générale affectée à chaque régiment.

Les Cadets-gentilshommes font obligés de faire, dans les compagnies auxquelles ils font attachés, le fervice de foldat, cavalier, dragon ou chaffeur : on les exempte feulement des corvées. Ils doivent d'ailleurs être réunis pour faire chambrée & ordinaire fous la conduite & infpection d'un officier fage & éclairé, choifi par le colonel du régiment (*). Comme cette jeuneffe doit à l'avenir compofer tous les officiers des régimens, les colonels & les officiers fupérieurs ont le plus grand intérêt de la furveiller & de donner des foins à fon inftruction.

_____

(*) Il faut obferver à ce fujet que les Cadets-gentilshommes, nommés par les colonels, qui reçoivent des fecours de leur famille, ne peuvent pas fe difpenfer de vivre en chambrée avec leurs camarades, ni fe permettre aucune diftinction de luxe par laquelle ils paroiffent élevés au-deffus de l'égalité qui doit regner entre eux. Il eft expreffément recommandé aux commandans des corps de tenir la main à ce que cette difpofition de l'ordonnance foit ponctuellement exécutée.

Dans les régimens de cavalerie & de dragons les Cadets - gentishommes doivent être montés fur des chevaux de la compagnie à laquelle ils font attachés. Ils ont au furplus la liberté de faire panfer leurs chevaux par un cavalier de la compagnie, en payant de gré à gré.

Avant de pouvoir être faits officiers, les Cadets-gentilshommes font obligés de pafier fucceffivement par tous les grades de bas officiers, d'en porter alors les marques diftinctives & d'en faire le fervice comme furnuméraires. C'eft aux commandans des régimens à déterminer le temps pendant lequel les Cadets-gentilshommes doivent exercer les fonctions de ces différens grades.

Un colonel eft tenu d'avoir égard à l'ancienneté des Cadets-gentilshommes dans fon régiment pour les propofer aux emplois de fous-lieutenant qui viennent à vaquer : il ne peut fe difpenfer de fuivre cette règle, à moins qu'il n'ait des raifons particulières fondées fur la conduite des Cadets-gentilshommes ; & dans ce cas il doit en rendre compte au fecrétaire d'état ayant le département de la guerre.

Lorfqu'un Cadet-gentilhomme a été dans le cas de perdre une première fois fon rang pour être fait officier, cela ne peut pas l'exclure de la nomination fuivante fi la conduite eft devenue meilleure : s'il mérite d'être retardé une feconde fois, le colonel doit en rendre compte & attendre que le roi l'autorife à ne pas propofer ce Cadet-gentilhomme : enfin fi ce dernier continue à fe conduire de manière à donner lieu à un troifième retard, le colonel doit en rendre

compte au secrétaire d'état ayant le département de la guerre, & en conséquence celui-ci
est chargé de prendre les ordres du roi pour
faire renvoyer un tel sujet à sa famille. Au surplus, pour constater la mauvaise conduite du
Cadet-gentilhomme, il faut avec le compte
rendu par le colonel, un certificat des officiers
supérieurs du régiment.

Si des Cadets-gentilshommes viennent à se
distinguer à la guerre, ou qu'ils servent avec un
zèle & une intelligence marqués dans les premiers grades de bas officiers, ils peuvent être
nommés hors de leur rang aux premiers emplois
d'officiers vacans : mais pour cet effet, il faut
que les commandans des régimens fassent signer
de tous les officiers supérieurs le compte qu'ils
sont chargés de rendre au secrétaire d'état ayant
le département de la guerre, pour constater le
mérite du sujet qu'ils croient devoir être préféré.

Quoique les Cadets-gentilshommes soient assujettis à n'avoir dans les compagnies d'autre
rang que celui de soldat ou de bas officier dont
ils font le service, l'intention du roi est néanmoins qu'aussitôt qu'ils viennent à être nommés
officiers, le temps de service de Cadet-gentilhomme leur soit compté comme s'ils avoient
été faits officiers en entrant dans le régiment :
c'est pourquoi il est voulu que la date du brevet
ou des lettres de sous-lieutenant qu'on leur expédie soit du même jour que leurs lettres de
Cadets-gentilshommes : au surplus cette date de
leurs lettres ou brevet, n'influe point sur leur
rang d'officier dans le régiment : ils ne peuvent
à cet égard compter que du jour de leur nomination à l'emploi de sous-lieutenant.

Les Cadets-gentilshommes doivent être fubordonnés aux officiers de leurs compagnies & à tous ceux du regiment dans tout ce qui concerne le fervice & la difcipline ; mais il n'y a que les capitaines de leurs compagnies & les officiers fupérieurs du régiment qui aient le droit de les punir en les mettant aux arrêts ou en prifon : ainfi les officiers fubalternes ou les bas officiers qui trouvent un Cadet-gentilhomme de leur compagnie, en faute fur quelque objet relatif au fervice, doivent en rendre compte à leur capitaine afin qu'il le puniffe : fi le Cadergentilhomme eft d'une aurre compagnie, ils doivent inftruire de fa faute le capitaine de cette compagnie, & en rendre compte en mêmetemps aux officiers fupérieurs du régiment. Au refte, l'intention du roi eft que les officiers aient en toute occafion pour les Cadets-gentilshommes les égards convenables envers des jeunes gens de la même claffe qu'eux, & qu'à l'exception des circonftances du fervice, ils les traitent en camarades. Quant aux rapports qui doivent être établis entre les Cadets-gentilshommes & les foldats, fa majefté veut.qu'ils foient analogues à la diftance que met entr'eux leur naiffance & leur deftination. C'eft pourquoi lorfqu'un bas officier, foldat, cavalier ou dragon manque à un Cadet-gentilhomme au point de l'infulter de paroles ou de le menacer, il doit être arrêté fur le champ & puni par le commandant du corps relativement à l'injure. Si l'offenfe eft d'une nature plus grave, le coupable doit être mis au confeil de guerre pour y être jugé felon l'exigence du cas.

Les officiers généraux chargés du commandement & de l'inspection des troupes, sont tenus de rendre compte au roi de la conduite & des progrès de chaque Cadet-gentilhomme : ils doivent pour. cet effet prendre des notes des commandans des régimens & examiner eux-mêmes les Cadets-gentilshommes sur tous les objets d'instruction de leur état, en sorte qu'aucun d'eux ne puisse passer à un emploi d'officier sans avoir subi cet examen. .

La solde de chaque Cadet-gentilhomme est fixée à douze sous par jour dans l'infanterie, & à quinze sous dans la cavalerie & dans les dragons. Le décompte de cette solde doit être fait exempt de toute retenue, même des quatre deniers pour livre, par les trésoriers de l'extraordinaire des guerres, sur les revues des commissaires des guerres, dans lesquelles les Cadets-gentilshommes doivent être compris immédiatement après les officiers.

Les fonds de la même solde doivent être pris en vertu de la déclaration du premier février 1776, sur les revenus de l'école militaire : c'est pourquoi le remplacement en doit être fait au trésorier de l'extraordinaire des guerres par celui de l'école militaire.

Les Cadets-gentilshommes ne peuvent pas s'absenter la première année de leur arrivée au corps, ni même après cette année si les commandans des régimens ne les jugent pas suffi amment instruits. Au surplus, ces commandans sont autorisés à permettre que la moitié des Cadets-gentilshommes s'absente aux mêmes époques & pour la même durée de temps que les officiers auxquels on accorde des congés de semestre ; à leur retour, on doit leur faire le décompte de leur solde pour le temps de leur absence.

Le titre 4 du règlement du 28 mars 1776 concernant les nouvelles écoles royales militaires a déterminé la voie par laquelle les élèves peuvent parvenir à être placés dans les régimens en qualité de Cadets-gentilshommes.

Suivant cette loi, on ne doit admettre pour Cadets-gentilshommes que les élèves qui auront été présentés au concours établi dans le collège de Brienne en Champagne, & desquels l'inspecteur général des écoles militaires aura conjointement avec les examinateurs, jugé l'éducation suffisamment perfectionnée (*).

Les élèves qui n'auront pas mérité d'être admis pour Cadets-gentilshommes resteront dans le collège de Brienne pour y subir un nouvel examen l'année suivante.

Si lors de ce nouvel examen ces élèves sont encore jugés incapables d'être placés en qualité de Cadets-gentilshommes dans les troupes du roi, l'inspecteur général doit en rendre compte au secrétaire d'état ayant le département de la guerre, lequel doit prendre en conséquence les ordres de sa majesté pour que les familles auxquelles ces élèves pourront appartenir ayent à les envoyer chercher à leurs frais & à les retirer du collège de Brienne (**).

Chaque élève qui aura mérité une place de

(*) Le premier concours ne doit avoir lieu qu'en 1778, lorsque le nombre des élèves se trouvera complet.

(**) Afin que le sort d'un élève ne dépende pas de l'opinion d'une seule personne, le réglement veut que l'attestation donnée par l'inspecteur général pour justifier l'inaptitude, l'inapplication ou la mauvaise conduite de cet élève, soit visée des examinateurs & du principal du collège de Brienne.

Cadet-gentilhomme dans un régiment, partira immédiatement après le concours pour se rendre à sa destination. Les frais du voyage seront payés par le roi. L'élève jouira d'ailleurs d'une pension de deux cens livres jusqu'à ce qu'il soit parvenu au grade de lieutenant (*).

Voyez *la déclaration du premier février 1776; l'ordonnance portant création de Cadets-gentilshommes, du 25 mars 1776; le règlement concernant les nouvelles écoles royales militaires, du 28 mars 1776, &c.* Voyez aussi les articles ÉCOLE, COLLÈGE, CONCOURS, CAVALERIE, INFANTERIE, DRAGONS, &c.

C A F É. Sorte de fruit en forme de fève qu'on rôtit & qu'on réduit en poudre pour en composer un breuvage qu'on nomme aussi Café.

Suivant l'arrêt du conseil du 25 janvier 1767, tous les Cafés tant des îles & colonies Françoises de l'Amérique, que des îles de France & de Bourbon arrivant directement dans les ports du royaume en Europe, doivent jouir du bénéfice de l'entrepôt dans tous les lieux où il leur a été accordé : mais lorsque ces Cafés sont tirés de l'entrepôt pour la consommation intérieure du royaume, ils doivent acquitter le droit de dix livres par quintal auquel l'arrêt du 29 mai 1736 les avoit assujettis.

_____

(*) Ceux des élèves qui au jugement de l'inspecteur général, du sous inspecteur & des examinateurs auront remporté les quatre premiers prix dans le concours, jouiront en outre jusqu'à ce qu'ils soient capitaines, savoir, les deux premiers d'une pension de cent cinquante livres, & les deux autres d'une pension de cent livres. Ces pensions leur seront payées exemptes de toute retenue.

Les Cafés étrangers provenant du commerce des armateurs François dans le Levant ne peuvent entrer que dans le port de Marseille ni être introduits dans le royaume que par le bureau de septemes où ils doivent acquitter pour droit d'entrée vingt-cinq livres par quintal. Les Cafés nationaux venant de Marseille, sont soumis au même droit de vingt-cinq livres par quintal, conformément à l'article 3 de l'arrêt de 1767.

Il est défendu d'introduire dans le royaume d'autres Cafés étrangers que ceux qui proviennent du commerce du Levant, sous peine de confiscation & de trois mille livres d'amende.

Si ces Cafés arrivent à Marseille sur des vaisseaux étrangers, ou sur des vaisseaux François, apres avoir été entreposés en pays étranger, ils doivent outre les vingt-cinq livres par quintal dont on a parlé, le droit de vingt pour cent établi par l'édit du mois de mars .669: c'est ce qui résulte de l'article 4 de l'arrêt cité.

Suivant l'article 5, les droits imposés sur les Cafés doivent être perçus au poids de marc & au poids brut, sans déduction d'aucune tare pour les caisses & ballots.

Les contestations relatives à cette matiere doivent être portées devant les intendans & commissaires départis dans les provinces & généralités du royaume.

Voyez les loix citées, & les articles ENTRÉE, SORTIE, MARCHANDISE, SOU POUR LIVRE, &c.

CAHIER. C'est en termes de droit public la supplique ou le mémoire des demandes, des propositions ou remontrances que le clergé ou les états d'une province font au roi.

En termes d'eaux & forêts, on appelle *Cahier des charges*, l'acte qui contient le détail des principales conditions d'une vente de bois, & dont on fait lecture publiquement avant de procéder à l'adjudication.

Le Cahier des charges porte, par exemple, qu'on n'admettra pour enchérisseurs que des gens solvables ; que les marchands né pourront faire d'associations secrettes pour empêcher les encheres ; que l'adjudicataire ne pourra avoir plus de trois associés ; qu'il sera tenu de donner caution dans la huitaine, à compter du jour de l'adjudication ; que les futaies seront coupées le plus pres de terre qu'il se pourra, &c.

Observez au surplus que quoiqu'on doive régulièrement insérer dans le Cahier des charges tout ce que l'ordonnance a prescrit pour l'exploitation des bois, l'adjudicataire ne seroit toutefois pas excusable s'il contrevenoit à quelques dispositions de l'ordonnance sous le prétexte qu'elles ne se trouveroient point exprimées dans le Cahier des charges, parce qu'il est censé les connoître toutes & s'être obligé de s'y conformer.

Voyez l'ordonnance des eaux & forêts du mois d'aût 1669, & les articles ADJUDICATION, BOIS, TAILLIS, FUTAIE, VENTE, AMENDE, &c.

CAILLE. Sorte d'oiseau un peu plus grand qu'une grive.

L'article 8 du titre 30 de l'ordonnance des eaux & forêts défend à toutes sortes de personnes de prendre des œufs de Cailles en quelque lieu que ce soit, à peine de cent livres d'amende pour la première fois, du double, pour la seconde fois, & du fouet pour la troisième fois.

CAISSE

CAISSE. Ce mot en terme de finance, signifie le lieu où l'on met en dépôt certaines sommes que l'on destine au payement de quelques dettes particulières de l'état.

On connoît la Caisse des amortissemens, la Caisse des arrérages, celles d'escompte, de Sceaux & de Poissi & celle du trésor royal. Nous allons dire deux mots de chacune de ces différentes espèces de *Caisses*.

Caisse des amortissemens : c'est celle qui fut établie par l'article 14 de l'édit du mois de Décembre 1764, concernant la liquidation des dettes de l'état. Cette Caisse étoit faite pour recevoir les fonds destinés aux remboursemens portés par cet édit. Il fut établi en même-tems une chambre au parlement de Paris, pour régler tout ce qui auroit trait à ces remboursemens, & pour juger sommairement les contestations qui naîtroient à ce sujet. Il y eut deux officiers de cette cour nommés pour veiller journellement aux opérations de cette Caisse. On accorda aux propriétaires de différens titres ou contrats des délais pour en faire la représentation à la Caisse ; ces délais furent prorogés à différentes reprises : le dernier qui fut définitivement accordé, fut jusqu'au premier juillet 1771.

Le 11 août de la même année il fut ordonné par un arrêt du conseil que conformément à une déclaration du 19 juillet 1767, à des lettres-patentes du 8 du même mois 1768, à un arrêt du conseil du 30 octobre 1767 & à une autre déclaration du 12 juillet 1768, les parties de rentes, intérêts & autres effets assignés sur les revenus du roi dont au premier juillet

1771 il n'avoit été représenté aucune forte de titres, demeureroient nuls & de nul effet ; que les propriétaires des titres préfentés dans les bureaux de liquidation auxquels il n'avoit point été donné de *numero*, mais feulement une date de préfentation, feroient tenus de rapporter ces titres avant le premier janvier 1772 pour y être numérotés, paffé lequel tems ils n'y feroient plus admis, & que ces mêmes titres demeureroient fans effet ; qu'enfin ceux qui prétendoient droit aux nouveaux titres repréfentés & non employés dans les états arrêtés depuis l'arrêt du 30 octobre 1763, faute par eux d'avoir fuffifamment juftifié de leur propriété, feroient tenus de rapporter avant le premier juillet 1771 les piéces d'après lefquelles ils fe prétendoient propriétaires, que ce jour paffé, ils n'y feroient plus admis, & que leur titres feroient regardés comme nuls.

On excepta de ces difpofitions 1°. les parties de rentes qui provenoient des déclarations à faire par les receveurs des confignations, les commiffaires aux faifies-réelles & les autres dépofitaires publics, pour lefquelles il fut ordonné qu'il en feroit ufé conformément aux lettres-patentes du 8 juillet 1768. 2°. Les contrats à cinq pour cent provenant de la liquidation d'offices fur les cuirs, & les jugemens de liquidations des offices municipaux, lefquels aux termes de l'arrêt du 11 août 1772 devoient continuer d'être admis à la liquidation.

Par une déclaration du 7 janvier 1770, les rembourfemens qui devoient être faits à la Caiffe des amortiffemens, furent fufpendus ; & il fut ordonné en conféquence que les fonds qui devoient servir aux remboursemens, seroient versés au trésor royal par le trésorier de cette Caisse pendant huit années, à compter du premier avril suivant pour y servir successivement & année par année, au remplacement des sommes qui se trouvoient consommées par anticipation sur les revenus à échoir.

Depuis ce tems-là, examen fait au conseil tant de ce qui résultoit des différens règlemens donnés à ce sujet, que des titres représentés & des demandes formées, il a été reconnu 1°. Que l'objet de la liquidation étoit rempli presque en entier, ne subsistant plus qu'un très-petit nombre de parties à liquider ; 2°. Que les remboursemens avoient été effectivement suspendus conformément à la déclaration du 3 janvier 1770 ; 3° Que le droit de mutation destiné à ces remboursemens avoit été changé en un quinzième de moins, employé dans les états du roi sur toutes les parties de rentes & intérêts qui étoient assujettis à ce droit, que dèslors les fonctions de la chambre du parlement, des bureaux de liquidation & même du trésorier de la Caisse se trouvoient presque anéanties ; que par conséquent rien n'étoit plus convenable que d'en ordonner le suppression, sauf après l'expiration des huit années portées par la déclaration du 7 janvier 1770, à employer aux remboursemens qui surchargent le plus l'état du roi, le produit des droits qui y étoient déstinés, & même de consacrer dès l'année suivante une portion du produit de ces droits à l'extinction des objets onéreux à la finance, embarassans dans les différentes comptabilités, & gênans pour les propriétaires de rentes d'un objet modique qui ne pouvoient en toucher les intérêts fans des frais confidérables, & à cet effet il a été rendu une déclaration le 30 juillet 1775 enregiftrée le 9 feptembre par laquelle la chambre des amortif- femens a été fupprimée. il a été dit que les pa- piers & tout ce qui pouvoit concerner fes opérations feroit remis au greffe de la grand- chambre.

On a validé les ordonnances qui n'ont été ex- pédiées que par un des officiers de la chambre fupprimée, quoiqu'elles euffent dû l'être par deux de ces officiers. Il a été ordonné que les rembourfemens qui reftent à faire à la Caiffe le feront fans aucune ordonnance, mais fimple- ment fur les titres ou piéces de propriété des parties-prenantes & fur les liftes, les procès- verbaux de tirage & les autres pièces indicatives des rembourfemens qui reftent à faire fuivant les époques auxquelles il auroient dû être faits.

La Caiffe des amortiffemens a dû demeurer fupprimée à compter du premier janvier 1776. Le tréforier n'a dû faire d'autre fonction que d'a- chever en recette & dépenfe les exercices de l'année 1775, & des autres années antérieures, pour en compter à la chambre des comptes fui- vant les règlemens portés pour la comptabilité de la Caiffe.

Les propriétaires de toutes les parties de ren- tes, intérêts & autres enregiftrées & numéro- tées avant le 1 juillet 1771, qui n'ont pu juf- qu'à préfent obtenir de nouveaux titres, enfem- ble ceux qui fe font préfentés depuis jufqu'au jour de la fupreffion, dont les titres font fim- plement regiftrés, & fur lefquels il a été don- né des dates de préfentation, même ceux qui

ont repréfenté leurs titres jufqu'au dernier décembre 1775, font relevés de la perte de leurs
capitaux; mais ils ne commenceront à toucher
leurs arrérages & intérêts qu'à compter du premier jour du femeftre dans lequel leur créance
aura été reconnue & conftatée.

On a pareillement relevé de la perte de leurs
capitaux les propriétaires des parties liquidées
dont la revifion devoit être faite en éxécution
des lettres-patentes du 12 juillet 1768, qui fe
font préfentés devant le 1 juillet 1772, & qui
n'ont pu jufqu'à cette époque établir la propriété de leurs rentes, même ceux qui ont obtenu de nouveaux titres avant le 1 janvier 1772
& depuis, fur des certificats de liquidations antérieures, & qui les ont repréfentées jufqu'au
dernier décembre 1775 avec la même reftriction qu'ils ne commenceront à recevoir les arrérages ou intérêts de ces parties, qu'à compt-
ter du premier jour du femeftre dans lequel ils.
fe feront mis en règle.

La forme prefcrite par l'édit de 1764, concernant les nouveaux titres, eft abrogée; le
roi fe réferve d'y fuppléer, & il annulle tous
les titres qui n'auront pas été produits jufqu'au
dernier décembre 1775 qui étoit le délai définitif.

Le dixième d'amortiffement établi par l'édit
de 1764, continuera d'être perçu, & fera toujours deftiné à l'extinction des dettes de l'état.
Le produit de ce dixième doit être verfé entre
les mains du tréforier de la Caiffe des arrèrages
à Paris, & ce tréforier doit le verfer au tréfor
royal jufqu'au premier avril 1778.

Toutes les petites parties employées dans les

états du roi de la somme de douze livres net &
au-deſſous, doivent être rembourſées dans le
cours de l'année actuelle 1776, aux propriétaires qui voudront les recevoir, ſur le pied du
denier vingt, & cé nonobſtant tous titres &
diſpoſitions contraires. Ces rembourſemens ſeront faits aux propriétaires ſur leurs quittances
paſſées en la forme ordinaire, en rapportant
toutefois leurs contrats ou quittances de finance
avec mention de décharge, & en juſtifiant d'un
certificat des conſervateurs des hypothèques,
par lequel il ſoit atteſté qu'il ne ſubſiſte entre
leurs mains aucune oppoſition ſur les parties à
recevoir, & à cet effet le droit des conſervateurs concernant le certificat, a été réglé pour
cette fois ſeulement à trente ſous, quoiqu'il y
ait pluſieurs part-prenans.

_ *Caiſſe des arrérages* eſt celle qui eſt deſtinée à
payer les rentes & les intérêts ſur les tailles,
ſur les gabelles, les gages & augmentations de
gages appartenans aux communautés d'officiers
ou autres ; les taxations héréditaires déſunies
d'offices & poſſédées par des tiers ; les intérêts
de finances d'offices anciennement ſupprimés,
ainſi que les autres objets ſur leſquels il a été
paſſé de nouveaux titres en exécution de l'édit
de 1764 dont il vient d'être parlé au ſujet de
la Caiſſe des amortiſſemens. Anciennement les
états du roi étoient chargés de ces parties ; mais
comme elles rendoient ces états trop volumi-
neux & trop compliqués, que d'ailleurs elles
embarraſſoient les différentes comptabilités, &
ſingulièrement celles des recettes générales de
finance dont elles gênoient le ſervice, le roi a
jugé à propos par un arrêt du conſeil du pre-

mier avril 1774, de remettre le payement de ces parties à la Caiſſe des arrérages, de ſorte que l'état du roi ne ſoit chargé que des objets non-ſuſceptibles de rembourſement.

Le payement des parties dont il s'agit, doit ſe faire des fonds provenans des deniers des tailles & autres impoſitions ſur leſquels ces mêmes parties ſont aſſignées, ſans néanmoins rien changer à l'aſſignat des fonds originairement deſtinés pour les acquitter, ni au régime des coutumes, villes ou élections ſur leſquelles elles ſont aſſiſes & qui les gouvernent, à moins qu'il n'y ait une reconſtitution de ces parties, ſuivant une déclaration du 2 juillet 1765, car pour lors elles ſuivent le régime de la coutume de Paris.

Caiſſe d'eſcompte. Cette Caiſſe fut établie à Paris par un arrêt du conſeil du premier janvier 1767, avec création de ſoixante mille actions, à mille livres chacune pour en faire les fonds. Un autre arrêt du conſeil du 6 du même mois, porta l'établiſſement d'un dépôt volontaire des actions intéreſſées dans cette Caiſſe. Il fut rendu deux autres arrêts du 19 du même mois, l'un concernant les actions acquiſes par les étrangers, & l'autre la nomination de ceux qui ſigneroient les coupons d'intérêts & les reconnoiſſances particulières pour les lots de ces mêmes actions.

Il y eut le 3 mai de la même année 1767, des lettres-patentes enregiſtrées en la chambre des comptes, qui entr'autres diſpoſitions, ordonnèrent que les gardes du tréſor royal feroient dépenſe des fonds qu'ils payeroient aux caiſſiers de l'eſcompte, & que ceux-ci fourniroient à la fin de chaque année à ces gardes, l'extrait des balances de compte visé par M. le contrôleur-général. Mais cette caisse n'a pas subsisté long-temps ; elle a été supprimée par un arrêt du conseil du 21 mars 1769. Il a été établi par le même arrêt des règles & un commissaire pour l'acquittement des capitaux, bénéfices & inté-rêts de toutes les actions qui composoient cette Caisse, ainsi que pour la décharge du commis-saire & des directeurs qui la régissoient (*).

Caisse de Sceaux & de Poissi. La guerre que l'état eut à soutenir en 1689 donna lieu à un édit de création du mois de janvier 1690, de soixante offices de jurés-vendeurs de bestiaux, auxquels il fut attribué un sou pour livre de la valeur des bestiaux qui se consommeroient à Paris, à la charge de payer en deniers comptans aux marchands forains, les bestiaux qu'ils y ameneroient ; ce qu'on présentoit comme pro-pre à encourager le commerce & à procurer l'abondance en prévenant les retards auxquels les marchands de bestiaux étoient exposés en traitant directement avec les bouchers. Cette première tentative donna lieu à beaucoup de réclamations de la part des marchands forains & des bouchers. On représenta que la création des jurés-vendeurs de bestiaux étoit fort onéreuse au commerce, qu'il n'étoit besoin d'aucun agent intermédiaire entre les fournisseurs de bestiaux

_____

(*) Par arrêt du conseil du 24 mars 1776, le roi a au-torisé le sieur Jean-Baptiste-Gabriel-Bernard à établir une nouvelle Caisse d'escompte, sous les conditions énoncées dans la requête de ce particulier. Il sera parlé de cet éta-blissement à l'article ESCOMPTE.

& ceux qui les débitoient au public, &c. On eut égard à ces repréfentations ; & par une déclaration du 11 mars de la même année, les foixante offices de jurés-vendeurs furent fupprimés.

Au bout de 17 ans en 1707, dans le cours d'une guerre malheureufe, après avoir épuifé des reffources de toute efpece, on eut recours aux motifs qu'avoit préfentés l'édit de 1690. On allégua que quelques particuliers exerçoient des ufures énormes, & l'on créa cent offices de confeillers-tréforiers de la bourfe des marchés de Sceaux & de Poiffi, à l'effet d'avoir un bureau ouvert tous les jours de marché, pour avancer aux marchands forains le prix des beftiaux par eux vendus aux bouchers & aux autres marchands folvables. Ces officiers furent autorifés à percevoir le fou pour livre de la valeur de tous les beftiaux vendus, même de ceux dont ils n'auroient pas avancé le prix ; enfuite ces offices furent fupprimés à la paix, & le commerce reprit fon cours naturel pendant trente ans.

Sur la fin de 1743, une nouvelle guerre porta le gouvernement à recourir aux mêmes reffources ; on fuppofa qu'il étoit néceffaire de faire diminuer le prix des beftiaux en mettant les marchands forains en état d'en amener un plus grand nombre. On prétendit que le moyen d'y parvenir étoit de les faire payer en deniers comptans, & que cet avantage ne feroit pas acheté trop cher par la retenue d'un fou pour livre ; mais quoique cette retenue fût établie fur toutes les ventes des beftiaux, la Caiffe fut difpenfée comme en 1707, d'avancer le prix de

ceux qu'acheteroient les bouchers qui ne seroient pas d'une solvabilité reconnue ; le terme
du crédit envers les autres fut borné à deux
semaines. Ces dispositions restreignoient presque
l'utilité de la Caisse au droit d'un sou pour livre.
Ce droit fut affermé ; il a toujours continué depuis à faire partie des revenus de l'état.

Le roi régnant, en portant son attention sur
cet établissement, a reconnu qu'il étoit contradictoire avec les effets qu'on avoit paru s'en
promettre ; que le droit de six pour cent, qui
augmentoit d'environ quinze livres le prix de
chaque bœuf, ne pouvoit que renchérir la viande
au-lieu d'en modérer le prix, & diminuer en
partie le profit des cultivateurs qui élèvent &
engraissent des bestiaux ; que d'ailleurs il étoit
contre les principes de toute justice que les bouchers riches qui pouvoient payer comptant
fussent néanmoins forcés de payer l'intérêt d'une
avance dont ils n'avoient pas besoin ; & que les
bouchers moins aisés, auxquels on refusoit ce
crédit lorsqu'on ne les croyoit pas assez solvables, fussent également forcés de payer l'intérêt
d'une avance qui ne leur étoit pas faite. L'édit
de création fixoit à quinze jours l'époque où les
bouchers devoient s'acquitter envers la Caisse
& faute de payement, les fermiers de la Caisse
pouvoient les y contraindre même par corps
dans la troisième semaine ; il en résultoit que
l'avance effective des sommes prêtées ne pouvoit
jamais égaler le douzième du prix total des ventes annuelles ; cependant l'intérêt en étoit payé
comme si l'avance du prix total de ces ventes
étoit faite dès le premier jour de l'année & pour
l'année complette.

C'est d'après ces considérations, que le roi par un édit du mois de février 1776, a ordonné qu'à compter du premier jour de carême de cette même année , la Caisse ou bourse des marchés de Sceaux & de Poissy demeureroit supprimée , sauf l'indemnité de l'adjudicataire des fermes générales pour les sous pour livre compris dans son bail.

Mais pour suppléer en partie à la diminution des finances du roi dans la perte du sou pour livre de la valeur des bestiaux destinés à l'approvisionnement de Paris , établi par l'édit de décembre 1743 , & des quatre sous pour livre de ce droit établi en sus par l'édit du mois de décembre 1747 , il doit être perçu jusqu'au premier jour de carême de 1780 , aux barrières & aux entrées de Paris cent sous pour chaque bœuf; trois livres dix sous pour chaque vache ; onze sous dix deniers quatre cinquièmes pour chaque veau ; six sous pour chaque mouton ; & six deniers dix-sept vingtièmes pour chaque·livre de viande , bœuf, vache & mouton. Les droits pour chaque livre de veau doivent être diminués au total de six deniers seize vingt-cinquiemes , & réduits au même pied que ceux par livre de bœuf, vache ou mouton; & il est dit que ce droit d'entrée ne pourra donner lieu à aucun premier ni second vingtième, ni à aucun ancien ou nouveau sou pour livre, droits d'offices, don gratuit, droit de garre & sou pour livre en faveur de l'hôpital général de Paris , d'aucun titulaire d'offices, d'aucune régie , ni de l'adjudicataire des fermes.

Le fermier de la Caisse supprimée est autorisé à retirer dans les délais accoutumés, les sommes dont il a pu être en avance au moment de fa fuppreffion, avec le droit de pourfuire & le pri vilège dont il a joui jufqu'alors pour la rentré de fes fonds.

Il eft permis aux bouchers & aux marchand forains qui amènent des beftiaux, de faire en tr'eux telles conventions qu'ils jugeront à pro pos, & de ftipuler tel crédit que bon leur fen blera. Il eft libre en même-temps à ceux qui o régi la Caiffe, & à tout autre particulier, d prêter aux conditions qui feront réciproquemer & volontairement acceptées, leurs deniers au bouchers qui croiront en avoir befoin pour fou tenir leur commerce.

Caiffe du tréfor royal. C'eft le lieu même o l'on porte dans les coffres du roi le produit net après toutes charges payées, de fes revenus for més de toutes les recettes générales ou particu lières, excepté les taillons & les décimes qu ne fe portent point au tréfor royal.

Ce que nous entendons aujourd'hui par *tréfo royal*, étoit ce qu'on appelloit *l'épargne* fou François I; & même autrefois le tréfor royal f nommoit *fecret royal*, & le tréforier *bailli de l fecrette.*

Il y a des greffiers confervateurs des faifies & oppofitions formées au tréfor royal; on peu voir à ce fujet deux édits, l'un du mois de ma 1706, & l'autre du mois de juillet 1734. Les oppofitions qui fe font entre les mains des garde du tréfor royal, au payement des deniers dûs à des particuliers, doivent être fignifiées par des huiffiers de la chaîne ou du confeil.

Voyez *l'édit de décembre 1764; une délaration*

du 19 juillet 1767 ; des lettres-patentes du 8 juillet 1768 ; un arrêt du conseil du 30 octobre 1767 ; une déclaration du 12 juillet 1768 ; une autre déclaration du 7 janvier 1770 ; un arrêt du conseil du 11 août 1771 ; un autre arrêt du conseil premier avril 1774 ; une déclaration du 30 juillet 1775 ; une déclaration du 2 juillet 1765 ; des arrêts du conseil des 1, 6 & 19 janvier 1767 ; des lettres-patentes du 3 mai même année ; un arrêt du conseil du 21 mars 1769 ; un édit de janvier 1690 ; une déclaration de la même année ; trois édits de 1707, de 1743 & de 1747 ; des lettres-patentes des 16 mars 1755 & 3 mars 1767, &c. Voyez aussi les articles ESCOMPTE, TRÉSOR ROYAL, COMMERCE, SOU POUR LIVRE, &c. (*Article de M. DAREAU, avocat, &c.*)

CALAIS. Ville de la basse Picardie & qui est du domaine du roi.

La ville de Calais est sujette aux anciens & nouveaux cinq sous, aux neuf livres dix-huit sous par tonneau & au sou pour pot.

Les habitans de cette ville prétendoient ne payer les anciens & nouveaux cinq sous, & les neuf livres dix-huit sous par tonneau, que comme droits de traites & non comme droits d'aides, & se soustraire ainsi aux dispositions des règlemens rendus pour les aides : mais ils ont été déboutés de leurs prétentions & assujettis à l'exécution de ces règlemens par arrêt du conseil du 15 septembre 1722.

Les eaux-de-vie que les négocians de Calais, Boulogne, & dépendances tirent du Bordelois & des autres provinces réputées étrangères & qui sont entreposées dans ces villes, soit pour y être consommées, soit pour passer de-là chez l'étranger, ou dans les provinces réputées étrangères, ou dans les pays d'aides, ont été déchargées du droit de subvention par doublemen tant à l'entrée qu'à la sortie des villes dont i s'agit, par arrêts du conseil des 12 août & 28 octobre 1727. Ces décisions doivent aussi s'appliquer aux vins & aux autres boissons, attendu que cette décharge est fondée sur ce que ce pays ne sont pas proprement pays d'aides, quoi qu'il s'y perçoive plusieurs droits d'aides.

Les habitans de Calais ont plusieurs fois pré tendu l'exemption des droits de franc-fief. Les propriétaires d'une maison située à Calais, appelée la maison des marchands, laquelle avoit été donnée par le roi en 1557 à M. le duc de Guise, ayant été condamnés à en payer les droits de franc-fief par arrêt du conseil du 2 février 1751, les mayeur & échevins de Calais se sont pourvus en opposition contre cet arrêt: ils ont dit qu'en 1559, le roi permit aux habitans de la ville & gouvernement de Calais, de posséder des fiefs & biens nobles ; que cette permission leur fut renouvelée par d'autres lettres-patentes du mois de janvier 1594, duement enregistrées, sans être tenus de se défaisir de ces fiefs & seigneuries, sa majesté les ayant à cet égard habilités & dispensés ; que par arrêt du conseil du 5 juin 1610 ils furent déchargés du droit de franc-fief, avec défenses de les inquiéter; qu'ils furent déclarés exemts & affranchis de ce droit par jugement de la chambre du trésor du 20 août 1634 ; que par lettres-patentes du roi, du mois de juillet 1722, ils avoient été confirmés dans tous leurs priviléges, franchises, libertés, droits, statuts & exemptions qui leur

avoient été accordés par les rois précédens,
pourvu qu'il n'y eût point été dérogé par aucun
édit, déclaration ou arrêt; que l'arrêt de 1751
avoit été rendu contre des particuliers peu inftruits, qui n'avoient pas opposé leurs priviléges; & que d'ailleurs, les maisons qui composent l'hôtel de Guise, n'étoient point de nature
féodale; que par les lettres-patentes de 1557,
le roi avoit déchargé ces biens de tout droit,
ne s'étant réservé que la foi & hommage;
qu'ainsi, avant la concession, ils étoient sujets
aux charges ordinaires, d'où l'on devoit conclure qu'ils n'étoient point fiefs de leur nature;
enfin que depuis ce tems il n'avoit été payé au
domaine aucun droit en cas de vente, parce que
ces biens étoient parfaitement libres.

Le fermier a répondu que le duc de Guise
ayant vendu la maison que le roi lui avoit donnée
sous la seule réserve de la foi & hommage,
ressort & souveraineté, les acquéreurs avoient
fait construire sur l'emplacement plusieurs maisons; que la foi & hommage étoit la marque
caractéristique du fief, quoique l'immeuble ne
fût sujet à aucun droit en cas de vente. A l'égard
de l'exemption prétendue, il a dit que le droit
de franc-fief étoit un droit royal & imprescrip-
tible, dont le Souverain ne pouvoit disposer à
perpétuité, mais seulement pendant son règne;
que les lettres-patentes de 1722 ne parloient
point de ce droit, & que la clause qui y étoit
insérée décidoit contre les habitans de Calais,
puisqu'il avoit été dérogé à l'exemption qu'ils
réclamoient par les édits de 1672, 1692 &
1708, & par les déclarations des 29 décembre
1652 & 9 mars 1700, ainsi que par le règlement

du 21 janvier 1738 ; & qu'en conséquence, le habitans de différentes villes du royaume avoien été assujettis au payement de ces droits, quoi qu'ils en eussent été exemptés sous les précéden règnes.

Par arrêt du conseil du premier mai 1753 sans s'arrêter à l'opposition des mayeur & éche vins de la ville de Calais à l'arrêt du conseil d 2 février 1751, ni aux demandes portées pa leur requête, dont ils ont été déboutés, il a é ordonné que ce dernier arrêt seroit exécu selon sa forme & teneur.

Voyez *le traité général des droits d'aides ; l arrêts du conseil des 12 août & 28 octobre 1727 le dictionnaire raisonné des domaines, &c.* Voye aussi les articles SOU, SUBVENTION, FRANC FIEF, &c.

CALAMINE. Sorte de substance minérale qu sert à composer le cuivre jaune.

Par décision du conseil du 13 décembre 175 la Calamine a été tirée de la classe des drogue ries où l'avoit placée le tarif de 1664. Elle do à l'entrée des cinq grosses fermes dix sous pa cent pesant, & n'est point comprise au tarif d droits de sortie.

Voyez *les observations sur le tarif de 1664,* les articles ENTRÉE, SORTIE, MARCHANDISE SOU POUR LIVRE, &c.

CALE. C'est une sorte de châtiment usité s les vaisseaux & qui consiste à suspendre le cou pable à la vergue du grand mât & à le plong plusieurs fois dans la mer.

Suivant l'article 22 du titre premier du livre de l'ordonnance de la marine du mois d'aoû 1681, le capitaine ou maître d'un navire peu

par

par l'avis du pilote & du contre-maître faire donner la Cale, *mettre à la boucle* (*), & punir par d'autres femblables peines (**) les matelots mutins, ivrognes & défobéiſſans, & ceux qui maltraitent leurs camarades ou commettent d'autres femblables fautes & délits dans le cours de leur voyage.

M. Valin critique le commentateur qui l'a précédé d'avoir dit que le capitaine ou maître ne pouvoit prononcer ces peines que durant le cours du voyage, & non dans les *ports*, *havres*, *grèves ou rivières*. Il prétend en conféquence que ces peines appartenant précifément à la police du navire, le capitaine peut les infliger dans les ports comme en pleine mer.

Mais je ne crois pas M. Valin fondé dans fa critique. En effet, les lois pénales ne devant recevoir aucune extenſion elles doivent reſter dans les limites où le légiſlateur les a circonſcrites. Or, l'ordonnance n'ayant pour ces fortes de punitions, affigné un pouvoir au capitaine que durant le cours du voyage, il s'enſuit qu'en puniſſant dans toute autre circonſtance, il exerce une juridiction qui ne lui appartient plus.

Voyez *l'ordonnance de la marine avec les commentaires*, & les articles LOYER, MATELOT, &c.

(*) C'eſt attacher à une boucle ou anneau de fer un marin au fond de Cale.

(**) Les autres femblables peines dont parle l'ordonnance confiſtent ordinairement à faire mettre le coupable dans quelque poſture humiliante, qui l'expoſe aux moqueries de l'équipage, à lui faire donner quelques coups de garcettes ou bouts de corde, ou à le faire mettre ſur une barre de cabeſtan avec des boulets aux pieds pendant un certain temps, &c.

CALEÇON. Sorte de vêtement qui couvre depuis la ceinture jufqu'aux genoux.

Les Caleçons de laine, de chamois & d'autres matières venant d'Angleterre, d'Ecoffe & d'Irlande ou autres pays en dépendans, font prohibés à toutes les entrées du royaume, fuivant l'arrêt du 6 feptembre 1701.

Les Caleçons venant des autres pays étrangers doivent les droits fuivant les matières dont ils font faits, favoir,

Ceux de laine, vingt livres par cent pefant l'entrée du royaume fixée par Calais & Saint-Vallery, fuivant l'arrêt du 3 mai 1720.

Ceux de chamois comme chamois, ceux de toile comme toile, felon la qualité.

Ceux de fil de la fabrique de Bretagne, qui ne payoient que dix fous la pièce à l'entrée des cinq groffes fermes, fuivant l'arrêt du 17 janvier 1708, doivent vingt livres du cent pefant par celui du 10 février 1739.

Les Caleçons de peaux de moutons paffées au chamois doivent les droits de fortie comme mercerie. Les autres ne font pas tarifés.

Voyez les lois citées, & les articles ENTRÉE, SORTIE, MARCHANDISE, MERCERIE, SOI POUR LIVRE, &c.

CALENDRIER. C'eft le livre ou la table qui contient l'ordre & la fuite des mois, des femaines & des jours de l'année. Les deux principaux Calendriers font le Calendrier Julien ou Romain, & le Calendrier Grégorien.

Le Calendrier Romain ou Julien eft celui que réforma Jules-Céfar, & dont les Romains faifoient ufage. Ils comptoient les jours de chaque mois felon le rapport qu'ils avoient aux calendes, aux nones & aux ides. Les calendes se comptoient depuis le quatorze d'un mois jusqu'au premier jour du mois suivant inclusivement. Ainsi le 14 du mois de décembre étoit dénommé le 19 avant les calendes de janvier, & le 31 décembre s'appelloit la veille des calendes de janvier, parce que le premier de janvier étoit le jour des calendes. Le 2 janvier se nommoit le 4 avant les nones, & le lendemain des nones s'appeloit le 8 avant les ides. Il en étoit de même des autres jours, selon l'ordre dans lequel ils précédoient les calendes, les nones & les ides.

Le Calendrier Grégorien est celui que réforma le pape Grégoire XIII, en l'avançant d'onze jours sur l'ancien.

Ce Calendrier qu'on appelle aussi nouveau Calendrier, par opposition à celui qui le précédoit, qu'on nomme vieux Calendrier, a été adopté par tous les catholiques à l'exception des Grecs & de quelques protestans d'Allemagne. Voyez ANNÉE.

CALFATEUR. C'est l'ouvrier qui est chargé de boucher les trous, les fentes d'un navire, & de l'enduire de poix, de suif, de goudron afin d'empêcher l'eau d'y pénétrer.

Suivant l'article premier du titre 9 du livre 2 de l'ordonnance de la marine du mois d'août 1681, les métiers de Calfateur, de charpentier & de perceur de navires peuvent être exercés par une même personne, nonobstant tout règlement ou statut contraires.

L'ordonnance du 15 avril 1689 veut que les Calfateurs qui sortent du royaume pour aller servir chez les étrangers, qui y transportent leur

domicile & s'y établiffent par mariage ou autre
ment foient punis comme déferteurs. L'édit d
mois d'août 1669 portoit à peine de la vie, d
même que les ordonnances de Louis XIII d
17 avril 1635, & 23 janvier 1638 ; mais cet
peine a été convertie en celle des galères à pe
pétuité par la déclaration du roi du 10 octob
1680, ce qui a été confirmé par l'ordonnant
de 1689.

Voyez *les lois citées* & les articles CHARPE
TIER, MATELOT, MARINE, &c.

CALICE. C'eft le vafe facré où fe fait
confécration du vin dans le facrifice de la meff

On fabriquoit autrefois ces vafes de tour
fortes de matières, & même de verre. Ce f
le pape Zéphyrin, ou felon quelques auteu
Urbain I qui ordonna qu'ils ne feroient faits q
d'or ou d'argent. Dans la primitive églife, l
Calices étoient beaucoup plus grands que ce
dont on fe fert aujourd'hui, parce que le peup
communioit fous les deux efpèces. Ils avoie
deux anfes, par lefquelles le diacre les reten
tandis que les fidèles au moyen d'un tuyau c
chalumeau qui y étoit attaché buvoient le pr
cieux fang. On a confervé cet ufage dans que
ques églifes ; entr'autres à l'abbaye de Sain
Denis en France, où le diacre & le fous-diac
communient fous les deux efpèces avec l
prêtre.

L'évêque feul a le droit de confacrer les Ca
lices : ce droit cependant eft quelquefois ac
cordé à des généraux d'ordre, à des abbés &
autres prélats du fecond ordre.

L'édit de 1695 ordonne à ceux qui font char
gés de la vifite des églifes paroiffiales, de veille

à ce qu'elles foient fournies de Calices par les décimateurs & fubfidiairement par ceux qui poffèdent les dixmes inféodées, fi les fabriques ne peuvent les fournir.

Voyez *les loix eccléfiaftiques de France* ; *le dictionnaire de droit canonique* ; *l'édit du mois d'avril 1695* ; *&c.* Voyez auffi les articles EVÊQUE, FABRIQUE, DÉCIMATEUR, &c.

CALMANDE. Sorte d'étoffe de laine luftrée d'un côté comme le fatin.

Les Calmandes venant d'Angleterre, d'Ecoffe, & d'Irlande ou des pays en dépendans font prohibées à toutes les entrées du royaume, fuivant l'arrêt du 6 feptembre 1701.

Les Calmandes venant des autres pays étrangers doivent trente pour cent de la valeur à l'entrée du royaume fixée par Calais & Saint-Vallery fuivant les arrêts des 20 décembre 1687 & 3 juillet 1692.

Les Calmandes venant des fabriques de la Flandre Françoife doivent cinq pour cent de la valeur à l'entrée des cinq groffes fermes.

Suivant les arrêts des 17 janvier 1708, 20 juin 1713, 15 février 1720, & 8 avril 1762 ces étoffes ne peuvent être introduites dans les cinq groffes fermes que par Amiens, Péronne, Saint-Quentin & Guife.

On fouffre néanmoins que ces mêmes étoffes empruntent le paffage de Dunkerque : mais cette ville ayant un commerce libre avec l'étranger, il eft néceffaire 1°. que les étoffes expédiées de Lille à cette deftination foient accompagnées d'un certificat de la chambre du commerce, & d'un acquit à caution que doivent vifer les commis

de la baſſe ville de Dunkerque. 2°. Ces étoffes
ne peuvent être embarquées à Dunkerque pour
un port du royaume & être admiſes dans ce
port comme originaires de Flandres qu'autant
qu'elles ſont accompagnées d'un acquit à caution
du bureau de la baſſe ville, & d'un certificat
de la chambre du commerce de Dunkerque qui
en déſigne l'origine. Enfin il faut que les ballots
de ces étoffes expédiées ſoit à Lille ou à Dunkerque ſoient revêtus des plombs de la ferme
du bureau de la baſſe ville. Au défaut de ce
formalités, les étoffes dont il s'agit ſont ſaiſiſſa-
bles comme prohibées, & la connoiſſance de
conteſtations relatives à cette matière appartient aux intendans des généralités.

Les Calmandes & camelots fabriqués à Lill
& venant de Marſeille ne doivent pour droi
d'entrée que huit livres dix-neuf ſous huit deniers par quintal, conformément à la déciſio
du conſeil du 20 mars 1744.

Les Calmandes de laine deſtinées pour le
provinces réputées étrangères doivent ſuivan
la déſicion du conſeil du 25 novembre 1754
trois livres par cent peſant pour droit de ſortie

Lorſqu'elles ſont deſtinées pour les villes d
Metz, Toul, & Verdun, elles ſont exempte
des droits de ſortie, comme étoffes de laine
conformément aux arrêts des 23 décembre
1704, & 25 janvier 1716 : mais ſi elles ſon
fabriquées de poil & de laine, elles doiven
comme camelots à eau & ſans eau ſept livre
par cent peſant.

Voyez *les lois citées*, *les obſervations ſur l
tarif de 1664*, & les articles ENTRÉE, SORTIE
MARCHANDISE, SOU POUR LIVRE, &c.

CALOMNIATEUR. Celui qui attaque, qui bleffe l'honneur & la réputation de quelque perfonne par des menfonges ou imputations fauffes & imaginées. Et l'on appelle *calomnie* (*) ces fortes de menfonges.

La loi des douze tables prononçoit chez les Romains la peine du Talion contre tout Calomniateur qui imputoit un crime à un innocent.

La loi Remmia voulut dans la fuite qu'on imprimât avec un fer chaud la lettre K fur le front des Calomniateurs. L'Empereur Conftantin abrogea cette jurifprudence ; & depuis ce prince,

———

(*) Vous vous formerez une jufte idée de la colomnie en méditant la compofition du fameux tableau qu'en fit Apelles à Ephèfe, quand il fut échappé au fupplice dont il faillit d'être la victime, pour avoir été fauffement & calomnieufement accufé d'une confpiration contre Ptolémée, roi d'Egypte.

Ce grand peintre le plus célèbre de l'antiquité, avoit placé fur la droite du tableau la crédulité aux longues oreilles, tendant les mains à la calomnie qui s'avançoit : l'ignorance, fous la figure d'une femme aveugle, étoit auprès de la crédulité ; de même que le foupçon repréfenté par un homme agité d'une inquiétude fecrette, & s'applaudiffant tacitement de quelque découverte. La calomnie, fous la figure d'une belle femme, mais au regard terrible & enflammé, occupoit le milieu du tableau, fecouant de la main gauche un flambeau allumé, & traînant de la droite par les cheveux l'innocence repréfentée par un enfant qui levoit les mains au ciel & fembloit prendre les Dieux à témoins. L'envie aux yeux perçans & au vifage pâle & maigre précédoit la calomnie, & elle étoit fuivie de l'embuche & de la flatterie : on voyoit dans l'éloignement, la vérité qui s'avançoit lentement fur les pas de la calomnie, & qui conduifoit le repentir en habit lugubre, ayant les yeux baignés de larmes & le vifage couvert de honte.

Quelle force & quel génie dans cette allégorie !

les peines auxquelles on a condamné ce genr
d'hommes infames, ont été arbitraires & relati
ves à la qualité du fait & des circonſtances.

Lorſque la calomnie fait la baſe d'une accuſation judiciaire, elle devient plus répréhenſible
par le danger qu'a couru l'accuſé, & par la ma-
lignité de l'accuſateur. Il y a des cas où cette
calomnie ſe ſuppoſe, quand même l'intention de
calomnier ne ſeroit point manifeſte; c'eſt par
exemple lorſque la plainte ſe trouve mal fondée
à défaut de preuve ou autrement. Il y a plus, le
déſiſtement volontaire d'une plainte ne met pas
à l'abri d'une réparation. Il ſuffit qu'on ait accuſé
ſans fondement, pour qu'on ſoit au moins dans
le cas des dommages-intérêts. Voici ce que dit
à ce ſujet l'ordonnance de 1670, titre 3, article 7.

» Les accuſateurs & dénonciateurs qui ſe trou-
» veront mal fondés, ſeront condamnés aux dé-
» pens, dommages & intérêts des accuſés, & à
» plus grande peine, s'il y échoit; ce qui aura
» lieu auſſi à l'égard de ceux qui ſe ſeront
» rendus parties, ou qui s'étant rendus parties,
» ſe ſeront déſiſtés, ſi leurs plaintes ſont jugées
» calomnieuſes ».

Cette plus grande peine dont parle l'ordonnance, eſt quelquefois l'amende-honorable, l'a-
mende pécuniaire, le blâme, le banniſſement,
&c. ſuivant les circonſtances.

La calomnie peut même être punie de mort
lorſqu'elle ſert de fondement à l'accuſation d'un
crime atroce digne du dernier ſupplice, ſur-tout
lorſque l'accuſateur a ſuborné des témoins & que
l'accuſation a été intentée contre une perſonne
diſtinguée ou élevée en dignité. Telle eſt l'opinion d'Imbert & de Farinacius.

Voici quelques exemples de punition pour cause de calomnie.

Le sieur Bordua qui aspiroit à un office de notaire, avoit déplu à la communauté des procureurs de Lyon : les procureurs pour le traverser, engagèrent des paysans à faire contre lui une dénonciation calomnieuse de faits graves : le sieur Bordua fut obligé de se défendre ; mais étant parvenu à se disculper, il obtint par arrêt du 20 mai 1756, une condamnation de dix mille livres de dommages-intérêts contre cette communauté de procureurs.

Par arrêt du parlement de Paris du 14 janvier 1715, plusieurs dénonciateurs calomnieux ont été condamnés à quarante mille livres de dommages-intérêts & à tous les dépens envers le sieur Parseval, maire de Nogent-le-Rotrou. Les uns ont en outre été condamnés à neuf ans de bannissement, & les autres à demander pardon à Dieu, au roi, à justice & au sieur Parseval, nu-tête, en la chambre de la tournelle.

Par un autre arrêt du 31 du même mois, rapporté au journal des audiences, un ancien Greffier criminel du Châtelet de Paris, fut condamné à l'amende-honorable & au bannissement à perpétuité, pour avoir accusé faussement la demoiselle Richard fille majeure d'un vol avec effraction.

Par jugement en dernier ressort, rendu au tribunal de la police de Paris le 4 avril 1734, deux particuliers furent condamnés en cinq ans de bannissement, & l'un d'eux à être attaché au carcan pour avoir faussement dénoncé Catherine-Thérèse Meunier, comme coupable de contrebande.

Ces préjugés nous apprennent que lorsque l
calomnie eſt évidente, ou que la témérité d
l'accuſateur dégénère en calomnie, ſi l'on échappe
aux peines infamantes, on ne peut du moins
échapper aux dommages-intérêts.

Ceux qui exercent le miniſtère public ne
ſont point dans le cas de la calomnie lorſque le
crime leur a été dénoncé, ou que la rumeur
publique a excité leur zele & leur démarche.

Il en ſeroit différemment s'ils avoient reçu
pour dénonciateurs des gens ſans aveu, ou qu'ils
euſſent ſollicité une fauſſe dénonciation de la part
de qui que ce fût, afin d'avoir un prétexte de
vexer, ou que ſans dénonciation ils euſſent mis
trop d'imprudence dans la pourſuite de quelque
accuſation.

Dans ces cas un procureur du roi ou fiſcal
ſeroit non-ſeulement tenu en ſon nom des dommages & intérêts de l'accuſé, mais il mériteroit
encore d'être puni de la peine due à la calomnie,
laquelle ſeroit alors d'autant plus ſévère qu'un
tel officier qui abuſe de ſon miniſtère commet
un crime impardonnable. C'eſt ce qui réſulte
de pluſieurs lois ainſi que d'un arrêt du 28 juin
1695, rapporté au journal des audiences.

L'action pour calomnie & pour raiſon des
dommages & intérêts dans le cas d'accuſation
ou dénonciation calomnieuſe, peut non-ſeulement être intentée par l'accuſé, mais encore
par ſes héritiers s'il vient à mourir pendant la
pourſuite du procès. Le parlement de Paris l'a
ainſi jugé par arrêt du 20 avril 1709.

Cette action doit être pourſuivie, même
contre la partie publique, devant le juge qui a
connu de l'accuſation : c'eſt ce qu'a jugé un arrêt

du 6 septembre 1694 rapporté au journal des audiences. C'est aussi ce qui résulte des articles 6 & 12 du titre 2 de l'ordonnance criminelle rendue par le duc Léopold pour la Lorraine au mois de novembre 1707.

Observez toutefois que cette règle n'a pas lieu relativement aux accusations portées devant les prévôts des maréchaux : il faut dans le cas de calomnie se pourvoir au présidial ou devant le juge civil du lieu. Cela a été ainsi jugé par arrêt du 15 janvier 1724 contre le Prévôt des maréchaux de Mantes.

Les officiaux ne peuvent pas non plus prononcer les peines de la calomnie contre des laïques mal fondés dans leurs accusations envers des ecclésiastiques poursuivis devant ces officiaux.

Voyez *les lois 2, 7 & dernier ff. de Calomniatoribus; l'ordonnance criminelle du mois d'août 1670; la loi 9, cod. de calomniat. l'ordonnance criminelle du duc Léopold du mois de novembre 1707; Farinacius, praxis theoria criminalis; Julius-Clarus, practica criminalis; le traité des injures dans l'ordre judiciaire; le journal des audiences; Carondas en ses notes sur la pratique criminelle de Lizet; le traité de la justice criminelle de France; Imbert en ses institutions forenses; la collection de jurisprudence; le Prêtre en ses arrêts célèbres; Airault, en son instruction judiciaire,* &c. Voyez aussi les articles ACCUSATION, DÉNONCIATION, PROCUREUR DU ROI, MALVERSATION, DOMMAGES ET INTÉRÊTS, &c.

CALVAIRE. (RELIGIEUSES DE NOTRE-DAME DU) Ce sont des filles qui suivent la règle de Saint-Benoît.

Ces religieufes prétendent avoir pour fonda-trice Antoinette d'Orléans. Cette dame après la mort de Charles de Gondi, marquis de Belle-Ifle fon mari, fe trouvant veuve à l'âge de 22 ans, jugea à propos de fe retirer dans le monaftère des feuillantines de Touloufe, où elle fe fit religieufe en 1601. Elle fut chargée du foin de mettre la réforme dans l'ordre de Fon-tevrault. Pendant qu'elle y travailloit, elle eut occafion de connoître le pere Jofeph Capucin, fameux prédicateur, miffionnaire du couvent de Rennes; elle l'invita à l'aider dans fes opéra-tions. Ce religieux plein de zèle la feconda avec fuccès; après quoi Antoinette d'Orléans fe re-tira dans le monaftère de l'Encloître, où elle fut autorifée à recevoir les filles qui voudroient embraffer une vie plus régulière. Le nombre des profélytes répondit à fes efpérances : il fut quef-tion de pratiquer la règle de Saint-Benoît dans la plus étroite obfervance; mais comme toutes les religieufes du couvent n'étoient pas dans les mêmes difpofitions, le pere Jofeph pria l'évê-que de Poitiers de défigner un endroit dans fon diocèfe pour y bâtir un monaftère où les filles zélées puffent fe retirer avec la mere Antoi-nette pour y vivre fous fa conduite dans la pratique de la piété la plus auftère. L'évêque fe prêta à cette demande, & la ville de Poitiers accorda en conféquence une place dans le quar-tier Saint-Hilaire. Le pere Jofeph obtint le 4 octobre 1617 un bref de Rome qui permit à la mere Antoinette de fortir de l'ordre de Fonte-vrault pour aller prendre poffeffion du nouveau monaftère & pour y introduire les religieufes qui voudroient la fuivre.

L'abbesse de Fontevrault qui avoit donné son consentement pour la sortie de cette princesse, voulut le retirer ; elle interjeta appel comme d'abus du bref du pape. Le roi prit connoissance de cette affaire, & donna commission au Cardinal de Sourdis archevêque de Bordeaux de lui en faire son rapport. Antoinette vint à mourir avant qu'il y eut rien de décidé. Mais le pere Joseph qui ne perdoit point de vue le nouvel institut, donna le nom de *filles du Calvaire* aux religieuses qui vouloient l'embrasser, leur procura une nouvelle maison dans la ville d'Angers, & trouva le moyen d'y faire passer un certain nombre de ces religieuses, malgré toutes les précautions qu'avoit prises l'abbesse de Fontevrault pour les faire arrêter en chemin.

Cette abbesse se désista peu de tems après de ses poursuites & permit à ses religieuses de faire une nouvelle profession. La reine-mère qui étoit à Angers lors de l'établissement qu'on venoit d'y faire, témoigna tant d'attachement pour ce nouvel ordre, qu'elle voulut prendre le titre de fondatrice de ce second monastère. Le pere Joseph qui s'étoit servi de la confiance dont cette princesse l'honoroit, obtint de sa majesté un autre monastère de cet ordre à Paris, lequel fut bâti en 1621 dans la maison royale du Luxembourg.

Jusques-là il n'y avoit point encore de constitutions particulières pour ces filles ; mais le pere Joseph leur en donna qui furent approuvées de Grégoire XV. Ce pape érigea par une bulle les monastères de Paris, de Poitiers & d'Angers, ainsi que ceux qui seroient fondés par la suite selon les mêmes constitutions, en congrégation de l'ordre de Saint-Benoît, sous le titre de *Notre-Dame du Calvaire.*

Le pere Joseph songeant à l'accroissement de cette congrégation, lui procura un nouveau monastère à Paris au quartier, du marais. La place fut achetée des deniers de la congrégation & le monastère construit par les libéralités du roi, du cardinal de Richelieu & de madame de Combalet sa niece qui fut depuis duchesse d'Aiguillon. C'est dans cette maison que réside ordinairement la directrice de cet ordre. Le pere Joseph voulut que ce monastère portât le nom de *Crucifixion* pour le distinguer de celui du Luxembourg.

Cet ordre est gouverné par trois supérieurs majeurs qui sont ordinairement des cardinaux & des prélats, un visiteur & une générale. Il est exempt de la juridiction des ordinaires. Les supérieurs majeurs sont à perpétuité ; le visiteur n'est que pour trois ans, mais il peut être continué. La générale n'est non plus que pour trois ans, cependant de chapitre en chapitre on peut aussi la continuer, mais cette continuation doit cesser après douze ans d'exercice. Au bout de ce tems elle devient la dernière de la communauté pendant un an, & ne peut être élue prieure qu'après trois ans.

Pendant qu'elle exerce son généralat, elle a quatre assistantes pour l'aider de leurs conseils. L'une d'elles l'accompagne dans les visites qu'elle est obligée de faire de tous les monastères de la congrégation.

Lorsqu'il est question de la tenue du chapitre général les prieures des monastères & leur communauté dans la personne élue par chacune de ces communautés, ont droit d'envoyer par écrit leurs suffrages au chapitre général. Le visiteur qui préside ce chapitre avec trois scrutatrices élues par la communauté où il se tient, ouvre les lettres, compte les suffrages & déclare générale assistantes & prieures celles qui ont le plus de voix.

La congrégation dont il s'agit est composée de vingt maisons dont la première est à Poitiers : il y en a deux comme nous venons de le dire à Paris ; sept ou huit en Bretagne. Les autres sont à Orléans, à Chinon, à Mayenne, à Vendôme, à Loudun & à Tours. L'abbaye de la Trinité de Poitiers a été aussi unie à cette congrégation ainsi que le monastère des Bénédictines de Baugé. L'habillement des religieuses du Calvaire est une robe de couleur brune avec un scapulaire noir qu'elles mettent sur la guimpe comme les Carmelites déchaussées. Au chœur elles portent un manteau noir, & elles sont déchaussées depuis le premier mai jusqu'à la fête de l'exaltation de la croix.

Voyez *l'histoire de l'ordre de Fontevrault par Niquet ; la vie du pere Joseph par Richard ; l'histoire des ordres religieux, &c. (Article de M. DA-REAU, avocat, &c.)*

CALVINISTE. Voyez PROTESTANT.

CAMAIL. Espèce de petit manteau qui descend simplement jusqu'au coude, & que les évêques portent par-dessus leur rochet lorsqu'ils sont en cérémonie. C'étoit autrefois une partie de leur habillement ordinaire & journalier (*). Il servoit même à leur envelopper la

---

(*) Le concile de Milan veut que l'évêque porte habituellement le rochet & le Camail même à la campagne & avec l'habit court, mais nos prélats n'ont pas jugé à propos de se soumettre à cette loi.

tête, comme on peut en juger par l'espèce de petit capuchon qui se voit encore derrière : il étoit à peu près comme celui que portent les ecclésiastiques sur leur surplis en hiver.

Le Camail est aujourd'hui pour les évêques & pour les Abbés qui ont obtenu du pape la permission de le porter, un ornement pontifical. Les évêques le portent violet dans leur diocèse & noir lorsqu'ils sont hors de chez eux, comme quand ils se trouvent aux assemblées du clergé. (*Article de M. DAREAU, avocat, &c.*)

CAMALDULE. Religieux qui vit sous une règle dont Saint-Romuald est l'instituteur.

Saint-Romuald, natif de Ravennes se fit d'abord religieux Bénédictin dans l'abbaye du mont Cassin ; ensuite il demanda à se retirer dans un hermitage, ce qui lui fut accordé. Pendant son séjour dans la solitude, il s'exerça à toutes les pratiques de la vie pénitente. Quelque temps après deux autres religieux vinrent s'associer à lui : ils songèrent à former des monastères, mais Saint-Romuald n'ayant pu y établir la discipline qu'il avoit en vue, se retira sur le mont-Appennin, dans une petite plaine appellée *Camaldoli* ; & c'est dans cet endroit qu'il jetta en 1012 les fondemens de son ordre.

Cet ordre est divisé en cinq congrégations : la première est celle de Camaldoli ou du *Saint hermitage* ; la seconde, de Saint-Michel de Murano, composée de Cénobites ; la troisième, du mont de la Couronne ; la quatrième, de Turin, & la cinquième, de France. Chacune de ces congrégations a son général particulier qu'on nomme autrement *majeur*.

La congrégation de France sous le titre de *Notre-*

Notre-Dame de consolation, doit ses commence-
mens au pere Boniface Antoine de Lyon, hermite Camaldule de la congrégation de Turin.
Ce religieux vint en France en 1626 pour y pro-
pager son ordre. Il commença par deux établissemens, l'un dans le Dauphiné & l'autre dans
le Forêt, mais la petitesse des lieux fit qu'on les
abandonna. Quelque tems après en 1633 le pere
Vital de Saint-Paul, Prêtre de l'Oratoire, &
Jeanne de Saint-Paul sa sœur, dame de Varsa-
lieu & de Veaux, donnèrent au pere Boniface
les chapelles de Saint-Roch & du Val-Jésus,
qu'ils avoient avec les biens qui en dépendoient,
dans un lieu appellé d'*Amieux*, paroisse de
Chambre, dans le Forêt, diocèse de Lyon.

Les Camaldules obtinrent ensuite de Louis
XIII en 1634, des lettres-patentes par lesquelles ce prince approuva leur établissement dans
ce royaume, avec permission de recevoir les
maisons qu'on leur offriroit, à condition toutefois qu'ils n'auroient que des supérieurs françois.
Ces lettres furent enregistrées au parlement de
Grenoble en 1635. Le pape Urbain VIII autorisa cette congrégation pour vivre suivant les
constitutions de celle du mont de la Couronne.

En 1642 les Camaldules firent un nouvel établissement à Gros-bois à quatre lieues de Paris.
Ils eurent pour fondateur de cette maison Charles de Valois duc d'Angoulême. L'Archevêque
de Paris y donna son consentement, & Louis
XIV autorisa cette fondation en 1644 par des
lettres-patentes qui furent enregistrées au parlement de Paris la même année.

En 1648 Catherine le Voyer, dame d'atours
de la reine régente mère du roi, & veuve de

René du Bellay, baron de la Flotte, fonda une autre maison de Camaldules dans sa terre de la Flotte pays du bas-Vendomois. Henri de Guénegaud comte de Planci, secrétaire d'état, & sa femme Elisabeth de Choiseul du Plessis-Praslin fondèrent aussi en 1674, une nouvelle maison dans le comté de Rieux en Bretagne.

Henri Cauchon de Maupeas, abbé de Saint-Denis de Reims, étant devenu évêque du Puy ensuite évêque d'Evreux, fut pourvu de l'abbaye de l'Isle Chauvet de l'ordre des Bénédictins située dans les marais du bas-Poitou. Ce prélat voulant favoriser les Camaldules, chercha à les établir dans cette abbaye; l'évêque de Luçon dans le diocèse duquel est cette même abbaye y donna son consentement : les Bénédictins de la congrégation de Saint-Maur reconnoissant les Camaldules pour enfans de Saint Benoît, s'y prêtèrent volontiers. Il y eut à ce sujet le 2 décembre 1679, un concordat confirmé par des lettres-patentes enregistrées au parlement de Paris le 7 du même mois. L'abbaye ne laissa pas d'être toujours en commande il y eut simplement un traité en 1680 par lequel l'abbé consentit à un partage des biens de l'abbaye en trois lots, & l'un de ces lots fut adjugé aux Camaldules, ce qui a subsisté jusqu'à présent.

Ces Religieux n'ont pas cherché à faire beaucoup de progrès en France. Leur vie est fort austère & très-retirée. Ils sont vêtus de blanc couverts d'un capuce & d'un manteau.

Il y a des religieuses de cet ordre dans les congrégations qui sont hors de France : il ne s'en est point établi dans ce royaume.

Hermites de saint-Séver. Dans le bourg de saint-Séver en basse-Normandie, il y a un hermitage habité par des religieux qu'on a cru être de l'ordre des Camaldules, mais ils ne sont point avoués de cet ordre. Voici le fait : Un bon prêtre nommé le *père Guillaume*, ayant été novice chez les Camaldules pendant onze mois, & ne pouvant soutenir les austérités de la règle, se retira avec quelques hermites dans la forêt de saint-Séver. Il leur dressa des règlemens tirés en partie des constitutions des Camaldules, & les fit approuver par l'Evêque de Coutances. Mais on ne trouve pas dans ces règlemens la même discipline que celle des Camaldules. Ces hermites peuvent sortir quand il leur plaît, ils portent du linge ; leur scapulaire ne passe point les genoux ; leur capuce au lieu d'être rond est pointu ; ils mangent de la viande trois fois la semaine ; il y a d'autres différences si marquées entre leurs pratiques & celles des Camaldules, qu'on ne peut douter qu'ils ne soient étrangers à ceux-ci.

Voyez *les livres latins intitulés* : histoira Camaldulensis, & monast. ejusd. ord. exordia ; *l'année bénédictine de Blémure ; le catalogue de tous les ordres religieux ; ouvrage latin du pere Bonanni ; autre ouvrage latin intitulé* : Dissertat. camaldulenses de *Guidon de Grandis ; l'histoire des ordres religieux par Schoonebeck & par le pere Héliot ; le bullaire romain*, &c. (*Article de M.* DAREAU, avocat, &c.)

CAMBRAY. Ville capitale du Cambresis, conquise sur les Espagnols en 1677, & cédée à la France par le traité de Nimègue en 1678.

Le Cambresis n'est point sujet à la gabelle.

Par l'article VI de l'arrêt du conseil du 23
mars 1720, qui confirme les défenses faites aux
habitans du Cambresis par une ordonnance des
états de Cambrai du 10 mai 1685, tout commerce, transport, amas & usage du sel gris,
est interdit aux habitans de ce pays, à peine
de confiscation & de trois mille livres d'amende, même d'être punis comme faux-sauniers, si
le cas y échoit.

Il leur est défendu, à l'exception de ceux de
la ville de Cambrai, de faire aucun amas de sel
blanc au-delà de ce qui est nécessaire pour la
consommation de leurs maisons pendant six
mois, à raison de cent livres pesant pour sept
personnes par an, à peine aussi de confiscation
& de trois mille livres d'amende ; mais cette
amende n'est plus la même ainsi qu'on le verra
ci-après.

L'article II de l'arrêt du 23 mars 1720, en
permettant aux négocians de la ville de Cambrai, de tirer des port de Dunkerque, Calais,
Boulogne & Étaples, tout le sel gris dont ils auront besoin pour l'aliment de leurs rafineries,
établit des précautions pour empêcher qu'on
n'en transporte ailleurs que dans cette ville.

Une déclaration du 9 avril 1743 relative à la
gabelle & au tabac en Artois, avoit également
pour objet l'exercice des commis des fermes
dans les trois lieues du Cambresis, limitrophes
au pays de gabelle, & de la vente exclusive du
tabac ; mais les états de Cambresis ayant représenté que ce règlement & la déclaration du 13
mai 1746, rendue en interprétation, ne pouvoient en ancune façon être communs à leur
province qui, depuis qu'elle étoit réunie à la

couronne, avoit toujours eu des règlemens particuliers, notamment l'arrêt du 23 décembre 1684, au sujet du sel, & celui du 10 septembre 1686, au sujet du tabac, lesquels différoient entièrement de ceux précédemment rendus pour l'Artois, soit parce que les habitans des trois lieues limitrophes de l'Artois n'avoient pu, attendu l'étendue de cette province, être assujettis à ne s'approvisionner que dans une seule ville comme l'étoient ceux du Cambrésis qui est renfermé dans des bornes plus étroites, soit parce que le défaut de bureaux & de brigades des fermes générales dans l'intérieur de l'Artois n'eût pas permis d'y employer les mêmes moyens que dans le Cambrésis ; le roi, sur l'examen de leurs mémoires & de ceux des fermiers généraux, ainsi que des moyens entr'eux concertés pour l'établissement d'une police propre à conserver les priviléges du Cambrésis, en même-tems qu'elle préviendroit les abus qui, sans l'observation de cette police, pouvoient naître de ces priviléges, rendit une nouvelle déclaration particulière au Cambrésis, le 8 septembre 1746, dont voici les dispositions.

1°. Les rôles des habitans de chacune des Paroisses du Cambrésis, situées dans les trois lieues limitrophes de la Picardie, contenant les noms, surnoms & qualités de chaque chef de famille, & le nombre de personnes dont chacune d'elles sera composée au jour de la formation de ces rôles, non compris les enfans au-dessous de six ans, doivent être dressés & certifiés chaque année par les baillis, mayeurs, syndics, lieutenans & autres gens de loi & chefs des communautés, & par eux remis dans le courant du mois

d'octobre au plustard, sur le bureau des états &
de suite au préposé du fermier à Cambrai, sous
les peines portées par les règlemens contre les
baillis ou gens de loi, en retard de fournir les
rôles ou qui les fourniroient non-conformes à
l'état réel de leurs paroisses.

2°. Le préposé du fermier à Cambrai, doit
fournir sa reconnoissance des rôles & en faire
faire la vérification par les commis du fermier,
une fois seulement par année, en présence ou
après avoir dûement fait appeler un des gens de
loi ou chef de la communauté : cette vérification doit être faite dans les deux mois qui sui-
vront la date de la reconnoissance de la remise
des rôles, lesquels passé ce tems seront tenus
pour vérifiés pendant l'année pour laquelle ils
auront été fournis.

3°. Les états doivent commettre dans chacune des paroisses limitrophes, un seul marchand
vendeur de sel & de tabac, & n'accorder cette
comission qu'à un sujet qui justifie posséder en
fonds dans le Cambresis, au moins quinze livres
de revenu annuel, & après avoir entendu le
Curé, les mayeurs ou gens de loi, & le préposé
des fermes résidant à Cambrai, sur la probité de
celui qu'il s'agira de commettre.

4°. Tous les ans, les vendeurs sont tenus
dans le courant du mois de janvier, de remet-
tte leur comission sur le bureau des états, afin
que l'assemblée les continue si elle le juge à propos, ou en nomme de nouveaux en leur place,
après avoir entendu les curés, les gens de loi,
& les préposés des fermes sur la conduite des
mêmes vendeurs, & avoir examiné les émarge-
mens des doubles des rôles de l'année précé-

dente, qui doivent être joints à la commiffion.

5°. Les marchands vendeurs ne peuvent tirer que de la feule ville de Cambrai le fel & le tabac néceffaires pour la confommation de la paroiffe dans laquelle ils font établis, & feulement fur les acquits à caution fignés du prépofé; qui doivent leur être délivrés gratis, par les receveur & contrôleur du bureau des fermes à Cambrai, à peine d'être traités comme faux-fauniers ou faux-tabatiers s'ils en tiroient d'ailleurs, ou même de Cambrai, fans être accompagnés d'acquits à caution.

6°. Il eft défendu aux receveur & contrôleur du bureau des traites de Cambrai de délivrer aux marchands vendeurs, des acquits à caution pour une plus grande quantité de fel & de tabac, dans le cours d'une année, que celle qui eft néceffaire pour la confommation de chacune des paroiffes dans lefquelles ces vendeurs feront établis, ni de permettre à la fois de plus grands enlèvemens par chaque vendeur, que la quantité de fel & de tabac néceffaire pour l'approvifionnement pendant deux mois, des mêmes paroiffes, à peine d'être perfonnellement garans du faux-faunage & de la fraude qu'une plus forte provifion pourroit occafionner.

7°. Les acquits à caution doivent être regardés comme nuls, fi les conducteurs des quantités de fel & de tabac qui y font exprimées, n'y font pas dénommés, & s'ils ne s'en trouvent porteurs, pour les repréfenter à la première réquifition aux commis du fermier, aux prépofés des états ou autres ayant droit, qui pourront les rencontrer fur leur route & leur en demander la repréfentation; & s'ils n'ont été vifés à la porte de Cambrai, par les gardes des fermes qui font tenus de les enregiftrer.

8°. Si les porteurs d'acquits à caution font rencontrés avec des quantités de fel ou de tabac excédant de plus de quatre pour cent, celles qui font contenues dans ces acquits, ils doivent être condamnés, outre la confiscation du fel & du tabac, pour la première fois à cent livres d'amende ; & en cas de récidive à trois cens livres avec révocation de leur commiffion : ces peines doivent avoir lieu en cas d'excédent jufqu'à cinquante livres pour le fel & vingt livres pour le tabac ; & fi l'excédent est plus fort pour l'un ou pour l'autre que les quantités ci-deffus fixées, ils doivent être condamnés en trois cens livres d'amende pour la première fois, & aux peines prononcées contre les faux-fauniers & faux-tabatiers, en cas de récidive.

9°. Les conducteurs font aftreints à ne marcher que de jour durant l'été, & feulement jufqu'à huit heures du foir en hiver ; à fuivre les routes indiquées à leur choix dans les acquits à caution, toute autre étant réputée oblique, & à faire décharger les acquits à caution dans les vingt-quatre heures par le curé & deux des gens de loi de leur paroiffe ; ces acquits ainfi déchargés doivent être remis dans le délai qui y est fixé au receveur des fermes à Cambrai, le tout à peine de cent livres d'amende pour la première fois, de deux cens livres en cas de récidive, & de deftitution de leur commiffion.

10°. Tous les habitans des trois lieues limitrophes, de quelqu'état, qualité & condition qu'ils puiffent être, ne peuvent fe pourvoir de fel & de tabac que chez le vendeur établi dans leur paroisse, sauf aux états à prendre les précautions nécessaires pour qu'il n'en puisse résulter aucun abus de la part des vendeurs ; en conséquence le règlement déclare saisissable tout le sel & le tabac qui pourroient être transportés dans les trois lieues limitrophes en quelque petite quantité que ce puisse être ; & quant au tabac seulement au-delà de la provision journalière, & les conducteurs, sujets aux peines portées par les règlemens contre les faux-sauniers & faux-tabatiers.

11°. La déclaration prévoit néanmoins le cas où pendant le cours de l'année il s'établiroit quelques nouveaux ménages, celui où il surviendroit dans quelques familles des augmentations considérables en domestiques ou ouvriers nourris chez les maîtres, qui n'auroient pu être compris aux rôles lorsqu'on les a formés ; enfin s'il est question de salaisons extraordinaires de beurres, de fromages, de légumes, de chairs & de poissons ou de remèdes pour des troupeaux malades ; dans ces différens cas, les chefs de familles, ainsi que les hôteliers & cabaretiers qui auront besoin de sel extraordinaire pour les gens qu'ils logeront & recevront chez eux, tireront par eux-mêmes, de Cambrai, & non d'ailleurs, les quantités de sel nécessaires pour ces différens emplois qui seront désignés par les attestations signées des curés, baillis & gens de lois.

Sur ces attestations, le préposé des fermes & les receveur & contrôleur au bureau de Cambrai délivreront des acquits à caution pour le transport du sel mentionné dans ces acquits, de Cambrai à sa destination ; ils retiendront les atteftations au bureau pour juftifier des motifs de la délivrance des acquits à caution, dont ils tiendront un regiftre.

12°. les porteurs de ces acquits à caution feront affujettis aux formalités preícrites pour les acquits à caution délivrés aux marchands vendeurs, & aux mêmes peines en cas de contravention ; ils feront d'ailleurs tenus de juftifie de l'emploi & de la réalité des falaifons extraordinaires, à proportion du fel qui leur aura été accordé, pourvu toutefois que les commis fe préfentent pour faire cette vérification dans le délai d'un mois après l'enlèvement ; & faute par les particuliers de juftifier de l'emploi, ils feront réputés en avoir abufé au préjudice des droits du roi, & condamnés comme tels pour la première fois à trois cens livres d'amende & à cinq cens livres en cas de récidive.

13°. Nul vendeur ne doit délivrer à la fois aucun chef de famille du fel & du tabac au delà de la quantité néceffaire pour la provifion d'un mois, ni dans le cours d'une année, une plus grande quantité que celle qui eft fixée pour la confommation des habitans des trois lieues limitrophes, à raifon d'un minot de fel pour fept perfonnes par chacun an, & de trois livres de tabac par mois à chaque chef de famille, peine de confifcation & de cent livres d'amende pour la première fois, tant contre le vendeur que contre l'acheteur, de cinq cens livres d'amende pour la feconde fois, & de punition corporelle pour la troifième.

14°. Les vendeurs ne peuvent vendre du fel ou du tabac à tout autre qu'aux habitans de la paroiffe dans laquelle ils font établis, fous les

eines portées contre les faux-fauniers & faux-
batiers.

Pour éviter toute furprife , le prépofé du
fermier à Cambrai, fera tenu, lors de la remife
des rôles de chaque année, d'en fournir aux
vendeurs aux frais du fermier , une copie certifiée, & autant de bulletins en petit cahier imprimé, couvert de parchemin, qu'il y aura d'articles ou de chefs de famille portés fur les rôles
de chaque paroiffe.

Sur un côté des bulletins, qui fera vigneté,
le receveur portera le nom de la paroiffe &
celui de chaque chef de famille, à qui il doit
être remis par le vendeur, toutes les fois que le
chef de famille voudra lever du fel ou du tabac; le vendeur, fur le côté du bulletin refté
en blanc, fera note du fel ou du tabac par lui
livré, ainfi qu'à la marge de la copie du rôle
vis-à-vis de chaque article, dans le blanc qui y
fera réfervé à cet effet.

15º. Chaque vendeur ne peut avoir qu'un
feul magafin, ni dans ce magafin une plus grande
quantité de fel & de tabac à la fois que celle
qui eft néceffaire pour la provifion de fa paroiffe pendant trois mois, à peine de confifcation de l'excédent, de cent livres d'amende &
de révocation de fa commiffion.

16º. Les états doivent faire faire tous les
trois mois une vifite chez les marchands vendeurs pour examiner leur geftion & fe faire rendre compte par les curés & gens de loi de ce
qui, depuis la précédente vifite, pourroit s'être
paffé de contraire aux règlemens.

17º. Les commis & employés des fermes,
peuvent auffi, quand bon leur femble, fe tranfporter chez les vendeurs , pour examiner les

quantités de fel & de tabac livrées & noté
en marge des rôles jufqu'au jour de leur vifite ; ils doivent fe faire affifter d'un mayeur ç
homme de loi, à moins qu'ils ne foient accompagnés d'un capitaine général ou du prépof
des fermes à Cambrai, auquel cas ils peuve
faire leur vifite fans l'affiftance d'un officier d
juftice.

18°. Il leur eft pareillement permis de fair
toutes vifites domiciliaires, en quelqu'endro
que ce puiffe être, dans l'étendue des tro
lieues, pour la recherche des marchandifes pr
hibées & de contrebande, ainfi que du fel & d
tabac que les habitans pourroient avoir en leu
poffeffion au-delà de la provifion qui leur e
permife, en fe faifant néanmoins accompagne
comme ci-deffus dans ces vifites. Il eft enjoi
aux gens de loi de fe tranfporter aux lieux ind
qués à la première requifition des commis, d
leur donner tout aide, fecours & affiftance, à
peine en cas de refus ou de délais affectés, d
trois cens livres d'amende pour la première fois
& de cinq cens livres en cas de récidive, &
d'interdiction, avec faculté aux employés d
procéder en ce cas aux vifites, en fe faifant ac
compagner par deux témoins.

19°. On ne doit point inquiéter les habitans
du Cambrefis, chez lefquels il ne fera trouvé
du fel que pour la provifion de deux mois inclufivement ; mais s'ils en ont une quantité ex-
cédante, le fel excédént fera confifqué, & l'habitant fera condamné à cent livres d'amende
pour la première fois, à deux cens livres pour
la feconde, & à trois cens livres en cas de récidive, fi l'excédant eft au-deffous du double de

provision ; & dans le cas où il seroit au-dessus du double de la provision permise, ce qui
sera alors censé amas, il sera condamné à cinq
cinq cens livres d'amende pour la première fois
& à cinq ans de galères pour la deuxième à l'é-
gard des hommes ; & pour les femmes, au
fouet & au bannissement à perpétuité de la province, conformément à l'article 25 du titre 16
de l'ordonnance de 1680.

20°. Il est défendu aux commis d'abuser de la
faculté qui leur est accordée de visiter les portes à col, gens à cheval, bêtes de charge &
voitures roulantes dans les trois lieues limitrophes, de les arrêter & décharger dans la campagne, d'y ouvrir aucune caisse, balle, ballot,
futaille ou autre volume de marchandise ou denrée ; il leur est seulement permis de les palper
& même de sonder les voitures chargées de
paille, de foin, de bois, de grains & de légumes, de houblon, & autres denrées & marchandises qui peuvent l'être sans dégât & sans
interrompre la marche des conducteurs ; sauf au
commis, en cas de soupçon, à les accompagner
jusqu'au lieu de la destination si elle est dans les
trois lieues, pour, en présence d'un des chefs de
la communauté sur ce requis ou à son défaut de
deux témoins, procéder à la décharge & visite
des voitures.

21°. Lorsque les voitures sont destinées à entrer dans l'étendue des fermes, les commis &
gardes sont autorisés à les conduire au plus prochain bureau de la route ; ils doivent empêcher
que pendant la marche il n'en soit rien distrait,
& assister à la visite qui doit en être faite à l'ordinaire après la déclaration fournie par les conducteurs & voituriers.

22°. Si les commis & gardes, à la premie
infpection par la fonde ou autrement, découvr
de la contrebande, du faux fel & du faux tab
ils doivent en ce cas s'affurer des conducte
& des voitures, les conduire, fi la faifie eft fa
dans le Cambrefis, au bureau des traites
Cambrai, ou au bureau, grenier ou entre
du reffort du lieu où la capture aura été fai
afin d'y faire la defcription du tout, & en dr
fer procès-verbal.

23°. La déclaration réitère des défenfes
hôteliers, cabaretiers, fermiers, cenfiers &
tres, de quelque qualité & condition qu'ils p
fent être, de donner retraite, azile, fecours
affiftance, de fournir des vivres, des boiff
ou des fourrages, foit au-dedans de leur m
fon, foit au-dehors, à ceux qui porteror
conduiront, voitureront ou efcorteront du
ou du tabac en contravention aux règleme
fous peine de complicité, & d'encourir les
mes amendes & peines; elle leur enjoint d
truire fur le champ de leur paffage les maye
& gens de loi pour prévenir toute entrep
de leur part, les obliger de fe retirer s'ils
peuvent les faifir, donner avec diligence
cours & main-forte aux employés des ferm
dans le cas d'attaque ou de pourfuite, & mê
faire au befoin fonner le tocfin pour courir
les contrebandiers, faux-fauniers ou faux-ta
tiers attroupés.

24°. Les mayeurs & gens de loi doivent
former exactement & fur le champ le fecréta
des états, des paffages ou féjours des conti
bandiers dans leur territoire, & de ce qu'i
auront fait pour s'y oppofer à peine d'inte
diction.

25°. Il eſt défendu au prépoſé, aux receveur & contrôleur des fermes à Cambrai, aux employés aux portes de cette ville, & à ceux des brigades qui exerceront leurs fonctions dans le Cambreſis, de rien exiger, ſoit des vendeurs, ſoit d'autres perſonnes pour les acquits à caution, *viſa* de ces acquits, reconnoiſſance de la remiſe des rôles, & pour toute autre opération concernant leurs fonctions ou exercices, à peine de concuſſion.

26°. Il doit être procédé à l'extraordinaire contre les contrevenans dans tous les cas d'attroupement, port d'armes, rébellion, excès commis ou mauvais traitemens envers les employés ou crimes de faux.

27°. Les contraventions pour raiſon deſquelles il n'échoit de prononcer que des interdictions, révocations ou amendes non convertibles, ſont portées par-devant les députés-commiſſaires en la chambre des états, pour y être jugées ſommairement à l'audience ſans frais & en dernier reſſort, ſur les procès-verbaux des commis des fermes ou des prépoſés des états pour les viſites : ces procès-verbaux, bien & duement affirmés par-devant l'un des commiſſaires députés aux états, ou l'un des échevins de Cambrai, ou par-devant un des baillis, lieutenans ou autres officiers de juſtice du Cambreſis, ſont foi juſqu'à l'inſcription de faux.

28°. Les contraventions qui entraînent des peines afflictives ou amendes convertibles, ou qui ſont de nature à exiger une procédure à l'extraordinaire, ſont portées par-devant les échevins de Cambrai pour les inſtruire & juger en dernier reſſort & ſans appel. La déclaration leur permet de nommer l'un d'entr'eux du nombre des gradués, pour inftruire & rendre feul les jugemens d'inftruction, en appelant néanmoins lors des règlemens à l'extraordinaire & des jugemens définitifs, au moins quatre autres gradués d'entre les échevins, leur attribuant toute cour & juridiction à cet effet, & l'interdifant à toutes autres cours & juges.

29°. Les amendes ne pourront être modérées fous quelque prétexte que ce foit, à peine de nullité des jugemens; le tiers appartiendra aux pauvres de la paroiffe où la contravention aura été commife, les deux autres tiers aux fermier & à ceux des commis du fermier ou des prépofés aux vifites par les états qui auront dreffé les procès-verbaux de contravention, & fur ces deux tiers doit être pris celui du dénonciateur s'il y en a un.

On doit obferver que par une décifion du confeil contenue dans une lettre de M. le contrôleur général du 15 janvier 1748, il a été permis aux habitans des villages limitrophes à la Picardie, de prendre les fels néceffaires pour les falaifons extraordinaires chez les revendeurs de leurs paroiffes, au lieu de les lever à Cambray, ainfi que l'ordonnoit la déclaration du 8 feptembre 1746, dont on vient de donner le détail; & comme il étoit néceffaire de prévenir les abus qui auroient pu s'introduire à cet égard, les députés ordinaires des états de Cambray y ont pourvu par un règlement du 25 feptembre 1749, dont on va rappeller les difpofitions.

1°. La quantité de fel deftinée aux falaifons extraordinaires & néceffaires pour la confommation des habitans des paroiffes du Cambrefis, déclarées

déclarées limitrophes à la Picardie par les états arrêtés en conféquence de l'arrêt du conſeil de 1679, doit être réglée par les députés ordinaires des états dans le mois de décembre de chaque année pour l'année ſuivante, ſauf aux députés à l'augmenter s'il échoit en connoiſfance de cauſe.

2°. Tous les revendeurs ſont aſtreints à fournir une caution réelle ou perſonnelle, juſqu'à concurrence de trois cent livres pour ſûreté des peines & amendes qu'ils pourroient encourir en abuſant de la faculté de vendre le ſel pour ſalaiſons extraordinaires, outre le cautionnement donné pour vendre le ſel pour ſalaiſons ordinaires & le tabac.

3°. Les vendeurs ne peuvent lever le ſel pour ſalaiſons extraordinaires, que dans la ville de Cambray. & ils ne doivent lever à la fois que la quantité néceſſaire dans leurs paroiſſes pour deux mois.

4°. Ils ſont tenus avant de le faire ſortir, de le repréſenter au bureau de l'agence, & de prendre des acquits à caution, conformément à la déclaration de 1746.

5°. Il leur eſt enjoint de tenir ce ſel chez eux, dans un magaſin particulier, enſorte qu'il ne ſoit point confondu avec celui qui eſt deſtiné pour les ſalaiſons ordinaires des habitans.

6°. Ils ne peuvent délivrer de ſel pour ſalaiſons extraordinaires, qu'aux habitans de la paroiſſe de leur établiſſement, ſuivant un certificat des mayeur, gens de loi ou curé.

7°. Ils doivent écrire de ſuite & par ordre de dates, la quantité de ſel qu'ils auront délivrée en conſéquence de pareils certificats aux chefs

de famille , fur un regiftre qui doit leur êtr
fourni gratis.

8°. Ils font tenus de repréfenter leur regiftre, les certificats & le fel reftant dans leu
magafin, toutes les fois qu'ils en font requ
par les employés des fermes pour faire les ve
rifications du fel levé par eux , de ce qu'il leu
reftera en magafin , & de ce qu'ils en auror
vendu.

9°. Les habitans des paroiffes limitrophes,
l'exception des feigneurs, ne peuvent prendr
le fel dont ils ont befoin pour falaifons ex
traordinaires, que chez le revendeur de leu
paroiffe , en fe conformant exactement aux di
pofitions de la déclaration du 8 feptembre 174
& du préfent règlement, fous les peines portée
par la déclaration.

10°. Pour prévenir & empêcher plus effica
cement les fraudes & les abus que les vendeur
pourroient faire du fel par eux levé pour fala
fons extraordinaires, les mayeurs de chacu
des paroiffes limitrophes & les échevins, for
autorifés à faire la vifite quand ils le jugent
propos, du magafin du revendeur, en fe faifan
repréfenter fon regiftre & les certificats e
conféquence defquels il aura délivré du fel pou
falaifons extraordinaires, à l'effet de vérifier s
en a délivré fans certificats ou pour une plu
grande quantité que celle qui y étoit portée ; &
fi la quantité trouvée dans fon magafin fe rap
porte à celle qu'il en aura levée à Cambray fu
acquits à caution, déduction faite de ce qu'il en
aura vendu & livré fur certificats, les mayeur
& échevins informeront les députés ordinaires
des états dans les vingt-quatre heures, des con

traventions commifes par les revendeurs, pour y être pourvu.

CAMELOT. Sorte d'étoffe faite ordinairement de poil de chèvre, mêlé de laine, de foie, &c.

Les Camelots venant d'Angleterre, d'Ecoffe, d'Irlande & des pays en dépendans, font prohibés à l'entrée du royaume, conformément à l'arrêt du 6 feptembre 1701.

Les Camelots de poil ou mêlés de foie, de laine & autres matières venant de Hollande ou des autres pays étrangers, doivent à l'entrée du royaume trente pour cent de leur valeur, conformément à la décifion du confeil du 7 juin 1752.

Les Camelots de pure laine venant de l'étranger, doivent pour droit d'entrée douze livres par pièce de vingt aunes, conformément à l'arrêt du 20 décembre 1687.

Les Camelots fins faits de poil de chèvre dans les manufactures de la Flandre Françoife, doivent à l'entrée des cinq groffes fermes trois livres par pièce de vingt aunes, conformément au tarif de 1664 & à l'arrêt du 17 janvier 1708. Et les Camelots des mêmes manufactures faits de pure laine ou mêlés de laine & de fil, ne doivent par pièce de vingt aunes que trente fous felon l'arrêt qu'on vient de citer.

Tous ces Camelots ne peuvent entrer dans les cinq groffes fermes que par Peronne, Amiens, Saint-Quentin & Guife. Ils doivent porter le nom du fabricant & celui de fa demeure, avec un plomb appofé par les magiftrats du lieu, portant d'un côté ces mots : *Manufacture de Flan-*

N ij

dre *Françoise*, & de l'autre côté les armes du lieu.

Les Camelots à eau & fans eau, ondés & fans ondes, faits de laine & de poil, doivent, conformément au tarif de 1664, fept livres par cent pefant à la fortie des cinq groffes fermes pour la deftination des provinces réputées étrangères.

Si ces Camelots font deftinés pour les villes de Metz, Toul ou Verdun, ils ne doivent à la fortie, par cent pefant, que trois livres dix fous, conformément à l'arrêt du 23 décembre 1704.

Les Camelots de cette forte fabriqués dans le royaume, étoient affujettis au même droit de fortie de trois livres dix fous, par l'arrêt du avril 1702, lorfqu'ils paffoient à l'étranger ou à Marfeille, Bayonne & Dunkerque; mais ils jouiffent aujourd'hui de l'exemption de tout droit pour cette deftination, conformément aux arrêts des 13 & 15 octobre 1743.

Les Camelots d'Amiens faits de laine feulement & fans poil, doivent à la fortie des cinq groffes fermes, trois livres par cent pefant.

Si ces Camelots font deftinés pour Metz, Toul ou Verdun, & qu'ils paffent par les bureaux de Châlons & Sainte Menehould, ils font exempts des droits de fortie, conformément à l'arrêt du 25 janvier 1716.

Les Camelots de cette efpèce fabriqués dans le royaume, jouiffent de la même exemption lorfqu'ils paffent directement à l'étranger.

Voyez *les lois citées*, & les articles ENTRÉE, SORTIE, MARCHANDISE, SOU POUR LIVRE, &c.

CAMP. C'est le terrein où une armée se loge
en ordre.

Dès que les hommes se sont fait la guerre
avec quelque industrie, ils ont eu des Camps
dans lesquels ils se sont fortifiés pour se mettre
à couvert du danger des attaques imprévues &
nocturnes. Les Grecs entouroient leurs Camps
d'une tranchée ou fossé. Les Romains n'excel-
lèrent à fortifier les leurs qu'après avoir vaincu
Pyrrhus à la bataille de Benevent, où ils eurent
occasion d'examiner & d'apprécier l'art des
Grecs en ce genre. Après les guerres Puniques
& celles de Tarente, leurs Camps devinrent des
forteresses stables. Aussi l'armée Romaine qui
combattoit au-devant de son Camp, y trouvoit une retraite assurée quand elle étoit battue.

Les Romains avoient des Camps d'hiver &
des Camps d'été. Les premiers qui subsistoient,
tant qu'il restoit quelque chose à conquérir dans
une contrée, étoient construits très-solidement.
Les pierres & les bois en formoient les fortifications & les tentes, d'où quelques-uns de ces
Camps long-temps habités, devinrent des villes
dans la suite.

Les Camps d'été qui ne devoient servir que
peu de jours, étoient faits moins solidement ;
mais ils ne laissoient pas d'être entourés de
fossés. Les Romains étoient tellement persuadés
que la sûreté d'une armée dépendoit de la clôture de son Camp, que sans ce travail le soldat
Romain n'auroit pas voulu passer une seule nuit
qu'il ne fût sous les armes.

Cette méthode de former des Camps solides
& retranchés, se perdit dans la suite des temps,
parce qu'elle fut négligée des peuples qui ren-

verſèrent l'empire Romain. On ſait qu'Attila
roi des Huns, ayant été vaincu dans les champs
Catalauniens, aima mieux ſe rètrancher avec les
cadavres de ſon armée, que d'environner ſon
Camp d'un foſſé.

Ce n'eſt que dans les guerres d'Italie, ſous
Louis XII, que l'uſage des Camps retranché
s'eſt introduit parmi nous, & c'eſt ſous Louis XIV
que l'art & la méthode s'en ſont perfectionné
Nos ingénieurs diſtribuent les Camps de nos ar
mées avec autant d'ordre & de ſoin que s'il s'a
giſſoit de la conſtruction d'une ville.

Nos armées campent ordinairement ſur deu
lignes : on tâche d'en appuyer la droite & l
gauche à quelque ruiſſeau, rivière, marais o
hauteur dont on s'empare, & où l'on tient de
dragons ou de l'infanterie.

L'artillerie ſe place communément devant l
centre de la première ligne ; mais ſi le Camp e
à demeure, on la diſtribue ſur les aîles & l
long des lignes ſelon la nature du terrein.

Le quartier général, qui eſt ce que les Romai
appeloient le prétoire, & l'endroit où campe l
général, doit être, autant qu'il eſt poſſible, a
centre du Camp, afin que le général ſoit plus
portée de donner ſes ordres aux différens qua
tiers. Au reſte ces choſes ſe règlent ſelon les ci
conſtances & les conjonctures qui ſont fort ſu
jettes à varier.

Comme les vues générales de celui qui con
mande doivent être la conſervation des homm
& des chevaux de ſon armée, il cherche à pla
cer ſon Camp dans un endroit ſain où les vivre
puiſſent parvenir commodément. Il tâche que l
garde du Camp n'exige pas beaucoup de monde

afin de ne pas fatiguer inutilement son armée. Il conserve une communication libre avec les places dont il doit tirer des subsistances : il place son Camp de manière qu'il protège le pays ami, qu'il inquiète le pays ennemi, &c., & qu'il ne puisse être obligé de combattre malgré lui & désavantageusement.

Lorsqu'un régiment est arrivé au Camp, un officier major doit faire aux soldats les défenses ordonnées, & leur annoncer les peines qu'encourent les contrevenans.

Suivant les ordonnances publiées jusqu'ici, tant sur les Camps de guerre que sur les Camps de paix, on doit défendre aux troupes de rien exiger des habitans du voisinage, ni de ceux qui apportent des vivres & denrées au Camp : on doit aussi leur défendre de prendre ou cueillir des grains, fruits, herbages & légumes dans les jardins ou dans les champs, & de couper aucun arbre, à peine contre les officiers d'en répondre, & à peine des galères contre les soldats, cavaliers & dragons, ou même de la vie contre ceux qui se trouveront avoir commis d'autres désordres plus considérables ou avoir pris quelque chose que ce soit sans payer.

On doit pareillement défendre aux officiers, bas-officiers, cavaliers & soldats, de chasser ou de pêcher dans les environs du Camp ou ailleurs, sous peine contre les officiers d'interdiction de leurs charges, & contre les autres, des galères.

Les soldats, cavaliers & dragons qui passent les gardes établies autour du Camp, sans un congé dans la forme prescrite par les ordonnances, & ceux qui se trouvent hors des gardes,

N iv

fans même y faire aucun défordre , doivent être arrêtés & punis comme déferteurs ou comm voleurs ; s'ils fe trouvent avoir commis quelque défordre.

Les colonels & commandans des corps ne peuvent permettre à aucun foldat de paffer les gardes du Camp, à moins que les congés qu'ils leur donnent ne foient approuvés du général.

S'il arrivoit qu'on arrêtât aux environs du Camp quelque foldat qui eût découché fans que fon capitaine en eût averti , celui-ci feroit interdit & payeroit le défordre fait par le foldat arrêté , & le commandant du régiment feroit mis aux arrêts.

Le prévôt du Camp , ainfi que les prévôts & autres officiers de maréchauffée dont les réfidences fe trouvent dans le voifinage d'un Camp de paix ou d'exercice , doivent arrêter tous ceux qu'ils rencontrent hors des gardes.

Les maires , échevins & habitans des villes & lieux voifins du Camp , doivent arrêter de même tous ceux qui fe préfentent dans ces endroits , & les garder prifonniers jufqu'à ce que le prévôt du Camp averti ait envoyé prendre les délinquans pour les conduire au Camp & les faire punir felon les circonftances.

On doit défendre aux foldats , vivandiers , valets & autres, quels qu'ils foient , de mettre l'épée à la main dans le Camp ou dans le quartier général & les environs. Plufieurs ordonnances ont prononcé la peine des galères perpétuelles contre ce genre de délit.

On doit pareillement défendre aux foldats , cavaliers & dragons d'un Camp d'exercice , d'avoir aucune balle fur eux , ni même du menu plomb à giboyer. Plufieurs ordonnances ont prononcé la peine de mort contre les infracteurs de ce ban. Pour éviter toute contravention à cet égard, les officiers font tenus en arrivant au Camp, de faire en préfence des commandans des corps, la vifite la plus exacte des armes & équipages des foldats ou cavaliers de leurs compagnies; ils doivent faire décharger ces armes avec un tire-bourre; ou fi cela ne fe peut, les faire tirer devant eux en prenant toutes les précautions néceffaires pour qu'il n'en arrive point d'accident : enfin ils doivent prendre aux foldats ou cavaliers toutes les balles & tout le plomb qu'ils peuvent avoir; mais quand le Camp fe fépare, les officiers font tenus de rendre exactement à leurs foldats le plomb qu'ils leur ont ôté.

Il doit être défendu à tous les marchands qui fe trouvent au quartier général, d'avoir des balles dans leurs boutiques & d'en vendre à qui que ce foit, fous peine de confifcation & de cent livres d'amende applicables au prévôt du Camp.

Il doit pareillement être défendu aux marchands des villes & villages des environs, de vendre des balles ou du plomb aux foldats, ni même aux valets des troupes.

Dans les Camps de guerre, les lieutenans & le major d'un régiment, doivent veiller lorfque la diftribution de la poudre, des balles & des pierres à fufil a été faite, à ce que les foldats aient toujours leur porte-cartouche garni; & à mefure que leurs munitions fe confomment, les majors des régimens doivent en informer le major général afin qu'il les faffe remplacer.

Les foldats, cavaliers, dragons, vivandie
& autres quels qu'ils foient, ne peuvent ten
aucune table de jeu dans le Camp ni ailleurs ; &
dans le cas de contravention, les tables de cett
forte doivent être brifées & les contrevenant
mis en prifon jufqu'à nouvel ordre.

Il eft défendu aux foldats, cavaliers, dragons
vivandiers & autres étant à la fuite du Camp
de blafphêmer le faint nom de Dieu, de l
Vierge ou des Saints, fous peine d'avoir la lan
gue percée d'un fer chaud.

On ne doit fouffrir dans le Camp aucun
femme ou fille publique ou de mauvaife vie : l
roi veut que toutes celles qui feront reconnue
pour telles foient arrêtées, punies du fouet &
enfuite conduites prifonnières dans les plus pro
chaines villes du camp, pour y refter jufqu'à c
que les troupes en foient parties.

Il doit être défendu aux foldats, cavaliers &
dragons, de fe traveftir ou de porter d'autre
habits que les uniformes des corps dont ils fer
vent. La peine de mort eft prononcée par plu
fieurs ordonnances contre cette efpèce de déli

Suivant l'ordonnance du 17 février 1753, le
troupes que le roi fait camper pour les exerce
en temps de paix, doivent faire le fervice auf
exactement que fi elles étoient dans les armée
en préfence de l'ennemi.

Sa majefté trouve bon que les brigadiers de
troupes qui forment les Camps de paix ou d'exer
cice foient logés autant que faire fe peut ; mai
elle ne veut pas que pour aller s'établir ailleurs
ils changent les logemens qui leur auront été
marqués par le maréchal-général-des-logis, o
par les fourriers du Camp.

Les colonels qui ne font point brigadiers, doivent camper régulièrement comme les autres officiers, à leurs régimens.

Les majors de Brigade doivent pareillement camper, à moins que les fourriers ne leur aient marqé des logemens dans le terrein de leur brigade.

Lorfqu'un officier s'abfente du Camp fans un congé du roi, on doit le mattre en prifon & en rendre compte au fecrétaire d'état ayant le département de la guerre.

Voyez *les ordonnances du 25 août 1698, 17 février 1754, 5 juillet 1764, 25 juin 1765, & 25 juillet 1766; le code militaire*, &c. Voyez auffi les articles GÉNÉRAL, DÉSERTEUR, CONSEIL DE GUERRE, BRIGADIER, COLONEL, MAJOR, CAPITAINE, LIEUTENANT, &c.

CAMPHRE. Sorte de gomme du commerce des épiciers.

Suivant le tarif de 1664, le Camphre eft dans la claffe des drogueries, & paye pour droit d'entrée quinze livres par cent pefant.

Voyez *le tarif cité*, & les articles DROGUERIE, ENTRÉE, SORTIE, MARCHANDISES, SOU POUR LIVRE, &c.

CANADA. Pays de l'Amérique feptentrionale. Le cardinal de Richelieu devenu grand-maître, chef & furintendant de la navigation & du commerce, conçut en 1627 le projet d'établir dans ce pays une colonie, afin, étoit-il dit, d'amener les peuples qui l'habitoient à la connoiffance du vrai Dieu & d'étendre les avantages du commerce. Il forma pour cet effet une compagnie à laquelle il donna des règlemens, & par ces règlemens qui font du 29 avril 1627,

il fut dit que les chefs de cette compagnie se
roient paſſer tous les ans au Canada qu'on ſu
nomma *la nouvelle France*, un certain nombre
d'hommes de tous les métiers; qu'on n'y tran
porteroit que des catholiques, & qu'on y en
verroit en même-temps les eccléſiaſtiques né
ceſſaires pour y ſoutenir le culte qu'on ſe pro
poſoit d'y établir. ·

Pour dédommager la compagnie des grands
frais que cette entrepriſe lui coûteroit, le roi
lui céda en toute propriété le fort & l'habitation
de Québec, circonſtances & dépendances, avec
droit de juſtice & de ſeigneurie, à la charge
ſimplement de lui en porter foi & hommage &
de préſenter à chacun de ſes ſucceſſeurs à l'avé
nement du trône, une couronne d'or du poids
de huit marcs. Il permit d'ériger dans ce pays
des ſeigneuries, duchés, marquiſats, comtés &
baronnies, en prenant des lettres de confirma
tion de ſa majeſté. ·

Le genre de commerce excluſif que pourroit
faire la compagnie fut réglé; on régla en même-
temps celui que les François habitués auroient
droit d'y faire. On donna des privilèges aux artiſans & des exemptions de ſubſides ſur les marchandiſes qui y ſeroient manufacturées. Il fut dit
que les ſauvages amenés à la connoiſſance de la
foi, ſeroient tenus pour François naturels; en
un mot, on employa tous les moyens poſſibles
pour donner de l'encouragement & pour faire
proſpérer l'entrepriſe.

Cette colonie avoit très-bien réuſſi pour les
François; elle devenoit même de plus en plus
floriſſante, lorſqu'on fut obligé après bien des
dépenſes faites pour la conſerver, de la céder

aux Anglois par le traité de paix conclu à Paris
le 10 février 1763. Ceux-ci exigèrent même que
le payement des lettres de change & des billets
qui avoient été délivrés aux Canadiens pour les
fournitures faites aux troupes du roi de France,
fût assuré ; & le roi de France se chargea de ce
payement suivant la liquidation qui seroit faite
des dettes reconnues dans un temps convenable
selon la distance des lieux & la possibilité, en
évitant néanmoins que les billets & les lettres de
change que les sujets François pourroient avoir
pour lors, ne fussent pas confondus avec d'autres billets & d'autres lettres de change qui
étoient dans la possession des nouveaux sujets du
roi d'Angleterre.

Cette liquidation avoit déja été comme pré-
parée, & voici comment : Le roi avoit rendu
le 15 octobre 1758 en son conseil, un arrêt
portant établissement de commissaires pour la
liquidation des dettes de la marine & des colonies ; & par un autre arrêt du 28 novembre
1761, il avoit ordonné que celui de 1758 sor-
tiroit son plein & entier effet pour ce qui regardoit les dettes contractées dans le Canada ;
qu'en conséquence les créanciers produiroient
leurs lettres au greffe de la commission dans le
délai de six mois.

Le roi ayant jugé ce délai insuffisant, le prorogea encore pour six mois par un nouvel arrêt
du 13 mars 1762, en annonçant que ce seroit
le dernier terme qu'il accorderoit.

Le 24 décembre de la même année 1762, il
parut un autre arrêt du conseil concernant l'acquittement des différens papiers qui avoient eu

cours dans le Canada ; & pour en connoître l
montant ainfi que les propriétaires, il fut or
donné que tous ceux qui en avoient en feroien
leur déclaration dans les quatre mois fuivans
paffé lequel temps ils ne feroient plus reçus à l
faire, avec défenfes à tous propriétaires de ce
papiers, de les déclarer fous d'autres noms qu
les leurs, à peine de confifcation. Le délai dor
il s'agit ici fut prorogé jufqu'au premier avr
1764, par deux arrêts du confeil, l'un du 15 ma
1763, & l'autre du 5 janvier 1764, fans efpé
rance d'autre délai.

Le même jour 5 janvier 1764, un autre arrê
du confeil prorogea jufqu'au premier avril l
délai porté par l'arrêt du confeil du 13 mar
1762 pour la repréfentation des titres des créan
ces contractées dans le Canada.

Au mois de juin de la même année, le ro
jugea à propos de fe faire rendre compte de tou
ce qui avoit rapport aux dettes contractées dan
la colonie, tant en lettres de change qu'en bil
lets de monnoie ; fa majefté reconnut que l'excé
des dépenfes faites fous prétexte de fon fervic
dans cette colonie, provenoit autant des pré
varications qui y avoient été commifes (*), qu
du difcrédit de cette monnoie, fuite néceffair
de la profufion criminelle avec laquelle elle
avoit été fabriquée & répandue ; cette circon-
tance auroit fuffi pour autorifer des réductions
confidérables fi l'on n'avoit envifagé la bonne

(*) On fe rappelle fans doute le procès qui fut fait l
ce fujet aux fieurs Bigot, Varin & autres qui furent condamnés par jugement en dernier reffort le 10 décembr
1763.

foi des négocians, qui par leur commerce avoient acquis de ces effets avant leur discrédit ; mais par ces considérations, le roi fit rendre le 29 juin 1764, un arrêt de son conseil dans lequel pour effectuer la liquidation de ces effets, il fut dit :

1°. Que les lettres de change tirées du Canada en 1758 & dans les années précédentes, par les commis des tréforiers généraux des colonies, & qui avoient été déclarées & visées en exécution des arrêts du conseil du 24 décembre 1762, 15 mai 1763, & 5 janvier 1764 & que les propriétaires actuels avoient acquises par la voie de la négociation ailleurs qu'en Canada avant le 15 octobre 1759, époque où le payement des traites de cette colonie avoient été suspendu, seroient payées en entier ainsi que celles tirées en 1760 & timbrées *pour subsistance des armées ;* mais que celles qui avoient été tirées auparavant, ne seroient acquittées que pour moitié de la valeur pour laquelle elles avoient été tirées. A l'égard des billets de monnoie, déclarés & visés, il fut dit qu'ils seroient acquittés pour un quart.

2°. Il fut dit que les porteurs de papiers de Canada, les remettroient avec les déclarations qu'ils en avoient faites au commis prépofé pour la liquidation, & que ce commis en arrêteroit & figneroit les bordereaux pour les faire enfuite enregiftrer & contrôler par un autre commis prépofé à cet effet ; qu'après cette opération, ces bordereaux seroient remis au premier prépofé pour les faire examiner, vifer & figner de deux des commissaires établis à cet effet ; que toutes ces formalités une fois remplies, il feroit

procédé au payement des parties liquidées, &
des reconnoiffances au porteur, garnies de cou
pons d'intérêt à quatre pour cent, dont la form
& le rembourfement furent indiqués & pres
crits par un arrêt du confeil du 2 juillet 1764.

Au moyen de cette liquidation, il fut défend
d'exercer aucun recours fur les endoffeurs,
moins qu'il n'y eût à ce fujet une conventio
contraire expreffément ftipulée, pour raifon d
quoi toutes conteftations furent évoquées &
renvoyées devant les commiffaires établis, &
confirmés par les arrêts du confeil des 18 octo
bre 1758, 29 novembre 1759, & 28 novembre
1761.

Au mois de décembre de la même anné
1764, le roi ayant été informé que parmi le
différentes pièces produites au bureau de liqui
dation, il y en avoit plufieurs qui avoient trai
à des fournitures en marchandifes & en denrée
& à des ouvrages faits dans la colonie pour l
fervice de fa majefté, & ayant reconnu que ce
dépenfes avoient la même origine & les même
vices que celles qui avoient donné lieu à la dif
tribution des lettres de change & des billets d
monnoie dont le fort fut réglé par l'arrêt d
confeil du 29 juin dont nous venons de parler,
il fut décidé par un autre arrêt du confeil du 1
décembre 1764, que les pièces relatives à ce
dépenfes feroient liquidées fuivant les même
principes que les lettres de change & les billets
de monnoie. Il fut ajouté que les pièces connues
fous le nom de *billets de l'Acadie*, fubiroient une
diminution de deux feptièmes avant d'être affi
milés aux autres titres de dépenfe du Canada,
attendu que cette diminution étoit d'un ufage
constamment

constamment suivi dans cette colonie , & le payement de ces parties liquidées fut ordonné par un arrêt du conseil du 9 février 1765.

Il fut représenté au roi de la part des Anglois & des habitans du Canada propriétaires des papiers de cette colonie , qu'il étoit de justice & d'équité que les reconnoissances données en payement des parties liquidées en exécution des arrêts des 29 juin & 2 juillet 1764, fussent conservées tant pour les capitaux que pour les intérêts. Sa majesté trouvant cette représentation juste autant pour ses propres sujets que pour ceux du roi d'Angleterre , rendit un arrêt en son conseil le 29 décembre 1765 , par lequel il fut dit que les coupons d'intérêts des reconnoissances données jusqu'alors & à donner par la suite , quoique fixées à quatre pour cent , seroient néamoins payées à raison de quatre & demi au mois de janvier de chaque année , à commencer en 1766 , & que les capitaux en seroient conservés en leur entier. Il fut ajouté que les porteurs de papiers du Canada seroient tenus de les faire liquider avant le premier mars suivant , & qu'après ce délai ces mêmes papiers n'auroient absolument plus de valeur , encore qu'ils eussent été auparavant déclarés. Cependant le délai fut prorogé par exception pour les Anglois jusqu'au premier octobre.

Le 31 du même mois de décembre 1765 , il parut un autre arrêt du conseil portant que les coupons d'intérêts joints aux reconnoissances seroient payés à la caisse des arrérages au mois de janvier de chaque année , & que les capitaux de ces reconnoissances seroient remboursés par la voie du sort. Il fut dit par un autre arrêt du

17 janvier fuivant, que les effets acquités feroie
jetés au feu & brûlés, & qu'on dreſſeroit pro
cès-verbal de cette opération.

La liquidation des papiers appartenans au
Anglois occaſionna une diſcuſſion, ſoit pour
réduction de ces mêmes papiers, ſoit pour
manière dont ils avoient été négociés. Pour te
miner cette diſcuſſion, la cour de Verſailles &
celle de Londres nommerent chacune un mini
tre plénipotentiaire. Ces deux miniſtres prire
entr'eux les précautions les plus propres à éca
ter la fraude de la part des propriétaires d
effets du Canada. On exigea de ces propriétair
entr'autres choſes, qu'ils feroient leur déclar
tion par ſerment prêté devant le lord maire d
la ville de Londres, ſur la manière dont ils s'
toient rendus acquéreurs de ces ſortes d'effe
Il fut dit enſuite qu'en faveur de l'arrangeme
qui terminoit les diſcuſſions, la cour de Fran
accorderoit aux propriétaires britanniques d
effets, dont il étoit queſtion, une indemni
de trois millions tournois, payables ſavoir
cinq cent mille livres dans le courant d'av
ſuivant, & deux millions cinq cent mille livr
en contrats de rente, ſous la condition expreſ
que tous les papiers du Canada de propriét
britannique non liquidés ſuivroient pour le ren
bourſement le ſort des papiers françois, & e
treroient en conſéquence dans la liquidation d
dettes de l'état, dont les reconnoiſſances c
contrats de rente ſeroient payés comme les a
tres dettes, ſans être ſujets à aucune réductio
quelconque; & de plus, ſous la condition qu
tous les Anglois propriétaires de ces papiers re
nonceroient à toute indemnité particuliere po

elque caufe & prétexte que ce fût. L'arrangement fut figné entre les deux miniftres à Londres
le 29 mars 1766.

En conféquence, le roi de France ordonna par
un arrêt du confeil du 9 Mai fuivant, que les
titres de créance du Canada de propriété angloife, pour lefquels les porteurs juftifieroient
avoir rempli les formalités prefcrites par l'arrangement figné à Londres le 29 mars 1766, feroient admis à la liquidation.

Il furvint encore en 1766 quelques difficultés
relativement aux papiers de Canada de propriété angloife ; mais elles furent terminées à
Londres le 24 juin de la même année. Il fut dit
que tous les papiers qu'on pourroit prouver par
bordereaux feroient fuffifamment prouvés ; que
tous les papiers rejetés d'un bordereau (pourvu
que ce ne fût pas le bordereau entier) feroient
prouvés par le poffeffeur, comme fans bordereau ; que toutes les copies notariées de bordereaux feroient admifes comme originaux, lorfqu'il paroîtroit par le certificat du notaire, que
ces bordereaux avoient été mis entre fes mains ;
finalement, que les copies de bordereaux attef-
tées par un notaire, feroient admifes comme
preuve fuffifante, pour en liquider le papier
après le 1 octobre fuivant, fi le bordereau original n'avoit déja été préfenté & admis à la liquidation. Sur quoi il intervint un arrêt du confeil du 1 août 1766, par lequel les commiffaires furent autorifés à fe conformer aux difpofitions de ce qui venoit d'être arrêté à Londres.

Le 18 du même mois, il fut rendu un autre
arrêt du confeil, par lequel il fut dit que les
porteurs de papiers du canada, de propriété bri-

tannique, qui réfidoient en France, feroien
tenus de prêter devant le lieutenant-génér
de police de Paris le ferment auquel les An
glois avoient été foumis par l'arrangement con
clu à Londres le 29 mars 1766. Il fut mêm
commis par un arrêt du même jour, un dépu
de la part du roi pour affifter à cette preftatio
de ferment.

Le prépofé à la liquidation des papiers d
Canada fut autorifé par un arrêt du confeil d
14 octobre 1767, à payer aux particuliers dé
nommés dans l'état annexé à la minute de c
arrêt, les fommes pour lefquelles chacun d'eu
y étoit compris, & cela en reconnoiffances ga
nies de trois coupons d'intérêts feulement.

Comme il avoit été annoncé par l'article l
de l'édit de décembre 1764, concernant la li
quidation des dettes de l'état, qu'auffi-tôt apr
cette liquidation, il feroit créé des rentes pou
les acquitter, le roi, par un édit du mois de no
vembre 1767, ordonna la converfion en con
trats de différens effets, & il fut dit que les arr
rages de rentes conftituées, dans les contrats de
quelles feroient converties les reconnoiffance
données pour les dettes du Canada, auroien
cours à compter du premier janvier 1768, 8
feroient payables au premier janvier de chaqu
année, à commencer au premier janvier 176;

En 1768, le roi voyant qu'il avoit prorog
plufieurs fois les délais fixés pour la liquidatio
des dettes du Canada, & qu'il avoit bien voulu
encore relever différens particuliers de la pref
cription qu'ils avoient encourue depuis l'expira
tion de ces délais, jugea à propos par un arrê
du Confeil du 20 février de cette année, de dé

clarer nuls & de nulle valeur tous les billets de
monnoie, lettres-de-change & autres titres de
créance du Canada qui n'avoient pas été produits jusqu'alors à la commission établie à cet
effet, ou qui l'ayant été, n'avoient pas été dans
le cas d'être admis à la liquidation ordonnée.

Il y eut le 12 mars 1769, des lettres-patentes
concernant la liquidation des papiers du Canada,
par lesquelles le principal commis pour recevoir les pièces à liquider, fut autorisé à remettre aux trésoriers-généraux des colonies & à
ceux de la marine, exercice par exercice, les
lettres-de-change, billets de monnoie, certificats & autres acquits de dépense qu'il avoit
retirés des créanciers du Canada, & qui montoient à la somme de 72 millions 232414 livres
9 sous 11 deniers; & il fut dit que les papiers représentés seroient répartis dans les exercices des
colonies & de la marine, suivant les états des
années antérieures à compter depuis l'exercice
de l'année 1753, jusqu'à celui de l'année 1759
inclusivement.

Sur la représentation qui fut faite au roi au
mois de mai suivant, qu'entre tous les effets
dont la conversion en contrats avoit été ordonnée par l'édit de novembre 1767, les reconnoissances pour les dettes du Canada appartenoient
pour la plupart à des étrangers, & que plusieurs
des propriétaires de ces rentes n'avoient pas été
en état jusqu'alors de faire la conversion en contrats, ce qui les avoit empêchés de recevoir les
coupons d'intérêts échus au mois de janvier 1769,
lesquels devoient être rapportés lors de cette
conversion, sa majesté ordonna par arrêt de son
conseil du 6 mai 1769, au trésorier de la caisse

des arrérages, de payer les coupons des reconnoiffances du Canada non converties en contrats échus au premier janvier de cette même année; & il fut dit qu'au moyen de ce payement, les propriétaires, lors de la converfion en contrats, n'auroient la jouiffance des arrérages qu'à compter du premier janvier 1769, pour être payés au premier janvier de chaque année, à commencer au premier janvier 1770.

Le roi, dans la vue de proportionner les charges employées dans fes états à la portée des fonds que les circonftances lui permettroient d'y appliquer, déclara par un arrêt du confeil du 20 janvier 1770, que les arrérages des reconnoiffances données en échange de celles des tréforiers des colonies, ainfi que de celles qui avoient été délivrées pour dettes du Canada, ne feroient plus employées, jufqu'à ce qu'il en eût été autrement ordonné, que fur le pied de deux & demi pour cent des capitaux; mais que ces arrérages feroient exempts de toute impofition pendant ce temps-là, & que les capitaux n'en pourroient être réduits fous quelque prétexte que ce fût.

Comme on avoit établi des confeils fupérieurs dans les colonies du Canada & de l'Ifle royale cédées aux Anglois, & que les officiers de ces cours s'étoient fidellement acquittés de leur fervice; qu'ils avoient même marqué leur attachement à la France, jufqu'à renoncer à la plus grande partie de leur fortune pour venir continuer de vivre fous la domination de fa majefté, le roi rendit une déclaration le 3 juin 1765, par laquelle il voulut que les officiers qui avoient paffé en France, ainfi que ceux qui y pafferoient

encore dans l'espace de deux ans, y jouissent
personnellement, & sans tirer à conséquence
pour leur postérité, des mêmes honneurs, priviléges, exemptions, franchises, immunités &
prérogatives dont jouissent les conseillers, procureurs-généraux & greffiers honoraires des
cours souveraines.

Voyez *les arrêts du conseil des 28 novembre
1761 & 24 décembre 1762; le traité de paix du
10 février 1763; d'autres arrêts du conseil des 15
mai 1763, 5 janvier, 29 juin, 2 juillet, 15 décembre 1764; 9 février, 29 & 31 décembre 1765;
9 mai, 1 & 18 août 1766; 14 octobre 1767; un édit
du mois de novembre 1767; un autre arrêt du conseil du 20 février 1768; des lettres-patentes du
12 mars 1769; d'autres arrêts du conseil des 6
mai 1769 & 20 juin 1770.* (*Article de M. DA-
REAU, Avocat, &c.*

CANAL. C'est un lieu creusé afin de recevoir
les eaux de la mer, de plusieurs ruisseaux, rivières, &c. & de les conduire d'un endroit
dans un autre pour la commodité du commerce.

Les avantages des communications par eau
ont été connus des nations les plus anciennes.
Les premiers hommes s'occupèrent à couper les
terres pour établir de ces communications; Hé-
rodote rapporte que des peuples de Carie, dans
l'Asie mineure, auroient rompu l'isthme qui joint
la presqu'isle de Cnide à la Terre-ferme, s'ils
n'en eussent été détournés par un oracle. Plusieurs souverains ont tenté de joindre la mer
rouge à la Méditerranée. Les grecs & les romains
ont voulu pratiquer un canal au travers de
l'isthme de Corinthe, afin de pouvoir pénétrer

par-là de la mer Ionienne dans l'Archipel. Lucius
Vérus, général romain dans les Gaules, voulut
joindre, sous le règne de Néron, la Saône & la
Moselle par un Canal, & établir une communication entre la Méditerranée & la mer d'Allemagne, par le Rhône, la Saône, la Moselle &
le Rhin. Charlemagne a eu en vue de faire communiquer l'Océan & la mer noire, par le moyen
du Rhin, de la rivière d'Almutz & du Danube.

Le fameux Canal de Languedoc par le moyen
duquel on communique de la Méditerranée à
l'Océan, fut proposé sous Charlemagne, sous
François I, sous Henri IV & sous Louis XIII ;
mais il ne fut entrepris que sous Louis IV, par
Pierre - Paul Riquet, seigneur de Bon-Repos,
qui en commença le travail en 1666, sur le plan
& les mémoires du Mathématicien André Offy,
& qui l'acheva en 1680, un moment avant sa
mort. Il laissa à ses fils le soin d'en faire le premier essai ; ce qu'ils exécutèrent en 1681.

Ce monument qui a fait tant d'honneur au
ministère de Louis XIV, a coûté près de quatorze millions, dont le roi a payé six millions
neuf cent vingt mille huit cent dix-huit livres,
& la province le reste.

Il y a encore en France d'autres Canaux considérables. Tel est le Canal de Briare commencé
sous Henri IV, & achevé sous Louis XIII ; par
le moyen duquel la Loire communique avec la
Seine. Tel est encore le Canal d'Orléans, achevé
par Philippe d'Orléans, régent de France, pendant la minorité de Louis XV.

Les avantages qu'ont produits à la nation ces
grands ouvrages, ont fait entreprendre dans ces
derniers temps les Canaux de Picardie & de

Bourgogne. Le premier a été deftiné à former la jonction de l'Efcaut à la Somme & à l'Oife; & l'objet du fecond a été de réunir l'Yonne à la Saône.

Pour fubvenir aux dépenfes relatives à ces Canaux, le feu roi rendit en fon confeil un arrêt le 7 feptembre 1773, par lequel il fut ordonné que dans les généralités des pays conquis, il feroit impofé en 1774 fur tous les contribuables de la capitation & au marc la livre de cette impofition, une fomme de 419873 livres 8 fous 5 deniers y compris les taxations ordinaires & accoutumées.

Un autre arrêt du 9 août 1774 ordonna la même impofition pour l'année 1775.

Enfin le roi s'étant fait repréfenter ces deux arrêts, ainfi que l'état des différentes autres fommes impofées dans quelques-unes des généralités des pays d'élection pour travaux relatifs à la navigation, fa majefté a jugé qu'il étoit conforme aux principes d'une fage adminiftration de réunir ces impofitions en une feule contribution générale, afin de ne furcharger aucune généralité, & de faire contribuer toutes les provinces dans une jufte proportion à une dépenfe qui les intéreffe également : en conféquence, elle a par arrêt de fon confeil du premier août 1775, ordonné que la répartition des 419873 livres 8 fous 5 deniers faite en vertu des arrêts des 7 feptembre 1773 & 9 août 1774, pour le payement des travaux du Canal de Picardie & de celui de Bourgogne, ainfi que les impofitions particulières ordonnées dans les généralités d'Auch, Lyon, Montauban & Bordeaux, pour différens travaux concernant la navigation, cefferoient d'avoir lieu à l'avenir, &

qu'au lieu de ces sommes, il seroit levé en 1776
sur les pays d'élection 721905 livres, & sur les
pays conquis 78095 livres, non compris les
taxations ordinaires & accoutumées. Ces deux
sommes qui reviennent à celle de 800000 livres,
ont été réparties, sçavoir,

Sur la généralité de Paris, la somme de　71454
Sur celle de Soissons. 18466
Sur celle d'Amiens. 19186
Sur celle de Châlons. 32236
Sur celle d'Orléans. 42293
Sur celle de Tours. 63882
Sur celle Bourges 14791
Sur celle de Moulins 28628
Sur celle de Lyon 26502
Sur celle de Riom. 54030
Sur celle de Poitiers 41891
Sur celle de Limoges. 31198
Sur celle de Bordeaux. 53825
Sur celle de la Rochelle. 21552
Sur celle de Montauban 38621
Sur celle d'Auch 26890
Sur celle de Rouen 48705
Sur celle de Caen 35202
Sur celle d'Alençon 31410
Sur celle de Grenoble 21143
Sur le département de la Flandre
Walonne 5823
Sur celui de la Flandre maritime. . . 4610
Sur la province du Haynault. 3937
Sur le département de Metz 3821
Sur la province d'Alsace. 6946
Sur le département du comté de Bour-
gogne. 18848
Sur les duchés de Lorraine & de Bar 32715
Et sur la province de Roussillon. . . 1395

Ces ſommes doivent être levées par les collecteurs & autres prépoſés au recouvrement des
impoſitions, & être par eux remiſes entre les
mains des receveurs des impoſitions. Ces derniers doivent verſer les mêmes ſommes dans la
caiſſe des receveurs-généraux des finances, &
ceux-ci dans celle des tréſoriers des ponts &
chauſſées, en déduiſant néanmoins les taxations
ordinaires. Il eſt dit par l'arrêt que l'impôt dont
il s'agit ne pourra être employé qu'aux travaux
du Canal de Picardie, de celui de Bourgogne,
de la navigation de la Charente, & d'autres
ouvrages de pareille nature deſtinés aux progrès de la navigation dans les différentes provinces du royaume.

CANCEL. On appelle ainſi, & quelquefois
CHANCEL, l'endroit du chœur d'une égliſe qui
eſt le plus proche du maître-autel. Ce terme
vient du mot latin *Cancelli*, qui ſignifie barreaux, parce qu'ordinairement cet endroit-là eſt
fermé de barreaux ou de treillis, de façon qu'on
puiſſe voir ce qui ſe paſſe dans le chœur ſans
néanmoins qu'on puiſſe y entrer : cet endroit eſt
entièrement réſervé pour les prêtres & pour
ceux qui par leurs fonctions participent d'une
manière ſpéciale à la célébration des ſaints myſ-
tères.

Anciennement le Cancel étoit tout ce qui
formoit une égliſe. Les fidèles, aux jours où ils
devoient aſſiſter aux prières ou aux offices,
s'aſſembloient autour de ce Cancel : ils voyoient
les prêtres & les cérémonies. Dans la ſuite,
pour leur commodité particulière, ils firent faire
des bâtimens tout autour pour être à l'abri des
injures de l'air pendant les offices, & ce ſont

ces bâtimens auxquels on donne aujourd'hui le nom de *nef*, à raison de cette forme oblongue de vaisseau qu'ils ont presque tous. Lorsque le nombre des paroissiens s'accroît au point que la nef n'est plus suffisante pour les contenir, on y fait quelquefois des bas côtés qu'on nomme *collatéraux*.

Tout ce qui est pratiqué de la part des laïques pour leur propre commodité est à leur charge pour l'entretien ; mais pour ce qui est du Cancel, du chœur ou du sanctuaire, ceci regarde absolument les ecclésiastiques en qualité de seigneurs décimateurs. Voyez ce qui a été dit à l'article BIENS ECCLÉSIASTIQUES.

Les murs, les pilliers buttans, la clôture, tout ce qui environne & renferme le chœur, est à la charge de ces décimateurs. C'est un point de droit clairement établi par l'article 21 de l'édit de 1695. Quand même les pilliers du Cancel soutiendroient les voûtes des bas côtés, ils n'en seroient pas moins à la charge des décimateurs, par la raison que ces bas côtés loin de faire tort aux pilliers du chœur, les entretiennent & leur servent de pilliers buttans.

Non-seulement le Cancel, mais encore tous ses accessoires & toutes ses dépendances, sont à la charge des décimateurs ; ils sont tenus du pavé, des voûtes, des vîtres, du comble ou du dôme, de la couverture, &c. ; du maître-autel, des stalles, des bancs & de tout ce qui est nécessaire pour l'office divin, ainsi que de ce qui fait la séparation entre le Cancel & le sanctuaire proprement dit. Quelques-uns ont prétendu que les décimateurs n'étoient point tenus de l'entretien du rétable de l'autel lorfqu'il eft à colonnes ou pilaftres, décoré de ceintres & d'autres ornemens ; mais c'eft une prétention que rejettent les auteurs qui ont écrit fur cette matière ; il fuffit felon eux, que tout ceci faffe partie du chœur. Tout ce qu'on peut dire de plus modéré à ce fujet, c'eft que fi le rétable avoit été conftruit avec une dépenfe confidérable, & qu'il fût queftion de le renouveler, on pourroit le faire à moindres frais qu'auparavant, pourvu toutefois qu'il eût un air de décence convenable.

Les murs & les grilles, foit en bois, foit en fer avec le crucifix au-deffus, qui féparent le chœur de la nef, font encore partie du Cancel, à quelque élévation que ces murs ou ces grilles foient portés.

Si le chœur & la nef étoient conftruits de la même façon & avec la même fymétrie en entier, ce qui eft fort rare, le chœur fe trouveroit commencer à l'endroit de la clôture où feroit le crucifix.

Si les paroiffiens pour fe placer dans le chœur, avoient allongé cette partie, l'extenfion ne feroit point à la charge des décimateurs. Ceci pourroit fe reconnoître à la conftruction de la voûte, de la charpente ou de la couverture. A Fontenai près de Vincennes, la clôture du chœur de l'églife avoit été avancée dans la nef d'environ une travée par les habitans. Il furvint des réparations en 1703, mais les gros décimateurs ne furent obligés d'y contribuer que fuivant l'ancienne étendue du chœur.

· A l'égard des latéraux qui font à côté ou derrière le chœur, il y a bien des difficultés pour favoir fi ce font les habitans ou les décimateurs qui font tenus de ces parties. Les décifions ne font pas uniformes à ce fujet. En 1650 le chapitre de l'églife cathédrale de Châlons fut condamné avec d'autres décimateurs envers les habitans de Buffy-l'Eftrée, à faire la réparation du chœur entier de leur paroiffe, fans diftinction des deux côtés ou collatéraux.

Le 20 mai 1698, il fut jugé au confeil que les habitans de Noify-le-Sec feroient tenus de réparer les voûtes & les couvertures des bas côtés du chœur. La même chofe fut jugée le 11 janvier 1701 à l'égard des bas côtés du chœur de l'églife de Bourg-la-Reine; même jugement encore le 10 juin 1704 contre les habitans de Fontenai.

Cependant les habitans aux termes de l'édit de 1695, ne font chargés que de l'entretien de la nef de leurs églifes, & fi les décimateurs n'étoient jamais tenus des bas côtés, ils auroient bien moins d'entretien & de réparations à leur charge pour les chœurs lorfqu'il y a des bas côtés, parce qu'ils n'auroient pas de murs à entretenir. De forte que dans des occafions où il fe préfente des difficultés femblables, nous croirions qu'il y a lieu d'adopter la diftinction propofée par Defgodets, & qui confifte à favoir fi ces bas côtés font d'une conftruction auffi ancienne que le chœur, enforte qu'il paroiffe que l'un a été employé pour foutenir l'autre, & en ce cas de laiffer le tout à la charge des décimateurs; que fi au contraire il paroît que ces bas côtés ont été ajoutés après coup pour la commodité des habitans, c'eft à ceux-ci de les réparer & de les entretenir.

Voyez *les lois des bâtimens par Desgodets &*
les notes de Goupy. Voyez auſſi les articles
CHŒUR, DÉCIMATEUR, RÉPARATIONS, &c.
(*Article de M. DAREAU , avocat , &c.*)

CANCELLER. C'eſt l'action de rendre
un écrit nul en le barrant à traits de plume.

Le parlement de Paris a jugé par arrêt du 14
ſeptembre 1769 , que de légers traits de plume
paſſés ſur quelques lignes étoient inſuffiſans pour
faire conſidérer un acte comme ayant été Can-
cellé. Dans l'eſpèce de cet arrêt , la groſſe en
parchemin d'un contrat de conſtitution, ſe trouvoit barrée en pluſieurs endroits ; mais ſur la
dernière page où étoient les dates & les ſigna-
tures, on ne remarquoit aucun trait de plume
paſſé ſur les lignes. Le débiteur de la rente la
ſoutenoit éteinte par le payement du capital ,
qui s'étoit fait , diſoit-il , par une compenſation ;
& pour prouver cette aſſertion , il employoit
les parties barrées du contrat : mais la cour re-
jeta ce moyen : elle condamna le débiteur à
continuer le ſervice de la rente & au payement
de cinq années d'arrérages , en affirmant par le
créancier qu'il n'y avoit point eu de compenſation, & que les lignes barrées ne provenoient
point de ſon fait.

CANEVAS. Eſpèce de groſſe toile dont on
ſe ſert ordinairement pour faire des ouvrages
de tapiſſerie.

Les Canevas doivent à l'entrée des cinq groſſes
fermes quatre livres par cent peſant, conformément au tarif de 1664.

Obſervez que ſuivant les arrêts du conſeil des
22 mars 1692 & 6 ſeptembre 1701 , les Canevas
venant d'Angleterre ou des pays en dépendans,

doivent comme toiles, cinquante pour cent de la valeur à l'entrée du royaume, & ils ne peuvent entrer que par Rouen ou par Lyon.

Les Canevas venant des autres pays étrangers doivent aussi les droits d'entrée comme toile selon l'arrêt cité du 22 mars 1692 ; savoir, les Canevas de lin à raison de huit livres par pièce de quinze aunes, & ceux de chanvre à raison de quatre livres aussi par pièce de même longueur.

Les Canevas soit de lin ou de chanvre fabriqués en Suisse, ont été déclarés exempts de tout droit d'entrée, à la charge qu'ils ne seroient introduits que par les bureaux de Gex, Collonge & Saint-Jean de Lône ; & que les Suisses seroient tenus de prendre des acquits à caution dans un de ces bureaux, ainsi que de représenter des certificats des magistrats des lieux pour justifier que ces Canevas ont été réellement fabriqués en Suisse. C'est ce qui résulte tant de l'arrêt du 22 mars 1692, que de celui du 26 août 1698.

Suivant le tarif de 1664, les Canevas doivent à la sortie des cinq grosses fermes, comme toile de chanvre, trois livres dix sous par cent pesant; savoir, trente sous pour l'ancien droit, & quarante sous pour la traite domaniale.

Lorsque les Canevas vont directement à l'étranger, ils doivent être considérés comme toile, & en cette qualité jouir de l'exemption accordée en cas pareil aux toiles des manufactures du royaume.

Voyez *les lois citées*, & les articles ENTRÉE, SORTIE, TOILE, MARCHANDISE, SOU POUR LIVRE, &c.

CANNE.

CANNE. On donne communément ce nom à un roseau séché dont on se sert pour s'appuyer en marchant.

Suivant une décision du conseil du 24 août 1722, confirmée par une autre du 16 septembre 1761, les Cannes non montées, jets & roseaux, doivent les droits tant d'entrée que de sortie, comme mercerie. *Voyez* MERCERIE.

CANON. Ce mot tiré du Grec, signifie *règle*. Il est usité dans l'église pour exprimer les décisions qui règlent la foi & la conduite des fidelles.

Il y a diverses collections des Canons indiquées par M. Fleury dans son institution au droit ecclésiastique.

Sous le règne de Constantin, l'an 314, se tinrent les conciles d'Ancyre en Galatie, & de Néocésarée dans le Pont, qui sont les plus anciens dont il nous reste des Canons : ensuite, c'est-à-dire en 325, se tint le concile général de Nicée dont les Canons ont aussi été recueillis. Il y eut ensuite trois conciles particuliers dont les Canons furent de grande autorité ; l'un à Antioche capitale de l'Orient en 431 ; l'autre à Laodicée en Phrygie, vers l'an 370 ; & le troisième à Gangres en Paphlagonie, vers l'an 375 ; enfin l'an 381 se tint le second concile universel à Constantinople.

Les Canons de ces sept conciles furent recueillis en un corps qu'on appela le code des Canons de l'église universelle, auxquels on ajouta ceux du concile d'Ephese, qui fut le troisième œcuménique tenu en 430, & ceux du concile de Chalcédoine tenu en 450 : on y ajouta aussi les Canons des apôtres au nombre de cin-

quante , & ceux du concile de Sardique ten
en 347 , & que l'on regardoit en plusieurs égl
ses comme une suite du concile de Nicée.

Tous ces Canons avoient été écrits en grec
& il y en avoit pour les églises d'Occident un
ancienne version latine dont on ne sait poi
l'auteur. L'église Romaine s'en servit jusqu'a
commencement du sixième siècle ; & les autr
églises , particulièrement celles de Gaule & d
Germanie , n'en connurent point d'autres ju
qu'au neuvième siècle : mais vers l'an 350 l'ab
Denys-le-Petit fit une autre version des Canon
plus fidèle que l'ancienne , & y ajouta tout c
qui étoit alors dans le code grec ; savoir , le
cinquante Canons des apôtres , ceux du concil
de Chalcédoine , du concile de Sardique , d'u
concile de Carthage & de quelques autres con
ciles d'Afrique. Il fit aussi une collection de plu
sieurs lettres décrétales des papes , depuis Siric
qui mourut en 398 jusqu'à Anastase II , qui mo
rut en 498.

La collection de Denys-le-Petit fut de
grande autorité , que l'église Romaine s'en ser
toujours depuis , & on l'appela simplement l
corps des Canons de l'église d'Afrique , form
principalement des conciles tenus du temps d
saint Augustin. Les Grecs la traduisirent pou
leur usage ; & Charlemagne l'ayant reçue e
787 du pape Adrien I , l'apporta dans le
Gaules.

Les Orientaux ajoutèrent aussi des Canons
l'ancien code : savoir , trente-cinq Canons de
apôtres , ensorte qu'ils en comptoient quatre
vingt-cinq ; le code de l'église d'Afrique tradui
en grec ; les Canons du concile *in trullo* fait

n 692 pour suppléer au cinquième & au sixième conciles qui n'avoient point fait de Canons, ceux du second Concile de Nicée qui fut le septième œcuménique tenu en 787 : tout cela composa le code des Canons de l'église d'Orient, & ce peu de lois suffit pendant huit cens ans à toute l'église catholique.

Sur la fin du règne de Charlemagne, on répandit en Occident une collection des Canons qui avoit été apportée d'Espagne & qui porte le nom d'un Isidore, que quelques-uns surnomment le Marchand, *Isidorus Mercator*; elle contient les Canons orientaux d'une version plus ancienne que celle de Denys-le-Petit, plusieurs Canons des conciles de Gaule & d'Espagne, & un grand nombre de décrétales des papes des quatre premiers siècles jusqu'à Sirice, dont plusieurs sont fausses & supposées.

On fit ensuite plusieurs compilations nouvelles des anciens Canons, comme celle de Réginon abbé de Prum, qui vivoit l'an 900 ; celle de Burchard évêque de Vormes, faite l'an 1020 ; celle d'Yves de Chartres qui vivoit en 1100 ; & enfin Gratien bénédictin de Bologne en Italie, fit la sienne vers l'an 1151 : c'est celle qui est la plus citée dans le droit Canon.

Gratien mit à sa collection des textes de la bible, les sentimens des pères sur les plus importantes matières ecclésiastiques, & intitula son ouvrage la concordance des Canons discordans ; il le partagea par ordre des matières & non par ordre de temps comme on avoit fait avant lui. Cette compilation fait partie du droit canonique & est appelée *décret*.

On peut distinguer les Canons qui regardent

la foi & ceux qui ne concernent que la discipline. Les premiers sont reçus sans difficulté par
l'église universelle quand ils ont été faits dans
un concile général.

Les Canons de pure discipline sont observés
par toute l'église ou n'ont lieu qu'en certaines
églises particulières. Ils sont de droit apostolique, où ils ont été établis par des conciles
œcuméniques, où enfin ils sont observés en vertu
d'un usage généralement reçu.

Un Canon concernant la discipline n'a, suivant nos maximes, aucune autorité en France
s'il n'a été accepté expressément par les prélats
& par le roi, protecteur de la discipline ecclésiastique. Les Canons mêmes des conciles généraux ne sont point exceptés de cette règle.

Les Canons des conciles sont pour l'ordinaire
conçus en forme de lois, en termes impératifs
& quelquefois conditionnels, mais toujours ex-
primant la peine à laquelle doivent être soumis
ceux qui les violeront. Lorsqu'il s'agit du dogme
la peine infligée est l'anathême ou l'excommu-
nication.

On appelle *Canons des apôtres* ou *Canons
apostoliques*, un recueil des Canons ou lois ecclésiastiques des premiers siècles. Celui que
l'église Grecque reçoit en renferme quatre-
vingt-cinq : celui de l'église latine cinquante
seulement : on les appelle Canons apostoliques
parce que quelques-uns ont été faits par des
évêques qui vivoient peu de temps après les
apôtres & qu'on nommoit hommes apostoliques.
Ils sont fort anciens & se trouvent cités dans les
conciles de Nicée, d'Antioche, de Constantinople & par plusieurs auteurs, sous le titre de

anons anciens, de Canons des pères & de nons ecclésiastiques. On les a long-temps atbués au pape Saint-Clément troisième succeseur de Saint-Pierre, comme les ayant reçus de ce prince des apôtres. Les offrandes d'épis nouveaux, de raisins sur l'autel, & de l'huile pour le luminaire, les noms de lecteur, de clerc, de métropolitain dont il est question dans ces Canons, prouvent qu'ils sont postérieurs, & l'on convient aujourd'hui qu'on doit fixer l'époque de ce recueil à la fin du troisième siècle : les papes Damase & Gélase l'avoient condamné comme apocriphe : Léon IX en a excepté cinquante Canons qui sont d'une grande autorité dans l'église d'occident, sur-tout depuis la traduction latine que Denys-le-Petit en donna vers le commencement du sixième siècle.

On appelle *Canon des Juifs*, le catalogue des livres de la foi des Juifs, fixé & déterminé par l'autorité de la synagogue après leur captivité. Il est composé de vingt-deux livres dont saint Jérôme fait l'énumération suivante : la Genèse, l'Exode, le Lévitique, les Nombres, le Deutéronome, Josué, les Juges auxquels on joint Ruth, Samuel, les Rois, Isaïe, Jérémie avec ses lamentations, Ezéchiel, les douze petits Prophêtes, Job, les Pseaumes, les Proverbes, l'Ecclésiaste, le Cantique des Cantiques, Daniel, les Paralipomènes, Esdras, Esther.

Selon le témoignage de saint Irénée, de Terullien, de saint Clément d'Alexandrie & de tous les docteurs, Esdras est l'auteur de ce Canon, c'est-à-dire, qu'il a réduit en un corps tous ces livres après les avoir examinés & corrigés.

Les Juifs ont toujours compofé leur Canon
vingt-deux livres, ayant égard, comme l'o
ferve faint Jérôme, au nombre des lettres
leur alphabet dont ils faifoient ufage pour
défigner. Quelques Rabins en ont compofé ving
quatre, d'autres vingt-fept ; mais fans y intr
duire d'autres livres, ils en partageoient feul
ment quelques-uns : par exemple, ceux qui
comptoient vingt-quatre, féparoient les lame
tations de la prophétie de Jérémie, & le liv
de Ruth de celui des Jug s, & ils répétoie
trois fois la lettre Jod. Ceux qui en comptoie
vingt-fept, féparoient en fix nombres les liv
des Rois & des Paralipomènes ; & pour les d
figner, ils ajoutoient aux vingt-deux lettres
cinq finales connues de tous ceux qui connoiffe
l'alphabet hébraïque.

On appelle *Canon des Chrétiens*, les livres
l'ancien & du nouveau teftament dont le to
eft appelé écriture fainte. Le concile de Tren
en a fait le dénombrement que voici pour l'a
cien teftament. 1°. Les livres de la loi, qui fo
la Genèfe, l'Exode, le Lévitique, les Nombre
le Deutéronome. 2°. Les livres d'hiftoire q
renferment Jofué, les Juges, Ruth, les qua
livres des Rois, les deux Paralipomènes, l
deux Efdras, les livres de Tobie, de Judith,
Job, les deux livres des Machabées. 3°. L
livres moraux qui compofent cent cinquan
pfeaumes, les paraboles ou proverbes de Sal
mon, l'Eccléfiafte, le Cantique des Cantique
la Sageffe, l'Eccléfiaftique. 4°. Les livres pr
phétiques qui font compofés des quatre grand
prophètes ; favoir, Ifaïe, Jérémie, auquel Ba
ruch eft joint ; Ezéchiel & Daniel, & de dou

etits prophêtes, qui sont Osée, Joël, Amos, Abdias, Jonas, Michée, Nahum, Habacuc, Sophonie, Aggée, Zacharie & Malachie.

Les livres du nouveau testament sont 1°. les quatre Evangelistes, saint Matthieu, saint Marc, saint Luc & saint Jean. 2°. Les actes des apôtres. 3°. Les épîtres des apôtres, dont quatorze de saint Paul ; savoir, une aux Romains, deux aux Corinthiens, une aux Galates, une aux Ephé-siens, une aux Philippiens, une aux Colossiens, deux aux Thessaloniciens, deux à Thimothée, une à Tite, une à Philémon & une aux Hébreux. Il y a encore sept autres épîtres appelées catho-liques ; savoir, une de saint Jacques, deux de saint Pierre, trois de saint Jean, & une de saint Jude. L'apocalypse de saint Jean forme le dernier livre.

On appelle *droit Canon* ou *droit canonique*, un corps de préceptes tirés de l'écriture sainte, des conciles, des décrets & constitutions des papes, des sentimens des pères de l'église & de l'usage approuvé & reçu par la tradition.

Le droit canonique Romain est le corps des lois publiées par les papes, en quoi ils ont trois objets : l'un comme princes temporels, de faire une loi pour tous leurs sujets, laïcs & ecclé-siastiques, sur toutes sortes de matières civiles & criminelles : le second comme évêques de Rome & comme chefs de l'église, de donner aux fidèles des principes en matière de doctrine, conformément aux lois de Dieu & aux décisions de l'église.

Le troisième objet a été de donner aux ecclé-siastiques des règles de discipline ; mais comme en cette matière chaque église peut avoir ses

ufages, le droit canonique Romain n'a pas toujours été le même à cet égard ; il a fouffert divers changemens felon la différence des temps,
des lieux & des perfonnes, & n'eft pas encor
par-tout uniforme.

C'eft par cette raifon que l'on diftingue le
droit canonique François du droit canonique
Romain, le premier étant différent de l'autre
en ce qui fe trouve contraire aux liberté
de l'églife Gallicane & aux ordonnances du
royaume.

Le droit canonique en général, fe divife en
droit écrit & non écrit ; le premier eft celui qui
a été rédigé par écrit en vertu de l'autorité publique, & l'autre eft celui qu'un long ufage a
introduit & qui confifte en maximes ou en tra-
ditions bien établies.

On diftingue auffi deux fortes de droit Canon écrit ; favoir les faintes écritures & les
Canons.

Les faintes écritures font celles que renferment l'ancien & le nouveau teftament & qui
font du nombre de celles que le concile de
Trente a reçues.

Les Canons font des règles tirées ou des conciles ou des décrets & épîtres décrétales des
papes, ou du fentiment des faints pères adopté
dans les livres du droit Canon.

Le corps du droit canonique eft compofé de
fix collections différentes ; favoir le décret de
Gratien, les décrétales de Grégoire IX, le fexte
de Boniface VIII, les clémentines, les extravagantes de Jean XXII, & les extravagantes
communes.

Outre ces différentes lois qui forment le droit

canonique commun, la France a son droit canonique particulier composé des libertés de l'église gallicane , des capitulaires de nos rois , des pragmatiques sanctions, du concordat passé entre Léon X & François I ; enfin de quelques édits de nos rois antérieurs ou postérieurs à ces pièces.

On confond assez ordinairement le droit canonique avec le droit ecclésiastique ; il y a cependant quelque différence en ce que le terme de *droit ecclésiastique* est plus convenable pour exprimer certaines règles de l'église qui ne sont pas fondées précisément sur les Canons.

Les auteurs les plus célèbres pour le droit canonique, sont Zœrius, Covarruvias, Pastor, Vanespen, Fagnan, Cabassutius, Doujat, Castel, le père Thomassin , Lancelot, Fleury , Gibert , &c.

Voyez *les lois ecclésiastiques de France ; le traité de l'abus par Fevret ; le dictionnaire de droit canonique ; l'institution au droit ecclésiastique par Fleury ; les mémoires du clergé ; le dictionnaire des sciences ; Beveregius dans la défense du code des Canons de l'église primitive ; Dupin , dissertation préliminaire sur la bible ; Doujat , histoire du droit ; le traité historique des prérogatives de la cour de Rome , par Mainbourg ; l'édit de Melun ; l'ordonnance ds Blois ; l'édit du mois d'avril 1695, &c.* Voyez aussi les articles CLÉMENTINES , DÉCRET DE GRATIEN , DÉCRÉTALES , SEXTE , EXTRAVAGANTES , CONCORDAT , LIBERTÉ , PRAGMATIQUE SANCTION, SYNODE, CONCILE, PAPE , ÉVÊQUE , &c.

CANONICAT. C'est un titre spirituel par lequel celui qui en est pourvu a droit de se placer dans le chœur & dans le chapitre d'une églife cathédrale ou collégiale.

On appelle auffi *Canonicat*, la prébende ou revenu temporel d'un chanoine.

· La difcipline de l'églife a varié fur l'âge requis pour les Canonicats, tant des cathédrales que des collégiales. Un abbé de Châlons qui vivoit vers l'an 1150, fe plaignoit amèrement dans une lettre adreffée au roi Louis-le-Jeune, de ce que de fon temps on donnoit dans toutes les églifes du royaume, des Canonicats à des enfans qui n'avoient pas même atteint l'âge de fept ans : il ajoutoit qu'il avoit vu donner par l'évêque de Châlons conjointement avec le chapitre, une prébende à un enfant de cinq à fix ans. Innocent III dit dans fa lettre à l'évêque de Mureno que l'évêque de Melfi faifoit encore bien pis puifqu'il donnoit les Canonicats de fa cathédrale à des enfans qui étoient encore au berceau.

Un concile de Ravenne tenu en 1311, paroît être le premier qui ait défendu de donner le Canonicats des Cathédrales avant l'âge de quinze ans commencés, & ceux des collégiales avan douze ans complets.

La dix-feptième règle de la Chancellerie Romaine dont Innocent VIII fut auteur vers l'an 1480, a apporté quelque changement à ce point de difcipline : elle n'exige que quatorze ans pour les Canonicats des cathédrales, & dix pour ceux des collégiales, mais elle veut qu'ils foient complets.

On fuit cette règle en France, comme le juftifient divers arrêts rendus au parlement de Paris les 27 août 1588, 27 mars 1589, & 19 mai 1606, lefquels ont jugé nulles des provifions d

Canonicats d'églife cathédrales que l'on avoit accordées à des impubères qui n'avoient pas encore quatorze ans.

Bouchel affure néanmoins dans fa bibliothèque canonique, que la jurifprudence du grand confeil eft fur ce point différente de celle du parlement, & qu'il n'exige pas un âge plus avancé pour les Canonicats que pour les autres bénéfices fimples. En effet, c'eft ce qu'il a jugé en 1599 en faveur d'un jeune clerc de dix à douze ans pourvu d'un Canonicat dans l'églife cathédrale de Rouen conformément à l'ancien ufage antérieur aux règles de la chancellerie. Le même tribunal a encore rendu un autre arrêt conforme le 28 mai 1600.

Blondeau dans fes notes fur Bouchel, penfe qu'il n'eft pas néceffaire d'avoir l'âge au temps de la réfignation ou de la préfentation, & qu'il fuffit de l'avoir au temps de la provifion.

Il n'eft pas inutile d'obferver ici que plufieurs docteurs ont penfé que le roi pouvoit donner en régale, à un enfant même de fept ans, un Canonicat de cathédrale. Ils s'étoient fondés fur un arrêt rendu le 24 avril 1388 entre les fieurs Coiffy & Coquelin : mais Didier Leraut qui rapporte l'arrêt en entier, a fait voir que loin de favorifer l'opinion de ces docteurs, il la détruifoit. En effet, cet arrêt n'a jugé en faveur de Coiffy qui avoit pris une nouvelle provifion du roi, que parce que Coquelin n'avoit pas quatorze ans.

Lorfque Charles IX envoya fes ambaffadeurs au concile de Trente, il les chargea entr'autres chofes, comme on le voit par les mémoires qu'il leur donna, de demander qu'il ne fût admis

perfonne aux Canonicats des églifes cathédrales
avant l'âge de vingt-cinq ans, par la raifon qu'il
n'étoit pas raifonnable qu'un jeune homme mineur auquel on n'ofe pas même confier l'adminiftration de fon propre bien, occupe une place
qui le rend de droit le confeil de l'évêque dans
le gouvernement & l'adminiftration de fon diocèfe. Le concile ne fuivit pas ce projet & fe
contenta d'ordonner que dorénavant on an-
nexeroit aux Canonicats des cathédrales quelqu'un des ordres facrés, & qu'il faudroit que
les pourvus des Canonicats fuffent en âge de
recevoir cet ordre dans l'an de leur prife de poffeffion.

Dans les pays conquis où le concile de Trente
a été publié, on ne peut être chanoine dans
les cathédrales qu'à vingt-un ans & un jour;
& dans les collégiales, qu'à treize ans & un
jour. Un concile de Tours ayant voulu établir une règle particulière quant aux Canonicats, ordonna qu'on ne pourroit les poffé-
der qu'à l'âge de vingt-deux ans ainfi que
les perfonats & les dignités qui font fans charges d'ames, & que les chanoines ne feroient
point obligés d'entrer dans les ordres : mais le
parlement de Paris jugea cette règle abufive, par
un arrêt rendu en 1616 fur le refus que le chapitre du Mans qui eft de la province de Tours
avoit fait d'admettre au nombre de fes chanoines, un jeune homme qui n'avoit encore que
dix-huit ou dix-neuf ans & auquel on avoit ré-
figné un Canonicat de cette églife. Cet arrêt le
maintint dans la poffeffion de ce bénéfice,
nonobftant le règlement du concile, attendu que
les évêques d'une province particulière ne font

pas les maîtres de changer ce qui est établi par le droit public & l'usage général du royaume. Il faut néanmoins convenir que quand les statuts authentiques des églises, confirmés par lettres-patentes, ou que les fondateurs des Canonicats ont fixé un âge certain, soit au-dessus, soit au-dessous de quatorze ans, on peut & l'on doit s'y conformer exactemeut ; ainsi dans l'église cathédrale de la Rochelle, on ne peut point posséder de prébende qu'on n'ait au moins vingt-deux ans commencés, ni de dignité qu'à vingt-cinq ans, comme il est expressément porté par la bulle & les lettres-patentes d'érection de l'évêché de Maillezais en cette ville, du 10 mai 1664.

Il y a dans quelques chapitres des statuts qui portent que ceux dont la naissance est illégitime, ne pourront être pourvus des Canonicats, même avec des dispenses du pape. Quand ces statuts sont confirmés par des bulles ou par la fondation des églises, les papes ne peuvent en dispenser. Le parlement de Paris l'a ainsi jugé le 9 juillet 1693 pour un Canonicat de l'église de saint Hilaire de Poitiers. Le parlement de Rouen a aussi jugé le 22 mars 1708, qu'il y avoit abus dans la dispense que le pape avoit accordée à un illégitime pour tenir un Canonicat dans l'église de Bayeux ; parce que le pape Nicolas IV en confirmant les statuts de cette église, a déclaré que le pape ou ses légats ne pourroient accorder ces sortes de dispenses, à moins qu'on ne fît une mention expresse du privilège de l'église de Bayeux & de la bulle qui les confirme.

On appelle *Canonicat ad effectum*, un titre

fans prébende que le pape confère à quelqu'un
à l'effet de le rendre capable de posséder la dignité dont il est pourvu dans une église.

L'usage de presque toutes les églises cathédrales & collégiales, est que les dignités n
peuvent être possédées que par des chanoine
de la même église ; ou s'ils ne font pas chanoine
prébendés, ils doivent se faire pourvoir en cou
de Rome d'un Canonicat *ad effectum.* La pragmatique sanction, au titre *de collationibus*, décide que le pape ne peut créer des chanoine
furnuméraires dans les églises où le nombre et
fixé ; mais qu'il peut créer des chanoines *a*
effectum : il s'est réservé ce pouvoir par le concordat : une simple signature de la cour de Rom
suffit pour créer un de ces chanoines ; mais i
faut que la clause *ad effectum* soit expresse &
qu'il soit dit aussi *nonobstante Canonicorum nu-*
mero. Les chanoines ainsi créés peuvent cependant prendre le titre de chanoines sans ajoute
que c'est *ad effectum.* Un tel chanoine n'est as-
treint ni à la résidence, ni à aucune assistanc
aux heures canoniales, ni à la promotion au
ordres ; mais aussi il ne jouit point des priviléges des autres chanoines ; il n'a aucune par
aux distributions quotidiennes, à moins qu'il n'y
ait usage contraire ; il n'a point de voix au chapitre ; il ne peut permuter ; & s'il est pourv
d'une prébende ou dignité dont il se démette
dans la suite, le Canonicat *ad effectum* n'est point
réputé vacant, à moins qu'il ne s'en soit démis
nommément. Il ne peut être juge délégué par le
pape ou son légat, comme le peuvent être les
autres chanoines prébendés des églises cathédrales féculières, n'étant créé qu'à l'effet de

pouvoir obtenir & poſſéder une dignité qui exige la qualité de chanoine.

Le parlement de Paris en vérifiant les facultés du cardinal Verallo légat en France, le 16 décembre 1551, y mit pour modification qu'il ne pourroit créer aucun chanoine avec l'expectative d'une prébende, même du conſentement du chapitre.

Voyez *le dictionnaire du droit canonique; les lois eccléſiaſtiques de France; le dictionnaire des ſciences; le recueil de juriſprudence canonique; le traité des bénéfices par Gohard; la bibliothèque canonique de Bouchel; Blondeau, dans ſes notes ſur Bouchel; Ruzée, traité de la régale; les mémoires du clergé; les preuves des libertés de l'égliſe gallicane; Rebuffe ſur le concordat, &c.* Voyez auſſi les articles CHANOINE, CHAPITRE, PRÉBENDE, AGE, DIGNITÉ, CATHÉDRALE, COLLÉGIALE, ÉLECTION, ABSENT, CONCORDAT, PRAGMATIQUE SANCTION, &c.

CANONISATION. C'eſt la cérémonie par laquelle le pape met ſolemnellement dans le catalogue des ſaints une perſonne morte en odeur de ſainteté, & dont les vertus ont été vérifiées par des miracles.

Le mot de Canoniſation ſemble être d'une origine moins ancienne que la choſe même; on ne trouve point qu'il ait été en uſage avant le douzième ſiècle, quoique dès le onzième on trouve un décret ou bulle de Canoniſation donnée à la prière de Lintolfe, évêque d'Augſbourg, par le pape Jean XV, pour mettre ſaint Ulderic ou Ulric au catalogue des ſaints.

La Canoniſation n'étoit dans l'origine qu'un ordre des papes ou des évêques, par lequel il

étoit statué que les noms de ceux qui s'étoient
distingués par une piété & une vertu extraord:
naires, seroient insérés dans les sacrés diptyques
ou le canon de la messe, afin qu'on en fît mé:
moire dans la liturgie. On y ajouta ensuite le
usages de marquer un office particulier pour le
invoquer, d'ériger des églises sous leur invo:
cation & des autels pour y offrir le saint sacri:
fice, de tirer leurs corps de leurs premiers sé:
pulcres. Peu à peu on y joignit d'autres céré:
monies ; on porta en triomphe les images des
saints dans les processions : on déclara jour de
fête l'anniversaire de celui de leur mort ; & pour
rendre la chose plus solemnelle, le pape Hono:
rius III, en 1225, accorda plusieurs jours d'in:
dulgence pour les Canonisations.

Toutes ces règles sont modernes & étoient
inconnues à la primitive église. Sa discipline à
cet égard pendant les premiers siècles, consis:
toit à avoir à Rome, qui fut long-temps le pre:
mier théâtre des persécutions, des greffiers ou
notaires publics pour recueillir soigneusement
& avec la dernière fidélité les actes des mar:
tyrs, c'est-à-dire les témoignages des chrétiens
touchant la mort des martyrs, leur constance,
leurs derniers discours, le genre de leurs sup:
plices, les circonstances de leurs accusations,
& sur-tout la cause & le motif de leur condam:
nation. Et afin que ces notaires ne pussent pas
falsifier ces actes, l'église nommoit encore des
sous-diacres & d'autres officiers qui veilloient
sur la conduite de ces hommes publics & qui
visitoient les procès-verbaux de la mort de
chaque martyr, auquel l'église quand elle le
jugeoit à propos, accordoit un culte public &

un rang dans le catalogue des faints. Chaque
évêque avoit le droit d'en ufer de même dans
fon diocèfe, avec cette différence que le culte
qu'il ordonnoit pour honorer le martyr qu'il
permettoit d'invoquer, ne s'étendoit que dans
les lieux de fa jurifdiction, quoiqu'il pût engager
les autres évêques par lettres, à imiter fa conduite ; s'ils ne le faifoient pas, le martyr n'étoit
regardé comme bienheureux que dans le premier diocèfe : mais quand l'églife de Rome ap-
prouvoit ce culte, il devenoit commun à toutes
les églifes particulières. Ce ne fut que long-temps
après qu'on canonifa les confeffeurs.

Il eft difficile de décider en quel temps cette
difcipline commença à changer, & quand le
droit de Canonifation que l'on convient avoir
été commun aux évêques & fur-tout aux métro-
politains, avec le pape, a été réfervé au pape
feul. Quelques-uns pretendent qu'Alexandre III
élu pape en 1159, eft le premier auteur de
cette réferve qui ne lui fut conteftée par aucun
évêque. Les jéfuites d'Anvers ont affuré qu'elle
ne s'étoit établie que depuis deux ou trois fiècles
par un confentement tacite & une coutume qui
avoit paffé en loi, mais qui n'étoit pas généralement reçue dans les dixième & onzième fiècles :
on a même un exemple de Canonifation particulière, faite en 1373 par Witikind évêque de
Minden en Weftphalie, qui fit honorer comme
faint l'évêque Félicien par une fête qu'il établit
dans tout fon diocèfe. Cependant on a des monumens plus anciens qui prouvent que les évêques qui connoiffent le mieux leurs droits & qui
y font les plus attachés, les évêques de France,
reconnoiffoient ce droit dans le pape. C'eft ce

que firent authentiquement l'archevêque de Vienne & ses suffragans dans la lettre qu'il écrivirent à Grégoire IX pour lui demander la Canonisation d'Etiennne évêque de Die, mort en 1208.

Quoi qu'il en soit, le saint siège apostolique est en possession de ce droit depuis plusieurs siècles.

Le pape Benoît XIV a publié sur cette matière de savans ouvrages lorsqu'il étoit encore cardinal sous le nom de Prosper Lambertini.

On trouve dans les mémoires du clergé la relation de ce qui s'est passé en France pour la Canonisation de saint Louis, pour celle de saint François de Sales & pour la béatification de Vincent de Paul, avec les procès-verbaux & les titres des assemblées du clergé sur ce sujet.

CANTHARIDE. C'est une sorte de mouche venimeuse dont les épiciers font commerce.

Suivant le tarif de 1664, les Cantharides sont dans la classe des drogueries. Elles payent pour droit d'entrée, quatre livres par cent pesant, & trois livres pour droit de sortie.

Voyez *le tarif cité*, & les articles DROGUERIE, ENTRÉE, SORTIE, MARCHANDISE, SOU POUR LIVRE, &c.

CANTONNEMENT. C'est en termes d'eaux & forêts, une portion de bois donnée en propriété à des usagers pour leur tenir lieu de droit d'usage qu'ils avoient dans les bois d'une seigneurie.

Pour remédier aux désordres que l'exercice ordinaire des droits d'usage occasionnoit dans les bois, le conseil a pris le parti d'accorder aux seigneurs qui le demandent, le droit de donner le Cantonnement à leurs usagers.

Mais aussi pour que les usagers ne soient pas lézés dans l'échange qu'on leur fait faire malgré eux, le conseil veut que ces Cantonnemens se fassent par les grands-maîtres ou les officiers des maîtrises par eux commis, eu égard au titre de la concession, au nombre, à la qualité, aux besoins des usagers, & à la quantité & qualité des bois.

La partie accordée aux usagers pour Cantonnement leur appartient en toute propriété, sans préjudice néanmoins des prestations & redevances dues au seigneur pour les droits d'usage, lesquelles doivent continuer sur le même pied.

Cette partie suit le sort de celui qui en acquiert la propriété, c'est-à-dire, que si elle passe à un ecclésiastique à cause de son bénéfice, elle doit être régie suivant les règlemens faits pour les bois des ecclésiastiques.

Tout ce qu'on vient de dire a été prescrit par l'arrêt du conseil du premier juin 1751 qui a ordonné le Cantonnement des usagers dans les bois du prieuré de Fontaine (*).

(*) *Pour donner une idée plus précise de la jurisprudence du conseil sur la matière dont il s'agit, nous allons rapporter l'arrêt cité.*

Vu au conseil d'état du roi, la requête du sieur Claude-François-Franchel, chanoine en l'église métropolitaine de Besançon, & titulaire du prieuré de Fontaine, & en cette qualité seigneur haut, moyen & bas justicier dudit lieu de Fontaine, tendante à ce que pour les causes y contenues il plaise à sa majesté ordonner que les habitans dudit lieu de Fontaine, qui prétendent avoir des droits d'usage dans les bois dépendans dudit prieuré, seront tenus de représenter les titres en vertu desquels ils jouissent desdits droits, pour ensuite être continué, s'il y a lieu suivant la

En terme de guerre on appelle *Cantonne*

7

possibilité desdits bois, & le nombre des usagers ; les ordres
du conseil, adressés au sieur d'Auxy, grand maître des
eaux & forêts du département de Bourgogne, le 6 mai
1736, à l'effet de constater l'état desdits bois, de les faire
arpenter, d'entendre les parties, & de dresser procès-verbal de la représentation de leurs titres, ainsi que de leurs
dires & réquisitions, & du nombre des maisons & de charrues dont le village de Fontaine est composé, le procès-verbal dressé par ledit sieur grand maître le 12 mai 174?
& jours suivans, contenant les comparutions, dires &
réquisitions, tant du sieur Franchel, que des habitans &
communauté dudit lieu de Fontaine, qui ont soutenu être
également propriétaires desdits bois, duquel il résulte en
outre que ledit sieur grand maître ayant fait arpenter lesdits
bois, ils se sont trouvés contenir trois mille cinq cens soixante & treize arpens seize perches, divisés en plusieurs cantons, partie futaie, partie taillis, où il y a beaucoup de
places vaines & vagues, &c.

Le roi en son conseil, faisant droit sur l'instance, a ordonné & ordonne que des trois mille cinq cens soixante &
treize arpens & seize perches de terrein, tant en bois que
fouillies, situés sur le territoire du lieu appelé de Fontaine
il sera incessamment par le sieur de Fleury, grand maître
des eaux & forêts du département de Bourgogne, ou celui
des officiers de la maîtrise particulière des lieux qu'il jugera
à propos de commettre à cet effet, & en présence du procureur de sa majesté en ladite maîtrise, distrait & séparé par
bornes & limites, au profit des habitans & communauté
du même endroit de Fontaine, la quantité de mille sept cens
arpens pour en jouir par eux, en toute propriété, dont
cinq cens arpens en fouillies seront composés des cantons
désignés sur le plan général desdits bois, par les lettres AA
C. A. D. C. & le surplus des portions marquées sur ledit
plan par les lettres SS. pour lesdits cinq cens arpens de
fouillies continuer d'être employés alternativement par lesdits habitans comme par le passé, à porter du bois, & ensuite à être mis en culture ; & douze cens arpens à prendre
dans les endroits de trois mille soixante treize arpens seize

ment, le repos qu'on procure aux troupes en les

---

perches reſtans, où le bois n'eſt ni de bonne ni de mau‑
vaiſe qualité ; le tout par forme de Cantonnement, & pour
tenir lieu auxdits habitans & communauté de Fontaine,
des différens droits d'uſage qu'ils ont juſqu'à préſent exer‑
cés dans la totalité deſdits bois & fouillies, leſquels douze
cens arpens de bois ſeront pris dans la partie d'iceux qui ſe
trouve ſituée du côté du couchant, en remontant du midi au
ſeptentrion, en embraſſant partie du canton marqué ſur
ledit plan par la lettre J, & tous ceux qui ſont déſignés ſur
le même plan par les lettres Z. & G. F. H. J. K. L ; or‑
donne en outre ſa majeſté que les mille huit cens ſoixante-
treize arpens ſeize perches, à quoi monte le ſurplus deſdits
bois & fouillies, ſeront & demeureront auſſi en toute pro‑
priété au prieuré de Fontaine, déchargés de tous droits d'uſa‑
fages, chauffage & ſervitude, quels qu'ils puiſſent être en‑
vers leſdits habitans, à l'exception néanmoins du droit de
pâturage que le prieur dudit prieuré & les habitans auront
réciproquement dans toute l'étendue deſdits bois & fouillies,
en ſe conformant dans l'exercice dudit droit, à ce qui eſt
preſcrit par l'ordonnance des eaux & forêts du mois d'août
1669, ſous les peines y portées ; à la charge par leſdits ha‑
bitans, de payer à l'avenir comme par le paſſé, au prieur
dudit prieuré, les redevances & autres preſtations, ſous leſ‑
quelles leſdits droits d'uſage leur ont originairement été
accordés par le ſeigneur dudit lieu ; maintient ſa majeſté le
prieur dudit prieuré dans la ſeigneurie directe & fonçière
ſur tous les bois & fouillies, enſemble dans le droit de juſ‑
tice & de chaſſe ſur iceux, ainſi qu'il en a toujours joui ;
à condition cependant que l'exercice de ladite juſtice, pour
ce qui concerne les bois & fouillies en queſtion, ſera &
demeurera reſtraint à ce qui eſt preſcrit par ladite déclara‑
tion du roi du 8 janvier 1715 ; ordonne en outre ſa majeſté
que tous les frais faits & à faire généralement quelconques,
pour parvenir à la limitation des parts & portions de bois
& fouillies ci-deſſus exprimés, ſeront ſupportés par leſdits
prieur & habitans, chacun à proportion de ce qu'ils y doi‑
vent amender, eu égard à la quantité d'arpens qui leur ſera
échue, & qu'immédiatement après que le partage deſdits

logeant en différens villages à portée les uns de
autres, & faisant face à l'ennemi.

---

bois & fouillies aura été fait, il sera par le sieur grand-ma
tre ou les officiers de ladite maîtrise, sur sa commission
procédé, parties présentes ou elles duement appelées, tas
au choix de la distraction & au bornage du quart juste de
douze cens arpens de bois revenans à ladite communau
de Fontaine, & des mille huit cens soixante treize arpe
seize perches restans audit prieuré pour être réservés à pre
dre dans les endroits des bois où le fonds est le plus prop
à produire de la futaye, sans que le prieur dudit prieuré
les habitans dudit lieu de Fontaine, leurs successeurs
autres, puissent sous quelque prétexte que ce soit, y fai
aucune coupe, si ce n'est en vertu d'arrêt & lettres-patente
duement vérifiés, conformément à l'article IV du titre
de ladite ordonnance de 1669, qu'au règlement des tro
autres quarts desdits bois en coupes ordinaires, à l'âge de
ving-cinq ans, qui seront distinguées & désignées par pre
mière & dernière, sur ledit plan général desdits bois po
le nombre d'arpens dont chacun doit être composé,
l'effet de quoi il en sera dressé procès-verbal, pour être, ave
ledit plan, déposé au greffe de ladite maîtrise, & que lo
desdites coupes il sera réservé par chaque arpent, ving cin
balivaux de l'âge du taillis, le tout de bois & essence d
chêne, autant qu'il sera possible, outre tous les anciens &
modernes qui s'y trouveront; seront les prieur dudit prieuré
& habitans de ladite communauté de Fontaine, tenus cha
cun en droit soi, d'établir les gardes nécessaires pour veil
ler à la conservation desdits bois, faute de quoi il y ser
pourvu par ledit sieur grand-maitre qui décernera ses exé
cutoires sur les revenus temporels dudit prieuré pour les boi
qui lui appartiendront, & sur les revenus de ladite communauté, s'il elle en a pour les cent arpens qui lui seront
échus; sinon contre lesdits habitans, pour le payement
des salaires desdits gardes, & sur le surplus des demandes,
fins & conclusions desdites parties, sa majesté les a mis &
met hors de cour & de procès. Fait au conseil d'état du
roi, tenu pour les finances, à Versailles, le premier juin
mil sept cent cinquante un. Signé, de Vougny.

On diftingue le Cantonnement du quartier en ce que le premier n'a lieu que pour procurer un foulagement inftantanée à une armée fatiguée, & que le fervice s'y continue comme en campagne, tandis qu'en quartier, le fervice fe fait comme dans les places.

Nous allons rapporter ce que l'ordonnance du 17 février 1753, portant règlement fur le fervice de l'infanterie en campagne, a prefcrit relativement aux Cantonnemens.

Suivant cette loi, lorfqu'on met une armée en Cantonnement ou dans des quartiers de fourrage, perfonne ne doit prendre d'autres lieux ou logis que ceux qui lui ont été départis.

Les maréchaux des logis de l'armée font tenus de faire le logement dans les quartiers de Cantonnement ou de fourrage; à leur défaut, les majors de brigade doivent fe les répartir entre eux felon la force de leurs brigades, & les diftribuer enfuite aux différens corps dont elles font compofées.

Les uns & les autres doivent obferver dans cet arrangement de mettre toujours enfemble tous les régimens de la même brigade, les bataillons du même régiment & les compagnies du même bataillon; & lorfque ces logemens ne peuvent être réunis, ils doivent du moins les établir le plus à portée qu'il eft poffible.

Les foldats des mêmes compagnies doivent être mis de même enfemble ou le plus près les uns des autres qu'il eft poffible, dans des maifons ou granges marquées à cet effet; & l'on doit leur donner la paille & le bois néceffaires pour fe coucher & faire ordinaire.

On doit faire loger les capitaines & autres

officiers dans les quartiers de leurs compagnies afin qu'ils foient à portée de les contenir.

· Le commandant du quartier y doit avoir le premier logement. ·

Le commiffaire des guerres ayant la police des troupes du quartier y doit être logé immédiatement après le commandant.

· Lorfque plufieurs brigades fe trouvent dans un quartier, chaque brigadier ou commandant de brigade doit avoir un logement de préférence dans le canton deftiné à fa brigade.

En l'abfence du brigadier, on doit marquer pour loger fon équipage un logis pareil à celui du colonel & choifi fur toute la brigade.

Le logement du major de brigade doit être le plus près qu'il eft poffible de celui du brigadier.

Chaque colonel commandant de régiment doit avoir un logement de préférence dans le canton de fon régiment; & s'il y a deux colonels dans le même régiment, le fecond colonel doit auffi avoir un logement de préférence dans le même canton.

· Le lieutenant colonel doit avoir par préférence au capitaine une chambre & fix chevaux à couvert lorfqu'il n'eft pas logé comme commandant.

Après que les foldats ont été établis, & les logemens de préférence choifis, le refte des maifons du canton deftinées à chaque bataillon doit être réparti entre les officiers du bataillon.

Les officiers doivent avoir attention qu'il ne foit rien ôté des granges de leurs hôtes & ne pas fouffrir qu'on leur faffe aucun tort dans leurs maifons, jardins, clos, vignes & près; à peine de répondre de tous les défordres & dégâts qu pourroient y être faits , même des accidens du feu.

Ceux qui quittent leurs quartiers sans permission ne font pas moins responsables des désordres commis en leur absence que s'ils y avoient été présens.

Si le quartier donné à un bataillon ne se trouve pas assez grand pour le contenir, de manière que l'on soit obligé d'en détacher quelques compagnies , les deux premières compagnies & celles des grenadiers doivent rester au quartier principal : le capitaine de la troisième compagnie du bataillon , ou à son défaut, le premier capitaine après lui doit aller avec sa compagnie commander dans l'autre quartier ; & les autres compagnies tirer au sort leurs logemens.

Les drapeaux de chaque bataillon doivent toujours rester ensemble avec la première compagnie, quand même , par le peu d'étendue du quartier, les compagnies auxquelles ils sont attachés seroient obligées de se séparer ; & en ce cas l'officier chargé de porter le drapeau de la seconde compagnie doit la suivre & le laisser aux officiers qui restent avec la première.

Le capitaine des grenadiers doit rester avec sa compagnie dans le quartier principal du bataillon ; & il ne peut en retirer sa compagnie , ni la quitter sous prétexte d'aller prendre le commandement d'un autre quartier.

Si le bataillon étoit divisé en de si petits quartiers qu'ils ne pussent contenir trois compagnies ensemble , la compagnie des grenadiers resteroit alors avec la première compagnie par préférence à la seconde.

L'état major doit demeurer dans le quartier où est la première compagnie.

A l'arrivée des troupes dans le quartier, il doit être publié, par l'ordre du commandant, un ban portant défenses d'y commettre aucun désordre, à peine contre les officiers, de concussion, & contre les soldats & valets, de la vie.

Les limites jusqu'où les soldats peuvent aller doivent leur être indiquées avec défenses de les passer, sous les peines portées par les ordonnances contre les déserteurs.

Il doit leur être défendu, sous les peines portées par les ordonnances, de mettre l'épée à la main dans le quartier.

Il doit leur être pareillement défendu de sortir de leur quartier avec d'autres armes que leurs épées, supposé que le commandant du quartier juge à propos de leur permettre de la porter dehors.

Nul ne peut, sous peine de concussion, faire aucune espèce d'imposition dans le lieu où il est en quartier, ni sur le pays, s'il n'y est expressément autorisé par l'officier général, aux ordres duquel il se trouve.

Il doit être également défendu d'exiger des hôtes, dans les quartiers, le repas de l'arrivée, ou celui du départ, ni aucune autre chose que l'ustensile ordonné, à peine contre les officiers, de concussion, & contre les soldats, d'être punis suivant la rigueur des ordonnances.

Personne ne peut employer à son usage les chevaux ni les voitures des habitans du quartier où sa troupe se trouve.

S'il est nécessaire d'en faire marcher pour le service ou pour aider quelqu'officier qui en ait réellement besoin, le commandant du quartier doit en donner l'ordre par écrit.

Le commandant du quartier doit y établir une garde de jour & de nuit, tant pour la sûreté du quartier que pour y empêcher le désordre ; pour laquelle garde la communauté est obligée de fournir une ou deux chambres au rez-de-chauffée sur la place, avec les quantités de bois & de chandelles, réglées par les ordonnances, suivant le nombre d'hommes dont cette garde se trouve composée.

Il doit aussi établir des gardes aux barrières & autres endroits où il les juge nécessaires, selon la proximité de l'ennemi.

Si le quartier étoit exposé, aussi-tôt que les troupes y sont établies, on doit les faire travailler à se retrancher & à se mettre à couvert au moins d'un coup de main, & ordonner des rondes & des patrouilles suivant la nature du poste, sur-tout s'il y a des magasins.

On doit faire fournir aux gardes établies aux barrières, ou autre espèce de retranchement, du bois pour se chauffer, & quelques perches & travers avec de la paille pour y faire des abrivents.

Si l'on ne peut faire fournir le bois nécessaire pour les chambrées des soldats & pour les feux des gardes, il faut en faire couper aux soldats, qu'on doit conduire à cet effet en bon ordre.

A l'arrivée des troupes, on doit marquer un lieu ou plusieurs, suivant l'étendue du quartier, dans lesquels les troupes sont obligées de se rendre en cas d'alarme, de feu, ou de générale battue à l'improviste.

Les commandans des corps doivent aller reconnoître ces endroits, & avoir soin que tous les officiers & soldats soient instruits des lieux que chacun d'eux doit occuper.

Les compagnies des grenadiers ne font tenues de faire dans les quartiers d'autres services que les détachemens & les patrouilles ; à moins qu'il n'y ait quelque poste de conséquence, où le commandant juge à propos de leur faire monter la garde.

Le colonel d'un régiment & le lieutenant colonel en son abfence en doivent commander toutes les compagnies, quoique féparées en diférens quartiers.

Les commandans de bataillon doivent pareillement commander toutes les compagnies de leurs bataillons quoiqu'elles ne foient pas réunies dans le même quartier.

Tout commandant de bataillon ou capitaine qui fe trouve commander par accident un régiment ou un bataillon dont les compagnies font divifées, doit refter en réfidence au quartier de fon bataillon ou de fa compagnie.

Il doit fe faire rendre compte de ce qui fe pafe dans les autres quartiers du régiment ou du bataillon qu'il commande, & y envoyer les ordres qu'il juge néceffaires pour la difcipline générale du corps, fans cependant rien changer aux difpofitions faites ou ordonnées par le colonel & le lieutenant-colonel.

Il doit vifiter de temps en temps les quartiers & commander dans tous ceux où il fe trouve.

Les ordres concernant le régiment ou le bataillon étant adreffés au quartier de l'état major doivent être ouverts en l'abfence du commandant par l'officier chargé du détail qui s'y trouve : celui-ci doit les envoyer enfuite au commandant pour pourvoir à leur exécution, à oins qu'ils ne foient preffés ; auquel cas il doit les faire paffer promptement à ceux qu'ils concerneront & en rendre compte auffitôt au commandant du régiment ou du bataillon en quelque quartier qu'il fe trouve.

Les fourrages appartiennent aux compagnies dans les cantons defquelles ils fe trouvent, à moins qu'il n'en foit autrement ordonné ; & ceux qui commandent dans le quartier doivent avoir foin de les faire partager également entre les officiers.

Lorfque les troupes délogent d'un quartier, le commandant doit après qu'elles en font fortes, détacher quelques officiers & foldats pour voir s'il n'y refte perfonne, & faire éteindre les feux qui ne le feroient pas ; fa majefté voulant qu'il foit refponfable des dommages qui arriveroient faute d'avoir pris cette précaution.

Voyez les articles BOIS, USAGER, SEIGNEUR, TROUPES, OFFICIER, COMMANDANT, FOURRAGE, CAVALERIE, INFANTERIE, &c.

CAPACITÉ *En matière civile*, eft cette aptitude que le bon ordre exige pour l'emploi auquel on fe deftine dans la fociété.

Il ne fuffit pas de vouloir s'ingérer dans l'exercice d'un état ou d'une profeffion quelconque pour y être admis fans autre examen ; il faut avoir des talens, des lumières & furtout de l'expérience pour s'en acquiter dignement. C'eft pourquoi avant la fuppreffion des jurandes portée par édit du mois de février 1776, dans les arts & les métiers, on exigeoit un examen des fujets qui afpiroient à la maîtrife, & une preuve de leur Capacité par la confection d'un chef-d'œuvre fuivant qu'il étoit prefcrit par les fta-

tuts de chaque communauté. Aujourd'hui on
eſt diſpenſé dans les arts & les métiers de
l'examen & du chef-d'œuvre, mais on n'en eſt
pas moins obligé de faire d'une manière exacte, fidèle & bien conditionnée, les ouvrages
dont on s'occupe pour le public. Le légiſlateur
en donnant plus de facilité aux arts & au commerce, n'a pas entendu qu'il fût permis de donner à ces ouvrages moins de perfection qu'auparavant; de ſorte que ſi un artiſte ou un ouvrier s'écartoit des règles & des principes, il
feroit toujours dans le cas d'être puni de ſon
ineptie, de ſa fraude, ou de ſa mal-façon comme
il pouvoit l'être ci-devant, par des dommages
intérêts & par des amendes, & c'eſt au lieutenant général de police dans les lieux où il y en
a d'établis à connoître ſommairement, aux termes de l'édit de ſuppreſſion des jurandes, des
conteſtations qui peuvent naître à ce ſujet, &
même à la décider en dernier reſſort lorſque
la demande formée contre les ouvriers n'excéde
pas la ſomme de cent livres.

Ceux qui exercent des ſciences qui intéreſſent
eſſentiellement l'ordre public comme celles de
la juriſprudence, de la médecine & d'autres
doivent avoir fait preuve de Capacité avant de
s'y ingérer, & ce n'eſt que ſur le raport qu'ils
font des certificats & des lettres qui atteſtent
cette Capacité, qu'on leur permet d'aſpirer à
la confiance des citoyens.

Mais indépendamment de cette Capacité at-
teſtée, s'ils négligeoient de s'acquitter dignement
de leur état, qu'ils commiſſent de ces fautes
groſſières qui approchent du dol, & que leur témérité ou leur impéritie donnaſſent lieu à des

événemens funeftes, ils n'en feroient pas moins dans le cas des dommages-intérêts qu'exigeroit une jufte réparation. Ils pourroient même fuivant les circonftances , être punis par la privation de leur état, & même par de plus grandes peines s'il y avoit lieu à leur en infliger. Voyez ce que nous difons à l'article *Impéritie*.

Il en eft de même de ceux qui afpirent à des offices : ils doivent faire preuve de toutes les Capacités requifes pour les poffeder. Ces Capacités concernent l'âge , les mœurs , la religion que l'on profeffe , les talens , l'expérience & quelquefois même la naiffance ou l'extraction. Le roi juge quelquefois par lui-même de ces Capacités ; mais pour l'ordinaire il en renvoie la vérification par-devant les juges qui doivent procéder à la reception de l'afpirant.

L'entrée dans certaines compagnies , dans certaines dignités , exige encore quelquefois des Capacités réquife par des règlemens : ceux qui n'ont pas ces fortes de Capacités , ne peuvent nullement fe plaindre des refus qu'ils font dans le cas d'effuyer.

CAPACITÉS *en matière canonique* , font les qualités morales & légales qu'éxigent les canons & les loix de l'état dans un fujet qui afpire à l'état eccléfiaftique.

Les qualités morales appartiennent à l'efprit & au cœur. Le fujet doit fe fentir une véritable vocation à l'état qu'il veut embraffer. Il doit en connoître toute l'importance & la fainteté ; il doit fuivant les peres de l'églife, être plein de douceur , d'humilité , de patience , de charité , &c.

Les qualités légales concernent la naiffance ,

l'âge, la liberté, &c. Pour entrer dans l'état ecclésiastique ou dans l'état religieux, il faut être né d'un mariage légitime ou avoir obtenu une dispense ; porter avec soi des signes de virilité ; être dans cet âge où l'on est admis dans le clergé séculier ou régulier ; n'être dans aucun état contraire à celui de l'église, être libre de sa personne & ne porter avec soi aucun de ces empêchemens phisiques ou moraux qui constituent une irrégularité. C'est à l'évêque & aux supérieurs d'un ordre religieux qu'appartient la connoissance de toutes ces Capacités ou incapacités, & leur jugement à cet égard est libre & absolu.

Il y a d'autres Capacités requises lorsqu'il est question de parvenir à quelques-uns de ces grades qui composent la hierarchie de l'église ; il faut-être ou maître-ès-arts, ou bachelier, ou licencié &c, c'est ce que l'on verra sous la dénomination de chacun de ces grades.

CAPACITÉS *en matière bénéficiale*, Sont celles qui rendent habile à posséder un bénéfice. Parmi ces Capacités il y en a qui sont absolues, & d'autres qui ne sont que relatives. Les Capacités de la première espèce sont celles qu'exige la possession de toutes sortes de bénéfices en général. Ainsi pour devenir titulaire d'un bénéfice quelconque il faut être ecclésiastique, regnicol ou naturalisé. Il est vrai que les chevaliers de Notre-Dame du Mont-Carmel & de saint Lazare de Jérusalem peuvent posséder, quoique non ecclésiastiques & mariés, des pensions sur les bénéfices, mais ils ne peuvent point en être les titulaires : d'ailleurs c'est une exception à la règle générale.

Le

Les Capacités relatives font celles qui ne font exigées que relativement à certains bénéfices, à certaines dignités. Ainsi, par exemple, pour posséder une cure ou tout autre bénéfice à charge d'âmes, il faut aux termes de la déclaration du 13 janvier 1742, être prêtre & âgé de vingt-cinq ans accomplis ; fans quoi les provisions accordées font regardées comme nulles : il ne suffit pas d'attendre les vingt-cinq ans pour prendre possession, il faut avoir l'âge & le caractère dans le temps même que l'on est pourvu : la déclaration dont il s'agit a entièrement changé à cet égard l'ancienne jurisprudence.

Il y a d'autres Capacités relatives qui ne font pas rigoureusement exigées lors des provisions, & qu'il suffit d'avoir acquises lorsqu'on prend possession ou qu'on entre en exercice des fonctions attachées au bénéfice. Ainsi quoiqu'il faille être docteur ou du moins licencié en théologie ou en droit canon pour posséder un évêché ; être gradué pour posséder des cures ou des vicairies perpétuelles dans les villes murées, des dignités dans les cathédrales & les premières dignités dans les collégiales, il suffit suivant la nouvelle jurisprudence attestée par l'auteur des nouveaux mémoires du clergé, que les pourvus aient fait leur temps d'étude avant leurs provisions & qu'ils aient obtenu des dégrés avant leur prise de possession. On a même jugé en 1738 contre les dévolutaires, qu'il suffisoit que des pourvus déjà possesseurs eussent pris leurs dégrés avant le trouble. On voit dans le rapport des agens du clergé de l'année 1745, que la même chose a été jugée le 13 décembre 1743 en faveur du fieur de la Barre pour la cure de la Fléche.

Denifart fait là-deffus une diftinction qui paroît jufte : il croit, & nous penfons de même avec lui, qu'il ne faut pas confondre les collations forcées de bénéfices faites aux gradué qui font en droit de requérir en vertu de leur dégrés, & les collations libres qui exigent fimplement le dégré dans la perfonne du pourvu. Dans le premier cas, il eft tout naturel que le gradué qui requiert en vertu de fes grades, ait le temps d'étude & les dégrés prefcrits par la pragmatique & par le concordat ; mais rien n'empêche que dans le fecond cas l'incapacité qui fubfiftoit lors de la provifion ne s'efface après, en obtenant le dégré requis, & il fuffit comme nous venons de le voir à l'égard d'un dévolutaire, que ce dégré foit obtenu avant le trouble.

Une chofe qui paroît un peu fingulière, & qui cependant eft adoptée par tous les auteurs, & confirmée par la jurifprudence des arrêts, c'eft qu'un incapable depuis l'impétration faite fur lui, eft en droit de réfigner & de tranfmettre à un capable le bénéfice qu'il ne peut conferver, & que la provifion fur la réfignation eft valable, pourvu qu'elle précéde le trouble fait à l'incapable. On peut dire à ce fujet ; mais comment un eccléfiaftique qui n'a pas les qualités requifes pour conferver un bénéfice, a-t-il le pouvoir d'en difpofer ? On répond à cela que le réfignant ne confère pas, qu'il ne fait qu'indiquer au collateur un fujet habile à poffeder, & que dès que ce fujet eft pourvu, (avant aucun trouble) tout eft confommé.

On verra à l'article *Incapacité* quels font ceux ou qui ne peuvent poffeder de bénéfices, ou qui ne peuvent en impétrer de nouveaux.

A l'égard des bénéfices qui sont en patronge, ou à la nomination du roi, Guéret sur le Prêtre annonce comme certain que celui qui a la nomination du patron, doit avoir pour lors les qualités générales requises pour posséder, & même les qualités particulières qu'exige le titre de fondation du bénéfice ; de sorte que si ce bénéfice est sacerdotal, il faut être prêtre dans le tems même de la présentation, ce qui paroît sage & canonique.

Comme il y a des bénéfices séculiers & réguliers, il faut être du clergé séculier pour posséder les uns, & du clergé régulier pour posséder les autres, suivant la maxime si connue : *regularia regularibus, sæcularia sæcularibus.* Il s'est pourtant treuvé un moyen d'éluder la maxime, & l'on en parlera à l'article COMMENDE.

Lorsqu'un bénéficier veut exercer l'action en complainte introduite par le titre 15 de l'ordonnance de 1667, il est obligé aux termes de l'aricle 2 du même titre, non-seulement d'exprimer le titre de sa provision & le genre de la vacance sur laquelle il a été pourvu, mais encore de faire délivrer à sa partie adverse des copies de ses titres & Capacités, signées de lui, *du sergent & des records* (*).

Les titres sont les provisions, le *visa* de l'ordinaire ou de celui à qui il appartient de le donner, & l'acte de prise de possession.

Les Capacités sont l'extrait baptistaire, les

_____

(*) Le ministère de ces records n'est plus nécessaire depuis l'edit du mois d'août 1669 portant établissement du contrôle des exploits.

lettres de tonfure & fucceffivement de tous le
ordres dans lefquels on doit être conftitué pou
poffeder canoniquement, ainfi que les lettre
qui établiffent les grades néceffaires pour le
bénéfices affectés aux gradués.

Il femble que celui par exemple qui juftifie
roit fimplement de fes lettres de prêtrife, de
vroit être difpenfé de juftifier de fon extrai
baptiftaire, de fes lettres de tonfure, des quatre
moindres, de foudiaconat & de diaconat, parce
qu'un homme qui eft prêtre eft cenfé avoir été
baptifé & avoir paffé par tous les ordres inférieurs; cependant l'exhibition & la fignification
de chacune de ces Capacités en particulier eft
requife pour connoître d'abord fi la naiffance eft
légitime, fi le demandeur eft regnicole, fi l'âge
étoit acquis lors de chaque grade, s'il n'en a
été omis aucun interftice, &c. Il eft même d'u-
fage qu'au bas de chaque Capacité fignifiée le
demandeur & l'huiffier appofent leur fignature;
cependant comme l'ordonnance ne l'exige pas,
il fuffit qu'une feule foufcription fe trouve à la
dernière ligne de la copie fignifiée. On peut
même dire que fi la fignification de ces Capacités avoit été omife, la demande n'en fubfifteroit
pas moins, fauf à les fignifier après; mais en ce
cas il feroit jufte de retrancher de la taxe de dépens les copies fignifiées après coup, en fe conformant à l'article 6 du titre 2 de la même ordonnance de 1667.

Comme il n'en eft pas du poffeffoire des bénéfices ainfi que des matières profanes, le défendeur
qui veut fe faire maintenir dans fa poffeffion,
eft également obligé par l'article 6 du titre 15
de la même ordonnance, de faire fignifier des

copies fignées par fon procureur, de fes titres & de fes Capacités. Tout eccléfiaftique intervenant eft pareillement obligé à la même formalité par l'article 12 du titre dont il s'agit. Et lorfqu'il eft queftion d'un jugement par défaut, le juge ne doit point l'accorder qu'il n'ait vérifié par lui-même fi réllement celui qui le demande eft en règle ; & au cas qu'il s'apperçoive qu'il lui manque quelque chofe foit du côté des titres ou des Capacités, il doit rejeter la demande quoique la partie adverfe ne faffe à ce fujet aucune conteftation. Voyez ce qui fera dit à cet égard à l'article COMPLAINTE.

Voyez *la déclaratian du 13 janvier 1742 ; les nouveaux mémoires du Clergé ; Guéret fur le Prêtre ; l'ordonnance de 1667 ; les lois eccléfiaftiques ; la jurifprudence canonique ; la collection de jurifprudence ; le dictionnaire canonique,* &c. Voyez auffi les articles COMMENDE, COMPLAINTE, INCAPACITÉ, IRRÉGULARITÉ, &c. (*Article de M. DAREAU, avocat, &c.*)

· **CAPISCOL.** Titre d'un dignitaire dans quelques chapitres. Dans quelques-uns c'eft le doyen & dans d'autres le chantre. Voyez DOYEN, CHANTRE, CHAPITRE.

CAPITAINE. C'eft en général le chef d'une compagnie de gens de guerre, foit à pied, foit à cheval. Ce titre s'applique encore à d'autres perfonnes comme on le verra dans un moment.

Les fonctions, les droits & les prérogatives des différens Capitaines varient felon les différens corps auxquels ils font attachés. C'eft ce qu'on remarquera par ce que nous allons dire fur chaque forte de Capitaine en particulier.

· *Capitaine des gardes du corps du roi.* Suivant

une ordonnance de Henri III, du 11 août 1578, renouvelée par Henri IV au mois de septembre 1598, le Capitaine des gardes doit se trouver près de la personne du roi le premier jour de son quartier pour n'en partir qu'après que son quartier est fini, & que le Capitaine qui doit lui succéder est arrivé.

Cet officier est spécialement chargé d'un service intime & assidu auprès du roi. Il doit veiller continuellement à la sureté de la personne de sa majesté : c'est pourquoi il ne doit pas souffrir que des gens suspects ou inconnus en approchent.

C'est à ce même officier qu'appartient le droit de donner la permission de présenter des placets ou de parler au roi, lorsqu'il s'agit de gens qui ne peuvent approcher de sa majesté sans cette précaution.

Les Capitaines des gardes du corps ne rendent compte qu'au roi directement & personnellement de tout ce qui peut concerner leurs compagnies. Ils reçoivent aussi imméditement de sa majesté ses ordres pour la distribution de toutes les grâces relatives aux sujetes qui composent leurs compagnies, & particulièrement pour l'expédition des brevets des charges des officiers, des brevets de pension, des provisions de chevaliers de saint Louis, des lettres d'annoblissement, de confirmation, de surannation ou de réhabilitation de noblesse, & des lettres d'état & de vétérance : il en est de même des ordres qu'il plaît au roi de donner pour augmenter ou diminuer leurs compagnies; pour casser, interdire ou rétablir les officiers ou gardes, & en général pour tout ce qui concerne la police, la difcipline & le détail de leurs compagnies.

Suivant les ordonnances des premier mars & 22 août 1718, les Capitaines des quatre compagnies des gardes du corps tiennent rang de premiers meftres de camp de cavalerie, & en cette qualité ils doivent commander dans tous les détachemens où ils peuvent fe trouver, à tous les meftres de camp de cavalerie & de dragons détachés avec eux.

Les remontes, réparations & entretiens de chaque compagnie des gardes du corps doivent fe faire d'après les ordres du Capitaine & par les foins de l'aide-major : les états de dépenfe doivent être envoyés tous les trois mois aux quatre lieutenans qui font de fervice auprès du roi : ceux-ci font tenus de vérifier ces états & de les remettre enfuite au major qui après en avoir rendu compte au Capitaine en quartier les préfente au fecrétaire d'état ayant le département de la guerre pour qu'il en ordonne le payement. C'eft ce qui réfulte de l'article 16 de l'ordonnance du 15 décembre 1775 concernant la nouvelle compofition des compagnies des gardes du corps du roi.

Capitaine des gardes du corps de MONSIEUR & *de M. le Comte d'Artois.* Louis XV par fes édits du premier avril 1771 & du 17 novembr 1773, créa deux compagnies des gardes du corps de M. le comte de Provence, aujourd'hui MONSIEUR, & deux compagnies des gardes du corps de M. le comte d'Artois pour remplir envers ces princes le même fervice que les gardes du corps du roi rendent envers la perfonne de fa majefté.

R iv

Il fut enfuite rendu deux ordonnances, les 1 juillet 1771 & 10 mars 1774, par lefquelles fut attribué aux Capitaines de ces compagnies rang de meftre de camp de cavalerie : mais roi déclara que fon intention étoit que la com miffion de meftre de camp ne leur fût expédié qu'après fept ans de fervice, dont cinq en qua lité de Capitaine, foit dans ces compagnies, fo dans l'infanterie, la cavalerie ou les dragons.

Au furplus les compagnies des gardes d corps de MONSIEUR & de M. le comte d'Artoi ayant par les ordonnances qu'on vient de citer été affimilées aux différentes troupes qui com pofent le corps de la gendarmerie de France, les Capitaines de ces compagnies doivent joui des mêmes prérogatives que celles qui font com munes aux autres Capitaines ou Capitaines lieu tenans de ce corps.

Capitaine-lieutenant. C'eft le titre que porten les commandans des deux compagnies des gen darmes & chevaux-légers de la garde, & de huit compagnies de la gendarmerie.

La dénomination de Capitaine - Lieutenant vient de ce que le roi ou des princes de fon fang font capitaines de ces compagnies. On voit par un acte de Louis XIII de 1615, que Henri IV inftitua la compagnie des gendarmes & que M. de Souvré en fut Capitaine-Lieutenant. C'eft le premier à qui ce titre ait été donné.

Les Capitaines-Lieutenans des Gendarmes & chevaux-légers de la garde & les Capitaines-Lieutenans des gendarmes Ecoffois, Anglois, Bourguignons & de Flandres du corps de la gen darmerie jouiffent, comme les Capitaines des gardes du corps, du rang de premiers meftres de camp de cavalerie , & en cette qualité ils commandent à tous les meſtres de camp de cavalerie & de dragons avec leſquels ils peuvent ſe trouver détachés. Qant aux Capitaines-Lieutenans des quatre autres compagnies de la gendarmerie , ils ont ſimplement le rang de meſtres de camp & ne commandent qu'aux meſtres de camp dont la commiſſion eſt moins ancienne que la leur.

L'ordonnance du 24 février 1776 concernant la gendarmerie , a fixé à cent cinquante mille livres les charges de Capitaines-Lieutenans & réglé que les brevets de retenue de ces charges ſeroient portés juſqu'à quatre-vingt mille livres.

La même ordonnance a attribué neuf mille cinq cens livres d'appointemens par an à chaque Capitaine-Lieutenant.

Capitaine au régiment des gardes françoiſes. Louis XIV régla par ſes ordonnances des 26 avril 1691 & 8 mai 1693 que les Capitaines du régiment des gardes françoiſes qui ſe trouveroient dans les armées à la tête du corps & qui ne ſerviroient pas d'officiers généraux , garderoient le rang de colonels de ce régiment & précéderoient en cette qualité tous les colonels d'infanterie. A l'égard des autres Capitaines du même régiment , il fut ordonné qu'ils tiendroient rang de colonels d'infanterie du jour que le roi leur avoit accordé ce titre par ſon ordonnance du 26 avril 1691 , de même que ſi ſa majeſté avoit ce jour-là créé un régiment de chacune des compagnies des gardes françoiſes.

Ces ordonnances ont été confirmées par celle du 17 février 1753.

Ce qui vient d'être dit des Capitaines du régiment des gardes françoises, s'applique aussi aux Capitaines du régiment des gardes suisses.

Le feu roi a réglé par son ordonnance du 29 janvier 1764, les appointemens qui doivent être payés aux Capitaines du régiment des gardes françoises. Suivant cette loi, chaque Capitaine de fusiliers reçoit par jour trente livres onze sous un denier un tiers, ce qui fait par mois neuf cens seize livres treize sous quatre deniers & par an onze mille livres. Cette somme doit lui être payée en entier à la seule retenue des quatre deniers pour livre de sa compagnie, non compris les officiers.

Par la même ordonnance ces Capitaines ont été déchargés du soin de faire des recrues & de l'entretien de leur troupe.

Au moyen de ce traitement, les pensions d'ancienneté & les gratifications attachées aux charges de Capitaines ont été supprimées, ainsi que les douze cens livres de supplément de solde par campagne qu'on étoit dans l'usage d'accorder aux Capitaines dont les compagnies marchoient à la guerre. Le roi a néanmoins conservé à chacun des quatre Capitaines appointés dans la colonne des Capitaines, les quinze cens livres qu'on leur payoit annuellement.

Il est défendu aux Capitaines des gardes françoises de donner aucun congé absolu : le colonel seul peut accorder de ces sortes de congés après avoir pris les ordres du roi.

Il leur est pareillement défendu de permettre aux soldats de leurs compagnies de travailler dans Paris ; mais le colonel peut donner cette permission pourvu que le travail à faire soit compatible avec le bien du service.

Enfin ces Capitaines ne peuvent donner à leurs foldats aucune permiſſion de ſe marier, ni de s'abſenter par congé ou autrement : c'eſt ce qui réſulte des articles 48, 64 & 65 de l'ordonnance dont il s'agit.

Quoique les Capitaines des gardes françoiſes ne ſoient plus chargés des recrues ni de l'entretien de leurs compagnies, il ne leur eſt pas moins preſcrit de veiller commme auparavant à tout ce qui peut contribuer au bien être de leurs ſoldats & à leur entretien.

L'ordonnance du 14. avril 1771 a dérogé à celle du 29 janvier 1764, en ce qui concernoit les Capitaines des grenadiers des gardes françoiſes. Par cette ordonnance-ci, leurs appointemens avoient été fixés à douze mille livres per an, & l'autre les a reſtreints à ſix mille livres, outre deux mille livres de gratification dont chacun de ces Capitaines doit jouir en temps de guerre lorſqu'il fait campagne.

La même ordonnance de 1771 a réglé qu'à l'avenir les Capitaines de grenadiers ſeroient choiſis parmi les aide-majors, les lieutenans de grenadiers & les autres lieutenans, ſans égard à l'ancienneté, & qu'ils ne tiendroient rang que de derniers Capitaines du régiment. Au ſurplus, ces Capitaines ont de même que les Capitaines de fuſiliers, le rang de colonel par leur charge.

Les Capitaines de grenadiers doivent conſerver entr'eux leur rang d'ancienneté de lieutenans, & commander tous les lieutenans du régiment ; mais afin qu'il ne ſoit porté aucune atteinte à l'avancement des lieutenans plus anciens que ceux auxquels il plaît au roi d'accorder des compagnies de grenadiers, l'intention de ſa majefté eft que ces lieutenans plus anciens reprennent leur rang d'ancienneté fur les Capitaines de grenadiers, lorfqu'il s'agit de parvenir au grade de Capitaine de fufiliers. Au refte, les Capitaines de grenadiers peuvent, comme les lieutenans, gagner par mort des compagnies de fufiliers à leur rang d'ancienneté de lieutenans.

Les Capitaines de grenadiers qui obtiennent la permiffion d'acheter des compagnies de fufiliers, doivent payer comme les lieutenans quarante mille livres.

Il a pareillement été réglé que lorfque le roi permettroit à un Capitaine de grenadiers de fe retirer, le prix de fa compagnie feroit fixé à quarante mille livres.

Capitaine au régiment des gardes fuiffes. L'ordonnance du premier juin 1763 a confirmé les prérogatives que dans l'article précédent nous avons dit être communes aux Capitaines des gardes françoifes & à ceux des gardes fuiffes.

Autrefois les compagnies du régiment des gardes fuiffes paffoient par droit de fucceffion aux héritiers de ceux qui avoient la propriété de ces compagnies pour les avoir levées dans l'origine : ces héritiers mettoient à la compagnie dont ils étoient propriétaires, un Capitaine-commandant, lorfqu'ils ne pouvoient ou ne vouloient pas la commander eux-mêmes. Mais l'ordonnance que nous venons de citer a dérogé aux anciens règlemens, & formé une nouvelle jurifprudence fur cette matière.

Suivant cette loi, les compagnies du régiment des gardes-fuiffes qui viennent à vaquer doivent être données aux officiers tant de ce régiment que des autres régimens fuiffes & gri-

fons indiſtinctement, qui les ont le mieux méri-
tées par leurs ſervices.

Cependant le roi voulant traiter favorablement les familles qui lui ont donné des preuves
de leur zèle en levant des compagnies pour le
régiment de ſes gardes Suiſſes, a déclaré que ſon
intention étoit que ces compagnies venant à vaquer, fuſſent données par préférence aux deſcendans des mêmes familles s'il s'en trouvoit à
ſon ſervice, qui euſſent les qualités requiſes
pour les commander. Il faut pour cet effet ſept
années de ſervice dans le régiment des gardes
ſuiſſes, ou dix ans au moins dans les autres régimens ſuiſſes & griſons.

Les Capitaines qui quittent le ſervice ne peuvent plus conſerver leurs compagnies ni y mettre des Capitaines-commandans (*) : mais ceux
auxquels leur âge, leurs bleſſures ou leurs infirmités ne permettent plus de ſervir, peuvent
obtenir des penſions proportionnées à leur grade
& à l'ancienneté de leurs ſervices. Les penſions
ainſi obtenues doivent leur être payées ſans aucune retenue dans le lieu de leur réſidence, ſoit
en Suiſſe, ſoit en France, s'ils préfèrent d'y demeurer.

L'ordonnance a fixé les appointemens des Capitaines de grenadiers à ſix mille livres par année pour chacun, & a attaché à leurs charges

_____

(*) Obſervez à ce ſujet que l'article 61 de l'ordonnance
porte que les Capitaines auxquels le roi permettra de mettre
à leurs compagnies des Capitaines commandans ſeront tenus
de payer ſur leurs appointemens à ces Capitaines commandans, trois cens livres par mois en temps de paix & trois
cent cinquante livres en temps de guerre.

une gratification de deux mile livres en temp
de paix, & de quatre mille livres en temps d
guerre ; mais ils ne doivent jouir de cette der
nière que quand ils ont servi en campagne.

Les appointemens des Capitaines de fusilie
sont de six mille francs par an en temps de pa
& de sept mille deux cents livres en temps d
guerre : mais la paye de guerre ne doit avo
lieu que du jour de l'arrivée des Capitaines
l'armée jusqu'au jour de leur départ pour re
trer dans le royaume : ainsi les Capitaines q
restent auprès de la personne du roi pendac
la guerre, ne doivent toucher que la paye d
paix.

Il est attribué à chaque Capitaine de fusilie
sur la masse commune établie pour les recrues
une somme de deux cents livres par chaqu
homme de recrue suisse, engagé en Suisse, d
qui a les qualités requises pour être admis da
ce régiment (*) : mais il n'est dû que soixant
livres pour chaque suisse ou fils de suisse qu'u
Capitaine engage en France.

Chaque Capitaine de fusiliers doit aussi tou
cher sur la même masse quinze cents livres pa
an pour les rengagemens qu'il fait dans sa com
pagnie, & desquels il doit fournir un état sign
de lui au major, qui est tenu de remettre au co
lonel-général cet état, après l'avoir certifié.

Si un soldat qui a obtenu son congé absolu

(*) Cette somme de deux cens livres ne peut être payé
que sur deux certificats, l'un du commandant de la place
où est établ le quartier d'assemblée du régiment, & l'autre
du colonel & du major qui attestent la qualité des recrue
à leur arrivée à Paris.

'ent à se rengager, il ne peut être censé nou-
elle recrue, ni payé comme tel au Capitaine,
qu'il n'y ait un an & un jour d'intervalle entre
son congé absolu & son nouvel engagement.

Il doit encore être délivré sur la même masse
des recrues, & sur les ordres du colonel-géné-
ral des suisses, trente payes de gratification de
neuf sous chacune à chaque Capitaine de fusiliers dont la compagnie se trouve composée à
la revue du commissaire, de cent soixante-sept
hommes & au-delà jusqu'à cent soixante-quinze,
les officiers compris. Mais si une compagnie ne
se trouve composée que de cent soixante jusqu'à cent soixante-sept hommes, il ne doit être
délivré que quinze payes au Capitaine ; enfin
il ne doit être donné aucune paye de gratification aux Capitaines des compagnies qui se trouvent au-dessous du nombre de cent soixante
hommes.

Les Capitaines des compagnies de fusiliers ont
le droit de proposer au colonel les sujets qu'ils
destinent aux emplois de seconds sous-lieutenans
qui viennent à vaquer dans leurs compagnies ;
mais il faut que ces sujets soient nés suisses ou
reconnus suisses, ou d'un pays allié de la Suisse.

Capitaine au corps royal de l'artillerie. Suivant
l'ordonnance du 3 octobre 1774, les deux premiers Capitaines de chacun des régimens du
corps royal de l'artillerie doivent être pourvus
de la commission de major, lorsqu'ils ont rempli
pendant six ans, en temps de paix (*), l'emploi

(*) Il faut observer que chaque campagne de guerre
doit être comptée pour deux années de paix : ainsi trois ans
& cinq ans de guerre suffisent pour donner le droit d'ob-

de premier ou second Capitaine ; & après dix ans d'un pareil service, ils doivent être pourvus de la commission de lieutenant-colonel.

Si ces officiers se trouvent obligés de quitter le service après avoir obtenu l'une ou l'autre de ces commissions, leur retraite doit être réglée sur le même pied que celle des lieutenans-colonels ou des majors. Au surplus, tandis que les Capitaines pourvus de pareilles commissions continuent de servir en leur qualité de Capitaines, elles ne leur donnent aucun droit pour commander dans leurs régimens, quand même elles seroient antérieures à celles des chefs de brigade & des lieutenans-colonels titulaires; mais lorsque ces Capitaines viennent à être nommés à un emploi de chef de brigade ou de lieutenant-colonel, ils prennent alors rang du jour de la date des commissions qu'ils ont précédemment obtenues.

Nous avons rapporté à l'article *Artillerie* la paye qui a été attribuée à chacun des Capitaines du corps.

Capitaines d'infanterie. Le roi, par son ordonnance du 25 mars 1776, a donné une nouvelle forme aux compagnies d'infanterie allemande, irlandoise, italienne & corse. En exécution de cette loi, il y a à la tête de chaque compagnie un Capitaine-commandant & un Capitaine en second.

Les appointemens de chaque Capitaine-commandant sont fixés dans l'infanterie françoise à

---

tenir l'une & l'autre des commissions dont il s'agit. C'est une disposition de l'article 14 du titre I de l'ordonnance citée.

deux

eux mille livres par an, & ceux de chaque Capitaine en second à quatorze cents quarante livres.

Les appointemens de chaque Capitaine-commandant sont fixés dans l'infanterie allemande, irlandoise, italienne ou corse, à deux mille quatre cents livres par an, & ceux de chaque Capitaine en second à quinze cents soixante livres.

Ces appointemens doivent être payés sans aucune retenue, soit des quatre deniers pour livre, soit de la capitation ou de toute autre dépense.

L'ordonnance qu'on vient de citer n'a apporté aucun changement à la composition ni au traitement des régimens suisses & grisons qui sont au service du roi. Ainsi c'est l'ordonnance du 10 mai 1764, qui forme le dernier état relativement à ces régimens.

Suivant cette loi, il n'y a à la tête de chaque compagnie qu'un Capitaine.

Autrefois les Capitaines de ces régimens qui quittoient le service pouvoient conserver leurs compagnies en mettant à la tête de ces compagnies des Capitaines-commandans; mais cette disposition a été abrogée par l'article 37 de l'ordonnance dont il s'agit.

Les Capitaines ont le droit de proposer les nouveaux sujets qu'ils croient propres à remplir les emplois de sous-lieutenans qui viennent à vaquer dans leurs compagnies; mais il faut que ces sujets soient nés ou reconnus suisses ou d'un pays allié de la Suisse.

Il est défendu aux Capitaines de ces régimens d'engager aucun sujet de l'Alsace ou de la Lorraine allemande: mais il leur est permis de pren-

dre des étrangers, allemands, polonois ou it
liens, jufqu'à concurrence du tiers de leurs com
pagnies ; les deux autres tiers doivent néceffai
rement être compofés de fujets fuiffes ou allié
de la Suiffe.

Les appointemens des Capitaines de grena
diers font de trois cents cinquante livres par mo
en temps de paix, & de quatre cents cinquant
livres en temps de guerre. Il doit d'ailleurs leu
être payé mille livres par an en temps de paix
& quinze cents livres en temps de guerre, pou
le remplacement des grenadiers qui viennent à
manquer dans leurs compagnies & pour les ren
gagemens qu'ils peuvent faire : au moyen de ce
traitement, ils font obligés de payer pour cha
que homme qu'ils tirent des compagnies de fuf
liers, cent livres au Capitaine en temps de paix
& cent vingt livres en temps de guerre.

Les appointemens de chacun des deux pre
miers Capitaines factionnaires de chaque régi
ment font auffi de trois cents cinquante livres
par mois en temps de paix, & de quatre cents
cinquante livres en temps de guerre. Les autres
Capitaines ont trois cents livres en temps de
paix, & quatre cents livres en temps de guerre.
Il doit auffi être payé à chacun pour recruter fa
compagnie douze cents livres par an en temps
de paix, & trois mille livres en temps de guerre.
Enfin il doit en outre être payé en tout temps
mille livres par an à chaque Capitaine pour frais
de rengagemens & pour dédommagement des
pertes accidentelles.

Les Capitaines des régimens dont il s'agit
font obligés d'armer à leurs dépens les bas-offi
ciers & les foldats de leurs compagnies & de

supporter seuls tous les frais de la compagnie ; mais le soldat est chargé de l'entretien de ses armes.

Capitaines de cavalerie. Le roi ayant par son ordonnance du 25 mars 1776 changé la constitution de sa cavalerie, a mis à la tête de chaque compagnie un Capitaine-commandant & un Capitaine en second.

Les appointemens de chaque Capitaine-commandant sont fixés à deux mille quatre cents livres par an, & ceux de chaque Capitaine en second à dix-huit cents livres.

Ces sommes doivent être payées sans aucune retenue, soit pour les quatre deniers pour livre, soit pour la capitation ou quelqu'autre dépense que ce soit. Ces objets-ci doivent être acquittés sur la masse générale établie dans chaque régiment par l'article 17 de l'ordonnance dont il s'agit.

Les Capitaines doivent d'ailleurs jouir chacun d'une place de fourage, même pendant le temps de leur sémestre.

Capitaines de dragons. La composition des régimens de dragons ayant été assimilée à celle des régimens de cavalerie par une ordonnance particulière, ce que nous avons dit des Capitaines de cavalerie doit aussi s'appliquer aux Capitaines de dragons, avec cette différence néanmoins que dans les dragons les appointemens de chaque Capitaine-commandant ne sont que de deux mille deux cents livres par an, & ceux de chaque Capitaine en second que de seize cents vingt livres.

Capitaines de hussards. La composition des régimens de hussards a aussi été assimilée à celle

des régimens de cavalerie par une ordonnanc
particulière du 25 mars 1776, & cette loi a fa
aux Capitaines de huſſards un traitement ſem
blable à celui des Capitaines de cavalerie.

Capitaine garde-côte. C'eſt le titre que por
un officier qui commande une compagnie de m
lice établie pour la garde des côtes, & pou
empêcher les deſcentes de l'ennemi. Voyez CA
PITAINERIE-GARDE-CÔTE.

Capitaine de vaiſſeau. C'eſt un officier qui com
mande un vaiſſeau de guerre.

Les devoirs & les fonctions du Capitaine d
vaiſſeau ſont renfermés dans le titre 7 du livr
premier de l'ordonnance du 15 avril 1689 (*).

_____

(*) *Voici ce que porte cette loi :*

ARTICLE I. Le Capitaine fera ponctuellement obſerv
dans le vaiſſeau qu'il commandera la juſtice & la polic
que ſa majeſté a ordonnées ſans s'en départir pour quelqu
cauſe & ſous quelque prétexte que ce ſoit, à peine d'inter
diction pour la premiere fois, & de caſſation en cas d
récidive.

II. Etant dans le port, il doit faire ſoigneuſement ſe
gardes, ſuivant les ordres du commandant.

III. Il s'inſtruira ſur le fait des conſtructions; il aura de
conférences avec les maîtres charpentiers, & viſitera le
différens ouvrages & atteliers de l'arſenal, pour connoîm
la qualité des bois & autres choſes ſervant à la conſtructioa
& aux agrez des vaiſſeaux.

IV. Il ne quittera point le port de ſon département ſan
congé de ſa majeſté, à peine de trois mois de priſon pou
la première fois, & de caſſation en cas de récidive.

V. Lorſqu'il ſera nommé pour commander un vaiſſea
il en fera une viſite exacte avec ſes principaux officier
& ceux du port, pour examiner ce qu'il y aura à y
faire.

VI. Il ſera toujours préſent au radoub & caréne de ſo
vaiſſeau, à peine d'interdiction; & donnera un état certifié

de lui à l'intendant, des ouvrages qui y auront été faits en
fa préfence.

VII. Pour faire fon armement avec plus de diligence,
il réglera tous les foirs avec fes officiers le travail du lendemain, afin que chacun fçache ce qu'il aura à faire pendant
le jour.

VIII. Il fe fera informer des bonnes & des mauvaifes
qualités de fon vaiffeau par ceux qui l'auront monté, dans
les voyages précédens, & comment il doit être gouverné;
& fi c'eft un vaiffeau neuf, il confultera fur cela le maître
charpentier qui l'aura conftruit.

IX. Il fe conformera à l'etat d'armement réglé par fa
majefté, & ne demandera rien au-delà de ce qui y fera
contenu.

X. Il fe fera remettre par fes officiers mariniers un inventaire des rechanges & des autres chofes qu'ils auront prifes
au magafin pour pouvoir s'en faire rendre compte, & figner
avec connoiffance l'inventaire qui lui en fera préfenté par
le garde-magafin, avant le départ du vaiffeau.

XI. Lorfque fon vaiffeau fortira du port, il fera deffus
pour le conduire en rade, avec les officiers du port & les
pilotes & il en demeurera chargé.

XII. Il vifitera ou fera vifiter par un de fes officiers les
vivres qui feront embarqués fur fon vaiffeau pour la nourriture de l'équipage pendant le temps ordonné, & ne permettra point qu'il en foit reçu que de bonne qualité, dont
il certifiera l'état.

XIII. Le vaiffeau étant armé il en fera la vifite générale
pour examiner fi tout le contenu en l'inventaire d'armement
a été fourni & exécuté dans l'ordre prefcrit, s'il eft de bonne
qualité & fi chaque chofe eft placée en fon lieu, fans con-
fufion & fans embarras, pour fa confervation & pour la facilité du fervice.

XIV. Il n'embarquera aucuns volontaires n'y paffagers
fans une permiffion expreffe & par écrit, à peine d'interdiction.

XV. Lui défend fa majefté de recevoir fur fon bord au-

vembre 1697, les Capitaines des vaisseaux d

cunes marchandises n'y de se mêler d'aucun commerce
à peine de cassation & de confiscation des marchandises.

XVI. Le vaisseau ayant été mis en rade, le Capitai
ne pourra plus le quitter pendant la nuit, soit dans les po
& rades du royaume, ou des pays étrangers, ni couch
à terre, ou sur quelqu'autre vaisseau, pour quelque cau
& sous quelque pretexte que ce soit, à peine d'interdiction
& de plus grande s'il y échet.

XVII. Il aura soin de diviser ses quarts ou gardes
d'en faire écrire la disposition dans un tableau qui sera attac
à la porte de sa chambre, ou au mât d'artimon.

XVIII. Il ne fera aucun séjour inutile dans les rades,
en sortira aussi-tôt que le temps le lui permettra, pour l'e
xécution des ordres qui lui auront été donnés.

XIX. D'abord qu'il aura mis à la voile, il tiendra
main à ce que tous ses officiers soient chacun à leur poste
& qu'eux & les gens de son équipage ne couchent poi
deshabillés.

XX. Il visitera tous les vaisseaux étrangers qu'il rencon
trera en mer & en retirera les françois qui se trouvero
sur leurs bords ; obligera les Capitaines ou maîtres, à
leur payer ce qui leur sera dû pour leurs gages ou sola
jusqu'à ce jour : & lorsqu'il sera de retour dans les po
du royaume, il remettra les hommes qu'il aura retirés
entre les mains des officiers de l'amirauté, pour être jug
conformément aux ordonnances.

XXI. Sa majesté remet à son expérience & à sa fidé
lité, de faire agir ses officiers dans toute l'étendue de
leurs fonctions, pour les mouvemens à donner au vaissea
dans la route & dans les occasions de combat & de tour
mentes.

XXII. Il s'appliquera à connoître l'assiette de son vais
seau, & à en remarquer les bonnes qualités & les défauts,
pour en faire son rapport à son retour.

XXIII. Dans le cours de la navigation, il tiendra un
journal exact de sa route, pointera sa carte, prendra hauteur,
estimera son sillage, examinera tous les jours le point de

roi & des galères ont rang de colonels d'infanterie.

———————————————————————————

pilotes, écoutera leurs raisons, & prendra sur le tout le parti le plus convenable.

XXIV. Il se fera représenter par les officiers qui serviront sur son bord, les instrumens pour la navigation qu'ils sont tenus d'embarquer ; leur fera faire les observations nécessaires pour leurs journaux ; empêchera les pilotes de leur donner à copier ceux qu'ils font ordinairement, & donnera avis au commandant des armées navales ou escadres, de ceux des officiers qui ne se seront pas appliqués, & tiendra la main que les gardes de la marine, soldats, & canoniers fassent régulièrement leurs exercices autant que le temps le permettra.

XXV. Il empêchera que les commis du munitionnaire ne soient maltraités de fait ni de paroles par aucun officier ni autres de l'équipage, pour quelque cause & sous quelque prétexte que ce soit.

XXVI. Il ne rendra le bord qu'après avoir consommé tous ses vivres, en sorte qu'il ne lui en reste au plus que pour quinze jours, lors qu'il entrera dans le port où il devra désarmer, à moins qu'il ne reçoive des ordres contraires de sa majesté, ou pour quelque cause imprévue, & qui ne puisse recevoir aucun retardement.

XXVII. En cas que la trop grande consommation de vivres qu'il aura soufferte sur son bord, soit cause de son retour dans les ports, il sera responsable du temps qu'il n'aura pas tenu la mer, à cause de la dissipation qui aura été faite des vivres, dont la dépense sera reprise sur ses appointemens.

XXVIII. Lui défend sa majesté de revenir dans les ports & rades sans une absolue nécessité, qu'il sera tenu de déclarer à l'intendant du port où il aura relâché, à peine d'être privé du fond de ses appointemens & table pendant le séjour inutile qu'il fera dans les ports & rades, & d'interdiction en cas de récidive.

XXIX. Dans tous les mouillages, il s'informera du fond où le vaisseau sera mouillé, de la quantité de brasses de cables qui seront dehors, & dans les rades qui lui seront

Les Capitaines de galiotes, ceux de frégat

inconnues , quel fond l'on aura trouvé à la longueur
deux ou trois cables autour du vaiffeau , après avoir f
fonder par tout avec des chaloupes.

XXX. Il ne fera aucune confommation inutile de p
dre : mais feulement pour les faluts ordonnés par fa m
jefté , par les réglemens faits fur ce fujet, dont il prend
connoiffance , & pour les exercices du moufquet & d
canon.

XXXI. Il prendra garde que les officiers de fon bo
ne faffent aucun mauvais traitement aux gens de l'équipag
qui puiffe les décourager du fervice.

XXXII. En cas qu'il faffe quelque prife , il empêcher
qu'il ne foit rien pillé , & fera fceller les écoutilles , cof
fres & armoires par l'écrivain du roi , à peine de répon
dre de tout ce qui fera enlevé & de caffation.

XXXIII. Lui enjoint fa majefté de protéger le com
merce de fes fujets , d'affurer leur navigation , & d'empêcher autant qu'il dépendra de lui qu'il ne leur foit fait aucun
tort ; lui défend de recevoir aucune gratification fou
quelque prétexte que ce foit des vaiffeaux marchands qu'il
efcortera , à peine de caffation.

XXXIV. Il ne pourra donner congé à aucun matelot n
foldat dans le cours du voyage , en arrivant dans les rades
étrangères , ou à la rencontre de quelque vaiffeau à la
mer , à peine d'interdiction & de reftitution de toute la
dépenfe faite en folde & nourriture pour le matelot ou
foldat.

XXXV. Quand il naviguera en corps d'armée ou efcadre , il ne fera point relever la garde , ni battre la diane ou
la retraite qu'on n'ait commencé dans le vaiffeau du commandant.

XXXVI. Il fuivra ponctuellement les ordres de fon
commandant ; fera attentif à tous fes fignaux & manœuvres , fur-tout dans un combat , & ordonnera à fes officiers
d'y prendre garde & de l'en avertir.

XXXVII. S'il quitte ou abandonne le vaiffeau portant
pavillon , cornette ou flâme , auquel il devra obéir , il
fera arrêté & mis en prifon fur la première plainte qui en
fera faite par le commandant ou fur le premier avis qui

légères & les Capitaines-lieutenans des galères

---

en fera donné des ports ou arfenaux de marine où il abordera ; & en cas qu'il fe trouve par l'information qui fera faite qu'il ait abandonné volontairement, ou par mauvaife manœuvre ou autrement dans un voyage pour l'exécution d'une entreprife, il fera mis au confeil de guerre & puni fuivant les circonftances du fait.

XXXVIII. Lorfqu'il fera dans les ports ou rades du royaume, ou étrangères, il ne pourra aller à terre ni y envoyer fa chaloupe fans la permiffion du commandant, à peine d'interdiction.

XXXIX. Il aura foin d'avertir le commandant des querelles qui arriveront fur le bord entre les officiers.

XL. Étant en corps d'armée navale ou d'Efcadre, il ne pourra fecourir un autre vaiffeau d'agrez, d'armes, munitions ou de vivres, fans un ordre par écrit du commandant, vifé du commiffaire général ou ordinaire embarqué à la fuite de l'armée ou efcadre.

XLI. En cas qu'il fe trouve dans la néceffité de retrancher la ration de fon équipage, il le repréfentera au commandant le l'armée ou efcadre, & recevra fon ordre fur ce fujet.

XLII. Dans les occafions de combat, il doit prendre un foin particulier de la manœuvre & du gouvernail; exciter par fon exemple les matelots & foldats; les diftribuer dans leurs poftes, & fes officiers dans les batteries & aux autres endroits où il les jugera néceffaires.

XLIII. Il doit être préparé contre les divers accidens du feu, des coups de canon à l'eau & des ruptures de mâts & de vergues, pour y remédier promptement.

XLIV. En cas qu'il aborde un navire ennemi, il ne quittera point le fien fous quelque prétexte que ce puiffe être; il pourra feulement détacher fon Capitaine en fecond ou autre officier, avec le nombre de foldats qu'il jugera à propos pour paffer dans celui de l'ennemi fans fe mettre an hafard de perdre celui dont fa majefté lui a confié le commandement.

XLV. Lorfque le Capitaine fera de retour dans les ports ou rades, pour défarmer, il ne quittera point fon vaiffeau

marchent, felon la même ordonnance, avec le lieutenans-colonels d'infanterie.

Le roi veut qu'il y ait fur le vaiffeau amiral outre le commandant, deux Capitaines, deux lieutenans & deux enfeignes, & un pareil nombre fur les autres vaiffeaux du premier rang : fur ceux du fecond & du troifième rang, un Capitaine, deux lieutenans & deux enfeignes : fur ceux du quatrième & du cinquième rang, un Capitaine, un lieutenant & un enfeigne.

Un habile Capitaine de vaiffeau réunit bien des connoiffances ; il entend la conftruction d'un navire, il fçait quelles manœuvres doivent être préférées dans les diverfes circonftances où l'on peut fe trouver fur la mer, foit durant le mauvais temps, foit pour éviter l'ennemi, foit pour l'attaquer avantageufement : enfin il connoît l'hydrographie, & généralement tout ce qui a rapport à la navigation.

Une ordonnance du 18 juin 1759 a réglé que le défarmement n'en ait été fait entièrement, & les inventaires vérifiés par les officiers du port, à peine d'interdiction pour la première fois & de caffation en cas de récidive.

XLVI. Après qu'il aura figné l'état des confommations qui auront été faites fur fon bord pendant la campagne, il donnera avec les principaux officiers de fon équipage un rapport par écrit de fon voyage, qui contiendra ce qu'il aura reconnu de la force du navire & de fa bonté, de fon fillage s'il eft bon voilier ou non, & généralement fes défauts, comme fes bonnes qualités, l'état de fa mâture & le devis du radoub qu'il eftimera lui devoir être fait pour le mettre en état de fervir.

XLVII. Les fonctions du Capitaine en fecond feront par fubordination les mêmes que celles du Capitaine de pied.

qui doit être payé aux Capitaines & aux autres
commandans des vaisseaux du roi pour la dépense de leur table à la mer.

Suivant cette loi, un Capitaine commandant
un vaisseau du premier rang, soit à trois ponts
ou à deux, portant du vingt-quatre à la seconde
baterie, doit avoir trente livres par jour, tant
pour sa personne & les ustenciles de table pendant la campagne, que pour les gages & la nourriture de ses valets.

Le Capitaine commandant un vaisseau du second ou du troisième rang, de soixante à quatre-vingt canons, portant du trente-six ou vingt-
quatre à la première batterie, & du dix-huit ou
douze à la seconde batterie, doit avoir vingt-cinq
livres par jour.

Le Capitaine de vaisseau commandant un vaisseau du quatrième rang, une frégate, une ga-
lère ou un autre bâtiment, doit avoir vingt livres
par jour.

Le Capitaine de frégate & le Capitaine de
brûlot (*) commandant un vaisseau, une frégate ou un autre bâtiment, doivent avoir quinze
livres par jour, & le Capitaine de flûte dix livres.

La même ordonnance porte, qu'au moyen de
ces dispositions, le roi ayant mis les Capitaines
de ses vaisseaux & autres bâtimens en état de

_____

(*) L'ordonnance du 15 avril 1689 porte qu'un Capitaine de brûlot détaché ne pourra mettre le feu à son bâtiment qu'il n'ait abordé le vaisseau ennemi, ou qu'il n'ait
été obligé de l'abandonner par des accidens imprévus qui
peuvent arriver dans un combat dont il rendra compte en
ce cas dans le conseil de guerre.

foutenir la dépenfe de leur table avec la dignité qui convient à leur caractère, fa majefté leur défend expreffément de vendre dans les colonies ou chez l'étranger, fous quelque prétexte que ce foit, aucune partie des vivres embarqués pour leur table, afin d'éviter toute apparence de commerce.

L'article 36 du titre 2 du livre 4 de l'ordonnance du 15 avril 1689, défend à tout Capitaine & autre officier de marine commandant un vaiffeau de guerre, de le rendre jamais aux ennemis pour quelque raifon que ce puiffe être. Le roi veut qu'il fe défende jufqu'à l'extrémité, & qu'il fe laiffe forcer l'épée à la main, & même brûler. La même loi porte que celui qui en agira différemment fera jugé au confeil de guerre, & puni de mort, felon les circonftances de l'action.

Suivant les articles 37 & 38 du même titre, tout officier qui abandonne fon vaiffeau doit être puni de mort comme déferteur; & il encourt la même peine, s'il vient à abandonner les vaiffeaux marchands qu'on l'a chargé d'efcorter.

CAPITAINE, eft auffi le titre qu'on donne au maître ou commandant d'un vaiffeau marchand.

Suivant l'ordonnance de la marine, nul ne peut monter un bâtiment en qualité de maître ou patron, qu'il n'ait été reçu en cette qualité après avoir fubi un examen qui ait fait connoître fa capacité dans l'art de la navigation (*).

_____

(*) Cet examen fe fait en préfence des officiers de l'amirauté. Le profeffeur d'hydrographie interroge le récipiendaire fur la fphère & fur la navigation ; après quoi

Avant d'être admis à cet examen, il faut avoir navigué cinq ans entiers fur les vaiffeaux marchands, & en produire la preuve par un certificat du commiffaire aux claffes : il faut d'ailleurs être âgé de vingt-cinq ans, & avoir fait deux campagnes fur les vaiffeaux du roi (*). C'est ce qui réfulte de différentes lois.

Au reste, les officiers d'une amirauté ne peuvent recevoir maîtres ou Capitaines que des mariniers habitués & établis dans l'étendue de leur juridiction, à moins toutefois que les mariniers d'une autre amirauté ne repréfentent un certificat des officiers de cette amirauté vifé par le commiffaire du département, qui justifie que ces mariniers ont les qualités requifes pour pouvoir être reçus. C'est ce que porte l'article 12 du titre premier du livre 8 de l'ordonnance du 15 avril 1689. La même difpofition fe trouve renouvelée par l'ordonnance du 12 décembre 1725, & par l'article 3 du titre commun du règlement du 15 août 1725 (**).

---

quatre anciens maîtres ou Capitaines l'interrogent fur la manœuvre ; & fi enfuite on le juge capable, les officiers de l'amirauté le reçoivent & lui font expédier fes lettres de maître ou Capitaine.

(*) Obfervez néanmoins que tout cela ne s'applique qu'à la réception des maîtres ou Capitaines deftinés à commander des vaiffeaux pour le grand cabotage, ou pour les voyages de long cours. Les formalités relatives à la réception des maîtres deftinés à la navigation du petit cabotage font moins difficiles à remplir. Elles font fpécifiées dans l'ordonnance du 18 octobre 1740 que nous avons rapportée à l'article CABOTAGE.

(**) *Voici cet article.*
Défend fa majefté aux officiers de l'amirauté, à peine d'interdiction, de recevoir aucuns Capitaines, maîtres ou

Les officiers de l'amirauté de Louisbourg ayant négligé d'observer ces règles en accordant des lettres de pilote-hauturier, Capitaine & maître de bâtiment de mer à Jean Avice, natif de Saint Malo, ces lettres ont été cassées par arrêt du conseil du 7 avril 1736; & il a été enjoint à ces officiers & à ceux des autres amirautés de se conformer dans les réceptions des Capitaines, maîtres ou patrons & pilotes à ce qui est prescrit par les ordonnances (*).

---

patrons & pilotes-lamaneurs ou locmans, que ceux qui sont établis & habitués dans l'étendue de leurs juridictions, leur permet cependant, de recevoir Capitaines, maîtres ou patrons & pilotes ceux des autres amirautés, en rapportant par eux un certificat des officiers de l'amirauté du lieu de leur demeure, visé par le commissaire de la marine, commis principal ou ordinaire des classes du département ou quartier dont ils dépendent, contenant qu'ils ont toutes les qualités nécessaires pour pouvoir être reçus.

(*) *Voici cet arrêt.* Vu par le roi étant en son conseil, les lettres données le 17 novembre 1734, par les officiers de l'amirauté, établis à Louisbourg, de Pilote-hauturier, Capitaine & maître de bâtiment de mer, à Jean Avice, natif de saint Malo; dans lesquelles il est porté que ledit Avice a environ vingt-six ans, sans qu'il leur soit apparu par son extrait baptistaire dudit âge; ledit Avice n'ayant au contraire que vingt-trois ans accomplis, suivant son extrait baptistaire daté à saint Malo, le 24 janvier 1713, & délivré par Me. Thumbrel, curé de l'église paroissiale de ladite ville, le 31 décembre 1735. représenté par ledit Avice lequel a été reçu à ladite amirauté sans avoir justifié par un certificat de l'officier des classes des cinq années de navigation qu'il devoit avoir faites sur les bâtimens marchands, conformément à l'ordonnance de 1681, & à celle du 15 avril 1689, & au réglement du 15 août de l'année 1725 concernant la réception des Capitaines, maîtres ou patrons, pilotes-lamaneurs ou locmans;

Celui qui a été reçu pilote & qui a navigué

fans avoir pareillement juftifié par un certificat dudit officier des claffes, des deux campagnes de trois mois au moins
chacune qu'il devoit avoir faites fur les vaiffeaux de fa
majefté, conformément à ladite ordonnance de 1689, &
audit réglement du 15 août de l'année 1725 ; n'ayant
point auffi rapporté le certificat des officiers de l'amirauté
de fa demeure, portant qu'il avoit les qualités néceffaires
pour pouvoir être reçu maître, ledit certificat ordonné par
l'article XII du titre premier au livre 8 de ladite ordonnance
de 1689, & par l'article III du titre commun dudit réglement
du 15 août 1725, & n'étant fait aucune mention defdites pièces dans lefdites lettres, quoiqu'elle foit expreffément ordonnée par l'article II du titre commun dudit réglement : vu auffi
l'extrait batiftaire dudit Avice, du 14 janvier 1713. Les
ordonnances du mois d'août 1681 & 15 avril 1689, touchant la marine, & le réglement du 15 août 1725. Ouï
le rapport, & tout confidéré, fa majefté étant en fon confeil, a caffé, révoqué & annulé les lettres de maîtrife
données audit Jean Avice, par les officiers de l'amirauté
de Louifbourg le 17 novembre 1724, lefquelles ne pourront lui fervir pour commander des bâtimens de mer, ni
naviguer fur iceux en qualité de pilote-hauturier. Fait fa
majefté très-expreffes inhitions & défenfes auxdits officiers de
l'amirauté de Louifbourg, & à tous autres officiers d'amirauté, de recevoir à l'avenir aucun matelot & autres gens
de mer, en qualité de Capitaines, maîtres & patrons, qu'il
ne leur foit apparu par leur extrait babtiftaire, de leur âge
de vingt-cinq ans accomplis, qu'ils n'ayent juftifié des cinq
années de navigation fur les vaiffeaux marchands, prefcrites par les ordonnances ; des deux campagnes de trois
mois au moins chacune fur les vaiffeaux de fa majefté ;
& qu'ils ne foient porteurs du certificat des officiers de l'a-
mirauté de leur demeure, atteftant qu'ils ont les qualités
néceffaires pour pouvoir être reçus ; le tout fuivant & conformément à l'ordonnance du mois d'août 1681, à celle
du 15 avril 1689, & notamment au réglement du 15
août 1725, auxquels fa majefté enjoint auxdits officiers de
fe conformer, à peine d'interdiction. Ordonne fa majefté

en cette qualité pendant deux années, peut être établi Capitaine ou maître, sans être sujet à une nouvelle réception. C'est ce qui résulte de l'article 4 du titre 1 du livre 2 de l'ordonnance de la marine du mois d'août 1681. Il suffit en cas pareil que celui qui veut commander en qualité de Capitaine présente au juge de l'amirauté une requête à laquelle il attache les pièces justificatives de ses deux années de navigation. Au bas de la requête, le juge met une ordonnance de *soit fait ainsi qu'il est requis*, & en conséquence le greffier expédie un jugement par lequel le demandeur est autorisé à faire les fonctions de Capitaine.

Suivant l'article 5 du titre cité, c'est le maître ou Capitaine qui doit composer l'équipage du vaisseau, choisir & louer le pilote, le contre-maître & les matelots ; mais il faut qu'il agisse en cela de concert avec les propriétaires du vaisseau, lorsqu'il se trouve dans le lieu de leur résidence.

On a remarqué qu'un équipage n'étoit jamais mieux composé que quand le Capitaine l'avoit choisi : c'est pourquoi des propriétaires qui entendent leurs intérêts ne doivent pas gêner ce

---

que lesdits officiers de l'amirauté de Louisbourg, ensemble le greffier d'icelle seront tenus de restituer audit Avice tout ce qu'il lui en a coûté pour sa réception en qualité de pilote hauturier & maître. Mande & ordonne sa majesté à M. le comte de Toulouse, amiral de France, de tenir la main à l'exécution du présent arrêt, qui sera registré au greffe de ladite amirauté de Louisbourg, & autres amirautés. Fait au conseil d'état du roi, sa majesté y étant tenu à Versailles, le sept avril mil sept cent trente-six. Signé, Phelypeaux.

fficier dans son choix : cela est d'autant plus onvenable, qu'il répond envers eux des faits & délits de l'équipage.

Dans les lieux où il y a des pauvres renfermés, les Capitaines ou maîtres doivent y prendre les garçons dont ils ont besoin pour servir e mousses sur leurs navires. C'est la disposition e l'article 6 confirmée par plusieurs lois postérieures dont nous parlons à l'article MOUSSE.

Le maître ou Capitaine qui débauche dans les colonies un matelot engagé à un autre maître doit être condamné à trois cens livres d'amende applicables moitié à l'amiral & l'autre moitié au premier maître ; & celui-ci peut, si bon lui semble, reprendre le matelot ; c'est ce qui est ordonné par les ordonnances & règlemens des 22 mai 1719, 19 mai 1745 & 11 juillet 1759.

Comme c'est au Capitaine du navire que sont confiées les marchandises qui y sont chargées, il est obligé d'en rendre compte sur le pied des connoissemens. C'est la disposition de l'article 9 du titre du Capitaine.

Il doit d'ailleurs répondre de toutes les fautes qui procèdent de son fait & de sa négligence, & même de la faute très-légère ; ensorte qu'il n'y a que le cas fortuit qui puisse l'excuser. C'est l'avis de Stypmannus, de casa regis, & de stracha.

L'article 12 du titre cité défend aux Capitaines ou maîtres de charger des marchandises sur le tillac de leurs vaisseaux sans l'ordre ou le consentement des propriétaires de ces marchandises, à peine de répondre en leurs noms de tout le dommage qui pourroit en arriver.

M. Valin remarque que cette loi ne s'observe pas dans la navigation au petit cabotage, même

à l'égard des marchandises sujettes à être for
avariées par les coups de mer. On voit, dit-il
journellement des sacs de farine chargés à ma
rans pour la Rochelle ou pour Rochefort, soi
dans des bateaux sans pont, soit sur le tillac de
bateaux pontés; & quoique ces farines se trou
vent souvent avariées, l'usage de les charge
de cette manière a toujours été toléré, parc
que s'il en étoit différemment, le frêt des bâti
mens qui les transportent seroit beaucoup plu
considérable.

Il s'est présenté à ce sujet au siége de l'ami
rauté de la Rochelle une contestation concer
nant une quantité de sacs de farine qui avoien
été ainsi chargés à marans sur le tillac d'un ba
teau, & qu'on avoit jetés à la mer pour évite
le naufrage du bateau. Ceux dont les farine
avoient été chargées sous le pont, prétendoien
qu'au moyen des dispositions tant de l'article
qu'on vient de citer, que de l'article 13 d
titre du jet, ils devoient être dispensés de con
tribuer à la perte de celles qui étoient sur le
tillac : mais par sentence du 28 septembre 1747,
il fut jugé, attendu la notoriété de l'usage, que
tous les marchands chargeurs contribueroient au
jet. Comme il n'y a point eu d'appel de cette
sentence, elle a depuis servi de règle en pareil cas.

Les Capitaines ou maîtres sont obligés, sous
peine d'amende arbitraire, d'être en personne
dans leurs bâtimens lorsqu'ils sortent de quelque
port, havre ou rivière. C'est ce que porte l'article 13 du titre du Capitaine. Il faut en tirer la
conséquence, que le maître doit être tenu de
tous les dommages & intérêts qui auront pu

résulter des manœuvres faites pendant son absence.

Mais lorsque le navire est en rade & sur ses ancres, le maître n'est plus obligé de s'y tenir assidûment.

La faveur due au commerce maritime a fait défendre d'arrêter pour dettes civiles les maîtres, les pilotes & les matelots disposés à faire voile, à moins qu'il ne s'agisse de dettes contractées pour le voyage. C'est ce qui résulte de l'article 14.

L'article 15 veut qu'avant de faire voile, le Capitaine ou maître prenne l'avis du pilote, du contre-maître & des autres principaux de l'équipage (*).

Il doit en user de même dans toutes les circonstances où il s'agit de prendre une résolution sur un objet important; & s'il se détermine contre l'avis commun, il devient responsable des dommages & intérêts que sa manière de faire peut occasionner.

_____

(*) L'article 2 des jugemens d'Oléron s'explique ainsi sur ce point:

» Si une nef est en un havré, & elle demeure pour
» attendre son frêt & son temps, quand vient à son dé-
» partir, le maître doit prendre conseil avec ses compa-
» gnons, & leur dire : *Seigneurs, que vous haîste ce temps?*
» (que vous semble ce temps) aucuns y aura qui diront
» ce temps n'est pas bon, car il est nouvellement venu,
» & le devons laisser rasseoir : & les autres diront, le temps
» est bel & bon; lors le maître est tenu de soi accorder avec
» la plus grande partie des opinions de ses compagnons ;
» & s'il faisoit autrement, & la nef se perdoit, il est tenu
» de rendre la nef ou la somme qu'elle sera prisée, s'il a
» de quoi.

Avant de se mettre en mer le Capitaine ou maître doit se faire délivrer par le commissaire aux classes un rôle d'équipage dont il doit déposer un double en forme au greffe de l'amirauté, sans quoi les officiers de l'amirauté ne lui feroient délivrer ni le congé, ni les autres expéditions nécessaires pour son départ.

Ce rôle d'équipage doit contenir les noms, surnoms, demeures & signalement tant du Capitaine que des officiers, des matelots, des novices & des mousses : il doit aussi faire mention de leurs appointemens, gages ou loyers, des mois qu'on leur a payés par avance, & de la retenue qui a été faite des dix deniers pour livre au profit des invalides. Il faut aussi que dans ce rôle soient énoncés les passagers & les engagés pour les Isles. C'est ce qui résulte de différentes lois, & particulièrement de l'ordonnance du 15 avril 1689, & du règlement du 8 mars 1722.

Le Capitaine à son retour dans le port, doit faire dans les vingt-quatre heures, son rapport contenant tout ce qui lui est arrivé de remarquable dans le cours de sa navigation, tant en allant qu'en revenant. Il doit aussi rendre un compte exact de tous les hommes qui lui ont été confiés, soit passagers ou autres.

Les Capitaines des navires marchands sont encore assujettis à d'autres formalités particulières qui n'ont rien de commun avec leurs engagemens ordinaires, & qui sont détaillées dans l'ordonnance du 25 mai 1745. (*) Cette loi

----

(*) *Voici cette ordonnance qui s'exécute ponctuellement.*

Sa majesté étant informée que quelques Capitaines de

prefcrit ce qu'ils ont à faire lorfqu'ils trouvent

---

bâtimens marchands négligent d'aller rendre compte de leur navigation & des nouvelles de la mer aux officiers commandans fes vaiffeaux qui fe trouvent mouillés dans les rades & ports où ils abordent ; & voulant remédier à un pareil abus, elle a ordonné & ordonne ce qui fuit.

ARTICLE PREMIER.

Tout Capitaine, maître ou patron qui en arrivant dans une rade ou port, foit du royaume foit des pays étrangers y trouvera quelques vaiffeaux frégates ou autres bâtimens de fa majefté, fera tenu de fe rendre à bord du bâtiment ayant pavillon ou flamme, auffi tôt après avoir mouillé l'ancre, & avant que de defcendre à terre.

II. Lefdits Capitaines, maîtres ou patrons rendront compte à l'officier de fa majefté commandant lefdits vaiffeaux frégates ou autres bâtimens du lieu d'où ils viennent, du jour qu'ils en font partis, des rencontres & autres événemens de leur navigation ; comme auffi des nouvelles qu'il pourront avoir apprifes dans le lieu de leur départ, dans ceux de leur relache, de même que par des bâtimens qu'ils auront rencontrés à la mer.

III. Fait fa majefté expreffes défenfes auxdits Capitaines, maîtres ou patrons, de faire de faux rapports, & de celer aucunes circonftances qui pourroient intéreffer fon fervice, fous peine d'être privés de tout commandement, & même d'être punis corporellement fuivant l'exigence des cas.

IV. Sa majefté défend tout falut du canon dans les rades & ports du royaume, à l'égard de fes vaiffeaux, frégates & autres bâtimens ; mais elle veut que dans les rades étrangères les bâtimens marchands continuent à faluer le pavillon ou la flamme, ainfi qu'il s'eft toujours pratiqué.

V. Le falut des bâtimens marchands dans les rades & ports du royaume fe fera de la voile & de la voix, fuivant l'ufage.

VI. Les Capitaines, maîtres ou patrons qui pour quelque caufe que ce foit, auront manqué à faluer les vaiffeaux, frégates & autres bâtimens de fa majefté dans les ports ou rades du royaume, ou feront defcendus à terre avant que des vaiſſeaux & autres bâtimens du roi mouillé

de venir rendre compte de leur navigation à l'officier du ro,
feront mis aux arrêts à leur bord juſqu'à nouvel ordre p
ledit officier, lequel en informera le ſecrétaire d'éta
ayant le département de la marine, pour ſur le comp
qui en ſera rendu à ſa majeſté, être ordonné de la pu-
tion deſdits Capitaines, maitres ou patrons, ſuivant l'e
gence des cas.

VIII. Permet cependant ſa majeſté aux officiers de ſ
vaiſſeaux de lever les arrêts par eux impoſés après ving
quatre heures, dans les cas qui leur paroîtront ne pas m
liter une punition plus ſévère.

VIII. Dans les ports étrangers, les arrêts qui auront é
impoſés, feront levés dans les quatre jours de l'arrivée d
bâtimens, ſa majeſté ſe réſervant d'ordonner de la punition des Capitaines, maîtres ou patrons, à leur retour dan
les ports du royaume, ſur le compte qui lui en ſer
rendu.

IX. Les Capitaines, maîtres ou patrons des bâtimen
marchands qui ayant été mis aux arrêts, n'obſerveront pa
de les garder, feront déchus de tout commandement : ſ
réſervant ſa majeſté d'ordonner de plus grandes punitio
ſuivant l'exigence des cas.

X. Dans les ports & rades des colonies, les bâtimen
marchands ſalueront le pavillon ou la flamme ſuivant l'u
ſage ; & dans les cas où des Capitaines, maîtres ou patron
qui auront été mis aux arrêts à leur bord par les officie
commandans les vaiſſeaux particuliers de ſa majeſté, mé-
riteroient des punitions plus ſévères, les gouverneurs, lieutenans généraux ou gouverneurs particuliers deſdites colonie
en prendront connoiſſance, & pourront ſuivant les circonſtances faire mettre en priſon leſdits Capitaines, maître
ou patrons, & commettre des hommes de confiance ſu
leurs bâtimens pour les commander à leur place.

XI. Si les vaiſſeaux de ſa majeſté étoient aſſemblés dans
les rades & ports en eſcadre au moins de cinq vaiſſeaux,
veut ſa majeſté que le commandant faſſe aſſembler le conſeil de guerre ſur les punitions à impoſer, tant aux Capitaines, maîtres ou patrons qui auront manqué à ſaluer, qu'à

dans les rades ou ports, soit du royaume, soit des pays étrangers.

Le Capitaine est obligé de veiller au radoub du navire & à tout ce qui est nécessaire pour le voyage ; mais lorsque l'armement se fait dans le lieu où résident les propriétaires ou leurs commissaires, il doit se concerter avec eux pour ordonner le radoub, acheter des voiles, cordages, ou autres choses nécessaires pour le bâtiment, ainsi que pour prendre à cet égard de l'argent à la grosse sur le corps & quille du vaisseau, sinon il peut être obligé de payer en son nom. C'est ce qui résulte des articles 8 & 17 du titre du Capitaine.

Observez néanmoins que si le navire est affrété du consentement des propriétaires, & que quelqu'un d'entre eux refuse de contribuer aux frais nécessaires pour mettre le bâtiment en état de naviguer, le Capitaine peut en ce cas emprunter à la grosse aventure pour le compte & sur la part de celui qui refuse, vingt-quatre heu-

---

ceux qui seront descendus à terre avant que d'être venus rendre compte de leur navigation, & à ceux qui auront fait de faux rapports.

Mande & ordonne sa majesté à M. le duc de Penthièvre, amiral de France, aux vice-amiraux, lieutenans-généraux, intendans, chefs d'escadre, Capitaines de vaisseaux, commissaires & autres officiers de la marine ; comme aussi aux gouverneurs, ses lieutenans-généraux aux colonies, intendans, gouverneurs particuliers & autres officiers qu'il appartiendra, de tenir la main à l'exécution de la présente ordonnance, laquelle sera publiée & enregistrée par-tout où besoin sera, afin que personne n'en prétende cause d'ignorance. Fait au camp devant Tournay, le vingt-cinq mai mil sept cent quarante-cinq. Signé, Louis. Et plus bas Phelypeaux.

res après lui avoir fait sommation par écrit c
fournir sa portion. C'est la disposition de l'art
cle 18.

M. Valin prétend sur cet article que l'on r
doit pas prendre à la lettre la phrase par laquell
il est permis au Capitaine d'emprunter à l
grosse aventure vingt-quatre heures après
sommation dont on vient de parler : il convie
auparavant, dit cet auteur, que le Capitai
fasse assigner ceux qui sont en demeure, pour l
faire condamner à fournir leur contingent sa
délai, & au plus tard dans vingt-quatre heure
& qu'il fasse ordonner que faute par eux de
mettre en règle, il demeurera autorisé à pre
dre à la grosse pour leur compte & risque, ui
somme d'argent suffisante pour remplir leu
portion.

Durant le voyage, il est aussi permis au ma
tre ou Capitaine d'emprunter des deniers à
grosse aventure ou autrement sur le corps e
quille du navire, pour radoub, victuailles e
autres choses nécessaires pour continuer
voyage. Il peut pareillement & pour les mêm
causes, mettre des apparaux du navire en gag
ou vendre des marchandises de son chargeme
à condition d'en payer le prix sur le pied que
reste aura été vendu : mais l'article 19 qui co
tient ces dispositions, veut qu'en tout cela
Capitaine n'agisse que par l'avis du contre-ma
tre & du pilote lesquels doivent attester sur l
journal la necessité de l'emprunt ou de la vent
& la qualité de l'emploi : au surplus le Capitai
ne peut en aucun cas vendre le navire, à moir
qu'il n'ait pour cet effet une procuration spécial
des propriétaires.

Comme ce seroit de la part d'un Capitaine une infidélité & un abus de confiance qui le rendroit criminel si sans nécessité il empruntoit de l'argent sur le corps ou quille du vaisseau, s'il vendoit des marchandises, engageoit des apparaux, ou qu'il employât dans ses mémoires des avaries & dépenses supposées, l'article 20 veut que dans tous ces cas on le condamne à payer en son nom, & qu'il soit en outre déclaré indigne de la maîtrise & banni du port de sa demeure ordinaire.

Pour prévenir les folles dépenses occasionnées par les fêtes que les Capitaines donnent dans les rades & les accidens qui peuvent en résulter, l'ordonnance du 8 avril 1721 leur a défendu sous peine de cent livres d'amende & du double en cas de récidive, de tirer sous quelque prétexte que ce soit aucun coup de canon lorsqu'ils sont mouillés dans les rades des colonies françoises, à moins que ce ne soit pour faire signal d'incommodité, ou qu'ils n'en aient obtenu la permission de l'officier du roi commandant sur les lieux (*).

(*) *Voici cette ordonnance.* Sa majesté étant informée que les Capitaines des vaisseaux marchands tirent très-souvent des coups de canon dans les rades des colonies, surtout dans celles du fort Royal & du bourg saint Pierre de la Martinique, lorsqu'ils font entr'eux des fêtes, ou qu'ils veulent saluer des personnes qui vont à leur bord, ce qui constitue les armateurs de ces vaisseaux dans des dépenses inutiles & superflues, & est même souvent cause de la prise de ces vaisseaux, parce qu'il ne leur reste plus de poudre pour le défendre contre les corsaires & les forbans; étant aussi informée que dans ces sortes de saluts le défaut de précaution cause les malheurs qui arrivent, les canoniers étant

Lorsqu'un Capitaine s'est engagé envers le propriétaires d'un navire, pour faire un voyage il est obligé de l'achever sous peine d'être ten des dommages & intérêts tant de ces proprié taires, que des marchands chargeurs, & même d'être procédé extraordinairement contre le selon les circonstances. C'est ce qui résulte de l'article 21 du titre du Capitaine.

Il n'y a que l'interdiction de commerce avec le pays pour lequel le navire étoit destiné, qu puisse dispenser le Capitaine d'exécuter la con vention. Si le voyage n'est que suspendu, parc que le port est fermé ou le navire arrêt par ordre souverain, le Capitaine est oblig

---

tués ou estropiés en tirant, & le même accident arriva quelquefois à ceux à qui on fait ces sortes de saluts; qu'on tie ces inconvéniens, les coups de canon qui sont souve tirés pendant la nuit ne servent qu'à causer de l'allarm dans les colonies; il a paru nécessaire à sa majesté d'em pêcher la continuation d'un pareil usage, qui ne peut êtr que nuisible & préjudiciable à ses sujets; pour à quoi r médier, sa majesté de l'avis de M. le duc d'Orléans régent, fait très-expresses inhibitions & défenses à tou Capitaines, maitres & autres officiers des vaisseaux mar chands, de tirer à l'avenir sous quelque prétexte que c puisse être aucun coup de canon lorsqu'ils seront mouillé dans les rades des colonies françoises, à moins que ce n soit pour faire signal d'incommodité ou de quelqu'autre né cessité, sans permission expresse de l'officier du roi qui com mandera dans les lieux & les rades où seront mouillés les dits vaisseaux, à peine contre les contrevenans de cent li vres d'amende & du double en cas de récidive. Mande & ordonne sa majesté à M. le comte de Toulouse, amiral de France, de tenir la main à l'exécution de la présente ordonnance, qui sera lue, publiée & affichée par-tout où besoin sera. Fait à Paris le huitième jour d'avril mil sept cent vingt-un. Signé, Louis. Et plus bas, Fleuriau.

d'attendre que l'empêchement soit levé & de faire ensuite le voyage. C'est ce que décident les articles 7 & 8 du titre des chartes-parties.

Comme il est de la plus grande importance que le bon ordre & la subordination règnent sur un vaisseau, le Capitaine est autorisé à faire donner la cale, à mettre à la boucle & à faire punir d'autres semblables peines les matelots mutins, ivrognes & désobéissans, ainsi que ceux qui mal-traitent leurs camarades ou qui commettent d'autres pareilles fautes ou délits durant le cours du voyage : mais de peur que le Capinaine n'a-busât de son autorité, le législateur a voulu qu'il ne fît infliger ces punitions qu'après avoir pris l'avis du pilote & du contre-maître. C'est ce qui résulte de l'article 22 du titre du Capitaine.

L'article 23 concerne les crimes graves & voici ce qu'il porte :

»Et pour ceux qui seront prévenus de meur-
»tres, assassinats, blasphêmes ou autres crimes
»capitaux commis en mer, les maître, contre-
»maître & quartier-maître, seront tenus à peine
»de cent livres d'amende solidaire, d'informer
»contre eux, de se saisir de leur personne, de
»faire les procédures urgentes & nécessaires
»pour l'instruction de leurs procès, & de
»les remettre avec les coupables entre les mains
»des officiers de l'amirauté du lieu de la charge
»ou décharge du vaisseau dans notre royaume.

L'ordonnance suppose dans cet article que le Capitaine & les autres officiers qu'elle désigne ont les connoissances nécessaires pour instruire une procédure criminelle : mais comme l'expé-rience a prouvé qu'ils n'y entendoient rien, la loi ne s'exécute point à cet égard : on se contente

que ces officiers faſſent arrêter le coupable
qu'ils ſe ſaiſiſſent des inſtrumens dont il s'e
ſervi pour commettre le crime afin de remettr
le tout aux officiers de l'amirauté du lieu d
l'armement du navire, ſi le crime a été comm
avant le départ ou durant la traverſée du re
tour ; & aux officiers de l'amirauté de la colo
nie dans laquelle le navire a fait ſa décharge e
allant, ſi le crime a été commis dans la traver
ſée de l'aller, ou avant le départ du navire pou
le retour.

Comme il n'y a que les officiers du roi qu
puiſſent faire le procès à ſes ſujets, ſi le navir
relâchoit dans un port étranger, le Capitaine n
pourroit pas livrer à la juſtice du lieu ceux qu
auroient commis des crimes ſur ſon bord.

Cependant s'il y avoit dans ce port un conſ
de la nation françoiſe, le Capitaine pourroit l
livrer les coupables pour inſtruire leur procès
à la charge de les envoyer enſuite avec la pro
cédure par le premier vaiſſeau qui retournero
en France, pour être jugés par les officiers d
l'amirauté du lieu où ce vaiſſeau feroit ſa dé
charge. Il faudroit que le conſul en uſât ainſ
pour ſe conformer aux articles 13 & 14 du titr
9 du livre premier, ſuivant leſquels il ne peu
juger définitivement en matière criminelle que
les affaires où il n'y a pas lieu de prononcer de
peines afflictives.

Il eſt défendu aux maîtres ou Capitaines ſous
peine d'être punis exemplairement, d'entrer
ſans néceſſité dans aucun havre étranger ; & s'ils
viennent à y être pouſſés par la tempête ou
chaſſés par des pirates, ils doivent en partir au

remier temps propre. C'eſt ce que porte l'article 24 du titre du Capitaine.

Il eſt évident qu'un Capitaine qui s'écarte de la route & allonge ſon voyage, occaſionne des dommages & intérêts tant à l'armateur qu'aux marchands chargeurs : il ſe met d'ailleurs dans le cas d'être ſoupçonné de quelque mauvaiſe intention : c'eſt pourquoi outre la privation de ſon emploi que ſa prévarication peut entraîner, il doit auſſi répondre des dommages & intérêts dont on vient de parler.

Si en faiſant fauſſe route ou en entrant dans un port étranger, le Capitaine faiſoit périr ou détournoit des effets appartenans au roi, il pourroit être puni de mort. C'eſt du moins ce que porte la loi 7 au code *de naviculariis* (*).

L'article 25 enjoint aux maîtres ou Capitaines qui font des voyages de long cours, d'aſſembler chaque jour à l'heure de midi & toutes les fois qu'il ſera néceſſaire, les pilotes, les contre-maîtres & les autres qu'ils jugeront experts au fait de la navigation, afin de conférer avec eux ſur les hauteurs priſes, les routes faites & à faire & ſur leur eſtime.

Comme l'honneur & la probité exigent qu'un maître ou Capitaine donne tous ſes ſoins à la conſervation du navire & des marchandiſes dont la conduite lui a été confiée, l'article 26 lui défend d'abandonner ſon bâtiment pendant le voyage, pour quelque danger que ce ſoit, ſans

_____

(*) *Voici les termes de cette loi :*

Qui fiſcales ſpecies ſuſcepit deportandas, ſi rectâ navigatione contemptâ, littora devia ſectatus, eas avertendo diſtraxerit, capitali pœnâ plectetur.

l'avis des principaux officiers & matelots : & s'il
eſt forcé de céder aux circonſtances, le même
article lui ordonne de ſauver avec lui l'argent
& tout ce qu'il pourra des marchandiſes les plus
précieuſes du chargement.

· Dans le cas de contravention à cette loi, le
Capitaine coupable doit être puni corporellement & condamné aux dommages & intérêts
qui peuvent réſulter de ſa prévarication.

Mais lorſqu'il n'a fait qu'obéir à la loi de la
néceſſité, on ne peut ni le pourſuivre, ni lui
rien imputer. C'eſt pourquoi l'article 27 porte
que ſi les effets que le Capitaine a voulu ſauver
lorſqu'il a été forcé d'abandonner le navire,
viennent à être perdus par quelque cas fortuit,
il en demeurera déchargé. Cette diſpoſition eſt
d'autant plus juſte qu'on doit préſumer qu'après
avoir tiré ces effets du navire, la perte qui en
eſt ſurvenue a été une ſuite néceſſaire des cauſes pour leſquelles le Capitaine s'eſt vu obligé
d'abandonner ſon bâtiment.

· Lorſque le Capitaine navigue à profit commun, c'eſt-à-dire, comme aſſocié avec les propriétaires de navires ou à la part du profit avec
les gens de ſon équipage, il ne peut faire aucun
négoce ſéparé pour ſon compte particulier, ſous
peine de confiſcation de ſes marchandiſes au
profit des autres intéreſſés. C'eſt ce qui réſulte
de l'article 28.

· On conçoit que cette loi n'a voulu parler que
d'un négoce particulier relatif au voyage du navire en ſociété, & nullement du commerce de
terre ou de mer qu'un capitaine peut faire ailleurs pour d'autres objets que ceux qui lui ſont
communs avec ſes aſſociés.

L'article 29 défend au maître ou Capitaine qui navigue à profit commun, d'emprunter pour son voyage plus d'argent que n'en exige le fonds de son chargement, sous peine de privation de la maîtrise & de sa part au profit.

M. Valin remarque fort bien sur cette loi que la peine qu'elle prononce ne doit avoir lieu que dans le cas où l'emprunt a été fait dans la vue de tromper la société; comme cela arriveroit, si le Capitaine rapportoit dans la dépense de son compte, toute la somme empruntée comme l'ayant employée pour le profit commun, tandis qu'il n'y auroit réellement appliqué qu'une partie de cette somme.

Mais si le Capitaine ne rapportoit dans la dépense de son compte que la partie de l'emprunt dont il auroit fait usage pour l'utilité commune, on ne pourroit alors lui imputer aucun délit, & par conséquent il ne seroit pas dans le cas de la peine que prononce l'article 29.

L'article 30 prononce cette même peine contre le Capitaine naviguant à profit commun, qui avant son départ a négligé de donner aux propriétaires du bâtiment, ses associés, un compte signé de lui, contenant l'état & le prix des marchandises de son chargement, (*) les sommes

_____

(*) L'ordonnance suppose dans cette occasion que c'est le Capitaine qui a été chargé de faire la cargaison & d'acheter les marchandises : car si c'étoient les propriétaires qui eussent fait le chargement, ce seroit à eux, comme le remarque M. Valin, à en dresser la facture générale, dont ils feroient donner simplement une reconnoissance par le maître pour leur en compter sur le double qu'ils lui en laisseroient.

qu'il a empruntées, & les noms & demeures des prêteurs.

Lorfque les victuailles du vaiffeau viennent à manquer durant le voyage, le Capitaine peut obliger ceux qui ont des vivres en particulier, de les mettre en commun, à la charge de leur en payer le prix. C'eft la difpofition de l'article 31. Et l'article 32 défend à tout maître ou Capitaine de revendre les victuailles de fon vaiffeau, & de les divertir ou receler à peine de punition corporelle.

Mais l'article 33 apporte une exception à cette règle. Il permet au Capitaine de vendre des vivres aux vaiffeaux qui en ont un befoin preffant & qui fe trouvent en pleine mer : cette loi eft d'autant plus jufte qu'elle eft dictée par l'humanité : cependant cette vente ne peut avoir lieu que le Capitaine n'ait pris pour cet effet l'avis des officiers de fon bord, & qu'il ne lui refte des vivres en fuffifance pour achever fon voyage. Cette reftriction ne fauroit être improuvée, parce que l'obligation de fecourir ceux qui font dans le befoin, ne s'étend pas jufqu'au point qu'on doive s'expofer à fe trouver dans les mêmes circonftances qu'eux. Au furplus, lorfque le Capitaine a vendu des victuailles, il doit en tenir compte aux propriétaires. Il doit pareillement, felon l'article 34, leur remettre, après que le voyage eft fini, tout ce qui peut refter de vivres & de munitions.

Si le maître ou Capitaine vient à commettre quelque larcin, ou à s'entendre avec ceux qui en commettent fur fon bord, ou qu'il donne frauduleufement lieu à l'altération ou à la confifcation des marchandifes ou du vaiffeau, il doit

doit être puni corporellement. C'est ce qui résulte de l'article 35.

Lorsqu'il s'est fait un vol sur un vaisseau & qu'on n'a pas pu en découvrir les auteurs, l'usage est d'en faire payer la valeur au Capitaine, aux autres officiers & aux matelots à proportion des gages que perçoit chacun d'eux.

Cette police est judicieuse ; car quoiqu'on ne présume pas que le Capitaine & les autres officiers soient les auteurs du larcin, elle leur fait prendre des précautions pour empêcher les délits de cette espèce, & à cet effet, ils veillent de plus près sur la conduite des matelots.

Le maître ou Capitaine convaincu d'avoir livré son vaisseau aux ennemis, ou de l'avoir fait malicieusement échouer ou périr, doit être puni du dernier supplice. C'est la disposition de l'article 36 (*).

Cette conviction aura lieu, dit M. Valin, s'il est prouvé que le Capitaine ait conduit son vaisseau dans un port du pays ennemi, ou trop près des gardes-côtes ou corsaires de ce pays, sans être en état de leur résister.

Il est certain qu'en cas pareil un Capitaine seroit punissable : mais s'il n'y avoit aucune autre preuve qu'il eût formé le projet de perdre son navire, nous ne croyons pas que le délit fût suffisant pour le faire condamner à mort.

Il faut dire la même chose du cas où un Capitaine n'a pas fait tout ce qui a dépendu de lui pour éviter un vaisseau ennemi auquel il n'étoit

_____

(*) Par arrêt du parlement de Bordeaux du 19 octobre 1751, le Capitaine du navire le Vigilant a été condamné à mort pour avoir de dessein prémédité fait périr ce navire.

pas en état de réfifter. Il doit alors être puni d'une peine moindre que celle de mort.

Il fera encore dans le même cas, fi n'ayant pu empêcher le navire ennemi de l'atteindre, il s'eft rendu fans combattre, parce qu'une telle lâcheté fait foupçonner de la trahifon.

Un maître ou Capitaine eft pareillement puniffable, lorfqu'après s'être mis fous l'efcorte d'un vaiffeau du roi, il s'en fépare enfuite fans caufe légitime. L'article 38 du titre 2 du livre de l'ordonnance du 15 avril 1689 vouloit qu'en cas pareil il fût condamné aux galères; mais plufieurs lois poftérieures ont modéré cette peine, & enfin l'ordonnance du 14 mai 1745, qui forme à cet égard le dernier état de la jurifprudence, a réglé que la peine de ce délit feroit une amende de 1000 livres, un an de prifon, & que le coupable feroit déclaré incapable de commander à l'avenir aucun bâtiment de mer. Cette punition doit avoir lieu fans diftinguer fi la féparation de l'efcorte a été fuivie ou non de la prife du navire.

Le Capitaine Corbun commandant du navire la Sainte-Claire, s'étant féparé d'une flotte qu'efcortoit M. de Macnmara & qui avoit relâché à la Corogne, fit route pour la Rochelle & fut pris par l'ennemi. On le pourfuivit en conféquence pour le faire condamner aux peines portées par l'ordonnance de 1745 dont on vient de parler : il fe défendit en foutenant qu'il n'avoit pas eu connoiffance que la flotte eût relâché à la Corogne ; & en effet, on ne pouvoit pas le convaincre qu'il l'eût fu pofitivement ; mais il avoit réfifté à fon équipage qui le follicitoit de gagner ce port dans la perfuafion que la flotte y avoit relâché. Ces confidérations déterminèrent les officiers de l'amirauté de la Rochelle à condamner ce Capitaine aux peines établies par la loi citée. L'appel de la fentence ayant été porté au parlement, elle y fut confirmée par arrêt du 19 juin 1747.

Cependant comme le Capitaine Corbun n'avoit été qu'imprudent, & qu'il étoit reconnu pour un Capitaine expérimenté, M. l'amiral lui fit remife de l'amende de mille livres, & le 31 août 1754, le roi lui accorda des lettres de réhabilitation avec la faculté de commander des navires.

On appelle *Capitaines d'armes*, un bas-officier qui dans un vaiffeau de guerre eft chargé de prendre foin des armes. Ses fonctions font déterminées par l'article premier du livre premier de l'ordonnance du 15 avril 1689 (*).

Capitaine de port. C'eft un officier établi dans quelque port confidérable, où il y a un arfenal de marine, & qui y commande une garde pour la fûreté de toutes chofes. Dans les défarmemens qui fe font au retour des voyages, les Capitaines & les officiers qui ont monté des vaiffeaux, les remettent à la charge & à la garde du Capitaine du port; c'eft lui qui a foin de l'amarrage des navires de guerre & qui oblige les vaiffeaux à rendre lorfqu'ils arrivent, les faluts

---

(*) *Voici ce qu'il porte :*
Le Capitaine d'armes fera chargé des armes, les fera nettoyer & raccommoder, aura foin de faire embarquer tout ce qui eft ordonné pour l'armûrier, & diftribuer fur le vaiffeau les armes, gargouffières, poudre fine à moufquet, méche, balles, bourre & pierres à fufil.

ordinaires. Il fait les rondes néceſſaires autour des baſſins pour veiller à la conſervation des vaiſſeaux du roi, & doit coucher toutes les nuits à bord. Il doit viſiter les vaiſſeaux à armer, & en dreſſer l'état de radoub & de carene. Il eſt obligé de mener en rade les vaiſſeaux du premier & du deuxième rangs ; ſon lieutenant, ceux du troiſième & quatrième rangs ; & l'enſeigne ceux au-deſſous. Il y a préſentement en France ſix Capitaines de port, à Toulon, Rochefort, Breſt, le Havre, Dunkerque & Port-Louis.

Le détail de ce qui concerne toutes les fonctions des Capitaines de port ſe trouve renfermé dans le titre 3 du livre 12 de l'ordonnance du 15 avril 1689 (*).

(*) En voici les diſpoſitions.

ARTICLE I. Le Capitaine de port aura le commandement ſur les gardiens pour les appliquer à la garde & conſervation des vaiſſeaux ; & à tout ce qui y ſera à faire pour le ſervice de ſa majeſté, les diſtribuera & partagera par eſcouades, leur donnera enſuite des occupations réglées pendant le jour, & des poſtes fixes pendant la nuit, afin qu'on les puiſſe trouver plus facilement en cas d'accident.

II. Le choix des gardiens ſera fait par l'intendant qui prendra par préférence les officiers mariniers, matelots, ou ſoldats qui auront été eſtropiés ſur les vaiſſeaux de ſa majeſté, pourvu que leurs bleſſures ne les empêchent point de faire les fonctions auxquelles il ſont deſtinés.

III. Le Capitaine de port marquera les lieux où les vaiſſeaux de ſa majeſté devront être placés dans le port, aura ſoin de leur amarrage, en fera viſiter & manier ſouvent les cables, & prendra toutes les précautions néceſſaires pour éviter les accidens qui pourroient arriver par leur rupture & manquement.

IV. Il marquera pareillement les places des bâtimens marchands, auxquels il ne permettra d'entrer dans le port, qu'après qu'ils auront déchargé leurs poudres & autres

Capitaine des chasses. C'est un officier chargé

---

matières combustibles qu'ils pourroient avoir, observant qu'ils ne soient mêlés ni engagés parmi ceux de sa majesté.

V. Sa principale application devant être de veiller à la conservation des vaisseaux dans les ports, il examinera journellement leur état & disposition, les fera calfater & goldronner dans les temps & saisons prescrites, prendra garde qu'ils soient bien entretenus de prelats, & que les gardiens en fassent l'usage qu'ils doivent en faire pour les garantir des eaux de pluye.

VI. Il assistera à tous les conseils qui se tiendront pour les constructions & radoubs, & en signera les délibérations & devis, & aura inspection sur leur exécution.

VII Il sera présent à la réception des marchandises & munitions, & donnera son avis sur leur bonne ou mauvaise qualité.

VIII. Lorsque sa majesté aura donné ses ordres pour l'armement d'un ou plusieurs vaisseaux, le Capitaine de port, avec les officiers qui seront nommés pour les commander, les visitera exactement & dressera un état de ce qui sera nécessoire pour leur radoub & carenne, lequel il remettra à l'intendant.

IX. Les vaisseaux étant carennés & prêts à sortir du port, il prendra les ordres du commandant pour les mener en rade : il y conduira lui-même ceux du premier & second rang ; le lieutenant du port, ceux du trois & quatrième, & l'enseigne ceux du cinquième, les frégates légères, galiotes, brûlots & flûtes, & ils ne pourront quitter ces bâtimens qu'ils ne soient mouillés ou amarrés, à peine d'en repondre.

X. Les vaisseaux étant de retour de la mer, il assistera à la visite & examen qui en sera fait, pour connoître l'état où ils seront, & au devis des ouvrages à y faire, pour les mettre en état de servir.

XI. Il se chargera des vaisseaux lorsqu'ils seront desarmés & désagréés, & pourvoira à leurs amarrages, y distribuera les gardiens, & prendra toutes les autres précautions nécessaires pour leur sûreté & conservation.

de ce qui concerne la chaffe dans une certain
étendue de pays qu'on appelle capitainerie
Voyez CAPITAINERIE.

: *Capitaine général.* On appelle ainfi dans la
régie des fermes du roi , celui qui command
un certain nombre de gardes employés pou
veiller aux intérêts des fermiers-généraux , e
faififfant les marchandifes qui entrent en fraud
dans le royaume , & en arrêtant les conducteur
ou les porteurs des effets prohibés felon les cir
conftances.

· Voyez *les ordonnances des mois d'août 1578*
de feptembre 1598 ; le code militaire ; les ordon
nances des premier mars & 22 août 1718 ; les édi
des premier avril 1771 , & 17 novembre 1773
les ordonnances des 15 décembre 1775 , 13 juille
1771 , 10 mars 1774 , 24 février 1776 , 26 avri
1691 , 8 mai 1693 , 17 février 1753 , 29 janvie
1764 , 14 avril 1771 , premier juin 1763 , 3 octo
bre 1774 , 25 mars 1776 , 10 mai 1764 , 10 no
vembre 1697 ; 18 juin 1759 ; le dictionnaire de
fciences & celui de la marine ; l'ordonnance de l

XII. Il fera rendre les faluts qu'il conviendra à chacu
des bâtimens , fuivant ce qui eft prefcrit par fa majefté.

XIII. Il avertira le commandant lors qu'il faudra mett
des vaiffeaux en carenne , afin qu'il y affifte s'il le juge
propos , & y faffe affifter les Capitaines & officiers qui auro
été nommés par fa majefté.

XIV. Il fuivra les ordres qui lui feront donnés par l'in
tendant en ce qui regarde la confervation , entretien
équipement des vaiffeaux , de l'exécution defquels il l
rendra compte.

XV. Les lieutenant & enfeigne de port auront l'un a
défaut de l'autre , les mêmes fonctions que le Capitaine
& obferveront ce qui eft prefcrit à leur égard par l'article
du préfent titre.

marine du mois d'août 1681 , & les commentateurs ;
l'ordonnance du 15 avril 1689 ; le règlement du
15 août 1725 ; l'ordonnance du 18 octobre 1740 ;
l'arrêt du conseil du 7 avril 1736 ; le guidon de la
mer ; l'ordonnance du 22 mai 1719 ; les règlemens
des 19 mai 1745 & 11 juillet 1759 ; l'ordonnance
du 14 mai 1745 , &c. Voyez aussi les articles
COMPAGNIE, GARDE DU CORPS, GENDARME,
CHEVAU-LÉGER, GENDARMERIE, GARDES-
FRANÇOISES, GARDES-SUISSES, COLONEL,
ARTILLERIE, INFANTERIE, RECRUE, CAVA-
LERIE, DRAGONS, HUSSARS, TROUPES,
MASSE, HABILLEMENT, MARINE, LIEUTE-
NANT, ENSEIGNE, VAISSEAU, AMIRAL, CHEF
D'ESCADRE, VOYAGE, COMMERCE, COLO-
NIE, MOUSSE, MATELOT, CABOTAGE, GROS-
SE AVENTURE, &c.

CAPITAINERIE. C'est l'étendue de la
juridiction d'un capitaine des chasses.

Sous le règne de François I, on a commencé
à ériger en Capitaineries certains cantons mis
en réserve. Le nombre de ces Capitaineries a
été augmenté & réduit en divers temps, tant
par ce prince que par ses successeurs.

Une déclaration du mois d'octobre 1699, a
ordonné que les ordonnances & règlemens
concernant les Capitaineries des chasses de la
Varenne du Louvre, bois de Boulogne, Vincennes, Saint-Germain-en-Laye, Livry-Bondy (*), Fontainebleau, Monceaux, Compiègne ;
Chambor, Blois, Hallate, Corbeil & Limours

_____

(*) On verra plus bas que la Capitainerie de Livry-
Bondy a été supprimée en 1761. Celle de Blois l'a aussi été
par édit du mois de novembre 1739.

V iv

feroient exécutés relativement à chacune de ce
Capitaineries que cette loi a confirmées dans les
droits, priviléges & juridictions qui y avoient
été attribués.

Par la même déclaration le roi a supprimé
environ quatre-vingts autres Capitaineries, &
a fait défense aux capitaines, lieutenans, gardes
& autres officiers, de faire par la fuite aucun
exercice de leurs prétendues charges, & aux
officiers des tables de marbre, eaux & forêts,
de reconnoître d'autres capitaines des chaffes que
ceux qui étoient réservés par cette déclaration.

Enfin il a été fait défense aux gouverneurs,
tant des villes que des provinces, de prendre
la qualité de capitaine des chaffes & de s'ingérer
d'interdire la chaffe dans l'étendue de leurs gou-
vernemens fous prétexte de l'autorité que leur
donnoient leurs charges. Il leur a de même été
défendu de donner des commiffions de capitaines, lieutenans ou gardes des chaffes, fans
préjudice toutefois des permiffions accordées à
certains gouverneurs, de faire conferver la
chaffe pour leur plaifir dans les cantons défignés
par les brevets de fa majefté, lefquels doivent
être nuls fi les limites n'y font pas déterminées.
Mais ces gouverneurs ne peuvent pour la confervation de leurs chaffes, commettre d'autres
officiers que des gardes.

Par une autre déclaration du 27 juin 1701,
le nombre des Capitaineries établies dans le
duché d'Orléans a été réduit à celles d'Orléans,
du pays de Sologne, de Montargis, de Villers-
Cotterets & Laigue.

Le feu roi a créé par fon édit du mois d'avril
1773, une nouvelle Capitainerie royale des
chaffes pour le parc de Meudon.

Par un autre édit du mois de novembre 1774, enregiftré au parlement le 23 janvier 1775, le roi régnant a auffi créé une nouvelle Capitainerie des chaffes fous le titre de Capitainerie royale de Sénart (*).

(*) *Voici cet édit qui contient d'ailleurs quelques difpofitions particulières.*

Louis, par la grace de Dieu, roi de France & de Navarre : a tous préfens & à venir, falut. Notre très-cher & très-amé frère Louis-Stanislas-Xavier ayant fait l'acquisition des château, terre & marquifat de Brunoy, qui font enclavés dans notre Capitainerie & gruerie de Corbeil, nous avons cru que l'étendue de chaffe qui dépend dudit marquifat n'étoit point fuffifante pour un prince de fon rang : nous avons réfolu de lui céder une portion de notre Capitainerie & gruerie de Corbeil, & de l'ériger en Capitainerie royale pour la confervation de nos chaffes & plaifirs, à l'inftar de nos Capitaineries de la Varenne du Louvre & de notre château de Vincennes ; nous nous y fommes déterminés d'autant plus volontiers, que nous defirons donner en toute occafion à notredit frère des marques de notre tendreffe & de notre affection. A ces caufes, & autres à ce nous mouvant, de l'avis de notre confeil & de notre certaine fcience, pleine puiffance & autorité royale, nous avons, par notre préfent édit perpétuel & irrévocable, créé & érigé, créons & érigeons une Capitainerie royale de nos chaffes & plaifirs fous le titre de Capitainerie royale de Senart, dont notredit frère fera capitaine, laquelle fera compofée en outre d'un capitaine en fecond, d'un lieutenant général de robe-courte, d'un lieutenant général de robe-longue, d'un lieutenant particulier, d'un procureur & d'un avocat pour nous ; d'un greffier, d'un receveur des amendes & de douze gardes; auxquels offices de capitaine en fecond, lieutenans généraux & particulier & autres officiers, il fera par nous pourvu fur la nomination & préfentation de notredit frère auquel les amendes appartiendront ; lefquels capitaine en fecond, lieutenans, procureur & avocat pour nous, greffier, receveur des amendes & gardes feront reçus & inftitués fans l'attache du grand-maître

Il faut diftinguer deux fortes de Capitaine-

des eaux & forêts, & jouiront des mêmes pouvoirs, juridictions, fonctions, droits, exemptions, privilèges, franchifes & immunités dont jouiffent les commenfaux de notre
maifon, fans qu'on puiffe les leur contefter, fous prétexte
que lefdits privilèges, franchifes & immunités ne feroient
pas nommément exprimés dans le préfent édit, & tout ainfi
qu'en jouiffent & doivent jouir les capitaines & officiers de
nos Capitaineries de la Varenne du Louvre & du château
de Vincennes; enfemble de huit mille livres de gages pour
tous lefdits officiers; fçavoir, douze cens livres pour le
capitaine en fecond, fix cent cinquante livres pour le lieutenant général de robe-courte, fix cent cinquante livres
pour le lieutenant général de robe-longue, cent-vingt
livres pour le lieutenant particulier, cent-vingt livres pour
l'avocat pour nous, quatre cent vingt livres pour le procureur pour nous, foixante livres pour le greffier, & le furplus defdits huit mille livres fera réparti aux gardes, & employé aux frais des cafaques, & fuivant la diftribution qui
en fera faite dans l'état qui fera par nous arrêté, d'après
celui qui nous fera préfenté par notredit frère; les Gardes-
chaffe & ceux des bois, tant de notredit frère que des particuliers, feront reçus au fiège de ladite Capitainerie, qui
connoîtra de toutes les affaires & conteftations qui pourront furvenir pour raifon des chaffes, entretien de routes
& foffés, forêts, bois, tant de notre domaine que de ceux
des particuliers, circonftances & dépendances, fous quelque
prétexte que ce foit, tant en matière civile que criminelle,
nonobftant toutes oppofitions, arrêts & fignifications de
défenfes qui pourroient être faites, à la charge par lefdits
capitaines & officiers d'appeler avec eux, lorfqu'il y aura
lieu, le nombre de gradués requis par les ordonnances, &
l'appel de leurs fentences fera porté en notre cour de parlement pour les délits ou difcuffions relatives aux bois &
forêts. La juridiction de ladite Capitainerie comprendra
l'étendue de terrein bornée d'un coté par la rivière de Seine,
depuis Villeneuve faint-Georges, en remontant ladite rivière
jufqu'à Corbeil; d'un autre côté, par le chemin de Corbeil,
jufqu'au grand chemin de Villeneuve faint Georges à Melun;

ries ; savoir , 1°. les capitaines des maisons royales qui sont celles établies autour des maisons royales que le roi habite ou peut habiter quand il veut ; 2°. les Capitaineries simples.

---

d'un autre côté , par ledit grand chemin , depuis l'endroit où y aboutit celui de Corbeil jusqu'au Plessis Picard : & de-là , en suivant les anciennes limites de la Capitainerie de Corbeil , par une ligne passant par Moissy & par Combe-Laville , remontant à Villemenu , descendant à Villecresne ; de là à Boissy saint-Leger , & enfin de Boissy saint-Leger à Villeneuve saint-George ; par une ligne droite , en longeant la réserve du roi , à l'exception seulement de la portion de la forêt de Senart , appelée le petit Senart , qui demeurera comprise dans la Capitainerie de Corbeil ; le tout , conformément au plan figuré , certifié par le sieur Chalgrin , premier architecte de notredit frère , & par nous arrêté , lequel sera & demeurera déposé au greffe de notre cour de parlement , & dont copie certifiée par ledit sieur Chalgrin , sera également déposée au greffe de ladite Capitainerie ; à l'effet de quoi , nous avons désuni & démembré , désunissons & démembrons les terreins qui se trouvent compris dans les limites ci dessus de notre Capitainerie & Gruerie de Corbeil ; n'entendons néanmoins comprendre dans ladite Capitainerie royale de Senart les terres , prés , vignes , bois , forêts ou partie de forêts qui dépendent actuellement de la terre de Brunoy , qui pourront y être réunis par la suite , ou sur lesquels seulement notredit frère acquerroit le droit de chasse ; lesquels terres , prés , vignes , bois , forêts , parties de forêts acquis ou qu'il acquerra à l'avenir , seront & demeureront désunis de ladite Capitainerie , quoiqu'enclavés en icelle , & notredit frère y jouira de la chasse à titre de propriété , sans que les officiers de ladite Capitainerie puissent s'immiscer sous quelque prétexte que ce soit. N'entendons pareillement comprendre dans ladite Capitainerie les terreins qui en ont été distraits & unis à la terre de Gros-Bois , par les lettres-patentes du mois de janvier 1734 qui seront exécutées selon leur forme & teneur. Si donnons en mandement , &c.

Les capitaines des Capitaineries des maifons royales que le roi habite, font de véritables commiffaires du confeil. Ils ont des provifions du roi & prêtent ferment entre fes mains ou en celles de M. le chancelier ; mais les autres officiers le prêtent entre les mains du capitaine, & c'eft fur fa nomination qu'ils obtiennent des provifions.

Les appellations des jugemens de ces Capitaineries doivent être portées au confeil où on peut les relever par lettres ou par arrêt de foit communiqué, conformément à l'article premier du titre 8 du règlement du 28 juin 1738.

Suivant l'article 2 du même titre, ces jugemens s'exécutent nonobftant l'appel, & il doit en être inféré une claufe expreffe dans les lettres ou dans l'arrêt qui reçoit la partie appelante. Le défaut de cette formalité entraîne la peine de nullité.

Les capitaines de ces juridictions peuvent dépoffeder quand ils le jugent à propos, leurs lieutenans, fous-lieutenans & autres officiers, ainfi que les gardes de leurs Capitaineries, en les remboursfant ou faifant rembourfer. C'eft ce qui réfulte de l'ordonnance du 24 janvier 1695. Ils peuvent auffi fuivant la même loi, interdire ces officiers & gardes pour contravention aux ordonnances, & commettre à leur place telles perfonnes qu'ils jugent à propos durant l'efpace de trois mois.

Quant aux Capitaineries fimples, elles font de deux efpèces : car il y en a dont les officiers font compris dans les états annuellement envoyés à la cour des aides, & qui font conféquemment du nombre des officiers commenfaux de la mai-

fon du roi & jouiffent du privilége de commitimus, ce qui fait qu'on met ces Capitaineries
au nombre des Capitaineries royales.

Les officiers de ces Capitaineries fimples ont
une pleine juridiction civile & criminelle fur le
fait des chaffes, de même que ceux des Capitaineries des maifons royales, à l'exclufion des
maîtrifes; mais ils en different en ce que les
capitaines, lieutenans & autres officiers de ces
Capitaineries fimples, font obligés de fe faire
recevoir à la table de marbre où fe relèvent les
appels de leurs jugemens.

A l'égard des Capitaineries fimples de la feconde efpèce, comme leurs officiers ne font pas
compris dans les états envoyés à la cour des
aides, ils ne jouiffent d'aucun des priviléges
accordés aux commenfaux. Les capitaines ont
feulement le droit d'informer des faits de chaffe
& de faire arrêter les délinquans, &c. conformément à l'article 31 du titre 30 de l'ordonnance des eaux & forêts.

Le roi ayant par édit du mois de juin 1761
fupprimé la Capitainerie de Livry-Bondy &
réuni une partie du terrein qui la compofoit à
la Capitainerie de Vincennes, le parlement n'en-
regiftra cet édit qu'*à la charge que l'appel des
jugemens rendus par les officiers de cette Capitainerie feroit porté à la table de marbre, fauf l'appel
à la cour, conformément aux lois, maximes &
ufages du royaume.*

Mais par la déclaration du 4 février 1774, fa
majefté a rendu cette modification fans effet :
voici ce que porte cette loi : « Voulons & nous
» plaît que les appellations qui pourroient être
» interjetées des fentences & jugemens rendus

» par les officiers de notre Capitainerie royale
» des chasses de Vincennes ne puissent être por-
» tées qu'en notre conseil, ainsi & dans la même
» forme qu'il en est usé dans nos autres Capi-
» taineries royales, cassant & annullant tout ce
» qui pourroit être ou avoir été fait au con-
» traire, & y dérogeant en tant que de besoin.
» Si donnons en mandement, &c.

Dans les Capitaineries des maisons royales &
même une lieue au-delà de leurs limites, les seigneurs ne peuvent chasser sur leurs propres fiefs
sans la permission du roi ou du capitaine. La
lieue au-delà des limites est nommée *lieue à*
rachat, & la chasse y est aussi interdite pour
toutes sortes de gibiers, même aux seigneurs
haut-justiciers. C'est ce qui résulte tant de l'article 20 du titre 30 de l'ordonnance de 1669
que de l'article 1 de l'arrêt du conseil du 17 octobre 1707.

L'article 2 de ce même arrêt ordonne que les
seigneurs haut-justiciers seront tenus de souffrir
les visites que les Capitaines pourront faire ou
faire faire par leurs officiers ou gardes pour la
conservation du gibier dans les parcs, clos &
jardins de ces seigneurs, sauf aux propriétaires
de faire accompagner ces officiers ou gardes
dans leurs visites, par tel de leurs gens que bon
leur semblera.

L'article 3 ajoute que les capitaines pourront
aussi tirer dans ces parcs, clos & jardins, quand
bon leur semblera, sans qu'ils puissent faire tirer
d'autres personnes avec eux ni y envoyer, &
sans que les autres officiers & gardes des Capitaineries puissent user de la même liberté qui
est réservée à la seule personne des capitaines

de laquelle liberté fa majefté entend néanmoins qu'ils ufent modérément.

L'article 21 du titre 30 de l'ordonnance des eaux & forêts, défend aux perfonnes qui ont des parcs, jardins, vergers ou autres héritages clos de murs, dans les Capitaineries royales, de pratiquer à ces murs des trous ou d'autres paffages par lefquels le gibier puiffe entrer dans ces héritages, & prononce dix livres d'amende contre chaque contrevenant.

L'article 22 excepte de cette difpofition les ouvertures qui fervent au cours des ruiffeaux & à l'écoulement des eaux.

Il eft pareillement défendu par l'article 24, de faire de nouveaux parcs ou clôtures d'héritages en maçonnerie dans l'étendue des plaines des Capitaineries royales, fans une permiffion expreffe du roi. Mais cette défenfe ne s'étend pas aux héritages fitués derrière les maifons des bourgs, villages & hameaux : ceux-ci peuvent être entourés de murs au gré des propriétaires. C'eft ce qui réfulte des articles 24 & 25.

Les prés ne peuvent être fauchés dans les Capitaineries royales avant le jour de la faint Jean-Baptifte, à peine de confifcation & d'amende arbitraire. C'eft la difpofition de l'article 23.

Les prérogatives dont on a parlé ne s'étendent pas aux Capitaineries fimples de la feconde efpèce. Il y a même des Capitaineries royales de la première efpèce où elles n'ont pas lieu : & quelquefois les circonftances les ont fait modérer dans les Capitaineries de maifons royales. C'eft ce que prouvent une déclaration de 1687 pour la Capitainerie de Fontainebleau, & une autre de 1724 pour celle d'Hallate.

Dans les Capitaineries royales simples, le seigneurs peuvent chasser sur les terres de leur seigneuries, à moins qu'ils n'en soient nomm' ment exclus par le titre d'érection ou par un autre.

Il a été décidé par un arrêt rendu au conseil des dépêches le 13 avril 1726, entre le comte d'Evreux & l'évêque de Meaux, que la Capitainerie royale de Monceaux ne devoit point avoir la lieue de rachat qu'ont les Capitaineries des maisons royales.

Les terres qui par des arrangemens postérieurs à l'établissement des Capitaineries en sont distraites sans qu'on les attribue à aucune autre Capitainerie, rentrent dans le droit commun relativement aux droits de chasse ; ainsi dans ces terres le droit de chasse retourne aux seigneurs de fiefs & aux seigneurs haut-justiciers, de la maniere qu'il se pratique dans le surplus du royaume.

La déclaration du 30 avril 1748 avoit réglé que le marc d'or d'exemption des offices de receveurs des amendes des Capitaineries royales seroit payé sur le pied de la finance de ces offices ; mais le roi ayant considéré que cette disposition mettoit ceux qui se faisoient pourvoir des offices dont il s'agit dans la nécessité de payer un droit beaucoup plus fort que celui des offices d'un grade supérieur dans ces Capitaineries, sa majesté a rendu le 4 décembre 1774 un arrêt en son conseil par lequel elle a ordonné qu'à l'avenir les pourvus d'offices d'exempts ou de receveurs des Capitaineries royales des chasses payeroient le droit de marc d'or tel qu'il a été fixé par la déclaration du 30 avril 1748 pour les offices

offices d'avocats du roi & de lieutenans de ces Capitaineries, avec l'augmentation ordonnée par la déclaration du 4 mai 1770, & les sous pour livre en sus.

On appelle *Capitainerie garde côtes*, une étendue de pays qui renferme le long des côtes de la mer, un certain nombre de paroisses sujettes à la garde des côtes.

Autrefois les Capitaineries garde côtes n'étoient pas aussi multipliées qu'elles le sont aujourd'hui. Comme la garde-côte finissoit à une demi-lieue de distance du bord de la mer, chaque Capitainerie occupoit alors un terrein bien plus étendu le long de la côte, parce qu'elle s'étendoit beaucoup moins avant dans les terres. Le règlement du 23 juin 1701 confirmé par celui du 28 janvier 1716 ayant étendu jusqu'à deux lieues de distance du bord de la mer la garde-côte, il a fallu pour l'exactitude du service, augmenter le nombre des Capitaineries. Il y en a aujourd'hui dans chaque province maritime du royaume, un nombre proportionné à l'étendue des côtes.

L'ordonnance du 5 juin 1757 concernant les milices garde-côtes des provinces de Picardie, Normandie, Poitou, Aunis, Saintonge & Guyenne a réglé que chaque Capitainerie garde-côte seroit commandée dans ces provinces par un capitaine général qui auroit sous lui un major & un aide-major pour avoir particulièment le détail de ce qui concerne les compagnies détachées; & en outre un capitaine général du guet & un lieutenant du guet pour avoir le détail de ce qui concerne les compagnies du guet.

Chaque compagnie détachée doit être commandée par un capitaine ayant sous lui un ou deux lieutenans, suivant la force de la compagnie.

Les infpecteurs généraux (*) établis pou

(*) Par l'ordonnance du 12 mars 1759, les charges d'infpecteurs généraux ont été réduites à deux & il a été même-temps créé des infpecteurs particuliers dans chaque province maritime. Voici ce que porte cette loi:

» Sa majefté eftimant néceffaire au bien de fon fervi
» de fupprimer toutes les charges d'infpecteurs généraux
» des milices gardes côtes, qui ont été établis par fe
» ordonnances & réglemens précédemment rendus dans fe
» provinces de Picardie, Normandie, Bretagne, Poitou
» Aunis, Saintonge, Guyenne, Languedoc & Provence
» & jugeant en même-temps à propos de créer deux nou
» veaux infpecteurs généraux, comme auffi plufieurs inf
» pecteurs defdites milices elle a ordonné & ordonne c
» qui fuit:

ARTICLE PREMIER.

» Sa majefté fupprime toutes les charges d'infpecteur
» généraux des milices garde-côtes, & elle révoque le
» commiffions dont ils font actuellement pourvus.

» II. Il n'y aura à l'avenir que deux infpecteurs géné
» raux, l'un pour les provinces de Picardie, Normandie
» & Bretagne & l'autre pour celles de Poitou, Aunis,
» Saintonge, Guyenne, Rouffillon, Languedoc & Pro
» vence.

» III. Ils auront la direction & le commandemen
» defdites milices garde-côtes tant infanterie que dragons,
» & des batteries fervant à la défenfe des côtes, chacu
» dans leur département, fous l'autorité de l'amiral de
» France dont ils prendront l'attache, & fous les ordres
» des gouverneurs & commandans généraux dans lefdites
» provinces, & ils veilleront à l'établiffement des fignaux

» IV. Il fera nommé un infpecteur particulier dans
» chacune defdites provinces & départemens, avec le titre

ommander les milices garde-côtes fous l'au-

, d'infpecteur, pour, en ladite qualité, fous l'autorité de
, l'amiral de France dont il prendra l'attache , & fous
, les ordres du gouverneur ou commandant général, &
, de l'infpecteur général , prendre connoiffance de tout
, ce qui concerne le fervice defdites milices gardes-côtes,
, tant infanterie que dragons, affembler les compagnies
, detachées , les paffer en revue & généralement faire
, toutes les fonctions qui dépendent de ladite charge d'inf-
, pecteur, conformément aux ordonnances & réglemens
, de fa majefté concernant lefdites milices.

» V. Il fera payé par année à chacun des deux infpec-
, teurs généraux, neuf mille cinq cens livres ; fçavoir ,
, huit mille livres d'appointemens, & quinze cens livres
, de logement à l'infpecteur général des provinces & dé-
, partement de Picardie, haute, moyenne & baffe Nor-
, mandie, & Bretagne, a raifon de trois cens livres de
, logement pour chacune defdites provinces & départe-
, mens.

» Huit mille livres d'appointemens & quinze cens livres
, de logement à l'infpecteur général des provinces de Poi-
, tou, Aunis, Saintonge, Guyenne, Rouffillon, Lan-
, guedoc & Provence, a raifon de trois cens livres de
, logement pour chacune defdites provinces, à l'exception
, de celles de Poitou, Aunis & Saintonge pour lefquelles
, il ne recevra que trois cens livres.

» VI. Il fera également payé par année aux infpec-
, teurs particuliers ; fçavoir , à l'infpecteur de Picardie,
, deux mille livres d'appointement & trois cens livres de
, logement ; à chacun des trois infpecteurs de Norman-
, die, trois mille livres & trois cens livres de logement;
, à l'infpecteur de Bretagne, trois mille fix cens livres, &
, trois cens livres de logement; a l'infpecteur de Poitou,
, Aunis & Saintonge , trois mille livres , & trois cens
, livres de logement ; à l'infpecteur de Guyenne, deux
, mille quatre cens livres, & trois cens livres de logement;
, à l'infpecteur de Languedoc , deux mille quatre cens
, livres, & trois cens livres de logement ; à l'infpecteur

torité des gouverneurs ou commandans-géné
raux des provinces dont il s'agit, ont le rang d
colonel; les capitaines généraux celui de lie
tenant-colonel; les majors, celui de capitain
d'infanterie & de premiers capitaines de la ga
de-côte; & en cette qualité ils commande
aux compagnies détachées, & aux capitain
généraux du guet: enfin les aide-majors tienne
rang de lieutenans d'infanterie.

Les capitaines généraux garde-côtes & le
majors doivent rouler entre eux chacun dan
leur grade selon l'ancienneté de leurs comm
sions. Si ces commissions se trouvent de mên
date, celui qui a servi auparavant dans un grad
supérieur, ou le plus long-temps à grade ég
dans les troupes réglées, doit commander
préférence: s'il y a égalité de grade & d'ar
cienneté de service, ils doivent tirer ensembl
pour prendre le rang que le sort leur aura a
signé.

Les capitaines des compagnies détachées o
rang entre eux du jour & date de leurs con
missions; & si ells sont de même date, ils do

» de provence, deux mille quatre cens livres, & trois ce
» livres de logement.
　» Mande & ordonne sa majesté à M. le duc de Penthi
» vie, amiral de France, aux gouverneurs, commandans
» & lieutenans généraux en sesdites provinces, & autre
» officiers employés sous leurs ordres; comme aussi au
» intendans & commissaires départis esdites provinces &
» tous autres officiers qu'il appartiendra, de tenir la main
» chacun en ce qui les regarde, à l'exécution de la pré
» sente ordonnance. Fait à Versailles le douze mars mil
» sept cent quarante-neuf. Signé, Louis. Et plus bas, le
» Maréchal duc de Belle-Isle.

ent à cet égard se conformer à l'ordonnance du
31 janvier 1735 (*).

On expédie à tous les capitaines généraux,
aux majors & aux aide-majors des Capitaineries,
ainsi qu'aux capitaines des compagnies détachées
& aux capitaines généraux du guet, des provisions, commissions & brevets du roi sur lesquels
doit être prise l'attache de l'amiral de France.
Ces officiers doivent aussi prêter serment par-
devant cet amiral ou par-devant ses lieutenans
aux sièges d'amirauté où ils sont d'ailleurs tenus

(*) *Voici ce qu'elle porte relativement à cet objet.*

ARTICLE II. Les capitaines qui auront des commissions
du même jour, lesquels seront gentils-hommes, & qui
auront servi dans les troupes réglées, auront rang avant
les autres capitaines des compagnies détachées des Capitaineries, & ceux qui se trouveront dans ce cas, prendront
rang entr'eux suivant l'ancienneté du grade qu'ils avoient
dans les troupes réglées.

III. Les Capitaines qui auront des commissions du même
jour, lesquels auront servi dans les troupes réglées & qui
ne seront point gentils hommes, auront rang après les
capitaines qui seront gentils-hommes & qui auront servi;
& ceux qui se trouveront dans ce cas, prendront rang
entr'eux suivant l'ancienneté du grade qu'ils avoient dans
les troupes réglées.

IV. Les Capitaines pourvus de commissions du même
jour, lesquels seront gentils-hommes, & qui n'auront point
servi dans les troupes réglées auront rang après les capitaines qui y auront servi; & ceux qui se trouveront dans
ce cas prendront rang entr'eux suivant l'ancienneté de
leurs services dans la garde-côte.

V. Les capitaines pourvus de commissions du même
jour, lesquels ne seront point gentils-hommes, & qui
n'auront point servi dans les troupes réglées, auront rang
après ceux qui seront gentils hommes, & ceux qui se trouveront dans ce cas, prendront rang entr'eux suivant l'ancienneté de leurs services dans les milices garde-côtes.

X iij

de faire enregiſtrer leurs proviſions, commiſ
ſions & brevets.

Les inſpecteurs généraux, les capitaines gé
néraux, les majors & les aide-majors des Ca
pitaineries, les capitaines des compagnies déta
chées & les capitaines généraux du guet, ſon
déclarés exempts de tutelle & des autres char
ges de ville, ainſi que du ban & de l'ar
riere-ban.

Les inſpecteurs généraux ont le droit de pro
poſer au ſecrétaire d'état ayant le départeme
de la guerre, les officiers qu'ils croient propre
à remplir les places qni viennent à vaquer da
les états majors des Capitaineries. Les capitaine
généraux de chaque Capitainerie ont pareille
ment le droit de propoſer les officiers qui con
viennent aux places vacantes de capitaines de
compagnies détachées & de capitaine généra
du guet : mais ni les inſpecteurs, ni les capitaine
généraux des Capitaineries ne peuvent propoſe
aucun officier employé au ſervice du roi, ſoi
dans des places fixes ou attachés à quelques ré
gimens, ni aucun autre dont l'habitation ſoit
plus de ſix lieues de la Capitainerie où il s'agi
de l'employer.

Il y a une ordonnance particulière du 15 ma
1758 pour les Capitaineries garde-côtes du
Languedoc. Cette loi les a réduites à cinq de
ſept qu'elles étoient.

Voyez *la déclararion du 12 octobre 1669 ; l'or
donnance des eaux & forêts du mois d'août 1669 ;
la déclaration du 27 juillet 1701 ; le dictionnair
raiſonné des eaux & forêts ; l'arrêt du conſeil du
17 octobre 1707 ; la déclaration du 3 mai 1694 ;
l'arrêt du conſeil du 13 avril 1726 ; la collection*

de jurisprudence ; le règlement du conseil du 28
juin 1738 ; l'ordonnance du 24 janvier 1695 ;
Saint-Yon en sa conférence des eaux & forêts ; les
édits de novembre 1739, juin 1761, avril 1773,
& novembre 1774 ; les déclarations des 30 avril
1748, 4 mai 1770, & 4 février 1774 ; l'arrêt
du conseil du 4 décembre 1774 ; l'ordonnance du
5 juin 1757 ; le code militaire ; les ordonnances
des 31 janvier 1735, & 15 mai 1758, &c.
Voyez aussi les articles CHASSE, DÉLIT, AMEN-
DE, LIEUTENANT, GARDE, MAÎTRISE, MARC
D'OR, &c.

CAPITAL. C'est le principal d'une dette
qui produit des intérêts. Voyez INTÉRÊTS.

CAPITATION. Taxe par tête, ou imposition qui se lève annuellement sur chaque
personne, selon son rang, son travail & ses
facultés.

La Capitation étoit connue chez les Romains:
nous voyons qu'ils étoient assujettis à deux
sortes d'impôts ; l'un purement personnel,
qui se levoit par tête & qui étoit souvent désigné par le nom de *cote-part d'une tête de citoyen* ;
l'autre purement réel, qui se percevoit sur les
fonds & qui étoit connu sous la dénomination de
jugeratio ou la *taxe par arpent*.

Charles II, roi d'Angleterre, fit un règlement
par lequel un duc devoit payer cent livres de
Capitation ; un marquis, quatre-vingt livres ; un
baronet, trente livres ; un chevalier, vingt livres ; un écuyer, dix livres ; & tout roturier
douze deniers.

La Capitation telle qu'elle existe aujourd'hui
en France, a été établie pour la première fois
par une déclaration du 18 janvier 1695, pour

X iv

subvenir aux dépenses considérables qu'entraî
noit la guerre qui a été terminée par la paix de
Riswick.

Le préambule de cette déclaration porte que
l'établissement d'une Capitation générale qui seroit payée pendant la guerre seulement par tous
les sujets, sans aucune distinction, par feux ou
par familles, pouvoir être regardée comme un
moyen d'autant plus sûr & d'autant plus efficace
pour fournir aux dépenses de la guerre, que
les plus zélés & les plus éclairés des sujets
des trois ordres de l'état sembloient avoir prévenu la résolution prise à ce sujet, & que
même les états de Languedoc, après avoir par
une délibération du mois de décembre 1694,
accordé le don gratuit de trois millions qu'on
leur avoit demandé, & avoir pourvu aux autres
charges ordinaires que la guerre avoit considé-
rablement augmentées, avoient, en portant leur
prévoyance & les témoignages de leur zèle &
de leur affection, au-delà de ce que l'on pouvoit
en attendre, proposé le secours de la Capitation, & exposé les motifs qui devoient le faire
préférer à tous les autres moyens extraordinaires qu'on pourroit pratiquer dans la suite.

Qu'en effet, cette Capitation portant généralement sur tous, seroit peu à charge à chaque
particulier ; qu'étant réunie aux revenus ordinaires, elle produiroit des fonds suffisans, &
que le recouvrement s'en faisant sans frais &
sans remises, ce secours seroit beaucoup plus
prompt, plus facile & plus effectif, & mettroit
à portée de se passer dans la suite, des affaires
extraordinaires auxquelles la nécessité des temps
avoit obligé de recourir : le roi promit en

foi & parole de roi, de faire cesser cette Capitation générale trois mois après la publication de la paix. Il fut écrit aux intendans des différentes provinces du royaume, pour leur demander le nombre des paroisses de chaque généralité, & ce que l'on pourroit retirer de la Capitation, qui fut annoncée comme une imposition passagère & momentanée, dont on desiroit évaluer le produit.

Les intendans de leur côté s'adressèrent aux officiers municipaux des villes, qui firent leur dénombrement & leur évaluation comme ils purent. On voit par les lettres qui furent écrites alors, que chaque taxe devoit être très-modique ; les plus foibles étoient fixées à dix sous, & les autres devoient être réglées sur le plus ou le moins de facultés des contribuables.

Ce fut sur ces éclaircissemens que fut rédigée la déclaration du 18 janvier 1695, dont on vient de rappeller le préambule.

Par l'article premier de cette déclaration, il fut ordonné qu'à compter du premier janvier de la même année 1695, il seroit établi, imposé & levé dans toute l'étendue du royaume, même dans les villes conquises depuis que la guerre avoit été déclarée, une Capitation générale par feux & familles, laquelle seroit payée d'année en année, pendant la durée de la guerre, sans qu'elle pût être continuée ni exigée, sous quelque prétexte que ce fût, trois mois après la publication de la paix.

Qu'à cet effet, il seroit arrêté par les intendans des différentes provinces, par les syndics des diocèses & états, & par les gentilshommes qui, suivant la déclaration, devoient agir con-

jointement avec les intendans, des rôles de répartion, conformément au tarif arrêté au confeil, contenant la diftribution des fujets en vingt-
deux claffes, & attaché fous le contre-fcel de
la déclaration.

L'objet de ce partage en différentes claffes,
inégalement taxées, étoit que le poids de cette
impofition fût porté par chaque individu dans
la proportion affignée à la claffe dans laquelle il
fe trouvoit placé ; mais l'identité des mêmes
états, qualités & fonctions n'entraîne point celles des fortunes & facultés, & une opération
qui eft appuyée fur une pareille bafe, s'écarte
néceffairement des vues de juftice & d'égalité
que l'on doit fe propofer & va par-là directement contre fon objet.

Tous les fujets, de quelque qualité & condition qu'ils puffent être, les eccléfiaftiques féculiers ou réguliers, les nobles, les militaires,
devoient être affujettis à la Capitation, à l'exception de ceux des taillables dont les cotes
étoient au-deffous de quarante fous, des ordres
mendians, & des pauvres mendians dont les curés des paroiffes étoient chargés de donner des
rôles fignés & certifiés.

La déclaration porte que le roi étoit per-
fuadé que les eccléfiaftiques, que leur profeffion empêchoit de le fervir dans fes armées, &
qui ne pouvoient contribuer dans cette occafion à la défenfe de l'état que par la voie des
fubfides, fe foumettroient volontiers à cette
contribution ; mais que l'affemblée du clergé
devant fe tenir dans la même année, & les témoignages que fa Majefté avoit toujours reçus
du zèle de ce corps, lui faifant préfumer qu'il

continueroit à en donner des marques, en accordant un don gratuit proportionné aux besoins de l'état, il ne feroit pas jufte qu'il fe trouvât en même-temps chargé de contribuer à la Capitation; c'eft pourquoi il fut ordonné que, pour lors, le clergé & les membres qui en dépendoient, ne feroient compris ni dans le tarif qui feroit arrêté au confeil, ni dans les rôles qui feroient arrêtés par les intendans, pour le recouvrement des taxes de cette année 1695.

Le produit de la Capitation étant deftiné à foutenir les dépenfes de la guerre, & ce produit étant néceffaire pour les dépenfes de la campagne fuivante, il fut ordonné que les redevables acquiteroient leurs taxes en deux termes & payemens égaux, le premier dans le premier jour du mois de mars, & le fecond dans le premier juin fuivant, entre les mains des receveurs des tailles de chaque élection, ou des commis qui feroient par eux prépofés, lefquels remettroient enfuite le montant de leur recette chacun au receveur général des finances de fa généralité; que les bourgeois & habitans des villes franches & non taillables payeroient entre les mains des receveurs des deniers communs des mêmes villes, lefquels remettroient leur recette aux receveurs généraux des finances, & ceux-ci entre les mains du garde du tréfor royal.

Dans les pays d'états, les rôles d'impofition de la Capitation devoient être faits & arrêtés par les intendans, conjointement & de concert avec les députés ordinaires ou fyndics des états, & les taxes devoient être acquittées entre les mains des collecteurs & receveurs ordinaires des dons gratuits & autres impofitions, qui devoient en remettre le montant aux tréforiers ou receveurs généraux des états, & ceux-ci au garde du tréfor royal.

Le rôle d'impofition de la ville de Paris devoit être arrêté par le prevôt des marchands & les échevins de cette ville ; ils devoient établir des receveurs chargés de remettre les fonds de leur recette au receveur général de la ville, & celui-ci devoit remettre au tréfor royal.

Quoique par une des précédentes difpofitions de la déclaration, les eccléfiaftiques ne duffent point être compris dans le tarif ni dans les rôles, il fut cependant ordonné que le rôle de la Capitation à payer par les eccléfiaftiques féculiers ou réguliers, feroit arrêté par les intendans & par le fyndic de chaque diocèfe ; qu'ils établiroient conjointement des receveurs, lefquels remettroient les fonds de leur recette entre les mains des receveurs généraux des finances ou des tréforiers & receveurs généraux des états, qui leverferoient au tréfor royal.

Les rôles des gentilshommes & des nobles devoient être formés par les intendans, de concert avec un gentilhomme de chaque bailliage, qui devoit être nommé par le roi ; ils devoient établir un receveur pour faire la recette, avec charge d'en remettre le montant au receveur général des finances, ou au tréforier ou receveur général des états.

Les rôles de la Capitation des officiers & foldats, tant de terre que de mer, devoient être arrêtés par les intendans des provinces, & par ceux de la marine & des galères, dans les départemens defquels les troupes, tant de terre que de mer fe trouveroient lors de l'impofition ;

le produit devoit en être remis entre les mains du tréforier de l'extraordinaire des guerres, & des tréforiers de la marine & des galères, qui devoient remettre ces fonds au tréfor royal.

Les officiers des parlemens & des autres compagnies, qui recevoient leurs gages par la voie d'un payeur, devoient acquitter leurs taxes entre les mains de ce payeur, & celui-ci devoit en remettre le montant au tréfor royal.

Les princes, les ducs, les maréchaux de France, les officiers de la couronne & les autres officiers compris dans les deux premières claffes du tarif, devoient acquitter leurs taxes entre les mains du garde tréfor royal; quant aux autres officiers de la maifon du roi & des maifons royales, leur Capitation devoit être payée fur un rôle arrêté par le Roi, & entre les mains d'un receveur qui devoit être établi à cet effet.

Il devoit être pourvu par un règlement, tant aux taxations des différens receveurs qu'à la manière dont les comptes devoient être rendus; il étoit fait défenses à ces receveurs d'exiger des redevables aucun droit de quittance ou autre, à peine de concuffion.

Les receveurs pouvoient contraindre ceux qui feroient en retard de payer, par les mêmes voies que pour les autres deniers du roi; à l'exception feulement des eccléfiaftiques, à l'égard defquels il ne pouvoit être procédé que par faifie de leur temporel.

Les rôles, les extraits des rôles, les quittances, les affignations, & généralement tous les actes concernant la Capitation pouvoient être faits fur papier non timbré.

Les perfonnes qui poffédoient plufieurs charges ou offices, & qui par cette circonstance pouvoient faire partie de plusieurs classes, ne devoient acquitter qu'une taxe, à raison de la plus forte, suivant leur qualité.

Les fils de famille mariés ou pourvus de charge, devoient être taxés à part, quoiqu'ils demeurassent chez leur père & leur mère.

Les enfans de famille, majeurs ou mineurs, qui jouissoient du bien de leur père ou de leur mère décédés, devoient être taxés au quart de ce que leur père auroit supporté.

Les veuves & les femmes séparées ne devoient payer que la moitié de la taxe de leur mari.

Tous ceux qui ne se trouvoient pas précisément compris sous l'une des classes du tarif devoient être taxés par les intendans seuls ou par les intendans conjointement avec les syndics & députés des états, les syndics des dioceses & les gentilshommes nommés par le roi, sur le pied de celle de ces classes à laquelle ils auroient le plus de rapport par leur profession, état ou qualité.

Les intendans, d'après les changemens qui pouvoient survenir dans les états des personnes sujettes à la Capitation, étoient autorisés à procéder dans la forme que l'on vient de rappeler à la réformation des rôles & à l'augmentation ou diminution des taxes, & ils devoient envoyer chaque année au contrôleur général des finances les états de ces augmentations ou diminutions.

La connoissance des contestations qui pouvoient survenir sur le fait de l'imposition & du recouvrement de la Capitation étoit attribuée dans les provinces aux intendans, & à Paris au prévôt des marchands & aux échevins, sauf l'appel au conseil.

Cette déclaration fut enregistrée au parlement
le 21 janvier 1695, & à la chambre des comptes le 22 du même mois.

Il fut mis sous le contre-scel de cette déclaration un tarif distribué en vingt-deux classes.

La première qui commençoit par M. le Dauphin fut taxée à deux mille livres.

La seconde à quinze cens livres.

La troisième à mille livres, & ainsi des autres
dont la vingt-deuxième fut fixée à vingt sous.

On se rappelle que les taillables dont la cotte
étoit fixée au-dessous de quarante sous devoient
être exempts de la Capitation.

Un grand nombre de chefs de famille des
pays d'états qui quoiqu'aisés, ne supportoient
cependant pas quarante sous de taille, cherchèrent à se prévaloir de cette disposition de la déclaration, mais il fut rendu le 22 février 1695,
un arrêt du conseil portant que cette exemption
ne devoit avoir lieu que dans les pays d'élection;
& par un autre arrêt du conseil qui fut rendu
depuis, cette exemption dans les pays où la
taille étoit réelle, fut restrainte à ceux dont la
cotte n'étoit que de vingt sous & au-dessous.

Le clergé qui par la déclaration avoit été
assujetti à la Capitation, mais à l'égard duquel
il avoit été ordonné qu'il ne seroit point compris dans les rôles pour l'année 1695, parce
qu'on pensoit qu'il se porteroit à acquitter la
Capitation par la voie d'un don gratuit, accorda en effet dans une assemblée qui fut tenue
à Saint-Germain, un don gratuit de quatre millions par an pendant tout le temps que dureroit
la guerre, & à commencer par l'année 1695;
le clergé fit l'imposition de ces quatre millions

fur lui-même, après y avoir été autorifé par des lettres-patentes du 18 octobre 1695.

Les évêchés qui ne faifoient point partie du clergé de Franche payerent auffi un don gratuit par forme d'abonnement.

Quant à la comptabilité, il fut réglé que les comptes feroient rendus, favoir, ceux des receveurs & tréforiers particuliers aux intendans, & ceux des receveurs généraux à la chambre des comptes.

On a vu que la Capitation avoit été fixée & réglée, non fur les facultés, mais d'après l'état & les qualités des contribuables : ainfi cette impofition entre deux perfonnes du même état, dont l'une étoit riche & l'autre moins aifée, étoit par cette raifon de peu d'objet pour la premiere & très-onéreufe pour la feconde, & cette circonftance, en rendant le recouvrement plus ou moins difficile, occafionnoit des pourfuites, lefquelles par les frais qui en réfultoient, aggravoient encore la condition de celui qui étoit le moins aifé.

Pour prévenir autant qu'il étoit poffible cet inconvénient, il fut rendu dès le 26 mars 1695, un arrêt du confeil par lequel les droits de contrôle des exploits & fignifications néceffaires pour parvenir au recouvrement de la Capitation, furent réduits au quart des droits ordinaires ; le 31 mai fuivant, ces actes furent exemptés de tout droit.

La Capitation ne put pareillement être acquittée dans les termes qui avoient été réglés par la déclaration de 1695 ; on en fixa deux nouveaux qui furent les mois de juin & de juillet ; & par un arrêt du 11 juin, il fut ordonné que

que ceux des redevables qui n'auroient point acquitté la première moitié dans le mois de juin, & la seconde dans le mois de juillet paye-roient la moitié en sus, soit de leur taxe entière, soit de la somme dont ils seroient en retard.

La Capitation qui, aux termes de la déclara-tion de 1695, devoit cesser trois mois après la paix, fut supprimée avant ce terme, & par un arrêt du conseil du 17 décembre 1697, il fut ordonné qu'elle ne seroit levée que pour les trois premiers mois de l'année 1698, époque à laquelle l'échange des ratifications de la paix de Riswick n'étoit pas encore fait.

Cette suppression ne fut pas de longue durée; la circonstance de la guerre de 1700 obligea de la rétablir, même sur un pied plus fort que la première, par une déclaration du 12 mars 1701, qui fut enregistrée au parlement le 17 du même mois.

Cette déclaration fut formée sur celle de 1695, & en rappela les dispositions, à l'exception néanmoins que certains corps furent autorisés à en faire eux-mêmes la répartition sur leurs membres.

De ce nombre furent, 1°. le parlement de Paris & les autres cours supérieures du royaume, dont les rôles furent formés par le premier pré-sident, deux députés & le procureur général de chaque compagnie; les greffiers, les avocats, les procureurs & les huissiers furent compris dans ces rôles.

2°. Les juridictions subalternes ou inférieures dont les rôles, à l'égard de celles de Paris, fu-rent arrêtés par les chefs, deux députés & les procureurs du roi; & à l'égard de celles des provinces, par les intendans, de concert avec les officiers de ces juridictions.

3°. Le châtelet, dont les taxes furent réglées par les chefs & le procureur du roi.

4°. Enfin tous les corps & métiers soumis à la juridiction du lieutenant de police de Paris, dont les taxes furent réglées par ce magistrat & par le procureur du roi.

Le payement de la Capitation fut distribué en deux termes, le premier à la fin de mars, le second à la fin de septembre; ceux qui n'auroient pas acquitté leurs taxes dans ces délais devoient payer la moitié en sus de la somme dont ils seroient reliquataires.

La comptabilité fut réglée comme en 1695, & l'on attribua aux intendans la connoissance des contestations qui pouvoient s'élever relativement au recouvrement, à l'exception néanmoins de celles qui pourroient concerner les taxes des officiers de cour souveraine, dont le jugement en première & dernière instance fut attribué à ces compagnies.

Les états de répartitions devoient être envoyés au conseil par ceux qui avoient été chargés de les former; & il devoit être, en conséquence de ces états, arrêté des rôles qu'on devoit rendre exécutoires; mais comme la formation des états exigea des délais plus considérables qu'on ne l'avoit pensé, il fut rendu le 19 avril 1701, un arrêt par lequel ces états mêmes furent déclarés exécutoires par provision.

La déclaration du 12 mars 1701 portoit que la Capitation cesseroit d'être levée six mois après la paix, sans que le quartier qui seroit commencé pût être compris dans ces six mois; mais les dépenses de la guerre furent si considérables, que par une déclaration du 9 juillet 1715, la Capitation fut prorogée indéfiniment, & qu'on révoqua même les exemptions qui, en 1708 & 1709, avoient été promises à ceux qui acquer-roient des rentes de la création des années pré-cédentes.

C'est donc en conséquence de la déclaration du 12 mars 1701 que se leve encore actuelle-ment la Capitation.

M. le contrôleur général prend chaque année les ordres du roi à ce sujet ; il en fait part, tant aux chefs des compagnies supérieures de Paris & des provinces, qu'aux intendans, aux chefs des juridictions inférieures de Paris ; à M. le prévôt des marchands, pour l'imposition des habitans, & à M. le lieutenant général de police, pour celle des communautés d'arts & métiers

La lettre qui est écrite par M. le contrôleur général aux chefs des compagnies, pour leur faire connoître les intentions du roi, ne contient point la fixation de l'imposition ; cette fixation est toute faite par le tarif auquel il a été ajouté, depuis 1701, un tiers en sus de chaque taxe, conformément à ce que le parlement de Paris avoit fait lui-même sur l'invitation portée par la déclaration en augmentant les anciennes taxes qui lui avoient été réglées dans cette propor-tion du tiers en sus.

Quant aux provinces, il s'arrête au conseil un état dans lequel est réglé ce que chacune d'elles doit supporter ; c'est d'après cet état que M. le contrôleur général annonce aux intendans la somme à laquelle le roi a fixé la Capitation de leur département.

C'eſt ici le lieu d'obſerver que dans la maſſe totale de cette impoſition, la Capitation de la nobleſſe & des privilégiés forme dans les provinces l'objet le moins conſidérable ; la portion la plus forte eſt celle qui eſt répartie entre les taillables & non privilégiés, au marc la livre de la taille.

Comme la Capitation eſt ſujette à différentes diminutions, ſoit relativement aux décharges & aux modérations que l'on eſt obligé d'accorder à ceux qui ſont impoſés au-delà de leurs facultés, ſoit à cauſe des non-valeurs qui ſurviennent par le décès de ceux qui meurent avant l'échéance des termes de payement, on eſt toujours obligé d'impoſer une ſomme plus forte que celle qui eſt portée par la fixation, afin de pouvoir retrouver dans ſa totalité la ſomme fixée pour le tréſor royal.

Les intendans étant, par la réſidence qu'ils font ſur les lieux, plus à portée que le conſeil d'évaluer la ſomme néceſſaire pour remplacer dans leur département l'objet de non-valeur, on leur a laiſſé juſqu'en 1765 la faculté de faire cette évaluation, ſauf à comprendre dans les comptes le montant entier du recouvrement; mais pour ne rien laiſſer à l'arbitraire, on a, à compter de cette époque de 1765, fixé & déterminé au conſeil le montant de la ſomme qui doit être impoſée, tant pour le contingent du tréſor royal que pour fournir aux modérations & non-valeurs ; & au moyen de cette fixation il ne peut être rien impoſé au-delà.

On doit encore obſerver que par un arrêt du conſeil du 3 mars 1705, & par des lettres-pa-

tentes du 19 août fuivant , enregiftrées au parlement le 4 feptembre de la même année , il
avoit été ordonné qu'il feroit impofé en fus du
montant des taxes les deux fous pour livre du
principal.

Ces deux fous pour livre ont été perçus jufques & compris 1747 , que par un autre arrêt
du confeil du 18 décembre de la même année ,
l'exécution de la déclaration du 7 mai 1705 , qui
a ordonné la perception des quatre fous pour
livre en fus des droits des fermes , a été étendue
à la Capitation.

Il eft vrai que cette perception des quatre
fous pour livre , au lieu des deux fous qui fe
levoient en conféquence de la déclaration du 3
mars 1705 , n'avoit été ordonnée par l'arrêt du
18 décembre 1747 , que pour dix années ; elle
a été prorogée pour dix autres années par un
fecond arrêt du confeil du 27 feptembre 1757 ,
& il a été rendu le 10 feptembre 1767 , un arrêt
qui proroge pour dix années la perception de
ces quatre fous pour livre , à compter du premier janvier 1768 jufques & compris le dernier
de décembre 1777.

Le roi en fupprimant par l'édit du mois de
février 1760 , la fubvention générale qui avoit
été établie par celui du mois de feptembre 1759 ,
ordonna que tous les fujets autres néanmoins
que les taillables dont la Capitation s'impofoit
au marc la livre de la taille , feroient tenus de
payer pendant les années 1760 . & 1761 , le
double de leur Capitation & les quatre fous
pour livre ; que tous les officiers des chan-
celleries , les banquiers & tous les particuliers , fermiers ou régiffeurs des droits de fa

majeſté, pourvus de charges, emplois & com-
miſſions des finances ou autres places emporta
recette & maniement de deniers de ſa majeſté,
ou autres deniers publics, même ceux qui aprè
avoir exercé pendant dix ans de ſemblables charges, places, emplois ou commerce, ſe ſeroient
retirés, ſeroient tenus de payer, outre ce premier doublement un ſecond doublement de leur
premières cottes, enſemble les quatre ſous pou
livre.

Le doublement & le triplement ci-deſſus ordonnés furent prorogés pour les années 1762 &
1763, par une déclaration du 16 juin 1761,
enregiſtrée en lit de juſtice.

Il s'agit maintenant de rappeller la manière
dont la levée de la Capitation telle qu'elle exiſte
aujourd'hui eſt faite & les formalités auxquelle
elle a été aſſujettie.

On diviſera ces détails en huit articles; on
examinera,

1°. Ce qui concerne la Capitation de ſa cour
2°. La Capitation des troupes.
3°. Celle du clergé.
4°. La Capitation des pays d'état.
5°. Celle de la ville de Paris.
6°. La Capitation des arts & métiers.
7°. On rappellera les précautions qui ont été
priſes pour accélérer & rendre plus facile le
recouvrement.
8°. Enfin on expoſera ce qui concerne la
comptabilité.

Article premier. De la Capitation de la cour.
On ſe rappelle que d'après les diſpoſitions de
la déclaration du 18 janvier 1695, les princes
du ſang, les miniſtres & les autres perſonnes de

diſtinction compriſes dans la première & la
ſeconde claſſe du tarif devoient payer leur Capitation directement entre les mains du garde
du tréſor royal, & que ceux qui étoient compris dans la troiſième claſſe devoient la payer à
un receveur particulier.

On jugea que la comptabilité ſeroit plus facile en chargeant une ſeule & même perſonne
de recevoir la Capitation de ces trois claſſes,
& par un arrêt du conſeil du 18 février 1696,
le nommé le Fevre fut commis à cet effet; on
ordonna en même-temps qu'il ne compteroit
qu'au conſeil.

Le payement de cette impoſition éprouva
ſans doute des difficultés & des retardemens,
puiſque par un arrêt du conſeil du 28 juillet
1696, il fut ordonné que tous les officiers qui
ſervoient dans la maiſon du roi ſeroient contraints au payement de leur Capitation, par
ſaiſie de leurs gages & appointemens; on alla
même depuis juſqu'à prononcer la déchéance de
leurs privilèges contre ceux qui n'auroient pas
ſatisfait à cette obligation dans les termes preſ-
crits.

On voit même que le Fevre, chargé du recouvrement, fit en conſéquence de ces arrêts,
des ſaiſies entre les mains des gardes du tréſor
royal, & que par un arrêt du 9 décembre 1698,
il fut ordonné que ces gardes payeroient ſans
aucune formalité les ſommes qui étoient dues
pour la Capitation de ceux auxquels le roi faiſoit des penſions ou donnoit des appointemens,
& que les quittances du prépoſé au recouvrement de la Capitation ſeroient priſes pour argent
comptant : cet arrêt portoit en même-temps, à

l'égard de ceux auxquels il n'étoit rien dû a tréfor royal, qu'ils feroient contraints au paye-ment de la Capitation, par faifie de leurs reve-nus & par faifie & exécution de leurs meubles.

Lors du rétabliffement de la Capitation en 1701, le Fevre fut de nouveau commis pour en faire le recouvrement; mais pour le rendre plus facile, il fut ordonné par un arrêt du 20 juin 1702, qu'aucun de ceux qui avoient des appointemens, gages ou penfions à toucher, foit au tréfor royal, foit fur les tréforiers de la maifon du roi, foit fur ceux de l'ordinaire ou de l'extraordinaire des guerres, foit enfin fur toutes les perfonnes indiftinctement chargées de payer pour le roi, ne pourroit recevoir le montant de ces appointemens, gages ou pen-fions qu'en juftifiant du payement de fa Capita-tion, à peine par les tréforiers & payeurs d'en répondre en leur propre & privé nom.

D'après la difpofition de cet arrêt, l'ufage s'étoit établi de retenir la Capitation fur les gages, appointemens ou penfions, toutes les fois que l'on ne juftifioit point du payement que l'on prétendoit en avoir été fait.

Les chofes font reftées dans cet état jufqu'au 30 décembre 1775, que le roi a rendu un arrêt en fon confeil, pour établir un nouvel ordre dans le recouvrement de l'impofition dont il s'agit.

Par cet arrêt fa majefté a ordonné que les rôles de Capitation des princes, des ducs, des maréchaux de France, des officiers de la cou-ronne, des chevaliers de l'ordre du faint Ef-prit, de la chancellerie, des officiers de fi-nances & des fermiers généraux continueroient d'êtres arrêtés au conseil en la forme ordinaire, & que les sommes qui y seroient portées seroient acquittées, à compter du premier janvier 1776, dans les délais prescrits par les règlemens, pour le recouvement de la Capitation, entre les mains de celui des receveurs des impositions de la ville de Paris, dans le département duquel les personnes comprises dans ces rôles seroient domiciliées.

Article II. De la Capitation des troupes.
Le recouvrement de la Capitation des troupes n'exige point de frais & n'entraîne point de dépense.

Le tarif en fut arrêté au conseil royal des finances, le 21 octobre 1702 : il est d'un tiers plus fort que celui qui avoit été formé en 1695, mais il n'a point varié depuis cette époque de 1702 ; & à l'exception des deux sous pour livre qui furent établis en 1705, ainsi qu'on l'a rappelé, auxquels ont été substitués depuis, les quatre sous pour livre, dont la perception a été ordonnée d'abord par un arrêt du conseil du 18 décembre 1747, & prorogée depuis, les troupes n'ont payé & ne payent aujourd'hui que la même Capitation qui fut établie en 1702.

. Le tarif concernant la Capitation des troupes fut renouvelé en conséquence d'une ordonnance donnée à Marli le 20 juin 1761.

. Elle portoit que la retenue de la Capitation de tous les officiers des troupes de sa majesté, ensemble des quatre sous pour livre en sus, seroit faite sur les appointemens qui seroient payés par les trésoriers généraux de l'extraordinaire des guerres, & par leurs commis dans les provinces & armées. ..

Mais par les nouvelles ordonnances du 25 mars 1776 concernant l'infanterie, la cavalerie & les dragons, les appointemens & solde tant des officiers que des soldats cavaliers & dragons, doivent leur être payés sans aucune retenue soit pour les quatre deniers pour livre, soit pour la Capitation ou toute autre dépense.

Les mêmes ordonnances ont réglé que la Capitation des troupes se payeroit désormais sur la masse établie dans chaque corps. *Voyez* MASSE.

Article III. De la Capitation du clergé. On se rappelle qu'en 1695, le clergé, pour se rédimer de la Capitation à laquelle il avoit été assujetti, se détermina à payer, à titre de secours extraordinaire, quatre millions pour chacune des années pendant lesquelles la guerre dureroit.

Le même arrangement eut lieu en 1701, après le rétablissement de la Capitation.

En effet par le contrat qui fut passé à cet effet, le 11 juillet 1701, avec les commissaires du roi, le clergé s'obligea de payer quinze cent mille livres pour le restant de l'année, & quatre millions pour les années suivantes, jusqu'à la fin de la guerre.

Cette contribution se fit encore par imposition sur tous les bénéficiers, & il fut réglé tant par le contrat que par l'arrêt & les lettres patentes du 6 septembre 1701, qui en ordonnèrent l'exécution, que les ecclésiastiques qui avoient des pensions sur les bénéfices, seroient tenus de contribuer pour un sixième de leur pension, au payement des taxes imposées pour parfaire les quatre millions.

Cet abonnement procuroit annuellement &

fans frais, un fecours de quatre millions ; mais les circonftances difficiles dans lefquelles on fe trouva en 1709, engagèrent à propofer au clergé de racheter la contribution qui tenoit lieu de Capitation à fon égard, & ce rachat fut exécuté moyennat une fomme de vingt-quatre millions, en conféquence d'une délibération prife par le clergé le 11 avril 1710.

Pour parvenir à fe procurer ces vingt-quatre millions, le clergé fit un emprunt au denier douze, & conftitua pour deux millions de rente ; il arrêta en même temps de faire chaque année un fond de trois millions, dont deux furent deftinés à acquitter les arrérages des rentes, & le troifième à amortir chaque année une partie du capital : la délibération du clergé fut homologuée par des lettres patentes du 12 avril 1710, qui furent enregiftrées au parlement le 14 du même mois.

On doit obferver qu'il avoit été réglé dans l'affemblée générale du clergé, que les diocèfes particuliers pourroient emprunter en leur nom les fommes qui leur feroient néceffaires pour racheter leur contribution, en payant fix fois la fomme à laquelle elle montoit.

Ces emprunts furent en effet effectués ; mais comme quelques-uns des contrats qui furent paffés renfermoient des claufes ufuraires, un arrêt du confeil du 10 avril 1714 annulla toutes ces claufes, & les diocèfes particuliers remboursèrent dans les mêmes termes & de la même manière que le corps entier du clergé rembourfoit lui-même.

On obferve pareillement que depuis cette époque, & quoique la Capitation ait toujours eu lieu, il n'a été fixé aucune contribution annuelle pour tenir lieu, de la part du clergé, de ce subside qui sans doute a été regardé comme compris dans les dons gratuits qu'il accorde toutes les fois qu'il s'assemble.

Article IV. De la Capitation des pays d'états. Dans les pays d'états, la Capitation se paye par abonnement, c'est-à-dire, que l'objet en est compris dans la somme convenue pour le subside annuel.

Les années postérieures à celle dans laquelle la Capitation avoit été rétablie, exigèrent par les évènemens qui survinrent, des secours aussi prompts que multipliés.

Plusieurs des pays d'états furent admis au rachat de la Capitation, & autorisés à faire des emprunts pour fournir au gouvernement les sommes auxquelles ces rachats avoient été fixés.

Les conjonctures dans lesquelles ces opérations avoient été déterminées, ainsi que les affranchissemens de taille & de Capitation qui avoient été accordés pendant le cours de cette guèrre, prouvoient assez que l'on ne consultoit alors, dans les arrangemens de ce genre, que la nécessité de subvenir à des dépenses aussi urgentes qu'indispensables ; aussi ces rachats ne subsistèrent-ils point, & même tous les affranchissemens qui avoient été accordés à prix d'argent, furent révoqués en 1715.

La manière dont la Capitation se répartit dans les pays d'états, varie suivant les différentes administrations de ces pays : voici celle qui a lieu en Bourgogne, & qui a été réglée par un arrêt du conseil du 5 Juin 1717.

La première répartition est fixée par les élus généraux, qui déterminent ce que doivent payer la noblesse, les corps & le tiers-état.

La Capitation de la noblesse est répartie sur les gentils-hommes & sur ceux qui possèdent des fiéfs, par l'élu de la noblesse, assisté de quatre gentilshommes nommés par le gouverneur de la province; ils nomment des personnes solvables pour en faire le recouvrement & pour en remettre les deniers au trésorier de la province.

Les rôles de la Capitation du parlement, de la chambre des comptes & du bureau des finances sont dressés conformément à la déclaration du 12 mars 1701, & par les commissaires qui sont indiqués : ceux-ci remettent des extraits de ces rôles aux élus généraux, lesquels imposent eux-mêmes, conformément au tarif, ceux qui peuvent avoir été omis.

Le montant de chaque cote est remis au payeur des gages de ces compagnies, ou bien il en fait la retenue sur ces mêmes gages, & il remet les fonds qui en proviennent, au trésorier des états.

Les Elus généraux font eux-mêmes la répartition des sommes qui doivent être payées par les officiers des juridictions inférieures; ils en envoient un état au procureur du roi de chaque juridiction; l'imposition se fait par le chef, par deux députés & par le procureur du roi; ils choisissent l'un d'entr'eux pour le recouvrement; le corps est garant de la solvabilité de celui qui reçoit lequel est obligé de remettre le montant de la Capitation, sans non-valeur entre les mains du trésorier des états.

Les élus font également le rôle de ce qu doit être payé par ceux qui habitent les châteaux de Dijon, de Châlons & d'Auxone, ainsi que par tous les officiers civils & militaires, ou autres privilégiés qui ne font attachés à aucun corps : ceux qui habitent les châteaux, payent au commandant fur l'état qu'on lui envoie : il remet enfuite fon recouvrement au tréforier de la province ; quant aux autres, ils payent entre les mains des receveurs qui leur font indiqués.

A l'égard des taillables, le montant de la Capitation eft reparti fur chaque paroiffe par les élus généraux, & diftribué enfuite au marc la livre de la taille ; les collecteurs en font le recouvrement, & remettent les fonds aux receveurs des bailliages, qui les font paffer au tréforier général de la province : tous les membres des différens corps & communauté font folidaires, & doivent faire les deniers bons, au moyen de quoi il n'y a point de non-valeur.

Article V. De la Capitation de la ville de Paris. La Capitation de la ville de Paris s'impofe par le prevôt des marchands & par les échevins: voici comment fe font la répartition & le recouvrement.

Un arrêt du confeil du 22 Février 1695, ordonna que les propriétaires qui habitent leurs maifons dans Paris, ou les principaux locataires, donneroient aux quartiniers, lors de leurs vifites, des déclarations exactes de toutes les perfonnes qui habiteroient dans leurs maifons, avec leurs noms & qualités, le nombre de leurs enfans & de leurs domeftiques, apprentis & compagnons.

Ce fut fur ces déclarations que furent formés, en 1695, les premiers rôles; les quartiniers furent chargés du recouvrement par une
déclaration du 19 avril 1695; & par une ordonnance du prevôt des marchands du 24 mars
précédent, il avoit été enjoint à tous ceux
qui changeroient de demeure, d'en faire leur
déclaration au quartinier du quartier qu'ils quitteroient, & de lui donner par écrit leur nouvelle demeure.

Chaque quartinier tenoit pendant deux ou
trois jours de la femaine fon bureau à l'hôtel-
de-ville; ces jours étoient indiqués par les
avertiffemens qu'il donnoit, & par une ordonnance du bureau de la ville du 16 avril, il fut
enjoint à tous les propriétaires & principaux
locataires d'envoyer à ce bureau leurs déclarations.

Enfin, un arrêt du confeil du 4 juin 1695,
avoit ordonné que les maîtres & maîtreffes feroient tenus de payer la Capitation de toute
leur maifon.

On reconnut bientôt que les premières déclarations n'avoient point été faites exactement; plufieurs perfonnes ne payoient aucune
Capitation, d'autres n'étoient point impofées
à une taxe convenable, parce que leurs qualités
avoient été déguifées; ces motifs engagèrent à
ôter, dès 1696, aux quartiniers le recouvrement de la Capitation; & par un arrêt du
confeil du 7 février de la même année, il fut
ordonné que, par le prevôt des marchands &
les échevins, il feroit nommé dans chaque
dixaine on cinquantaine, un ou deux bourgeois dixainiers ou cinquanteniers, ou autres,

pour recevoir les déclarations des propriétaires & principaux locataires ; & pour faire le recouvrement, on leur accorda quatre deniers pour livre de taxation : cet arrêt reçut son exécution, & par une ordonnance du bureau de la ville du 18 février 1696, il fut permis à ces receveurs de tenir leurs bureaux dans leurs maisons ; ils continuèrent à verser les fonds dans la caisse du receveur général de la ville.

Lorsqu'en 1701, la Capitation fut rétablie, on reprit la même administration.

Un arrêt du conseil du 19 avril, ordonna de nouveau les déclarations de la part des propriétaires & principaux locataires.

Un autre arrêt du 21 juin enjoignit à tous les particuliers qui changeroient de domicile, de représenter aux propriétaires ou principaux locataires des maisons qu'ils quitteroient, des quittances du payement de la Capitation, ainsi qu'un certificat du propriétaire ou principal locataire de la maison dans laquelle ils auroient loué.

En cas de refus, les propriétaires & principaux locataires furent autorisés à faire saisir les meubles ; on donna à la Capitation le même privilège qu'aux loyers ; on rendit responsable de cette Capitation quiconque laisseroit sortir son locataire sans s'assurer qu'elle avoit été payée ; les maîtres furent chargés du payement de la Capitation de leurs domestiques, & pour assurer le recouvrement de celle des femmes séparées de leurs maris, un arrêt du conseil du 15 janvier 1704, obligea les greffiers du châtelet & des autres juridictions de la ville de Paris, d'envoyer

voyer au greffe de l'hôtel-de-ville des extraits de toutes les fentences de féparation.

Pour rendre moins onéreufes aux propriétaires & aux principaux locataires la charge qui leur étoit impofée de répondre de la Capitation des fous-locataires, on leur permit en 1711, de donner avis aux receveurs des démenagemens de ces fous-locataires un mois avant qu'ils fe fiffent, & de s'en faire donner une reconnoiffance par écrit, & par ce moyen les receveurs furent chargés de faire les diligences néceffaires pour le recouvrement, fous peine de payer eux-mêmes : on fixa par une ordonnance du 22 décembre de la même année 1711, au 10 janvier le terme avant lequel toutes les déclarations devoient être faites, & l'on autorifa les receveurs à faire toutes les vifites néceffaires pour rendre les rôles plus exacts.

Les règles dont on vient de voir le détail furent réunies dans un réglement du 13 décembre 1718 qui contient vingt articles. On porta les taxations des receveurs à un fou pour livre, fous la condition qu'ils s'obligeroient de remettre le montant des rôles en entier, tant en deniers qu'en décharges valables; on accorda même à ceux qui dans l'année fourniroient le montant des deux tiers du recouvrement, fix deniers pour livre en fus du fou fur le fecond tiers, & fur ce qu'ils recouvreroient au pardelà dans l'année.

Par un réglement du 15 décembre 1722, on donna à ces receveurs des commis qui furent obligés comme eux de prêter ferment devant le prévôt des marchands; on les autorifa à faire toutes les vifites néceffaires dans les maifons

pour s'affurer du nombre des contribuables, &
l'on détermina en même-temps la forme de
regiftres qui devoient être tenus par les pré
pofés à la recette.

Ce fut dans cette même année 1722, que
pour parvenir au recouvrement des fommes qu
étoient dues depuis 1719, il fut établi un bure
de régie générale qui fut depuis fupprimé, ain
que la place de directeur général.

Les receveurs de la Capitation des bourgeo
& habitans de Paris s'étant plaints dans ces der
niers temps qu'ils éprouvoient beaucoup de di
ficultés dans le recouvrement des rôles de cett
impofition, il fut rendu au confeil d'état du ro
le 24 février 1773, un arrêt par lequel fa majeft
a ordonné de nouveau l'exécution des lois don
nous avons rapporté les difpofitions.

Cet arrêt qui contient feize articles, forme l
dernier état de la jurifprudence fur la matièr
dont il s'agit (*).

(*) *Voici comme il eft conçu.*

ARTICLE I. La déclaration du 12 mars 1701, enfem
ble les arrêts du confeil & réglemens intervenus fur le fa
de la Capitation, feront exécutés felon leur forme & teneur
& notamment ceux des 19 avril & 21 juin 1701, 1
janvier 1704, 9 juin & 22 décembre 1711, 13 décem
bre 1718, & 15 décembre 1722; & en conféquence,
les rôles qui feront formés fur les déclarations des proprié
taires, principaux locataires, & les vifites des employé
au recouvrement de la Capitation, & dont les taxes feront
faites en la manière accoutumée, continueront d'être arrêtés
au confeil.

II. Les propriétaires habitant leurs maifons, ou prin
cipaux locataires, qui, au préjudice des arrêts & réglemens
des 21 juin 1701, 9 juin & 22 décembre 1711, & 1
décembre 1718, auront laiffé déménager les locataires

Par un édit du mois d'août 1772, il avoit été

---

ou redevables de la Capitation, sans en avoir donné avis
par écrit au receveur, un mois avant leur déménagement, seront contraints, en leur propre & privé nom,
au payement des sommes dûes par lesdits locataires, pour
les années qu'ils auront occupé leurs maisons, & même
pour l'imposition entiere de l'année dans laquelle ils auront
changé de domicile ; sauf aux propriétaires ou principaux
locataires à exercer leur recours, & à poursuivre lesdits redevables, ainsi & de la même maniere que l'auroient fait
lesdits receveurs ; & ce sans que lesdits propriétaires ou
principaux locataires puissent en être déchargés, sous quelque prétexte que ce soit, même en indiquant la demeure
desdits redevables, à moins qu'ils ne justifient par pieces
authentiques, de la perte de leur loyer, & de la sortie furtive
de ces mêmes locataires : & pour mettre lesdits propriétaires ou principaux locataires, en état de s'assurer du payement de ceux qui voudront déloger de leurs maisons, ils
pourront, conformément auxdits arrêts, faire saisir &
arrêter leurs meubles avant leur déménagement, faute par
lesdits particuliers de justifier du payement de leur Capitation, à leur premiere réquisition, par la remise d'un *duplicata* de leur quittance, que les receveurs seront tenus
d'expédier gratuitement, quand ils en seront requis.

III. Ordonne sa majesté, conformément aux arrêts du
Conseil des 9 juin & 22 décembre 1711, 13 décembre
1718, & 15 décembre 1722, à tous chefs de famille de
quelque qualité & condition qu'ils soient, propriétaires habitant leurs maisons, principaux locataires, supérieurs ou
supérieures de communautés séculieres ou régulieres, principaux, ou proviseurs de collèges, maîtres d'academies,
maîtres ou maîtresses de pensions, & autres tenant hôtels
garnis & auberges ; comme aussi à tous ceux qui ont des
enfans mineurs en leur puissance, soit qu'ils ayent des
biens ou non, acquis par le décès de leurs peres & meres ;
à tous trésoriers généraux ou particuliers, fermiers ou sous-
fermiers, gens d'affaires, entrepreneurs, régisseurs, chefs
de bureaux, banquiers, commerçans, manufacturiers ; ensemble à toutes femmes non communes en biens, ou sé-

créé un office de receveur général des vingtième

___

parées de leur mari, de corps, de biens ou d'habitations, ou à quelque titre que ce soit, & généralement à tous ceux qui ont des personnes à leur charge, logées avec eux ou employées sous eux, quoique n'y demeurant pas, de fournir à la premiere réquisition desdits préposés, des déclarations exactes & certifiées d'eux, contenant les noms & qualités de toutes les personnes qui habitent lesdites maisons, le nombre des enfans, commis, clers & domestiques, les garçons & les filles de boutique, les apprentis & les apprenties, compagnons ouvriers & ouvrieres, & généralement toutes les personnes étant à leur charge, logées chez eux où employées sous eux; ensemble les appointemens & gratifications de leur commis, pour, sur lesdites déclarations, être chaque contribuable employé dans les rôles de la Capitation, suivant son état & faculté. Quant à ce qui concerne les châteaux ou maisons royales, ainsi que celles des princes du sang & autres, entend sa majesté qu'il soit remis chaque année, par les gouverneurs ou concierges desdites maisons, aux receveurs de la Capitation, un état exact & détaillé de toutes les personnes, avec énonciation de leurs qualités, logeant dans lesdites maisons ou châteaux, afin que sur ces états les receveurs puissent ne comprendre dans leurs rôles que ceux qui sont dans le cas d'être imposés. Autorise au surplus, sa majesté, lesdits receveurs à faire dans lesdites maisons ou châteaux toutes poursuites, ainsi & de la même maniere qu'ils le feroient dans des maisons particulieres.

IV. Enjoint sa majesté aux maîtres des hôtels, maisons, appartemens & chambres garnies, de représenter au receveur de la Capitation, toutes les fois qu'il le requerra, le livre de police, pour connoître les personnes qui logeront dans lesdits hôtels, maisons & chambres garnies, à peine de cent livres d'amende; comme aussi aux aubergistes & aux personnes qui tiennent des logis & chambres à loyer d'ouvriers & compagnons, de déclarer ceux qu'ils logeront à peine de payer le double de la taxe à laquelle ils seront sujets.

V. Veut sa majesté que tous ceux compris dans l'article III du présent arrêt, qui refuseront de fournir par écrit,

& de la Capitation de la ville de Paris, mais

---

dans le 15 janvier de chaque année, leurs déclarations,
ou qui y feront quelques omissions ou déguisemens, soient
assignés pardevant les prévôt des marchands & échevins,
pour être par eux condamnés à payer le quadruple de la
somme pour laquelle chaque particulier qu'ils auront refusé
de déclarer, ou qu'ils auront omis, ou dont ils auront
déguisé la qualité, auroit dû être compris dans lesdits rôles;
& en outre en cent livres d'amende, dont moitié appartiendra au dénonciateur, sans que cette peine puisse être réputée comminatoire. Ordonne sa majesté que les particuliers
qui auront été omis, & dont les qualités auront été déguisées,
seront compris dans les rôles par supplément.

VI Veut pareillement sa majesté, conformément à l'article XV de l'arrêt du conseil du 13 décembre 1718, que
toutes personnes de quelque qualité & condition qu'elles
soient, qui ont un domicile actuel dans la ville de Paris,
soient comprises dans les rôles des habitans de ladite ville,
suivant leurs qualités, état & facultés, quand bien même
elles seroient imposées en province ou dans des rôles particuliers pour raison de terre, fiefs ou châteaux qu'ils y
possédent, ou par rapport à quelques charges, emplois ou
commissions, soit militaire, soit de justice, police, finance
ou de maisons royales, pour lesquelles elles ne payent
que des taxes modiques, sauf à leur tenir compte, si le
cas y échoit, de ce qu'elles justifieront avoir payé ailleurs
par des quittances duement visées & attestées.

VII. Entend sa majesté que tous les officiers de ses
troupes, qui, quoique ne servant plus, ont conservé des
appointemens, ou qui sont demeurans à Paris, soient imposés conformément à leur qualité & dans la proportion
de leur faculté; sauf à leur tenir compte des sommes
qu'ils justifieront avoir payé à l'extraordinaire des guerres.

VIII. Entend aussi sa majesté que tous les domestiques
mariés, qui sont en service, & qui occupent des logemens
qui ne sont pas à la charge de leurs maîtres, soient imposés au rôle de la Capitation de la ville, aussi au *prorata*
de leurs facultés apparentes, & qu'ils soient tenus de payer
leur imposition, sans aucune déduction de ce que leurs

cet office dont avoit été, pourvu le fieur |

maîtres pourroient payer pour eux, ni fans que les maî
puiffent fe prevaloir du payement fait par leurs domef
ques à leurs domicile, pour faire décharger ou dimin
la taxe faite à leur article, pour raifon de ces mêmes d
meftiques.

IX. Veut auffi fa majefté, conformément à l'article XI
dudit arrêt du confeil du 13 décembre 1718, que les m
chands & artifans & autres particuliers, qui par eux-m
mes ou par leur femme, exercent & réuniffent à l
commerce, quelque profeffion particulière & étrang
à celui de la communauté dont ils font membres : m
que ceux qui débitent de la crême, du fruit, de l'eau-d
vie, biere, tabac ou fel ; enfin, toutes perfonnes faif
ufage de lettres de regrat ; les diftributeurs de billets d
loteries ayant des bureaux ouverts, les femmes qui ve
dent de la marée ou poiffon d'eau-douce ; ceux qui lou
des maifons ou chambres garnies, autres que les traite
exerçant leur commerce, à qui cette faculté eft attribu
pour leur maifon de domicile feulement, & fait partie
l'exercice de leur profeffion ; & enfin, tous ceux qui o
quelqu'emploi, commiffion ou exercice étranger à cel
de la communauté à laquelle ils font attachés, & dont i
retirent un produit particulier, foient impofés dans l
rôles des bourgeois, pour raifon defdites profeffions exe
cice & emplois, indépendamment des fommes qu'ils paye
à leurs corps & communauté, pour raifon de leur com
merce & profeffion directe.

X. Veut pareillement fa majefté, qu'en conféquen
de l'article III de l'arrêt du confeil du 3 juin 1738, con
cernant les renonciations des marchands & artifans de l
ville de Paris, à leurs corps & communauté, les gardes,
prévôt & jurés defdits corps & communauté, foient tenu
de remettre au fieur Lieutenant général de police, les ex
traits des renonciations qui auront été faites par lefdits mar
chands, artifans & leurs veuves, à leurs droits dans leur
corps & communautés, avec un extrait du rôle contenan
les fommes auxquelles chacun defdits particuliers qui au
ront renoncé, font impofés, afin que le fieur lieutenan

Normand, a été supprimé comme onéreux.

---

général de police puisse envoyer ces extraits au sieur Prévôt des marchands de la ville de Paris, pour qu'après les trois années révolues de leur renonciation, ils puissent être compris au rôle des bourgeois, suivant leurs état & facultés.

XI. Ordonne enfin sa majesté que la Capitation continuera d'être payée dans les termes accoutumés, faute de quoi seront tous les contribuables contraints par saisie de leurs rentes, gages, appointemens, loyers de maisons & autres deniers & revenus, & par les autres voies portées par l'article II du présent arrêt; & pour la facilité du recouvrement des rôles en ce qui concerne les directeurs, caissiers & commis des trésoriers généraux ou particuliers, les fermiers, sous-fermiers, gens d'affaire, entrepreneurs, régisseurs, chefs de bureaux, banquiers, commerçans, manufacturiers & tous autres ayant des commis, secrétaires, clercs ou des ouvriers employés sous leurs ordres, leur Capitation personnelle & celle de leurs commis ouvriers & domestiques, seront payées ensemble & dans les mêmes termes par leurs receveurs ou caissiers, sur les extraits qui leur seront fournis desdits rôles : à quoi faire lesdits caissiers & receveurs seront contraints, sauf à leurs commettans à faire la retenue, si bon leur semble, de ce qu'ils auront payé à l'acquit de ceux qui sont à leur charge.

XII. Pour éviter, autant qu'il est possible, dans ce recouvrement les non-valeurs, fait défenses sa majesté à tous dépositaires, sequestres & huissiers, commissaires-priseurs, sous peine d'en répondre en leur propre & privé nom & de payer deux fois, de faire délivrance d'aucun denier provenant de vente de meubles, soit volontaire, soit forcée, soit après décès, qu'on ne leur justifie préalablement par *duplicata* de la quittance de Capitation personnelle, ainsi que de celle des domestiques de la personne à qui appartenoient les meubles.

XIII. Fait en outre sa majesté défenses à tous ses sujets de quelqu'état & condition qu'ils soient, de porter aucun trouble, empêchement ni préjudice aux receveurs &

par un autre édit du mois de janvier 1775, enregiftré au parlement le 23 février fuivant. Il a
en même-temps été créé par ce dernier édit,

commis chargés du recouvrement de la Capitation, foi
dans leurs vifites ou dans leurs autres fonctions ; voulan
fa majefté que ceux qui les troubleront ou qui s'oppoferon
aux recherches qu'ils font obligés de faire, foient condamnés, conformément à l'arrêt du confeil du 15 décembre 1722, par le fieur prévôt des marchands, en tro
cens livres d'amende fur les fimples procès-verbaux de
receveurs ou commis qui feront fignés d'eux.

XIV. Ordonne fa majefté, en confirmant en tant qu
befoin feroit, les réglemens faits pour le recouvremen
de la Capitation, qu'à l'exception des pauvres au pain d
la paroiffe, qui rapporteront des certificats de leur curé,
& dont on aura bien conftaté la fituation, des femme
communes en biens & demeurantes avec leur mari, fan
exercer aucun état, commerce ou métier particulier, de
enfans ayant pere & mere demeurans avec eux ou faifan
leurs études, fans avoir acquis aucun bien par fucceffion
ou autrement & fans exercer aucun état, commerce,
métier ou emploi ; encore auffi à l'exception des miniftre
des princes étrangers avec leurs officiers & domeftiques
logeant dans leurs hôtels ; tous les autres bourgeois & habitans de la ville de Paris, foient impofés aux rôles à proportion de leur état & facultés.

XV. Ordonne au furplus fa majefté, que tous les arrêts & réglemens précédemment rendus en fon confeil,
fur le fait de la Capitation, feront exécutés felon leur
forme & teneur en tout ce qui n'eft pas contraire au préfent arrêt.

XVI. Enjoint fa majefté au fieur prévôt des marchands
& au fieur lieutenant général de police de la ville de
Paris, de tenir la main, chacun pour ce qui le concerne,
à l'exécution du préfent arrêt, qui fera publié & affiché
par-tout où befoin fera, à ce que perfonne n'en ignore :
& pour l'exécution d'icelui feront, fi befoin eft, toutes lettres néceffaires expédiées. Fait, &c.

On procède à Paris au recouvrement de la Capitation des bourgeois en adreſſant a chacun un extrait du rôle dans la forme ſuivante:

VILLE DE PARIS.

IMPOSITIONS.   VIᵉ DÉPARTEMENT.

CAPITATION.   Qer. DU LUXEMBOURG.

AVERTISSEMENT.
Année 177

Le Bureau ſera ouvert tous les jours depuis huit heures du matin juſqu'à une heure après-midi, excepté les Fêtes & Dimanches, chez Monſieur LESEIGNEUR, Receveur des Impoſitions ;

Il eſt ſitué rue des Foſſés M. le Prince.

☞ *Vous rapporterez, s'il vous plait, en venant payer, votre Quittance de l'année dernière & le préſent Avertiſſement.*

Les Propriétaires ou principaux Locataires ſont priés de remettre les Avertiſſemens à leurs Locataires, auſſi-tôt la réception.

Le dernier terme eſt échu au 1 juillet, ſuivant l'Arrêt du Conſeil du 22 Décembre 1711. vous ſerez pourſuivi, faute de payement avant le mois d'octobre.

Défenſe de payer ailleurs qu'au Bureau dudit Receveur, à peine de nullité des payemens.

Les perſonnes qui doivent déménager, payeront la Capitation de toute l'année, un mois avant que de faire enlever leurs meubles, ſinon elles ſeront pourſuivies extraordinairement.

EXTRAIT du Rôle de la Capitation arrêté par le ROI en ſon Conſeil.

Rue   Dne Nᵒ.

MAISON à M. FRANÇOIS....

M. Louis.... payera la ſomme de trente livres.
Pour un laquais trois livres.

Pour les quatre ſols pour livre ordonnés & prorogés par l'Arrêt du Conſeil du 10 Septembre 1767. } 61. 12 ſ.

Total 39 l. 12 ſ.

En conſéquence des Arrêts du Conſeil, des 13 Décem-

de la Capitation que des autres impositions de la ville de Paris. Ces receveurs jouissent de quatre deniers pour livre sur chacune des impositions dont ils font le recouvrement, à l'exception toutefois de celles qui se perçoivent en la forme ordinaire sur les corps & communautés de Paris par les gardes ou jurés de ces corps.

---

bre 1718 & 24 Février 1773, tous Propriétaires, principaux Locataires & Chefs de famille, sont tenus (sous les peines portées par lesdits Arrêts) de fournir, à la première réquisition dudit Receveur ou de ses Commis, des états & déclarations signées & certifiées véritables, contenant les noms, sur-noms & qualités des personnes qui habitent leurs maisons, ou qui sont à leur charge, service ou par eux employées.

Conformément à l'Arrêt du Conseil, du 15 janvier 1726 les Propriétaires des rentes sur les Aydes & Gabelles, sans distinction d'état, ne pourront être payés des arrérages de leurs rentes qu'en fournissant aux Payeurs desdites rentes des Duplicata de leur Quittance de Capitation & de celle de leurs Domestiques, des six mois qui précéderont le quartier, dont lesdits Payeurs feront le payement; lesdits Duplicata seront délivrés sans frais.

En exécution de l'Arrêt du Conseil du 8 Avril 1727, les Propriétaires & principaux Locataires seront déchargés de la garantie de la Capitation de leurs Locataires, en donnant aux Receveurs avis de leur déménagement un mois auparavant; de laquelle déclaration il leur sera donné reconnoissance par écrit.& signée.
M.

Vous êtes averti d'envoyer payer audit Bureau, la somme ci-dessus pour laquelle vous avez été employé dans le Rôle arrêté par le Roi en son Conseil pour l'année susdite, en exécution des déclarations du Roi des 12 Mai 1701 & 9 Juillet 1715, & des arrêts du Conseil des 13 Décembre 1718, 15 Décembre 1722, 15 Juin, 18 Décembre 1747, 10 Septembre 1767 & 24 Février 1773.

Les receveurs n'ont fur ces dernières impofitions verfées dans leurs caiffes que deux deniers
pour livre. Ils n'ont pareillement que deux deniers par livre pour le recouvrement des fommes portées dans les rôles de Capitation des
princes, ducs, maréchaux de France, &c. Cela
eft ainfi réglé par l'arrêt du confeil du 30 décembre 1775, qui a dérogé à cet égard à l'édit
du mois de janvier précédent.

*Article VI. De la Capitation des communautés
d'arts & métiers.* La répartition & le recouvrement de la Capitation des communautés d'arts
& métiers font affujettis à des règles particulières dont l'objet a été, en rendant cette charge
égale & proportionnée aux facultés de chaque
perfonne en particulier, d'éviter les non-valeurs
que l'on éprouvoit fur cette partie ; ce font les
motifs rappelés dans un arrêt du confeil du 13
mai 1721, qui contient règlement à cet égard.

Le premier article de ce règlement, porte
que les rôles feront faits par les gardes, prévôts, fyndics & députés de chaque communauté, & que le montant en fera payé fans non-
valeur aux receveurs de la Capitation.

On règle enfuite la forme dans laquelle doivent être faites par-devant notaires les renonciations que chaque membre d'une communauté
doit faire fignifier à fes fyndics lorfqu'il entend
s'en féparer & quitter le commerce ou la profeffion qu'il exerçoit.

En ce cas le particulier qui quitte ne doit être
impofé fur le rôle de fa communauté que pour
l'année dans laquelle il a fait fignifier fa renonciation ; mais comme il en réfultoit des abus, par
un règlement du 3 juin 1738, il a été ordonné

que ces particuliers continueroient d'être employés pendant trois ans dans les rôles de leur communauté, & qu'au bout de trois ans, les syndics & jurés seroient tenus de remettre au lieutenant général de police qui le feroit passer au prévôt des marchands, un état de toutes les renonciations, & par cette précaution on est assuré que les contribuables sont imposés ou au rôle de leur communauté, ou sur celui des bourgeois.

Les syndics, gardes & jurés forment les rôles de répartition de chaque communauté & de chaque membre; ces rôles sont arrêtés par le lieutenant général de police.

Article VII. Précautions générales pour accélérer & rendre plus facile le recouvrement de la Capitation. Ces précautions consistent particulièrement dans le privilège qui a été accordé aux deniers de ce recouvrement.

On y a attaché le privilège des deniers royaux. Ainsi, par exemple, la Capitation d'une personne dont les biens sont saisis réellement, doit être payée par le fermier judiciaire & par le commissaire aux saisies réelles, par préférence à toute autre dette, conformément à des arrêts du conseil des 5 mars 1695 & 4 octobre 1701.

La même préférence a lieu sur les deniers qui sont entre les mains des payeurs des gages, & qui sont saisis sur le titulaire; c'est la disposition précise de deux arrêts du conseil des 16 février & 11 juillet 1702.

Le privilège de la Capitation passe même avant celui de la taille; elle doit être payée sur le revenu des terres, nonobstant toute délégation acceptée, & par préférence à tout créancier faisissant, conformément à une déclaration du roi du 7 septembre 1706.

Article VIII. Comptabilité des receveurs de la Capitation. Les comptes de la Capitation font tous portés en dernier reffort dans les chambres des comptes, mais ils reçoivent auparavant plusieurs examens.

1°. Les receveurs particuliers des provinces rendent des comptes aux intendans & commiffaires départis ; les déclarations du roi de 1695, 1696 & 1697 portent que les reprifes qu'ils auront allouées le feront pareillement par les chambres des comptes.

2°. Les receveurs généraux des finances dans la caiffe defquelles verfent les receveurs particuliers, avant de compter à la chambre des comptes, comptent par états au vrai au confeil, & joignent à ces états les pièces juftificatives de la recette & de la dépenfe : ces états apoftillés & les pièces vifées au confeil fixent le réfultat du compte à la chambre, parce que les comptables ne font obligés qu'à rapporter les feules pièces qui ont été vifées au confeil, & la chambre des comptes doit leur allouer les reprifes qui ont été paffées au confeil.

Le principe général en matière de Capitation, & prefcrit par l'arrêt du confeil du 5 feptembre 1702, fur lequel il a été expédié des lettres-patentes, eft que toute perfonne établie pour le recouvrement de la Capitation doit compter devant ceux de qui elle tient fa commiffion, fans être pour cela difpenfée de rendre à la chambre le compte qui doit opérer fa décharge.

Ce dernier compte doit être préfenté deux ans après l'année d'exercice dont il s'agit de compter.

Par arrêt du 13 juillet 1768, la cour des aides de Paris avoit ordonné que les officiers des élections du reffort feroient tenus d'envoyer tous les ans au greffe de cette cour un état certifié du montant de la taille, de la Capitation & des autres impofitions acceffoires : mais par un autre arrêt du confeil du 12 août fuivant, celui de la cour des aides a été caffé & annullé, avec défenfes à cette cour d'en rendre de femblables à l'avenir, fous peine de défobéiffance.

Les motifs qui ont donné lieu à ce dernier arrêt s'y trouvent ainfi exprimés :

« Sa majefté n'a pu voir qu'avec la plus grande
» furprife jufqu'où fa cour des aides s'eft laiffée
» entraîner par l'oubli des limites qui, fuivant
» la conftitution de l'état & les lois qui ont
» donné l'exiftence à ladite Cour, ont toujours
» féparé l'adminiftration du contentieux qui bor-
» ne fon attribution ; la tentative qui refulteroit
» d'un pareil arrêt, pour procufer à ladite cour
» la connoiffance du montant des impofitions de
» toute nature, dont la fixation & l'emploi n'ap-
» partiennent qu'au fouverain, même de celles
» dont la compétence, par rapport aux contef-
» tations relatives à la perception, lui eft inter-
» dite, eft d'autant plus déplacée, qu'elle ne peut
» ignorer que le montant des impofitions que
» les befoins de l'état rendent indifpenfables eft
» configné dans des brevets que fa majefté elle-
» même arrête en fon confeil ; que ces brevets
» font dépofés aux greffes des bureaux des finan-

» ces, chargés par état de concourir avec les
» fieurs intendans & commiffaires départis, &
» les officiers des élections à l'affiete de l'impo-
» fition; que ces bureaux font également tenus
» par la nature de leurs fonctions de veiller fur
» l'emploi des deniers en provenans; que la dif-
» tribution de ces deniers eft portée dans l'état
» que fa majefté leur fait adreffer chaque année ;
» que les receveurs comptent devant eux par
» état au vrai de la recette & dépenfe; que
» ces comptes font encore examinés en fon con-
» feil; & qu'enfin il en eft compté en détail en
» fa chambre des comptes: la cour des aides ne
» peut pareillement ignorer que fes fonctions
» relativement aux impofitions, fuivant les édits
» auxquels elle doit fon exiftence, fe bornent
» à connoître du contentieux entre les contri-
» buables, aux termes de fes attributions ; &
» comme les difpofitions de l'arrêt de ladite
» cour du 13 juillet dernier, font autant d'in-
» fractions à des principes qui doivent être in-
» variables, fa majefté a jugé néceffaire au
» maintien de l'autorité royale, de ne pas le
» laiffer fubfifter ».

Voyez *la déclaration du 18 février 1695; les
arrêts du confeil des 22 février, 26 mars & 11 juin
fuivant; les lettres-patentes du 18 octobre de la
même année; la déclaration du 12 mars 1701 &
celle du 9 juillet 1715; l'arrêt du confeil du 3
mars 1705; les lettres-patentes du 19 août de la
même année; les arrêts du confeil des 18 décembre
1747, 27 feptembre 1757 & 10 feptembre 1767;
les édits de feptembre 1759 & février 1760; la déclaration du 16 juin 1761; le tarif du 21 octobre*

1702 ; *l'ordonnance du 20 juin 1761 ; l'arrêt les lettres-patentes du 6 septembre 1701, & du 12 avril 1710 ; les arrêts du conseil des 10 avril 1714 & 5 juin 1717 ; la déclaration du 19 avril 1695 ; les arrêts du conseil des 19 avril & 20 juin 1701, 15 janvier 1704, 13 décembre 1718, 15 décembre 1722, 24 février 1773, & 30 décembre 1775 ; l'édit du mois de janvier 1775 ; l'arrêt du conseil du 13 mai 1721 ; le règlement du 3 juin 1738, les arrêts du conseil des 5 mars 1695, 4 octobre 1701, 16 février & 11 juillet 1702 ; la déclaration du 7 septembre 1706 ; les mémoires sur les droits du roi ; l'arêt de la cour des aides du 13 juillet 1768, & celui du conseil du 12 août suivant,* &c. Voyez aussi les articles Impôt, Deniers royaux, Rôle, Taille, Receveur, Controle, Formule, &c.

CAPITON. Sorte de soie grossière qui sert à divers ouvrages.

Suivant le tarif de 1664, le Capiton à faire lassis doit à l'entrée des cinq grosses fermes cinquante sous par cent pesant, & à la sortie cinq livres.

Voyez *le tarif cité*, & les articles Entrée, Sortie, Marchandise, Sou pour Livre, &c.

CAPITOULS. C'est le titre que portent à Toulouse des officiers municipaux qui exercent dans cette ville la même juridiction que celle que les échevins exercent à Paris, les jurats à Bordeaux, les conseillers des hôtels-de-ville en Lorraine, & les consuls en Provence & en Languedoc.

Le nom de Capitouls a été donné à ces officiers,

tiers, parce qu'ils ont la garde de la maiſon de ville, qu'on appelloit anciennement le *Capitole*.

La charge de Capitoul eſt honorable ; elle attribue la nobleſſe à ceux qui en ſont pourvus. Ce privilége a donné lieu à différentes lois dont nous allons rapporter les principales diſpoſitions.

Un édit du mois de mars 1667 révoqua pour l'avenir la nobleſſe accordée aux maires & échevins des villes du royaume, & la conſerva aux deſcendans de ceux qui avoient exercé ces charges depuis 1600 ; mais ce fut à la condition de payer une finance.

Par un autre édit du mois de juin 1691, le roi ordonna que les maires, échevins & officiers des villes de Lyon, Touloufe, Bordeaux & autres auxquels les priviléges de nobleſſe révoqués par l'édit de 1667, avoient été précédemment attribués, qui auroient exercé leurs charges depuis 1600, & leurs deſcendans qui auroient financé en conſéquence de l'édit de 1667, & qui auroient exercé juſqu'au dernier décembre 1687, ſeroient confirmés dans les priviléges de la nobleſſe : il fut pareillement réglé que ceux qui ſans avoir financé auroient continué de jouir de ces priviléges, y ſeroient maintenus en payant par eux une finance, à moins qu'ils ne renonçaſſent au titre de nobleſſe.

L'exécution de cet édit fut ordonnée par arrêt du conſeil du 15 décembre 1691, & le rôle des finances à payer fut arrêté au conſeil le 26 janvier 1692.

Par édit du mois de ſeptembre 1692, les Capitouls de Touloufe qui avoient été nommément compris dans l'édit de 1691, furent exceptés de l'exécution de ce dernier édit ainsi que leurs veuves & leurs enfans, & le roi déclara vouloir qu'ils jouissent des avantages des nobles d'extraction.

Par un autre édit du mois de novembre 1706, il fut ordonné que les particuliers qui avoient exercé les fonctions de Capitouls pendant les années 1705 & 1706, seroient tenus chacun de payer la somme de quatre mille livres, au moyen de quoi ils seroient confirmés dans leurs privilèges de noblesse.

·Mais par un édit postérieur du mois de janvier 1707, le roi après avoir examiné les édits & déclarations en vertu desquels les Capitouls avoient été en possession depuis un temps immémorial, de prendre la qualité d'écuyer & de noble, déclara vouloir que l'édit du mois de novembre 1706, demeurât sans exécution pour ce qui concernoit les Capitouls des années 1705 & 1706 : sa majesté révoqua expressément cet édit, & ordonna que les Capitouls, leurs veuves & leurs descendans en légitime mariage seroient nobles & jouiroient comme les Capitouls des années précédentes, des mêmes privilèges, exemptions, franchises & immunités que ceux dont jouissent les nobles d'extraction & de race, sans qu'on pût les y troubler ni leur faire payer aucune finance pour cet effet.

·Au mois de janvier 1714, parut un nouvel édit par lequel le roi confirma à perpétuité tous les particuliers qui avoient été maires, échevins, consuls, Capitouls ou autres officiers des villes, telles que Lyon, Toulouse, Bordeaux où la noblesse s'acquiert par ces offices, dans tous les droits & privilèges de noblesse pour eux & leurs descendans mâles en légitime mariage, tant & si long-temps qu'ils ne feroient point d'acte de dérogeance : mais pour cette confirmation ces officiers & leurs descendans furent chargés de payer une finance, & il fut dit qu'ils feroient contraints au payement des sommes auxquelles chacun d'eux auroit été taxé, à moins que dans un mois, à compter de la publication de l'édit, ils n'eussent renoncé au titre de noblesse.

L'exécution de cet édit fut ordonnée nommément contre les Capitouls de Toulouse, par un arrêt du conseil du 21 mai 1715.

En 1717, la ville de Toulouse présenta à Louis XV un cahier par l'article 2 duquel elle demanda la confirmation de tous les privilèges & de la noblesse des Capitouls. Ils ne tenoient, dit-elle, cette noblesse d'aucune concession de nos rois, & elle avoit toujours été attachée à l'office de Capitoul. La même ville observa que ce privilège ne pouvoit être à charge à l'état, parce qu'on ne pouvoit nommer Capitouls que des habitans de Toulouse ou des sujets qui y eussent acquis le droit d'habitation, & que le Languedoc étoit un pays de cadastre où la taille réelle s'imposoit sur le noble comme sur le roturier.

Le préposé à la recherche des taxes répondit que les constitutions de la ville n'admettoient aux places de Capitouls que des sujets nés à Toulouse : qu'on avoit même contrevenu au droit romain en admettant au capitoulat des sujets qui n'habitoient Toulouse que depuis cinq ans, tandis que le droit romain exigeoit dix ans pour la fixation du domicile. Mais comme ce dernier ſtatut de la ville de Touloufe eſt de pluſieurs ſiècles, il intervint un arrêt du conſeil le 17 juillet 1717, par lequel les Capitouls furent reçus oppoſans à celui du 21 mai 1715; en conſéquence ils furent déchargés des taxes ſur eux faites en vertu de l'édit de 1714, & confirmés ainſi que leurs veuves & leurs enfans, dans les privilèges de nobleſſe pour en jouir à l'avenir comme par le paſſé, enſemble dans toutes les prérogatives, prééminences & autres avantages dont jouiſſent les nobles d'extraction & de parenté.

Par un autre arrêt du conſeil du 25 mars 1727, les Capitouls furent déchargés du droit de confirmation auquel avoient été aſſujettis les maires & échevins des autres villes qui tenoient leur nobleſſe de conceſſion récente de nos rois. Mais par l'article premier de l'édit du mois d'avril 1771, tous les ſujets du roi qui depuis le premier janvier 1715 ont été Capitouls ou revêtus de quelques autres offices municipaux auxquels ſont attachés les privilèges de la nobleſſe tranſmiſſible, ont été aſſujettis à payer une ſomme de ſix mille livres pour être confirmés dans ces privilèges. Il n'y a eu d'exception que pour les officiers municipaux de la ville de Paris.

Anciennement la nomination des Capitouls ſe faiſoit par le corps de ville aſſemblé. Enſuite le roi ordonna par arrêt du conſeil du 10 novembre 1687, que la ville propoſeroit annuellement vingt-quatre ſujets ayant les qualités requiſes pour être reçus Capitouls, & que ſa majeſté en choiſiroit huit. Ce nombre fut depuis réduit à ſix par arrêt du conſeil du 6 mai 1738,

On expédioit en conséquence un brevet du roi à ceux qui avoient été choisis par sa majesté, & sur ce brevet ils étoient admis à l'exercice du capitoulat pour une année, durant laquelle ils devoient résider à Toulouse.

Enfin le roi ayant par édit du mois de novembre 1771, supprimé dans toutes les villes du royaume, à l'exception de Paris & de Lyon, les élections des officiers municipaux, sa majesté a par l'article 2 de cet édit, créé en titre d'offices formés les Capitouls de Toulouse. Et par l'article 7, ils ont été confirmés dans le privilège de noblesse pour eux & pour leurs descendans, à la charge de posséder leurs offices pendant vingt ans ou d'en décéder revêtus.

Des lettres-patentes du mois de septembre 1717 ont confirmé les Capitouls de Toulouse dans la garde & gouvernement de cette ville, ainsi que dans l'exercice de la juridiction civile, criminelle & de police en première instance, sauf l'appel au parlement de la même ville.

Les Capitouls connoissent aussi de toutes les matières qui concernent les tailles & autres impositions qu'on lève dans la ville & gardiage de Toulouse : c'est ce qui résulte de l'article 71 de la déclaration du 20 janvier 1736 servant de règlement sur la juridiction du parlement de Toulouse, & sur celle de la cour des comptes, aydes & finances de Montpellier & autres tribunaux du Languedoc. Voici comme s'exprime cet article :

« N'entendons rien innover à la juridiction » que les Capitouls de notre ville de Toulouse, » & notredite cour de parlement sont en posses- » sion d'exercer en toutes les matières qui con-

» cernent les tailles, les octrois, subventions &
» autres impositions qui se lèvent dans ladite
» ville & gardiage d'icelle : voulons que toutes
» contestations qui pourront naître à ce sujet
» continuent d'être portées en première instance
» devant lesdits juges Capitouls, & par appel
» en notredite cour de parlement ; sans que sous
» ce prétexte lesdits Capitouls ou ladite cour
» puissent prendre connoissance des procès &
» différens qui concerneront nos fermes ou au-
» tres levées extraordinaires dans lesquels nous
» aurions intérêt pour nous ou pour nos fer-
» miers qui ne pourront être portés que devant
» les juges mentionnés dans les articles III & IV
» ci-dessus ».

Les juges dont il est question dans ces articles III & IV sont les maîtres des ports, les juges
des traites, la cour des comptes, aydes &
finances de Montpellier, les juges ordinaires,
& le parlement de Languedoc.

Voyez *le traité de la noblesse & des privilèges des*
Capitouls de Toulouse par la Faille ; les édits du
mois de mars 1667 & du mois de juin 1691 ; l'ar-
rêt du conseil du 15 décembre 1691 ; les édits de
septembre 1692, novembre 1706, janvier 1707 &
janvier 1714 ; les arrêts du conseil des 21 mai 1715,
17 juillet 1717 & 25 mars 1727 : le dictionnaire
raisonné des domaines ; les lettres-patentes du mois
de septembre 1717 ; la déclaration du 20 janvier
1736 ; les arrêts du conseil des 10 novembre 1687
& 6 mai 1738 ; les édits des mois d'avril & de no-
vembre 1771 ; le code de Louis XV ; le recueil des
différens édits de création des offices municipaux des
différentes villes du royaume, &c. Voyez aussi les
articles MAIRE, ÉCHEVINS, CONSUL, JURATS,

Noblesse, Privilège, Hôtel de Ville, Police, &c.

CAPITULAIRES. Ce terme qui désigne en général des livres divisés en plusieurs chapitres ou *capitules*, s'est appliqué en particulier aux lois tant civiles que canoniques, & spécialement aux lois ou règlemens que les rois de France faisoient dans les assemblées des évêques & des seigneurs du royaume. Les évêques rédigeoient en articles les règlemens qu'ils croyoient nécessaires pour la discipline ecclésiastique, & qu'ils tiroient pour la plupart des anciens canons: les seigneurs dressoient des ordonnances suivant les lois & les coutumes; le roi les confirmoit par son autorité, & ensuite ils étoient publiés & reçus.

L'exécution des Capitulaires qui regardoient les affaires ecclésiastiques étoit commise aux archevêques & aux évêques; & celle des Capitulaires qui concernoient les lois civiles, aux comtes & aux autres seigneurs temporels; & à leur défaut, des commissaires envoyés par le roi qu'on appeloit *missi dominici*, étoient chargés d'y veiller. Ces Capitulaires avoient force de loi dans tout le royaume : non-seulement les évêques, mais les papes même s'y soumettoient. Childebert, Clotaire, Dagobert, Carloman, Pepin & sur-tout Charlemagne, Louis-le-Débonnaire, Charles-le-Chauve, Lothaire, & Louis II ont publié plusieurs Capitulaires : mais cet usage s'est aboli sous la troisième race de nos rois.

Ansegise abbé de Lobe, selon quelques-uns, ou selon M. Baluze, abbé de Fontenelles, a fait le premier un recueil des règlemens con-

tenus dans les Capitulaires de Charlemagne &
de Louis-le-Débonnaire ; ce recueil eſt partagé
en quatre livres & a été approuvé par Louis-le-
Débonnaire & par Charles-le-Chauve. Après
lui, Benoît diacre de Mayence, recueillit vers
l'an 845 les Capitulaires de ces deux empereurs, omis par Anſegiſe, & y joignit les Capitulaires de Carloman & de Pepin. Cette collection eſt diviſée en trois livres qui compoſent
avec les quatre précédens, les ſept livres des
Capitulaires de nos rois : les ſix premiers livres
ont été donnés par du Tillet en 1548, & le
recueil entier des ſept livres par MM. Pi-
thou ; mais on a encore des Capitulaires de
ces princes en la manière qu'ils ont été publiés : il y en a eu quelques-uns imprimés en
Allemagne, en 1557 : on en a imprimé une autre collection plus ample à Baſle. Le P. Sirmond
a fait paroître quelques Capitulaires de Charles-
le-Chauve ; & enfin M. Baluze nous a procuré
une belle édition des Capitulaires de nos rois,
fort ample, & revue ſur pluſieurs manuſcrits,
imprimée en deux volumes in-folio, à Paris, en
1677 : elle contient les Capitulaires originaux
de nos rois, & les collections d'Anſegiſe & de
Benoît, avec quelques autres pièces.

Les évêques ont auſſi donné dans le huitième
ſiècle & dans les ſuivans, le nom de capitules
& de Capitulaires aux règlemens qu'ils faiſoient
dans leurs aſſemblées ſynodales ſur la diſcipline
eccléſiaſtique qu'ils tiroient ordinairement des
canons des conciles & des ouvrages des SS. pères. Ces règlemens n'avoient force de loi que
dans l'étendue du diocèſe de celui qui les pu-
blioit, à moins qu'ils ne fuſſent approuvés par

un concile ou par le métropolitain ; car en ce cas ils étoient obfervés dans toute la province ; cependant quelques prélats adoptoient fouvent les capitules publiés par un feul évêque. C'eft ainfi qu'ont été reçus ceux de Martin, archevêque de Prague, de l'an 525 ; ceux du pape Adrien, donnés à Angilram ou Enguerran, évêque de Metz, l'an 785 ; ceux de Théodulphe, évêque d'Orléans, de l'an 797 ; ceux d'Hincmar, archevêque de Rheims, en 852 ; ceux d'Herard, archevêque de Tours, en 858 ; & ceux d'Ifaac, évêque de Langres.

Voyez *Doujat, hiftoire du droit canonique ; le recueil des Capitulaires, par Baluze ; la bibliothèque des auteurs eccléfiaftiques, par Dupin ; le dictionnaire de droit canonique ; le décret de Gratien ; l'introduction au droit canonique ; le dictionnaire des fciences ; les lois eccléfiaftiques de France, &c.*

CAPITULANT. C'eft celui qui a voix dans un chapitre. Voyez CHAPITRE, ABSENT, ÉLECTION, &c.

CAPITULATION. On appelle ainfi le traité des différentes conditions que ceux qui rendent une ville obtiennent de ceux auxquels ils font obligés de la céder.

Lorfque le gouverneur qui défend une ville fe voit réduit aux dernières extrémités, ou que fa cour lui donne ordre de fe rendre, pour avoir de meilleures compofitions de l'ennemi & faire un traité plus avantageux, tant pour la ville que pour la garnifon, il fait battre ce qu'on appelle la chamade. Pour cela on fait monter un ou plufieurs tambours fur le rempart du côté des attaques qui battent pour avertir les affiégeans que le gouverneur a quelque chofe à leur propofer ;

on élève auſſi un ou pluſieurs drapeaux blancs
ſur le rempart pour le même ſujet, & on e
laiſſe un planté ſur le rempart ou ſur la brêch
pendant tout le temps de la négociation. On en
uſe de même pour demander une ſuſpenſion
d'armes, après des attaques meurtrières pour
enlever les morts, les bleſſés, &c.

Auſſi-tôt que la chamade a été battue, on
ceſſe de tirer de part & d'autre, & le gouverneur fait ſortir quelques officiers de marque de
la ville qui vont trouver le commandant du ſié-
ge, & qui lui expoſent les conditions ſous leſquelles le gouverneur offre de rendre la ville.
Pour la ſûreté de ces officiers, les aſſiégeans en
envoyent dans la ville un pareil nombre pour
ôtages. Si les propoſitions du gouverneur ne
conviennent pas au commandant de l'armée aſ-
ſiégeante, il les refuſe, & il dit quelles ſon
celles qu'il veut accorder. Il menace ordinairement le gouverneur de ne lui en accorder aucune, s'il ne prend le parti de ſe rendre promptement; s'il laiſſe achever, par exemple, le
paſſage du foſſé de la place, ou établir quelque
batterie vis-à-vis des flancs, &c. ſi l'on trouve
les propoſitions qu'il fait trop dures, on rend
les ôtages, & on fait rebattre le tambour ſur le
rempart pour faire retirer tout le monde avant
que l'on recommence à tirer, ce que l'on fait
très-peu de temps après. Il faut obſerver que
pendant le temps que dure la négociation, on
doit ſe tenir tranquille de part & d'autre, &
ne travailler abſolument en aucune manière aux
travaux du ſiège. Le gouverneur doit auſſi pendant ce temps ſe tenir exactement ſur ſes gardes,
afin de n'être point ſurpris pendant le traité de

la Capitulation ; autrement il pourroit se trouver exposé à la discrétion de l'assiégeant.

Supposant que l'on convienne des termes de la Capitulation, le gouverneur envoie aux assiégeans pour ôtages deux ou trois des principaux officiers de sa garnison, & le général des assiégeans en envoie le même nombre & de pareil grade, pour sûreté de l'exécution de la Capitutalion. Lorsque les assiégés ont exécuté ce qu'ils ont promis, on leur remet leurs ôtages ; & lorsque les assiégeans ont pareillement exécuté leurs engagemens, on leur renvoie aussi les leurs.

Les conditions que demandent les assiégés varient suivant les différentes circonstances & situations où l'on se trouve. Voici les plus ordinaires : 1°. que la garnison sortira par la brêche avec armes & bagages, chevaux, tambour battant, mêche allumée par les deux bouts, drapeaux déployés, un certain nombre de pièces de canon & de mortiers, avec leurs armes, & des affuts de rechange, des munitions de guerre, pour tirer un certain nombre de coups ; pour être conduite en sûreté dans la ville qu'on indique, & qui est ordinairement la plus prochaine de celles qui appartiennent aux assiégés ; on observe de mettre par le plus court chemin, ou l'on indique clairement celui par lequel on veut être mené. Lorsque la garnison doit être plusieurs jours en marche pour se rendre au lieu indiqué, on demande que les soldats soient munis de provisions de bouche pour quatre ou cinq jours, suivant le temps que doit durer la marche par le chemin dont on est convenu.

2°. Que l'on remettra le soir ou le lendemain

à telle heure, une porte de la ville aux affiégeans, & que la garnifon en fortira un jour ou
deux après, fuivant ce dont on fera convenu à
ce fujet de part & d'autre.

3°. Que les affiégeans fourniront un certain
nombre de chariots couverts, c'eft-à-dire, qui
ne feront point vifités, & en outre des chariots
pour conduire les malades & les bleffés en état
d'être tranfportés, & en général toutes les voitures néceffaires pour emporter les bagages de
la garnifon, & l'artillerie accordée par la Capitulation.

4°. Que les malades & les bleffés, obligés
de refter dans la ville, pourront en fortir avec
tout ce qui leur appartient, lorfqu'ils feront
en état de le faire, & qu'en attendant il leur
fera fourni des logemens gratis ou autrement.

5°. Qu'il ne fera prétendu aucune indemnité
contre les affiégés pour chevaux pris chez le
bourgeois & pour les maifons qui ont été brû-
lées & démolies pendant le fiège.

6°. Que le gouverneur, tous les officiers de
l'état major, les officiers des troupes, & les
troupes elles-mêmes, & tout ce qui eft au fervice du roi, fortiront de la place fans être fujets
à aucune acte de repréfailles, de quelque nature que ce puiffe être, & fous quelque prétexte que ce foit.

7°. Si ceux auxquels on rend la ville ne font
point de la religion catholique, apoftolique &
romaine, on ne manque pas d'inférer dans la
Capitulation qu'elle fera confervée dans la ville.

8°. Que les bourgeois & habitans feront maintenus dans tous leurs droits, privilèges & prérogatives.

9°. Qu'il fera libre à ceux qui voudront fortir de la ville, d'en fortir avec tous leurs effets, & d'aller s'établir dans les lieux qu'ils jugeront à propos. On y marque aussi quelquefois (& on le doit, lorfqu'on craint que l'ennemi ne traite avec trop de rigueur les bourgeois fur les marques d'attachement qu'ils auront données pendant le fiége pour le prince dont ils quittent la domination) qu'ils ne feront ni inquiétés ni recherchés pour aucune des chofes qu'ils auront pu faire avant ou pendant le fiége.

10°. On met auffi dans la Capitulation qu'on livrera les poudres & les munitions qui fe trouveront dans la place, & qu'on indiquera les endroits où il y aura des mines préparées.

11°. Que les prifonniers faits de part & d'autre pendant le fiége feront rendus.

Il faut obferver que pour qu'une place foit reçue à compofition, il faut qu'elle ait encore des vivres & des munitions de guerre au moins pour trois jours, fans quoi elle fe trouveroit obligée de fe rendre prifonnière de guerre ; mais fi l'affiégeant n'en eft point informé, & que la Capitulation ait été fignée, il ne feroit pas jufte de retenir la garnifon prifonnière de guerre lorfque l'on reconnoîtroit fa difette de munitions.

Quand l'ennemi ne veut point accorder de Capitulation à moins que la garnifon ne fe rende prifonnière de guerre, & qu'on fe trouve dans la fâcheufe néceffité de fubir cette loi, on tâche de l'adoucir autant qu'il eft poffible : on convient affez communément,

1°. Que le gouverneur & les principaux officiers garderont leurs épées, piftolets, bagages, &c.

2°. Que les officiers subalternes au-dessous des capitaines auront leurs épées seulement avec leurs ustensiles ou bagages. ·

3°. Que les soldats ne seront ni dépouillés ni dispersés de leur régiment.

4°. Que la garnison sera conduite en tel endroit, pour y demeurer prisonniere de guerre.

5°. Que les principaux officiers auront la permission d'aller vaquer à leurs affaires pendant deux ou trois jours.

6°. Lorsque la garnison évacuera la place, il ne sera pas permis de débaucher les soldats pour les faire déserter de leurs régimens.

Lorsque toute la Capitulation est arrêtée, il entre dans la place un officier d'artillerie des assiégeans pour faire conjointement avec un officier d'artillerie de la garnison un inventaire de toutes les munitions de guerre qui se trouvent dans la place : il y entre aussi un commissaire des guerres pour faire un état des munitions de bouche qui s'y trouvent encore.

Lorsqu'on prévoit être dans la nécessité de se rendre & que l'on a des magasins considérables de munitions de guerre ou de bouche, on en gâte autant que l'on peut avant de parler de se rendre, afin qu'il n'en reste dans la place que ce qu'il doit y en avoir pour pouvoir capituler & que l'ennemi n'en profite pas : si l'on attendoit pour les brûler ou gâter que l'on entrât en Capitulation, l'ennemi pourroit insister à ce qu'ils fussent conservés ; mais il ne peut plus y penser lorsqu'on a pris ses précautions auparavant.

Aussi-tôt que les assiégés ont livré une porte de leur ville aux assiégeans, le premier régiment de l'armée s'en empare & y fait la garde. ·

Le jour que la garnison doit sortir de la lace, on fait mettre l'armée assiégeante sous es armes ; elle se range ordinairement en deux es de bataillons & d'escadrons, & la garnison passe au milieu. L'heure venue de la sortie, le général & les principaux officiers se mettent à la tête des troupes pour la voir défiler devant eux.

Le gouverneur sort à la tête de la garnison, accompagné de l'état-major de la place & des principaux officiers ; il la fait défiler dans le meilleur ordre qu'il lui est possible , on met ordinairement les anciens régimens à la tête & à la queue, & les autres au milieu avec les bagages. Lorsqu'on a de la cavalerie , on la partage de même en trois corps , pour la tête, le centre & la queue. On détache des cavaliers & de petits corps d'infanterie pour marcher le long des bagages & veiller à leur sûreté, afin qu'il n'en soit pillé aucune partie.

L'artillerie accordée par la Capitulation marche après le premier bataillon. Lorsque la garnison est arrivée à la place où elle doit être conduite, elle remet à l'escorte les ôtages des assiégeans ; & lorsque cette escorte a rejoint l'armée , on renvoye les ôtages que les assiégés avoient laissés pour la sûreté de l'escorte , des chariots & autres choses accordées par l'armée assiégeante pour la conduite de la garnison.

Lorsque la garnison est prisonnière de guerre, on la conduit aussi avec escorte jusqu'à la ville où on doit la mener par la Capitulation.

Tout ce qui est porté dans les Capitulations doit être sacré & inviolable, & l'on doit en entendre tous les termes dans le sens le plus

propre & le plus naturel ; cependant on ne l
fait pas toujours. Il faut que le gouverneur ap
porte la plus grande attention pour qu'il n
s'y gliffe aucun terme équivoque & fufceptibl
de différentes interprétations : il y a nombre
d'exemples qui prouvent la néceffité de cett
attention.

Lorfque la garnifon d'une ville où il y a un
citadelle capitule pour fe retirer dans la cita
delle, il y a quelques conditions particulière
à demander, telles que font celles-ci :

Que la citadelle ne fera point attaquée d
côté de la ville : que les malades & bleffés qu
ne pourront être tranfportés refteront dans l
ville & dans les logemens qu'ils occupent ; &
qu'après leur guérifon, il leur fera fourni des voi
tures & des paffe-ports pour fe retirer en tout
fûreté dans une ville qui fera marquée dans l
Capitulation. On doit ne laiffer entrer dans l
citadelle que ceux qui peuvent y être utile
pour fa défenfe ; les autres perfonnes qu'on
nomme communément bouches inutiles ne doi
vent point abfolument y être fouffertes. Il faut
faire inférer dans la Capitulation qu'elles feront
conduites dans une ville voifine de la domination du prince que l'on indiquera. On doit auffi
convenir d'un certain temps pour faire entrer
toute la garnifon dans la citadelle, & marquer
expreffément que pendant ce temps il ne fera
fait de la part de l'affiégeant aucun des travaux
néceffaires pour l'attaque de la citadelle.

Une ville maritime demande encore quelque
attention particulière pour les vaiffeaux qu'il
peut y avoir dans le port. On doit convenir
qu'ils fortiront du port le jour que la garnifon
                                                fortira

rtira de la ville, ou lorſque le temps le permettra, pour ſe rendre en ſûreté dans le port dont on ſera convenu. Ils doivent conſerver leur artillerie, agrés, proviſions de guerre & de bouche, &c. Il faut ſtipuler dans la Capitulation que ſi le mauvais temps obligeoit ces vaiſſeaux de relâcher pendant leur route dans un des ports des aſſiégeans, ils y ſeroient reçus, & qu'on leur fourniroit tous les ſecours dont ils auroient beſoin pour les mettre en état de continuer leur route ; ils doivent auſſi être munis de paſſeports, & en un mot avoir toutes les ſûretés qu'on peut exiger pour n'être point inſultés par les vaiſſeaux ennemis, & ſe rendre ſans aucun obſtacle dans le port qui leur ſera indiqué.

Voyez *la défenſe des places par M. Le Blond ; le dictionnaire des ſciences*, &c. Voyez auſſi les articles GOUVERNEUR, PRISONNIER DE GUERRE, OTAGE, &c.

CAPORAL. Bas officier d'infanterie, immédiatement au-deſſous du ſergent.

Les fonctions du Caporal ſont de poſer & lever les ſentinelles, de faire obſerver le bon ordre dans le corps-de-garde, de commander une eſcouade, &c.

L'ordonnance du 25 mars 1776 concernant l'infanterie, a réglé que dans chaque compagnie de grenadiers il y auroit huit Caporaux, & que dans chaque compagnie de fuſiliers il y en auroit dix.

La ſolde d'un Caporal de grenadiers, eſt de dix ſous quatre deniers par jour, & celle d'un Caporal de fuſiliers, de neuf ſous quatre deniers.

Les Caporaux qui à cauſe de leur âge, de

leurs infirmités ou de leurs bleſſures, ſont re- connus hors d'état de continuer leurs ſervices, ſont libres d'opter entre la penſion de récom- penſe militaire, & l'hôtel royal des invalides.

S'ils préférent la penſion de récompenſe mili- taire, il doit être payé annuellement cent vingt- ſix livres à chaque Caporal de grenadiers, & cent vingt livres à chaque Caporal de fuſiliers. C'eſt ce qui réſulte des articles 9 & 10 du titre 8 de l'ordonnance d'adminiſtration du 25 mars 1776.

Voyez *les lois citées*, & les articles RÉCOM- PENSE MILITAIRE, INVALIDE, TAILLE, &c.

CAPRES. Sorte de fruit que l'on confit ordinairement dans le vinaigre.

Suivant le tarif de 1664, les Capres doivent pour droit d'entrée une livre ſeize ſous par cent peſant, & pour droit de ſortie, douze ſous.

Voyez *le tarif cité*, & les articles ENTRÉE, SORTIE, MARCHANDISE, SOU POUR LI- VRE, &c.

CAPTATOIRE. Ce terme s'applique à toute diſpoſition teſtamentaire provoquée par l'artifice d'un héritier ou d'un légataire.

Voyez les articles TESTAMENT, LEGS, SUC- CESSION, &c.

CAPTURE. C'eſt la priſe au corps d'un débiteur ou d'un criminel arrêté pour être con- duit dans les priſons (*).

_____

(*) *Formule d'un procès verbal de capture.* L'an.... le.... en vertu du décret de priſe de corps décerné par M.... le.... ſigné, ſcellé, & en bonne forme, & à la requête de.... pour lequel domicile eſt élu en la maiſon de me.... ſon procureur en ce ſiège, demeurant à.... qui

Quoique régulièrement toute Capture & emprisonnement doive se faire en vertu d'un décret du juge, il y a néanmoins des circonstances où l'on est dispensé de cette formalité. L'article 4 du titre 2 de l'ordonnance criminelle du mois d'août 1670 enjoint, par exemple, aux gens de la maréchaussée, d'arrêter les criminels à la clameur publique ou lorsqu'ils sont trouvés en flagrant délit (*).

---

occupera pour lui, & en celle de.... (*cette élection de domicile doit être faite dans le lieu où se fait l'emprisonnement*) M. le procureur du roi joint, je.... soussigné, assisté de mes records ci-après nommés & soussignés, certifie m'être exprès transporté en la maison & domicile de.... à.... où étant, & parlant audit.... je lui ai fait commandement de par le roi notre sire & justice & en exécution dudit décret de prise de corps, de me suivre, pour se rendre dans les prisons de ce siège à... pour ester à droit, être interrogé & oui par sa bouche sur les faits résultans des charges & informations, & autres sur lesquels M. le procureur du roi pourra requérir qu'il soit entendu, lequel a été de ce faire refusant ; vu lequel refus, j'ai été obligé de l'appréhender au corps à l'aide de mesdits records & assistans, & de le conduire dans les prisons dudit siège à.... où il a par moi été fait écrou de sa personne sur le registre du geolier en la manière accoutumée, & je l'ai laissé en la garde dudit geolier, qui en est demeuré chargé, & a promis de s'acquitter de son devoir, & de se conformer aux ordonnances & reglemens. Le tout fait & exploité en la présence de.... & de.... mes records & assistans, qui ont signé avec moi le présent original & la copie que j'ai laissée audit.... entre les deux guichets, tant de l'écrou, que du présent procès-verbal.

L'élection de domicile est nécessaire dans le lieu où se fait l'emprisonnement.

(*) *Formule d'un procès-verbal de Capture d'accusés à la clameur publique.* Cejourd'hui.... nous.... conseiller

De même, l'article premier de la déclaraion

---

du roi, &c. Sur l'avis qui vient de nous être donné, qu
la clameur publique, on venoit de conduire dans les pri
fons de cette ville deux particuliers réputés complices d
vols faits par Antoine.... ainfi que par les nommés Gui
laume.... Charles.... autres leurs complices, dont l'in
truction criminelle fe fait actuellement pardevant nous
à la requête du procureur du roi en ce bailliage, nous fom
mes avec ledit procureur du roi & notre greffier, affif
de Claude.... l'un de nos huiffiers, tranfportés éfdites pr
fons, où étant, avons trouvé un grand nombre d'habitan
de cette ville qui nous ont repréfenté deux hommes qu'i
nous ont dit avoir été ledit jour & à ladite heure condu
éfdites prifons à la clameur publique, comme complic
des accufés ci-deffus nommés; après quoi ayant fait pré
ter le ferment auxdits deux particuliers ainfi arrêtés,
dire & répondre vérité, & demandé à l'un d'eux fo
nom & fur-nom; nous a dit s'appeller François....
ayant pareillement demandé à l'autre fon nom & furnom
nous a dit fe nommer Léopold....; enfuite de quoi no
les avons fait fouiller par ledit Claude.... en préfence
Jean.... Jacques.... Jofeph.... & Étienne.... tous pa
ticuliers demeurant audit....; & trouvés éfdites prifon
faifans partie du grand nombre d'habitans qui avoient ar
rêté lefdits François.... & Léopold....; & dans les poch
dudit François.... s'eft trouvé, fçavoir, un piftolet de p
che, &c.... après quoi nous avons fait ôter audit Fran
çois.... les boutons de caillou du Rhin qui étoient ac
manches & au col de fa chemife, & les deux boucles d'ar
gent qui étoient à fes fouliers...; & dans les poches dud
Léopold.... s'eft trouvé un couteau à reffort, plus deu
louis en or de vingt quatre livres l'un, deux écus de fi
livres, &c... le tout faifant la fomme de..., après quo
lui avons fait ôter de fes fouliers deux boucles d'argent
ce fait, Richard.... concierge defdites prifons, nous
repréfenté les effets ci-après, qu'il nous a dit lui avoir ét
remis par ceux qui ont conduit lefdits François.... &
Léopold....; premièrement, un vieux chapeau, &c....
une beface de toile, en laquelle s'eft trouvé....; plus une

du 5 février 1731 enjoint aux prévôts des maréchaux d'arrêter les vagabonds & gens sans aveu, c'est-à-dire ceux qui n'ayant ni profession, ni domicile certain, ni bien pour subsister, ne peuvent être avoués ni faire certifier de leurs

---

... autre grande poche de toile, en laquelle il y avoit, &c...... ensuite de quoi lesdits Jean.... Jacques.... Joseph.... & Étienne.... nous ont représenté un cheval sous poil blanc avec sa selle, & une jument sous poil gris avec un bât, qu'ils ont dit avoir trouvés, sçavoir, ledit cheval en la possession dudit François.... qui le tenoit par la bride lors de son arrêt ; & ladite jument en celle dudit Léopold.... sur laquelle il étoit monté, & couroit à toute bride aussi lors de son arrêt dans la grande rue de cette ville ; lesquels chevaux nous avons, sur le réquisitoire du procureur du roi, ordonné être mis en fourrière, en la charge & garde du sieur Robert.... aubergiste du logis des armes de France de cette ville, que nous avons pour ce mandé, & qui a fait à ce sujet toutes soumissions requises ; la nourriture desquels chevaux sera incessamment criée & adjugée au rabais par ledit Claude.... qui les exposera aux trois premiers marchés de cette ville afin que s'ils ont été volés, ils puissent être reconnus. Avons pareillement sur le réquisitoire dudit procureur du roi, ordonné que lesdits François.... & Léopold.... seront arrêtés èsdites prisons & écroués à sa requête, sur le registre criminel d'icelles, & que tous les effets & argent énoncés en notre présent procès-verbal, seront déposés en notre greffe, pour ceux qui pourront servir de pièces de conviction audit procès, être représentés auxdits François.... & Léopold.... & à tous autres qu'il appartiendra. Faisons acte de ce que lesdits effets & argent ont été présentement remis ès mains de notre greffier qui en demeure chargé, & ont lesdits Jean.... Jacques.... Joseph.... Étienne.... & Robert aubergiste &c.... & Richard.... signé avec nous, & lesdits françois.... & Léopold.... déclaré ne sçavoir signer, de ce enquis.

bonnes vie & mœurs par personnes dignes de
foi. Il n'est pas nécessaire que les gens de cette
qualité soient prévenus d'aucun autre crime ou
délit pour qu'on puisse les arrêter.

François I a établi une pareille règle à l'égard
des meurtres ou assassinats. Il a enjoint à tous
ceux qui peuvent avoir connoissance de tels crimes, de courir après les coupables & de les
arrêter : on doit même à cet effet faire fermer
les portes du lieu & sonner le tocsin pour assembler les habitans.

Un juge peut aussi sans une plainte préalable
faire arrêter un témoin qui se contredit, surtout
lorsque sa déposition présente un faux considérable.

Suivant l'édit du mois de mars 1720, les
exempts de la maréchaussée peuvent informer
en flagrant délit & lors de la Capture seulement.
Ils doivent en ce cas se faire assister du greffier
de la maréchaussée, à peine de nullité ; mais si
ce greffier est absent, ils peuvent commettre
d'office telle autre personne majeure qu'ils jugent à propos en lui faisant prêter serment.
C'est ce qui résulte de la déclaration du 9 avril
1720, enregistrée au parlement le 29 du même
mois.

Les archers ou cavaliers de la maréchaussée
peuvent écrouer les prisonniers dont ils ont fait
la Capture en vertu des décrets du prévôt des
maréchaux. Ils doivent dans ce cas laisser aux
prisonniers arrêtés copie du procès-verbal de
Capture & de l'écrou, à peine d'interdiction,
de dommages & intérêts, & de trois cent livres
d'amende applicable, moitié envers le roi, &
moitié envers la partie. C'est ce que portent

les articles 1 , 6 & 7 du titre 2 de l'ordonnance criminelle.

Suivant l'article 9, lorsque les prévôts des maréchaux arrêtent un accusé, ils font tenus de faire inventaire de l'argent & des autres effets dont il se trouve saisi, en présence de deux habitans des plus proches du lieu de la Capture, lesquels doivent signer l'inventaire, sinon déclarer la cause de leur refus, de quoi mention doit être faite, pour être le tout remis dans trois jours au plus tard, au greffe du lieu de la Capture ; à peine contre le prévôt d'interdiction pour deux ans, des dépens, dommages & intérêts des parties, & de cinq cens livres d'amende applicable, moitié envers le roi, & moitié envers la partie (*).

L'article 10 veut qu'à l'instant de la Capture, l'accusé soit conduit dans les prisons du lieu, s'il y en a ; sinon aux plus prochaines dans vingt-

---

(*) *Ces dispositions paroissent modifiées par l'article 8 de la déclaration du 28 mars 1720 qui s'exprime ainsi :* l'équipage, l'argent, & les effets de ceux qui seront prévenus de crimes qui peuvent emporter peine de bannissement à perpétuité, des galères à perpétuité, ou de mort, dont ils seront trouvés saisis lors de leur capture seront remis entre les mains du greffier ; les chevaux, s'il y en a, seront vendus par autorité de justice, & les deniers pareillement remis entre les mains du greffier pour y demeurer avec les autres effets jusqu'au jugement définitif du procès, & trois mois après, pendant lequel temps ils seront réclamés ; & en cas que la réclamation soit jugée bonne & valable par le prévôt ou son lieutenant, & les officiers du siège où le procès aura été jugé, ils seront rendus sans que sur ceux il puisse être pris aucuns frais ni épices du procès ; ce qui aura lieu même à l'égard des réclamans qui ne se seront pas déclarés parties au procès.

quatre heures au plus tard. Il eſt défendu aux prévôts de tenir les accuſés en chartre privée dans leurs maiſons ni ailleurs, à peine de privation de leurs charges.

Obſervez néanmoins que pendant la conduite des accuſés, & en cas de péril d'enlévement, ils peuvent être détenus en maiſon particulière, mais il doit en être fait mention dans le procès-verbal de Capture & de conduite, à peine d'interdiction contre les prévôts, huiſſiers ou ſergens, de mille livres d'amende envers le roi & des dommages & intérêts des parties. C'eſt ce que porte l'article 16 du titre 10 de l'ordonnance citée.

Les juges du lieu de la Capture de l'accuſé peuvent connoître du crime qu'on lui impute quoique commis hors de leur reſſort ; mais cette règle n'a lieu qu'envers des accuſés ſans domicile, tels que des vagabonds & gens ſans aveu.

Il faut auſſi remarquer que ſi les juges du lieu du délit revendiquent l'accuſé, les juges du lieu de la Capture doivent le leur renvoyer.

Bartole & Farinacius penſent que le juge du lieu de la Capture peut punir les aſſaſſins & les voleurs de profeſſion, quand même il ne ſeroit pas juge du lieu du délit ni du domicile des accuſés.

Il a pareillement été jugé le 13 février 1671, par arrêt du parlement de Paris, rapporté au journal du palais, qu'un voleur trouvé ſaiſi de la choſe volée, pouvoit être pourſuivi criminellement devant le juge du lieu de la Capture, quoiqu'il ne fût d'ailleurs ni le juge du domicile de l'accuſé, ni du lieu du délit. Mais cette eſpèce de compétence ne peut non plus avoir lieu qu'à la charge de renvoyer l'accufé devant les juges du lieu du vol, fi ceux - ci le revendiquent, & que le vol n'ait pas été commis dans un endroit foumis à la domination d'une puiffance étrangère.

Il eft encore un cas indiqué par la coutume de Bretagne où le juge de la Capture peut connoître du crime, quoiqu'il ne foit juge ni du domicile de l'accufé ni du lieu du délit : c'eft lorfqu'il a averti les juges du lieu du délit & du domicile, d'envoyer chercher l'accufé qu'il a fait arrêter, & qu'ils ont refufé ou négligé de déférer à cet avertiffement.

L'ordonnance de Moulins a fait défenfe aux prévôts des maréchaux, à leurs lieutenans & à leurs archers, de rien exiger pour leurs dépens, frais, falaires & vacations, foit pour informations, décrets & Capture des délinquans, ou pour quelqu'autre caufe, à peine de privation de leurs offices.

Nous ne devons pas omettre de relever ici deux erreurs confidérables qu'on trouve dans le traité des matières criminelles imprimé à Paris en quatre volumes *in-4°*. en 1771, & qui fe vend chez Debure. En parlant des Captures & emprifonnemens, l'auteur dit que *les juges doivent bien prendre garde de décréter légèrement de prife de corps un accufé, parce que la prifon eft une injure irréparable à caufe de l'efpèce d'infamie qui y eft attachée.*

Mais outre qu'il eft peu d'injures dont la réparation foit plus facile que celle qui eft due à un homme emprifonné injuftement, il n'eft pas vrai qu'un tel homme ait jamais encouru aucune efpèce d'infamie. Un emprifonnement injufte eft bien une vexation, mais la vexation en tourmentant celui qui en eſt l'objet, ne ſauroit le déshonorer lorſqu'il eſt innocent. Une opinion contraire ſeroit un délire.

L'auteur cité ajoute que *les juges qui décrétent légèrement de priſe de corps, mettent l'accuſé dans le cas d'oppoſer une réſiſtance légitime à l'exécution du décret.*

Cette propoſition n'eſt pas moins fauſſe que dangereuſe. Il eſt clair que quiconque oppoſe de la réſiſtance à l'exécution d'un décret de priſe de corps, devient *rebelle à juſtice :* l'auteur du traité dont il s'agit a lui-même reconnu cette vérité à la page 67 de ſon quatrième volume : or on ſait que la rebellion à juſtice eſt miſe au rang des crimes de lèze-majeſté ; ainſi en admettant la propoſition qu'on vient de rapporter, on pourroit *légitimement* devenir criminel de lèze-majeſté.

Au reſte on doit rendre juſtice aux vues de l'auteur ; il a les meilleures intentions : mais on ne remarque dans ſes nombreux ouvrages, ni goût, ni ſtyle, ni critique.

Voyez *l'ordonnance criminelle du mois d'août 1670 ; la déclaration du 5 février 1731 ; le traité de la juſtice criminelle de France ; la déclaration du 28 mars 1720 ; Theveneau ſur les ordonnances ; Julius Clarus, practica criminalis ; Farinacius praxis & theoria criminalis ; la coutume de Bretagne ; le journal du palais ; la déclaration du 9 avril 1720 ; l'ordonnance de Moulins,* &c. Voyez auſſi les articles ACCUSÉ, VAGABOND, PRÉVÔT, MARÉCHAUSSÉE, DÉCRET, REBELLION, PRISONNIER, COMPÉTENCE, &c.

CAPUCINS. C'eſt le nom qu'on donne à
une branche de religieux mendians de l'ordre de
ſaint François. Cette dénomination de *Capucins*
leur vient du capuce extrêmement pointu dont
ils ſe couvrent la tête.

On ſait que ſaint François jeta les fondemens
de ſon ordre dans le treizième ſiècle, & que cet
ordre ſe diviſa en différentes familles dont la
plus nombreuſe eſt encore aujourd'hui celle des
obſervantins ſurnommés *cordeliers*, à raiſon de
la corde qui leur ſert de ceinture.

Au ſeizième ſiècle, dans un temps où l'égliſe
ſembloit avoir tout à craindre des erreurs de
Luther en Allemagne, de Calvin en France, de
Servet en Eſpagne, de Jean Alaſaſco en Polo-
gne, &c. pluſieurs moines crurent n'avoir rien
de mieux à oppoſer au progrès de l'héréſie, que
la pratique la plus étroite des vertus évangéli-
ques. C'eſt dans cet eſprit que Matthieu de
Baſſy religieux obſervantin, crut devoir entreprendre la réforme qu'ont embraſſée les Capucins. Il ſe préſenta au pape Clément VII immédiatement après que le jubilé de l'année ſainte
fût ouvert, pour obtenir de lui la permiſſion de
ſuivre ſon projet. Le pape lui permit d'abord
de porter l'habit qu'il ſe propoſoit de faire
adopter, mais il l'obligea de ſe préſenter une
fois dans l'année à ſon provincial. Matthieu fut
trouver ce provincial à Mateliza où le chapitre
étoit aſſemblé : il demanda qu'on lui cédât le
déſert de ſaint Jacques, petite maiſon que les
frères de l'obſervance avoient abandonnée : il
l'obtint ; puis il s'occupa ſérieuſ ment de ſa
réforme qui s'étendit d'une manière étonnante.

· Ce ne fut cependant qu'en 1528 qu'en vertu
d'une bulle du pape, les réformés furent féparés
des obfervantins. Clément VII avoit abfolument défendu à ces réformés de recevoir aucun
établiffement fans fa permiffion, & cela pour fe
prêter aux vues des obfervantins qui avoient
tout à craindre des effets que pouvoit produire
la vie édifiante de ces nouveaux profélytes. Il
leur permit cependant de s'affembler à Alva-
cina, & ce fut dans cette première congrégation que les hiftoriens appellent générale, que
Matthieu de Baffy fut élu chef. On y fit ces
conftitutions qui font aujourd'hui celles des Capucins, & que Pie V approuva avec éloge.
Paul III défendit à ces nouveaux réformés
d'accepter aucune maifon des obfervantins ou
de quelqu'autre ordre que ce fût, avant la
convocation du chapitre général de l'obfervance : il ordonna feulement que deux mois
après ce chapitre général, les chapitres provinciaux défigneroient à ceux qui voudroient
mener une vie plus auftère, des maifons particulières, fans quoi ils pourroient librement paffer chez les Capucins. Ce pontife confirma en
1536 l'élection du père Bernardin d'Afti nommé
vicaire général, & la même année il enjoignit
à tous les frères d'obéir à leurs généraux & provinciaux. Les Capucins étoient dans la difpofition de s'étendre au-delà des monts, mais le
pape voulut qu'on attendît l'affemblée générale.
Nombre de religieux obfervantins qui fe fen-
toient une vocation à embraffer la réforme,
l'auroient facilement adoptée, fi Jules III craignant les dangers d'un zèle trop ardent, n'eût

défendu de recevoir aucun de ces religieux sans la permission de ses supérieurs.

Pie VI confirma les priviléges accordés par Clément VII & Paul III ; & quoiqu'il eût nommé le cardinal Jules *de Ruverio* à la protectorie de l'ordre qui étoit alors entre les mains de Rodolphe cardinal *de Carpo*, ce pontife ne changea rien aux bulles de ses prédécesseurs qui défendoient aux Capucins de s'étendre au-delà de l'Italie ; mais Grégoire XIII révoqua ces défenses, & permit aux Capucins de passer en France.

On s'est trompé de croire que ces religieux fussent redevables de leur existence dans ce royaume à une colonie envoyée d'Italie sous la conduite du père Pacifique de saint Gervais ; c'est Pierre Deschamps, natif d'Amiens, profès chez les cordeliers, qui doit être regardé comme le père de la réforme en France. Des lettres-patentes du roi Charles IX données à Blois au mois d'avril 1572, prouvent incontestablement que la maison de picpus étoit déja occupée par ce Pierre Deschamps & d'*autres orateurs & religieux dits Capucins, ordre & observance de saint François fondés au lieu de picpus.* Le père Pacifique ne vint que quelque temps après. Henri III successeur de Charles IX, lui donna une grande maison *située près d'un lieu nommé les Tuilleries.* La Reine-Mère, Catherine de Médicis, assista avec toute sa cour à la cérémonie de la première pierre de l'église qui fut dédiée à sainte Catherine dont elle portoit le nom.

Lyon fut la première ville après Paris, où les Capucins furent reçus à la recommandation de la reine qui en écrivit aux consuls. Insensiblement

la province de Paris qui est sous l'invocation d'
l'assomption de la vierge, s'étendit au point que
presque toutes les villes principales du royaume
lui furent redevables de l'établissement de ces
religieux dans leurs murs (*).

Comme les Capucins font un vœu particulier
de la plus grande pauvreté au point qu'ils ne
peuvent même rien posséder en corps ni communauté, ils sont exempts de toute espèce d'imposition, pourvu qu'ils n'abusent point de leur
privilège pour favoriser la fraude contre les
droits du roi. Cependant quoiqu'ils se préten-
dissent il y a quelques années, exempts des
droit d'aides en vertu de leurs anciens privilèges, ils n'ont pas laissé d'y être assujettis par
des arrêts du conseil des 13 août 1743, & 24
mars 1744, de quelque nature que fussent ces
droits, lorsque ces religieux ne seroient pas compris dans les états du roi.

C'est aussi à raison de leur pauvreté qu'il leur
est permis de faire la quête dans les villes &
dans les campagnes. Ces prérogatives leur ont
été confirmées par des lettres-patentes de Henri IV, de Louis XIII & de Louis XIV, des
mois d'octobre 1600, mai 1619 & juillet 1653.
Elles ont été renouvelées sous Louis XV par

(*) On compte quatre cens vingt-trois maisons de
Capucins en France. La province de Paris en contient
quarante-deux, la Lorraine trente-quatre, la Normandie
vingt-sept, la Bretagne trente-un, le Lyonnois cinquante-
trois, la Franche-comté vingt un, Marseille vingt-trois,
la Bourgogne vingt-un, Avignon dix-sept, la Lorraine
vingt-sept, la Champagne quinze, Toulouse trente-neuf,
la Guienne quarante, l'Alsace quinze, la Flandres
dix-huit.

d'autres lettres-patentes du mois de juillet 1716.

Le vœu de grande pauvreté dont les Capucins font profession, empêche qu'ils ne puissent recevoir des rentes : c'est sur ce fondement que le parlement d'Aix déclara nul en 1732 un legs de cent livres de rente fait aux Capucins de Jonquières.

On ne juge pas de même lorsque la libéralité a pour objet l'aggrandissement d'une de leurs maisons par quelque nouvelle construction, parce qu'alors cette construction ne produisant rien par elle-même, le vœu de pauvreté n'est point blessé ; c'est pourquoi on trouve dans Ricard un arrêt du 20 janvier 1645, qui a jugé valable un legs de trois mille livres fait à des Capucins pour l'acquisition d'une maison destinée à l'augmentation de leur couvent.

On use de la même indulgence lorsqu'il ne s'agit que de quelques legs modiques en deniers une fois payés à titre d'aumône. Il y a à ce sujet deux arrêts rapportés par Soëfve en date des 22 juillet 1643 & 18 mars 1655.

Lorsqu'il fut question lors de l'édit du mois de décembre 1666, de la révocation des permissions qui avoient été données à différens ordres de s'établir en France & de l'exhibition des titres en vertu desquels les établissemens qui existoient alors avoient été faits, les Capucins craignirent quelque suppression, mais Louis XIV les rassura par un arrêt du conseil du 23 septembre 1668, en déclarant qu'il n'avoit point entendu les comprendre dans l'édit, à l'exécution duquel néanmoins il les soumit pour les nouveaux établissemens qu'ils entreprendroient.

Régime de l'ordre des Capucins suivant leurs
conſtitutions.

L'élection des miniſtres provinciaux & des
cuſtodes ſe fait dans la tenue des chapitres.
Chaque communauté a droit d'y envoyer un
diſcret qui a voix avec le gardien, diſcret né par
ſa place ; & afin que l'élection des diſcrets ſoit
à l'abri de tout ſoupçon d'intrigue & de cabale,
on ne peut changer les religieux dans les trois
mois qui précédent la convocation du chapitre.
Pour cette élection, les frères convers donnent
leur ſuffrage ainſi que les autres religieux. Il y
a quelques années que dans la maiſon de la rue
Saint-Honoré à Paris, on s'imagina que ces frères
ne devoient point être appelés en chapitre ;
ceci donna lieu à des diſcuſſions juridiques qui
ſe terminèrent à l'avantage des frères par la
médiation du père général.

Le provincial a pour conſeil quatre définiteurs
qui doivent être pris dans le corps du chapitre,
au lieu que le provincial lui-même peut être
choiſi quoiqu'abſent. Les cuſtodes élus pour le
chapitre général, doivent y aſſiſter, à moins
que des raiſons légitimes ne les en diſpenſent.

C'eſt au père général qu'appartient le droit
d'approuver pour la prédication. Il ne le fait que
ſur le certificat des définiteurs & des lecteurs en
théologie, qui atteſtent que le religieux a fait
ſes deux années de philoſophie, & qu'il a étudié
de plus pendant quatre ans en théologie : il eſt
libre aux examinateurs d'accorder ou de refuſer
leur ſuffrage qui ſe reçoit par la voie du ſcrutin.
Le religieux approuvé doit encore avant d'exercer ſon miniſtère, ſe ſoumettre à tout ce que
peut

eut exiger de lui l'évêque diocéfain : une con-
uite contraire feroit blâmée & même punie.

Le provincial peut dans certains cas priver
es religieux de l'exercice des pouvoirs qu'ils ont
obtenus , & ordinairement il n'accorde celui de
la confeffion qu'après des preuves fuivies des
capacités du fujet. On dit *ordinairement* , parce
que fouvent il nomme confeffeurs pour la communauté, des religieux pour lefquels il diffère
quelquefois la permiffion de fe préfenter à l'examen des évêques pour la confeffion des féculiers.

Le provincial eft le premier fupérieur de la
province : on défére à fon tribunal toutes les
matières contentieufes ; il les juge de concert
avec fes définiteurs. Lorfqu'il eft en cours de
vifite , il n'exifte plus d'autorité que la fienne
dans la maifon où il s'arrête. La vifite s'ouvre
par un difcours après lequel chaque religieux eft
appelé en particulier auprès du provincial qui
écoute les plaintes des fupérieurs & des inférieurs chacun à fon tour. Il examine enfuite les
comptes , parcourt les lieux réguliers pour favoir s'ils font en bon état de réparations , & ter-
mine fa vifite par les réprimandes qu'exigent les
inculpations qu'on lui a déferées. Cet acte de
juridiction terminé , le gardien rentre dans tous
fes droits.

Chaque maifon fe gouverne par un gardien
dont l'élection a été faite par le provincial &
les définiteurs à fcrutin fecret. Le gardien n'eft
en place que pour trois ans ; cependant il peut
être continué pour trois autres années.

Outre le gardien, il y a dans chaque maifon
un vicaire qui fe nomme & fe deftitue au gré

des supérieurs, à la différence du gardien qu
ne peut être destitué que par une sentence sui
vant les formes juridiques approuvées dan
l'ordre.

Comme c'est une maxime généralement adop
tée parmi la plupart des religieux ultramontains
qu'ils ne doivent jamais reconnoître pour leur
juges les magistrats qui composent les tribunau
séculiers, les Capucins s'étoient imaginés qu'e
France cette maxime devoit être écoutée, &
en conséquence deux de ces religieux en 159
ayant refusé de comparoître au parlement o
ils avoient été cités, la cour pour leur donne
une idée plus marquée que celle qu'ils avoie
des libertés de l'église gallicane, ordonna qu
la délibération par laquelle il avoit été arrê
que ces deux religieux ne comparoîtroient poin
feroit lacérée, & qu'il feroit fait lecture de l'arrê
dans le couvent des Capucins en présence de
religieux. Depuis ce temps-là il ne paroît pa
que ces religieux aient cherché à méconnoîtr
l'autorité des juges séculiers & à se soustraire
leur juridiction. (*Article de M.* DAREAU *, avo*
cat, &c.)

CAPUCINES. Ce font des religieuses de
l'ordre de sainte Claire, ainsi nommées à caus
de leur vêtement semblable à celui des capucins. On les appelle autrement *les filles de la pas-*
sion, à raison des grandes austérités qu'elles pratiquent.

Leur premier établissement se fit à Naples en
1538 par la mère Marie-Laurence Longa. Louise
de Lorraine, veuve de Henri III, ayant entendu
parler des Capucines qui étoient en Italie, voulut en fonder un monastere en France. Elle en

écrivit au pape Clément VIII & le pria d'attribuer la direction de ces filles aux capucins. Elle étoit à la veille de voir ses vœux s'exaucer, lorsqu'elle fut attaquée d'une maladie mortelle. Mais pour que ses pieuses intentions ne demeurassent point sans effet, elle laissa vingt mille écus par testament, à l'effet de construire à ces filles un monastère qu'elle choisit pour le lieu de sa sépulture.

Le duc de Mercœur chargé de l'exécution des dernières volontés de cette princesse sa sœur, mourut aussi sans avoir pu les remplir ; mais la duchesse de Mercœur s'empressa de les acquitter. Elle demanda à Henri IV son agrément pour la fondation dont il s'agissoit, ce qui lui fut octroyé par des lettres-patentes enregistrées au parlement en 1602 : elle acheta en conséquence l'hôtel de Retz nommé *l'hôtel du Péron*, situé rue Saint-Honoré, vis-à-vis des capucins. Les fondemens du monastère y furent jetés en 1604, & en attendant qu'il fût en état de recevoir les religieuses, la duchesse en vertu d'un bref du pape qui lui permettoit d'admettre à l'habit de novice, avec l'agrément des capucins, les filles qui voudroient embrasser la réforme qui alloit s'introduire, en choisit douze qu'elle mit dans une maison qu'elle avoit à la Raquête, fauxbourg Saint-Antoine, où elle les exerça pendant deux ans à toutes les pratiques de la règle qu'elles devoient professer.

Quand le monastère fut en état de les recevoir, elles y furent introduites avec la plus grande solemnité ; & un an après, le 21 juillet 1607, elles y firent profession.

Il se fit encore en 1625 un établissement de

Capucines à Marseille par les soins de Marthe d'Oraison, baronne d'Allemagne, leur fondatrice. On fit venir trois Capucines de Paris pour prendre la conduite de cette nouvelle communauté.

Les observances des Capucines sont les mêmes que celles des filles *Clarisses*. Les Capucines ont pourtant quelques réglemens particuliers qui leur sont donnés par les capucins.

Voyez *le livre latin intitulé* : ANNALIA CAPUCINORUM ; *la traduction des chroniques de l'ordre de saint François par Blancoune ; & la vie de la baronne d'Allemagne, imprimée à Paris en 1633.* (*Article de M.* DAREAU *, avocat, &c.*)

CARABINIERS. On appelle *régiment des Carabiniers de* MONSIEUR, un régiment de cavalerie dont MONSIEUR, frère du roi est mestre-de-camp titulaire.

L'état de ce corps a été fixé par une ordonnance du 13 février 1776.

Cette loi a réduit à huit escadrons, d'une compagnie chacun, les dix escadrons dont ce corps étoit composé.

Chaque escadron ou compagnie doit être commandé, soit en temps de paix, soit en temps de guerre, par un lieutenant-colonel-commandant d'escadron, un capitaine en premier, un capitaine en second, un lieutenant en premier, un lieutenant en second & un sous-lieutenant. L'escadron doit d'ailleurs être composé de deux maréchaux-des-logis ayant un grade supérieur au fourrier, d'un fourrier, de huit brigadiers, de cent trente-deux Carabiniers & de deux trompettes.

L'état-major de ce régiment eſt compoſé d'un meſtre-de-camp-lieutenant, ſans compagnie, d'un meſtre-de-camp-lieutenant commandant en ſecond, d'un major, d'un aide-major, de quatre porte-étendards, de deux adjudans, d'un tréſorier chargé du détail, d'un aumônier d'un chirurgien-major, d'un aide-chirurgien, d'un timbalier, d'un maréchal-expert, d'un armurier & d'un ſellier.

Suivant l'article 6 de l'ordonnance citée, les maréchaux-des-logis, fouriers & brigadiers doivent être choiſis par le lieutenant-colonel-commandant d'eſcadron, & préſentés au commandant du régiment, afin qu'il les agrée, s'il les juge propres à remplir l'emploi pour lequel ils ſont propoſés : dans le cas contraire, il doit les refuſer.

L'article 7 a réglé les appointemens & ſolde attribués au régiment des Carabiniers de MONSIEUR. Il doit en conſéquence être payé par mois à chaque lieutenant-colonel-commandant d'eſcadron, trois cens ſeize livres treize ſous quatre deniers.

A chaque capitaine en premier deux cens livres.

A chaque capitaine en ſecond, cent cinquante livres.

A chaque lieutenant en premier cent deux livres dix ſous.

A chaque lieutenant en ſecond quatre-vigt-dix livres.

A chaque ſous-lieutenant ſoixante-dix livres.

A chaque maréchal-des-logis ou fourier vingt-quatre livres.

A chaque brigadier treize livres dix ſous.

A chaque Carabinier douze livres.

A chaque trompette dix-huit livres.

ÉTAT-MAJOR.

Au meftre-de-camp-lieutenant fans compagnie mille livres.

Au meftre-de-camp-lieutenant, commandant en fecond cinq cens livres.

Au major trois cens foixante-quinze livres.

A l'aide-major deux cens cinquante livres.

A chaque porte-étendard cinquante-trois livres fix fous huit deniers.

Au premier adjudant cinquante livres.

Au fecond adjudant quarante-une livres treize fous quatre deniers.

Au tréforier deux cens livres.

A l'aumônier cinquante livres.

Au chirurgien-major cent livres.

A l'aide chirurgien, cinquante livres.

Au timbalier vingt-quatre livres.

Au maréchal-expert quarante-une livres treize fous quatre deniers.

A l'armurier vingt-cinq livres.

Au fellier vingt-cinq livres.

L'article 8 veut que les lieutenans-colonels commandans d'efcadron acquittent fur leurs appointemens les quatre deniers pour livre de la folde de leur compagnie.

Pour conferver au régiment des Carabiniers la diftinction dont il jouit, il lui eft permis de tirer de chaque régiment de cavalerie un homme tous les deux ans. Ce nouveau Carabinier doit être payé fur le pied de cent vingt livres au régiment qui le fournir.

Le roi a fixé la maffe de l'habillement du corps

des Carabiniers à trente-six livres par homme au complet : celle des recrues, à vingt livres par homme au complet, & celle du bénéfice de chaque place de fourage à cinq fous : c'est-à-dire que sa majesté doit faire remettre chaque année à la caisse du régiment une somme de cent quarante-six livres par homme monté au complet.

Les trois masses dont on vient de parler font destinées à former un fonds, fous la dénomination de *masse générale*, qui doit être employée aux recrues, remontes, habillement, & en général à tous les objets de remplacement, réparations & entretiens de toute espèce sans distinction.

Cette masse générale doit être administrée par un conseil composé du mestre-de-camp-lieutenant, du mestre-de-camp-lieutenant en second, du major & des deux plus anciens lieutenans-colonels commandans d'escadrons.

Comme ce conseil doit toujours être composé de cinq officiers, les absens doivent être remplacés fur le champ par d'autres officiers pris parmi les lieutenans-colonels, & à leur défaut, parmi les capitaines en premier.

Le conseil doit charger des achats, des réparations & de la distribution des fourrages, les officiers qu'il aura jugés les plus propres à remplir ces objets. Le trésorier doit administrer les deniers du régiment fous l'autorité du conseil.

Lorsque l'officier général chargé de l'inspection du régiment a ordonné quelques réparations, le conseil d'administration doit y pourvoir, ainsi qu'aux autres qui peuvent survenir, & en rendre compte chaque mois à cet officier général.

Le même conseil doit faire faire les marchés des remontes & des réparations, & tenir un état de toutes les parties de dépense prises sur la masse générale.

Pour assurer l'entretien du régiment & pourvoir aux cas imprévus qui peuvent se présenter, l'intention du roi est qu'après que toutes les dépenses des réparations & de l'entretien auront été acquittées, le bénéfice qui pourra se trouver à la masse générale soit mis en réserve pour former une masse perpétuelle, laquelle doit être portée progressivement jusqu'à la somme de trente-six mille livres. Cette masse perpétuelle est destinée à subvenir aux dépenses que peuvent occasionner la morve & d'autres accidens à l'égard desquels la masse générale pourroit être insuffisante. Si les circonstances exigeoient qu'on fît usage de cette réserve, ce qui ne peut jamais avoir lieu qu'en conséquence des ordres particuliers du roi, l'ordonnance porte que la partie qu'on en aura tirée sera remplacée l'année suivante.

Au surplus sa majesté a déclaré que la masse générale destinée aux réparations & à l'entretien du régiment ayant été reconnu suffisante, les officiers établis pour le conseil du régiment, seroient responsables en commun du *déficit* qui pourroit s'y trouver.

L'article 18 permet de donner par compagnie, chaque année, deux congés de grâce aux bas officiers ou Carabiniers jugés nécessaires à leur famille. C'est à l'officier général chargé de l'inspection du régiment, à accorder ces congés sur la demande du mestre-de-camp lieutenant. Il doit être remis pour chacun de ces congés à la maſſe générale, ſavoir quatre cent livres pour un homme qui auroit encore ſept ans à ſervir; trois cens cinquante livres pour ſix ans; trois cens livres pour cinq ans; deux cens cinquante livres pour quatre ans; deux cens livres pour trois ans; cent cinquante livres pour deux ans, & cent livres pour celui à qui il reſteroit moins de deux ans pour achever ſon engagement. L'intention du roi eſt qu'il ſoit fait mention ſur les cartouches de congé, de ce qu'auront payé à la caiſſe ceux à qui ces cartouches auront été expédiées.

. Voyez *l'ordonnance citée*, & les articles Ca-VALERIE, MESTRE-DE-CAMP, CAPITAINE, LIEUTENANT, MASSE, CONGÉ, &c.

CARCAN. C'eſt un cercle de fer avec lequel l'exécuteur de la haute juſtice attache par le cou à un poteau celui qui eſt déclaré atteint & convaincu d'avoir commis certain crime ou délit.

Le Carcan eſt mis au rang des peines corporelles comme le juſtifient les déclarations des 8 janvier 1719 & 5 juillet 1722. C'eſt pourquoi cette peine ne peut être prononcée qu'à la ſuite d'une procédure inſtruite par récollement & confrontation, conformément à la déclaration du 12 mai 1717.

Il n'y a que les ſeigneurs hauts-juſticiers qui aient le droit d'avoir dans leurs terres des poteaux à Carcan. La raiſon en eſt que les ſeigneurs moyens ou bas-juſticiers ne peuvent point condamner à la peine du Carcan. C'eſt pourquoi par arrêt du 6 août 1738, rapporté dans le code de Louis XV, il a été enjoint à la dame de la Croix, à qui appartenoit la ſeigneurie de

Bachevilliers, de faire abattre le poteau à Carcan planté dans cette terre, parce qu'elle n'y avoit pas la haute juftice.

Les cas pour lefquels on prononce ordinairement la peine du Carcan, font les banqueroutes, le crime de faux, la bigamie, le maquerellage, l'efcroquerie, les friponneries au jeu, les vols de fruits champêtres, le colportage des livres défendus, les infultes faites aux maîtres par leurs domeftiques, &c.

Souvent on joint d'autres peines à celle du Carcan, ainfi que deux écriteaux qu'on attache au dos & fur la poitrine du coupable pour indiquer fon crime. (*)

S'étant répandu dans le public un imprimé, en date du 11 février 1736, ayant pour titre, *arrêt du confeil d'état du roi qui condamne tous les Jéfuites du royaume folidairement à rendre aux héritiers d'Ambroife Guis, les effets en nature de fa fucceffion, ou à leur payer, par forme de reftitution, la fomme de huit millions de livres,* il fut ordonné par arrêt du confeil du 30 mars 1759, qu'à la requête du procureur général aux requêtes de l'hôtel, le procès feroit fait & parfait en dernier reffort dans ce tribunal, à ceux qui

_____

(*) *Formule de condamnation au Carcan & au banniffement à temps.* Vu, &c.... nous avons déclaré & déclarons ledit.... duement atteint & convaincu de.... mentionné au procès ; pour réparation de quoi , le condamnons à être attaché au Carcan, qui pour cet effet fera planté en la place de.... pour y refter le temps & efpace de.... heures, ayant écriteau devant & derrière , portant ces mots.... ce fait, l'avons banni pour.... ans de cette ville & de ce bailliage ; à lui enjoint de garder fon ban, fous les peines portées par la déclaration du roi ; le condamnons en outre en.... d'amende envers le roi.

avoient eu part à la fabrication du prétendu arrêt du 11 février 1736, & à leurs complices, fauteurs & adhérens. En conséquence par jugement des requêtes de l'hôtel du 24 avril 1759, il fut donné acte au procureur-général de fa plainte en faux principal contre ce prétendu arrêt & contre une copie collationnée du même arrêt, &c.

Et par jugement fouverain du 16 avril 1761, deux exemplaires de l'arrêt du confeil du 11 février 1736 prétendus imprimés à l'imprimerie royale, & une copie colationnée du même arrêt fignée Vaffe, furent déclarés faux & fauffement fabriqués : Henri-François de la Solle bourgeois de Paris fut déclaré atteint & convaincu d'avoir fabriqué la copie collationnée ; d'avoir négocié les deux exemplaires imprimés, & véhémentement fufpect d'avoir eu part à la fabrication de ces exemplaires ; pour réparation de quoi il fut condamné à être attaché au Carcan en place de Grève depuis midi jufqu'à deux heures, avec un écriteau devant & derrière portant ce mot, FAUSSAIRE : il fut en outre condamné à trois ans de galères.

Par arrêt du parlement du 29 janvier 1767, le fieur Damaze de Almart du Mont de Montjolly, écuyer, a été condamné à être attaché au Carcan pendant trois jours confécutifs, à la marque & aux galères pendant neuf ans, pour avoir affronté & ruiné plufieurs particuliers par fes efcroqueries.

Par un autre arrêt du 31 du même mois de janvier, Jeanne Leroy, couturière, a été condamnée à être attachée au Carcan avec deux chapeaux pendus à fes côtés, à la marque & à être détenue à l'hôpital général de la falpêtrière pendant neuf ans, pour avoir contracté un second mariage à l'aide d'un faux extrait mortuaire qu'elle avoit fait fabriquer à prix d'argent.

Un autre arrêt du même jour 31 janvier a condamné Gaspard Baucheron, voiturier par terre, à être attaché au Carcan, & à un bannissement de neuf ans, pour avoir escroqué de l'argent à plusieurs particuliers, sous prétexte d'aller retirer aux barrières leurs denrées & marchandises.

Par arrêt de la cour des aides de Paris, du 15 juin 1768, le nommé Louis Claveau, journalier, appelé à l'emp'acement des sels au grenier de Bouloire, en qualité de travailleur, a été condamné à être attaché au Carcan pendant deux heures, un jour de marché, dans la place publique de la ville de Bouloire, & à servir pendant neuf ans sur les galeres pour vol de sel, & violence par lui commis.

Par arrêt du 12 février 1772, François-Pierre Billard a été condamné à être attaché au Carcan pendant un jour, & au bannissement à perpétuité hors du royaume pour prévarications commises dans ses fonctions de caissier général des postes.

Par un autre arrêt du 26 février 1773, Félix Bernard, dit Chateauvieux, a été condamné pour crime de bigamie, à être attaché au Carcan avec deux quenouilles à ses côtés, & à cinq ans de bannissement.

Ces deux derniers arrêts ont été rendus par les juges qui suppléoient les fonctions du parlement de Paris durant son dernier exil.

Par un autre arrêt du parlement du 13 décembre 1774, Jacques Meirano, Jean-Baptiste Zegri, Philippe Laval, dit bonhomme, & Jean

Efprit Defmare, dit faint-martin, ont été condamnés à être attachés au Carcan en place de Grève, ayant chacun deux écriteaux, l'un devant & l'autre derrière, portant ces mots, *cocangeur, efcroc public & fripon au jeu*, & aux galères, favoir, le premier pour neuf ans, le fecond & le troifième pour cinq ans, & le quatrième pour trois ans, à caufe des filouteries & efcroqueries par eux pratiquées à Paris & dans le voifinage, même en province, foit au jeu avec des cartes préparées, foit par des tours d'adreffe & de fubtilité, foit enfin par des paris envers différens marchands & autres particuliers.

Le fieur Michel du Champ écuyer, penfionnaire du roi, capitaine de la feconde claffe des invalides, deméurant ordinairement à Joue près de Tours en Touraine, ayant été arrêté, injurié, maltraité, lié & garotté fur un cheval le 19 mars 1775 dans le bourg de Longjumeau par la maréchauffée, à l'inftigation du nommé Jean-Baptifte Cofte, cavalier de maréchauffée à Angerville, il rendit plainte de ces violences : le procès fut d'abord commencé au fiége général de la connétablie & maréchauffée de France, à la table de marbre du palais à paris & enfuite continué par le lieutenant-général du bailliage du palais : fur l'appel de la fentence rendue par ce dernier fiége, le parlement comdamna par arrêt du 31 août de la même année 1775, le cavalier Jean-Baptifte Cofte à être attaché au Carcan dans la place publique de Longjumeau, un jour de marché, depuis dix heures jufqu'à midi, avec écriteau portant ces mots, *cavalier de maréchauffée pour fauffe indication fuivie de capture & de violences à Longjumeau.*

Le même Cofte fut en outre condamné folidairement avec Jofeph Minard brigadier de l
maréchauffée d'Orléans, à trois mille livres d
dommages & intérêts & aux dépens envers l
fieur du Champ.

Enfin par arrêt du 29 août 1776, le parlement de Paris a condamné Pierre Chambault
être attaché au Carcan pendant trois jours d
marché fur la place publique de la ville de Pi-
thiviers, pour avoir abufé de la fimplicité d
nommé Etienne Jaunicot, meûnier à Nanceray,
en lui promettant une poule noire qui lui pon-
droit de l'argent tous les jours, & lui avoir, pa
ce moyen, efcroqué, à différentes reprifes, un
fomme de 480 livres.

Suivant la déclaration du 11 juillet 1749, le
condamnations par contumace à la peine du Carcan doivent être tranfcrites fur un tableau qu
l'exécuteur de la haute-juftice attache enfuit
dans la place publique.

Voyez *les arrêts cités ; le code de Louis XV*
les déclarations des 12 mai 1717, 8 janvier 1719
5 juillet 1722, & 11 juillet 1749 ; Farinacius
praxis & theoria criminalis ; *Julius Clarus*, practica criminalis , &c. Voyez auffi les article
PEINE, DÉLIT, EXÉCUTION, ESCROQUERIE
MAQUERELLAGE, &c.

CARDAMOME. Graine aromatique qu
entre dans la thériaque.

Suivant le tarif de 1664 le Cardamome doi
à l'entrée des cinq groffes fermes cinq livre
par cent pefant.

Et par arrêt du confeil du 22 décembre 1750
il doit lorfqu'il vient du Levant, vingt pour cen
de la valeur, & on l'eftime 300 livres le quintal

Voyez *les lois citées* & les articles DROGUERIE, ENTRÉE, SORTIE, MARCHANDISE, SOU POUR LIVRE, &c.

CARDINAL. C'est le titre d'un prince ecclésiastique qui a voix active & passive dans le conclave lors de l'élection du Pape.

Quelques auteurs disent que le mot *Cardinal* vient du latin *incardinatio*, qui signifie l'adoption que faisoit une église d'un prêtre d'une église étrangère, d'où il avoit été éloigné par quelques malheurs; que l'usage de ce mot a commencé à Rome & à Ravenne, parce que les églises de ces deux villes étant les plus riches, les prêtres malheureux s'y retiroient ordinairement.

Les Cardinaux composent le conseil & le Sénat du pape. Il y a dans le vatican une constitution du pape Jean, qui règle le droit & les titres des Cardinaux & qui porte que comme le pape représente Moyse, ainsi les Cardinaux représentent les soixante-dix anciens, qui sous l'autorité pontificale jugent & terminent les différens particuliers.

Les Cardinaux dans leur première institution n'étoient autre chose que les prêtres principaux ou les curés des paroisses de Rome. Dans la primitive église le prêtre principal d'une paroisse, qui suivoit immédiatement l'évêque, fut appelé *presbyter Cardinalis*. On les distinguoit par-là des autres prêtres moins relevés en dignité, qui n'avoient ni église ni emploi. Ce mot a commencé environ l'an 150; d'autres tiennent que ce fut sous le pape Sylvestre l'an 300; ces prêtres Cardinaux étoient les seuls qui pussent baptiser & administrer les sacremens. Autrefois les prêtres-

Cardinaux étant faits évêques, leur cardinala vaquoit, parce qu'ils croyoient être élevés à une plus grande dignité. S. Grégoire se sert souvent de ce mot pour exprimer une grande dignité. Sous le pape Grégoire les Cardinaux-prêtres & les Cardinaux-diacres n'étoient autre chose que les prêtres ou les diacres qui avoient une église ou une chapelle à desservir. C'est-là ce que le mot signifioit selon l'ancienne & véritable interprétation. Léon IV les nomme dans le concile de Rome, tenu en 853, *presbyteros sui cardinis*, & leurs églises *parochias cardinales*.

Les Cardinaux demeurèrent sur le même pied jusqu'à l'onzième siècle : mais la grandeur du pape s'étant depuis extrêmement accrue, il voulut avoir un conseil de Cardinaux plus élevés en dignité que les anciens prêtres. Il est vrai que l'ancien nom est demeuré : mais ce qu'il exprimoit n'est plus. Il se passa un assez longtems sans qu'ils prissent le pas sur les évêques, ou qu'ils se fussent rendus les maîtres de l'élection du pape : mais dès qu'une fois ils ont été en possession de ces priviléges, ils ont eu bientôt après le chapeau rouge & la pourpre ; en sorte que croissant toujours en grandeur, ils se sont enfin élevés au-dessus des évêques par la seule dignité de Cardinal.

Du Cange observe qu'originairement il y avoit trois sortes d'églises ; que les vraies églises s'appelloient proprement paroisses ; les secondes, diaconies, qui étoient jointes à des hôpitaux desservis par des diacres ; les troisièmes, de simples oratoires où l'on disoit des messes particulieres, & qui étoient desservis par des chapelains locaux & résidens ; & que pour distinguer les églises principales

principales ou les paroiſſes, des chapelles ou oratoires, on leur donna le nom de *Cardinales.* Les égliſes paroiſſiales donnèrent en conſéquence les titres aux Cardinaux-prêtres, & quelques chapelles donnèrent enſuite le titre aux Cardinaux-diacres.

Tous les Cardinaux furent diſtribués ſous cinq égliſes patriarchales; ſavoir, de S. Jean de Latran, de Sainte-Marie majeure, de Saint-Pierre du vatican, de Saint-Paul, de Saint-Laurent.

D'autres remarquent qu'on appeloit Cardinaux, non-ſeulement les prêtres, mais encore les diacres titulaires, & attachés à une certaine égliſe; à la différence de ceux qui ne la ſervoient qu'en paſſant & par commiſſion. Les égliſes titulaires étoient des eſpèces de paroiſſes, c'eſt-à-dire des égliſes attribuées chacune à un pêtre Cardinal, avec un quartier fixé & déterminé qui en dépendoit, & des fonts pour adminiſtrer le baptême dans le cas où il ne pouvoit pas être adminiſtré par l'évêque. Ces Cardinaux étoient ſubordonnés aux evêques. C'eſt pour cela que dans les conciles, par exemple dans celui de Rome tenu l'an 868, ils ne ſouſcrivirent qu'après les évêques. Ce n'étoit pas ſeulement à Rome qu'ils portoient ce nom : on trouve des prêtres-Cardinaux en France. Ainſi le curé de la paroiſſe de Saint-Jean des vignes eſt nommé Cardinal de cette paroiſſe dans une charte de Thibault, évêque de Soiſſons, où ce prélat confirmant la fondation de l'abbaye de Saint-Jean des Vignes, faite par Hugue, ſeigneur de Château-Thierry, exige que le prêtre-Cardinal du lieu, *presbyter-Cardinalis illius loci,* ſoit tenu de rendre raiſon du ſoin qu'il aura eu de ſes paroiſſiens à l'évêque de Soiſſons, ou à ſon archidiacre, comme il faiſoit auparavant. Les mêmes termes ſe trouvent employés & dans le même ſens, dans la chartre du roi Philippe I, en 1076, portant confirmation de la fondation de Saint-Jean des Vignes.

L'hiſtoire abrégée de l'égliſe de Paris & la deſcription de cette ville par Piganiol de la Force, nous apprennent qu'autrefois l'évêque de Paris avoit des prêtres-Cardinaux qui devoient l'aſſiſter à Noël, à Pâques & à l'Aſſomption lorſqu'il officioit pontificalement. Ces Cardinaux étoient les curés de Saint-Paul, de Saint-Jacques, de Saint-Séverin, de Saint-Benoît, de Saint-Laurent, de S. Jean en Grève & de Charonne, ainſi que les prieurs de Saint-Etienne des grès, de Saint-Julien le pauvre, de Saint-Merry & de Notre-Dame des champs.

Les curés de Sens, de Troyes & d'Angers ſont même encore aujourd'hui qualifiés de *curés Cardinaux*.

On a auſſi donné le titre de Cardinal à quelques évêques en leur qualité d'évêques; par exemple, à ceux de Mayence & de Milan. D'anciens écrits appellent l'archevêque de Bourges *Cardinal*, & l'égliſe de Bourges *égliſe Cardinale*. L'abbé de Vendôme prend le titre de *Cadinal né*.

A meſure que la grandeur du ſouverain pontife s'eſt accrue, les Cardinaux ont augmenté leurs privilèges. Il s'étoit néanmoins écoulé une eſpace de tems aſſez conſiderable, avant qu'ils priſſent le pas ſur les évêques : mais s'étant rendus les maîtres de l'élection du pape, ils obtinrent bientôt après le chapeau rouge & la pourpre. Ils ſe ſont enfin élevés au-deſſus des évêques, archevêques & primats, par la seule dignité de Cardinal. Urbain VIII leur accorda le titre d'Eminence le 10 janvier 1630. Jusques-là on les appeloit *illustrissimes*, nom qu'on donne encore aux princes d'Italie qui n'ont pas le titre d'altesse.

Les Cardinaux sont divisés en trois ordres ; six évêques, cinquante prêtres & quatorze diacres.

Les Cardinaux évêques qui sont comme les vicaires du pape, portent les titres des évêchés qui leur sont attribués. Ces évêchés sont Ostie, Porto, Sabine, Palestrine, Frescati & Albe. Il est d'usage que les anciens Cardinaux qui sont à Rome optent les églises d'évêques-Cardinaux quand elles viennent à vaquer. La bulle de Paul IV donne au plus ancien Cardinal-évêque le droit de faire les fonctions de doyen du sacré collége, quand le diaconat est vacant, ou lorsque le doyen est absent.

A l'égard des Cardinaux-prêtres, & des Cardinaux-diacres, ils ont tous un titre tel qu'il leur est assigné. Ce titre n'est autre chose qu'une de ces églises ou diaconies dont les anciens Cardinaux-prêtres ou diacres étoient simples titulaires.

Dans un concile composé de 113 évêques & tenu à Rome en 1059, sous le pape Nicolas II, on fit deux décrets dont le premier porte en substance, que le pape venant à mourir les évêques-Cardinaux traiteront ensemble les premiers de l'élection ; qu'ils y appelleront ensuite les clers-Cardinaux, & enfin que le reste du peuple & du clergé y donnera son consentement. En vertu de ce décret & d'autres postérieurs, les Cardinaux sont aujourd'hui les seuls électeurs du pape à l'exclusion de tous ceux qui autrefois avoient eu part à l'élection.

Comme il n'y a que les Cardinaux qui créent le pape, il n'y a aussi que le pape qui crée les Cardinaux. Mais l'usage est que le pape ne procède à cette création que dans plusieurs consistoires, de l'avis & du gré du sacré collége. Les cérémoniaux de l'église romaine instruisent de toute la procédure de cette création. On y voit les visites qui se font, les cérémonies de la barette & du chapeau rouge, du baiser de paix, de la bouche close & ouverte, la concession du titre & de l'anneau, & enfin la manière d'envoyer la barette aux absens.

La barette est un bonnet que le pape donne ou envoie par un de ses camériers d'honneur aux Cardinaux après leur nomination. En France, le roi donne lui-même la barette aux Cardinaux de sa nomination. Mais les Cardinaux sont obligés d'aller recevoir le chapeau des mains de sa sainteté. Ce fut Innocent IV qui donna aux Cardinaux le chapeau rouge dans le concile de Lyon en 1265, comme une marque de l'obligation où ils sont de perdre la vie s'il en est besoin pour le service de Dieu & de l'église.

Les habits des Cardinaux sont la soutane, le rochet, le mantelet, la mozette & la chape papale sur le rochet dans les actions publiques & solemnelles. La couleur de leur habit, différente selon le tems, est ou de rouge ou de rose séche, ou de violet : les Cardinaux réguliers ne portent point d'autres couleurs que celle de leur ordre avec une doublure rouge ; mais le chapeau & le bonnet rouge sont communs à tous.

Les Cardinaux envoyés par le pape aux princes souverains, font décorés du titre de *légat à
laterre*. S'ils font envoyés dans une ville de la
domination du pape, leur gouvernement s'appelle *légation*.

Les Cardinaux ont le privilége des autels por-
tatifs, en vertu duquel ils peuvent avoir des chapelles domestiques.

Barbofa nous apprend qu'à Rome, on punit
comme criminel de leze-majesté, quiconque at-
tente à la personne d'un Cardinal.

Suivant le même Auteur, les maisons des
Cardinaux étoient autrefois dans la même ville,
des lieux d'immunités; & ces princes de l'église
jouissent encore du privilége de sauver du fupplice le criminel qu'ils couvrent de leur robe ou
de leur chapeau.

Le concile de Trente dispense les Cardinaux
de résider dans leurs évêchés.

Le pape ne peut les prévenir dans la collation
des bénéfices dont ils ont la disposition, pourvu
qu'ils les conférent dans les six mois; c'est une
des prérogatives accordées aux Cardinaux par
un indult de Paul IV, du 28 mai 1555, qu'on
nomme communément *compact*.

D'après ce principe, le parlement de Paris a
jugé par arrêt du 15 mai 1722, conformément
à l'opinion de Dumoulin, que la collation d'un
bénéfice faite par un Cardinal comme ordinaire,
dans les six mois de la vacance, devoit être
préférée à celle du pape accordée pendant les
six mois. La raison de cette décision rapportée
par Lacombe, est que la collation du pape dans
les six mois des Cardinaux est nulle par le défaut de volonté dans le souverain pontife, &

par défaut de puissance : par le défaut de volonté
en ce qu'on présume que le pape n'auroit pas
voulu conférer à l'impétrant, & qu'il ne lui auroit pas conféré s'il avoit exposé que le bénéfice
étoit à la collation d'un Cardinal & que les six
mois n'étoient pas expirés ; par le défaut de puissance, en ce que par le compact, le pape a renoncé à sa prévention à l'égard des Cardinaux
& a remis les choses dans l'état où elles étoient
avant que les préventions fussent tolérées. L'arrêt
dont il s'agit a été rendu au sujet du prieuré de
Voisnon dépendant de l'abbaye de Saint-Benigne
de Dijon, lequel étoit en litige entre deux pourvus en cour de Rome, l'un pendant les six mois
accordés au collateur qui avoit l'indult des
Cardinaux, & l'autre après l'expiration des six
mois, sans que le collateur eût fait usage de son
droit.

Au reste ce privilége des Cardinaux n'a pas
lieu quand ils confèrent à titre de dévolution.
C'est ce qui a été jugé au grand conseil par arrêt
du 5 mars 1736, au sujet du doyenné de l'église
collégiale de Saint-Orens, ordre de Cluny,
situé dans la ville d'Ausch. Ce bénéfice étant
venu à vaquer en décembre 1733, le prieur de
Saint-Orens, collateur ordinaire, le conféra à
un régulier. Antoine Carrero, prêtre séculier,
s'en fit pourvoir en cour de Rome le 14 janvier
1734, sur la vacance par mort, & sur celle qui
résultoit de l'incapacité du sujet pourvu par le collateur ordinaire : le Cardinal de Polignac, archevêque d'Ausch, conféra le même bénéfice le 21
janvier 1734, à un séculier, par dévolution &
attendu l'incapacité du sujet pourvu par le collateur ordinaire. La complainte s'étant liée au grand

conſeil entre les trois parties intéreſſées, ce tribunal, par l'arrêt qu'on vient de citer, maintint
Antoine Carrero pourvu en cour de Rome, avec
reſtitution de fruits & dépens. Lacombe qui rapporte cet arrêt dans ſon recueil de juriſprudence
canonique, expoſe les moyens dont chacune des
parties fit uſage pour ſoutenir ſon droit.

Lorſque les benéfices ſoumis à la collation des
Cardinaux ſont réſignés, le réſignant doit pour
la validité de la réſignation, ſurvivre de vingt
jours francs après qu'elle a été admiſe, non compris celui de l'admiſſion & celui du décès. Le
grand conſeil l'a ainſi jugé par arrêt rendu en
1682, au ſujet d'un canonicat de l'égliſe de Narbonne. Ce privilége des Cardinaux leur eſt auſſi
accordé par le compaĉt.

Les Cardinaux ne ſont point ſujets à la réſerve
des mois dans la Bretagne, non plus que dans
les autres pays d'obédience. Ils y confèrent librement les bénéfices dont ils ont la collation,
en quelque temps de l'année qu'ils viennent à
vaquer.

Anciennement les Cardinaux avoient en France
la préſéance ſur les princes du ſang. On voit
qu'aux états tenus à Tours ſous Louis XI en
1470, le Cardinal de Sainte-Suzanne, évêque
d'Angers, étoit à la droite du roi, & le roi de
Sicile à la gauche. Les ducs & pairs eccléſiaſtiques précédoient auſſi ordinairement au ſacre de
nos rois & au parlement, les ducs & pairs laïques, quoique princes du ſang, tels qu'étoient
les anciens ducs de Bourgogne. Mais depuis l'édit
de 1576 (*), donné par Henri III, le rang des

(*) Ordonnons, *porte cet édit*, que dorénavant les
Dd iv

princes de la maison royale n'ayant plus dépendu de leurs pairies, on leur a attribué la préféance fur les Cardinaux.

Anciennement, lorfqu'un Cardinal étoit pourvu en commende d'une abbaye régulière, il avoit juridiction fur les religieux & connoiffoit de la difcipline intérieure du monaftère. Ainfi il pouvoit inftituer & deftituer le prieur, admettre les novices à faire profeffion, &c. Fevret, dans fon traité de l'abus, rapporte un arrêt du grand confeil de l'année 1573, par lequel fans avoir égard à l'appel comme d'abus interjeté par les religieux de l'abbaye de Beaulieu, de la deftitution du prieur clauftral, faite par le Cardinal de Bourbon abbé commendataire de cette abbaye, elle fut confirmée.

Par un autre arrêt du 5 février 1598, le parlement de Paris jugea qu'il avoit été mal & abufivement procédé à l'élection du prieur clauftral de l'Abbaye de Saint-Jean-des-Vignes de Soiffons, & à la confirmation qui en avoit été faite par l'évêque, à l'infçu & fans le confentement du Cardinal de Gondy, abbé commendataire de cette abbaye.

La raifon de cette jurifprudence, qui s'obferve encore en Italie & ailleurs, eft que les Cardinaux étant affeffeurs apoftoliques, on leur confère les bénéfices réguliers avec une puiffance

---

princes de notre fang précéderont & tiendront rang felon leur degré de confanguinité, devant les autres princes & feigneurs, pairs de France, de quelque qualité qu'ils puiffent être, tant ès facres & couronnement de nous, qu'ès féances des cours de parlement & autres quelconques folemnités.

beaucoup plus étendue qu'aux autres commendataires : mais selon la discipline actuelle de l'église de France, les Cardinaux qui sont abbés commendataires ne peuvent en cette qualité exercer aucun droit de juridiction ni de correction sur les religieux de leurs abbayes. C'est ce qui résulte d'un arrêt du grand conseil du 30 mars 1694, rendu en faveur du prieur claustral & des religieux de l'abbaye d'Anchin contre le Cardinal d'Estrées, abbé commendataire de cette abbaye.

Ainsi lorsqu'un Cardinal commendataire veut exercer un droit de juridiction sur les religieux de son abbaye, il faut que pour cet effet il obtienne une bulle du pape ; qu'il la fasse confirmer par des lettres-patentes adressées au parlement dans le ressort duquel est située l'abbaye, & qu'il l'y fasse enregistrer.

On trouve une doctrine toute opposée dans la collection de Denisart : & ce livre intitulé *collection de décisions nouvelles*, ne rapporte que ce qui étoit en usage sur cette matiere lorsque Fevret écrivoit. Ce n'est pas la seule faute qu'il y ait à l'article *Cardinal* de ce mauvais Ouvrage.

Lorsque les décimes se levoient en vertu des bulles des papes, les Cardinaux en étoient exempts. La bulle de Léon X du 16 mai 1516, contient à ce sujet une disposition précise. Ils ont joui en France de ce privilège jusqu'à l'époque où les décimes se sont payées en conséquence des contrats passés entre le roi & le clergé. Alors on y a imposé les Cardinaux comme les autres ecclésiastiques : mais pour les indemniser, le roi leur a accordé une somme à-peu-près égale à celle de leurs décimes, à prendre fur le receveu général. Depuis 1645, cette fomme eft fixée à trente-fix mille livres, dans quoi chaque Cardinal prend fix mille livres.

Il eft vrai que le clergé a fouvent réclamé contre cette diftribution. L'affemblée de 1655 obtint du roi que les trente-fix mille livres que l'on payoit aux Cardinaux, feroient à l'avenir employées à la décharge des diocèfes & bénéfices fpoliés, fans pouvoir être détournées à d'autres ufages. Le Cardinal Mazarin obtint en 1657 des lettres-patentes pour faire de nouveau affecter cette fomme aux Cardinaux, mais elles demeurèrent fans exécution.

L'affemblée de 1670 accorda fix mille livres par an au Cardinal de Bouillon jufqu'à l'affemblée fuivante, en confidération de fon mérite perfonnel, & fans qu'aucun autre Cardinal fût en droit de prétendre la même chofe à caufe de fa dignité. On ajouta que cette grâce ne pourroit être tirée à conféquence pour l'avenir.

En 1671, le Cardinal de Retz obtint des lettres - patentes, portant qu'à commencer du premier janvier de cette année, il feroit déchargé d'une fomme de fix mille livres fur le payement des décimes auxquelles étoient affujettis les bénéfices qu'il poffédoit dans le royaume.

Le clergé de France dans l'affemblée de 1680 & les fuivantes, délibéra que la fomme annuelle de trente-fix mille livres dont il eft queftion, feroit employée à la décharge des bénéfices fpoliés ; & que ce qui ne feroit pas néceffaire pour cet objet, ferviroit à la décharge des Cardinaux qui auroient obtenu des lettres-patentes pour cet effet.

Comme tous les Cardinaux qui ont des bénéfices dans le royaume obtiennent de pareilles
lettres, le clergé leur accorde annuellement à
chacun les fix mille livres dont on a parlé, fur
le fonds des trente-fix mille livres qu'ils prétendent leur être particulièrement affectées.

En 1725, les bénéficiers de Provence ayant
demandé au roi une décharge de leurs décimes
à caufe des ravages que la pefte avoit faits dans
cette contrée, les Cardinaux préfentèrent une
requête par laquelle ils conclurent à ce qu'en
ftatuant par fa majefté ce qu'elle jugeroit à propos fur les décharges demandées par les bénéficiers de Provence, il lui plût ordonner que
ces décharges ne pourroient être prifes fur les
trente-fix mille livres affectées aux Cardinaux
pour leur tenir lieu d'exemption de décimes.
Les agens généraux du clergé demandèrent de
leur côté qu'il plût au roi, fans s'arrêter à la
requête des Cardinaux, ordonner que les contrats faits entre les rois & le clergé de France,
feroient exécutés felon leur forme & teneur ;
ce faifant, que la fomme à laquelle monteroit
la décharge qu'il plairoit à fa majefté accorder aux diocèfes & bénéfices fpoliés par la
pefte, feroit retenue par le receveur général
du clergé fur les trente-fix mille livres dont le
clergé fait le fonds, & que ce fonds demeureroit affecté à de pareilles décharges préférablement aux penfions des Cardinaux : mais par arrêt
du confeil d'état du 17 avril 1725, les agens
généraux du clergé furent déboutés de leurs demandes.

Il réfulte de tout cela que les Cardinaux ne
font point exempts de payer des décimes,

comme l'a dit Denifart avec d'autant plus de maladreffe, qu'il cite les fources où eft développée la doctrine oppofée. Il eft vrai que les fix mille livres qu'on attribue annuellement à chaque Cardinal, font à-peu-près l'équivalent d'une exemption; mais ce n'eft pas une exemption.

Lorfqu'un évêque de France a accepté la dignité de Cardinal, il y a ouverture à la régale. La raifon en eft que le Cardinal étant cenfé s'attacher d'une manière particulière au pape (*) qui, en qualité de prince temporel, eft étranger par rapport à la France, il ne doit point jouir des fruits de fon évêché, à moins qu'il n'ait confirmé par un nouveau ferment de fidélité, celui qu'il a déja fait en entrant dans fon évêché.

Nos rois donnent aux Cardinaux le titre de coufin.

Il ne faut pas croire, comme on le lit dans la collection de Denifart, que les Cardinaux ne

---

(*) *Voici en quels termes un Cardinal prête ferment au pape.* Ego ludovicus.... nuper affumptus in fanctæ romanæ Cardinalem ab hac hora in antea, ero fidelis beato Petro univerfalique & romanæ ecclefiæ, ac fommo pontifici ejufque fucceftoribus canonice intrantibus. Laborabo fideliter pro defenfione fidei catholicæ, extirpationeque hæræfum, & errorum atque fchifmatum reformatione, ac pace in populo chriftiano: alienationibus rerum & bonorum ecclefiæ romanæ, aut aliarum ecclefiarum & beneficiorum quorumcunque non confentiam, nifi in cafibus à jure permiffis; & pro alienatis ab ecclefia romana recuperandis pro poffe meo operam dabo. Non confulam quidquam fummo pontifici, nec fubfcribam me nifi fecundum Deum & confcientiam quæ mihi per fedem apoftolicam commiffa fuerint fideliter exequar. Cultum divinum in ecclefia tituli mei & ejus bona confervabo, fic me Deus adjuvet, & hæc facrofancta Dei evangelia.

foient pas fujets en France au droit d'indult :
M. d'Héricourt qui connoiffoit le droit eccléfiaftique beaucoup mieux que Denifart & fon
continuateur, (car ceux-ci femblent n'avoir pas
même fu lire dans cette partie), obferve très-
bien que les Cardinaux font affujettis à l'indult,
à moins qu'il ne leur ait été accordé des lettres-
patentes qui les en exemptent (*). En effet, c'eft
ce qui réfulte de la déclaration de François I du
18 janvier 1581, enregiftrée au grand confeil
le 31 du même mois (**).

(*) *Voici comme s'expriment celles qu'obtinrent le 29
janvier 1672 les Cardinaux Urfini, d'Eft , Grimaldi ,
de Retz & de Bouillon.* Voulant gratifier & traiter favorablement nofdits coufin Cardinaux Urfini, d'Eft, Grimaldi, de Retz & de Bouillon. ... voulons & nous plaît,
que lefdites bulles d'indult, & lettres-patentes foient exécutées felon leur forme teneur ; en conféquence avons
déclaré & déclarons lefdits bénéfices dont nofdits coufins
les Cardinaux font & feront ci-après pourvus , exempts
du droit de nomination defdits officiers de notre parlement
de Paris accordé par ladite bulle : caffons & annullons les
nominations qui pourroient avoir été faites ci-devant fur lefdits bénéfices.... fans préjudice toutefois des provifions
qui pourroient avoir été données par lefdits .commiffaires
jufqu'à préfent enfuite defdites nominations , lefquelles demeureront en leur force & vertu. Voulons néanmoins
que nofdits coufins les Cardinaux foient tenus de remplir
les indultaires qui auront été nommés fur les bénéfices
dont ils font pourvus , auxquels leurs prédéceffeurs non
Cardinaux n'auront pas fatisfait.

(**) *Voici les termes de cette déclaration.* Etant bien
recors & mémoratif de la volonté & attention de notre
faint père le pape.... déclarons que notre vouloir & intention a été & eft.... que nofdits coufins Cardinaux
foient fujets auxdits indults & nominations tout ainfi que
les autres prélats de notredit royaume.

Il est vrai que le pape Clément IX ayant supposé que le pape Paul III avoit exempté les Cardinaux de l'expectative des indultaires, a confirmé cette exemption prétendue par une bulle : mais, comme le remarque l'auteur des lois eccléfiaftiques, la confirmation d'un titre ne peut produire aucun droit quand le titre n'exifte pas. C'eft pourquoi on a toujours jugé depuis la bulle de Clément IX, que les Cardinaux étoient fujets à l'indult, à moins qu'ils n'euffent obtenu des lettres-patentes pour s'en exempter. On les oblige même en ce cas, ajoute l'auteur qu'on vient de citer, de remplir les indultaires nommés fur leurs prédéceffeurs & qui n'ont pas été remplis. Et comme dans ces fortes de lettres-patentes le roi ne les exempte que de l'indult des officiers du parlement, on juge au grand confeil qu'ils reftent affujettis à l'indultaire nommé pour remplir l'expectative du chancelier.

Voyez *le traité de l'origine des Cardinaux ; les lois eccléfiaftiques de France ; le gloffaire de Ducange ; Fevret, traité de l'abus ; le dictionnaire des fciences ; Aubery, hiftoire des Cardinaux ; le dictionnaire de droit canonique ; le traité des bénéfices, par Gohard ; le recueil de jurifprudence canonique ; les mémoires du clergé ; la déclaration de François I du 18 janvier 1541 ; les lettres-patentes du 29 janvier 1672 ; l'hiftoire eccléfiaftique de Fleury ; Thomaffin, de la difcipline eccléfiaftique ; Barbofa de jur. ecclef. L'abrégé chronologique du préfident Henault ; Lotherius de re beneficiaria ; Pinfon, notes fur les indults ; la bibliothèque canonique ; Dumoulin, fur la règle de infirm. refign. Rebuffe fur le concordat ; les preuves des libertés*

de l'églife gallicane, &c. Voyez auſſi les articles
COMPACT, INDULT, COMMENDE, RÉGALE,
DÉCIMES, PAPE, PRÉVENTION, COLLATION,
LÉGAT, CONCLAVE, CONSISTOIRE, CURÉ,
CONCILE, INCOMPATIBILITÉ, CONCOR-
DAT, &c.

CARÊME. Temps d'abſtinence qui comprend quarante-ſix jours entre le mardi-gras &
le jour de pâques, pendant lequel on jeûne tous
les jours, hors les dimanches, ce qui fait quarante jeûnes pour ſe préparer à célébrer la fête
de pâques.

Anciennement dans l'églife latine, le Carême
n'étoit que de trente-ſix jours. Enſuite pour
imiter plus préciſément le jeûne de quarante
jours que Jeſus-Chriſt ſouffrit au déſert, quelques-uns ajoutèrent quatre jours, dans le cin-
quiéme ſiècle ; & cet uſage a été ſuivi dans l'occident.

Suivant ſaint Jérôme, ſaint Léon, ſaint Auguſtin & pluſieurs autres, le Carême a été inſtitué par les apôtres. Voici comme ils raiſonnent.
Tout ce que l'on trouve établi généralement
dans toute l'églife, ſans en voir l'inſtitution dans
aucun concile, doit paſſer pour un établiſſement
fait par les apôtres : or tel eſt le jeûne du Carême. On n'en trouve l'inſtitution dans aucun
concile ; au contraire, le premier concile de
Nicée, celui de Laodicée, auſſi-bien que les
pères Grecs & Latins, ſurtout Tertullien, parlent du Carême comme d'une choſe générale &
très-ancienne.

Calvin, Chemnitus & les proteſtans prétendent que le jeûne du Carême a été d'abord
inſtitué par une eſpèce de ſuperſtition & par des

gens simples qui voulurent imiter le jeûne d
Jesus-Christ. Ils prétendent prouver ce fait pa
un mot de saint Irénée cité par Eusebe : preuve
très-foible, ou pour mieux dire de nulle valeur,
quand on a contre elle le témoignage constant
de tous les autres pères & la pratique de l'église
universelle.

D'autres disent que ce fut le pape Telesphore
qui l'institua vers le milieu du second siècle ;
d'autres conviennent que l'on observoit à la vérité le Carême dans l'église, c'est-à-dire un jeûne
de quarante jours avant pâques, du temps des
apôtres ; mais que c'étoit volontairement, &
qu'il n'y eut de loi que vers le milieu du troisième siècle. Le précepte ecclésiastique quand il
seroit seul, formeroit une autorité que les ré-
formateurs auroient dû respecter, s'ils avoient
moins pensé à introduire le relâchement dans
les mœurs que la réforme.

Les Grecs diffèrent des Latins par rapport à
l'abstinence du Carême ; ils le commencent une
semaine plutôt, mais ils ne jeûnent point les
samedis comme les Latins, excepté le samedi
de la semaine sainte.

Les anciens moines Latins faisoient trois Ca-
rêmes : le grand avant pâques ; l'autre avant
Noël, qu'on appeloit de la saint Martin ; & l'autre, de saint Jean-Baptiste, après la pentecôte,
tous trois de quarante jours.

Outre celui de pâques, les Grecs en obser-
voient quatre autres qu'ils nommoient les Ca-
rêmes des apôtres, de l'assomption, de Noël &
de la transfiguration : mais ils les réduisoient à
sept jours chacun ; les Jacobites en font un cinquième, qu'ils appellent de la pénitence de Ni-
nive,

hive, & les Maronites six, y ajoutant celui de l'exaltation de la Sainte-Croix.

Le huitième canon du concile de Tolède ordonne que ceux qui sans une nécessité évidente, auront mangé de la chair pendant le Carême, n'en mangeront point pendant toute l'année & ne communieront point à pâques.

Quelques-uns prétendent que l'on jeûne les quarante jours que dure le Carême, en mémoire du déluge qui dura autant de temps ; d'autres disent que c'est en mémoire des quarante années pendant lesquelles les Juifs errèrent dans le défert ; d'autres veulent que ce soit en mémoire des quarante jours qui furent accordés aux Ninivites pour faire pénitence ; les uns, des quarante coups de fouets que l'on donnoit aux malfaiteurs pour les corriger ; les autres, de quarante jours de jeûne que Moïse observa en recevant la loi, ou de quarante jours que jeûna Elie, ou enfin des quarante jours de jeûne qu'observa Jesus-Christ.

La discipline de l'église s'est insensiblement relâchée sur la rigueur & la pratique du jeûne pendant le Carême. Dans les premiers temps, le jeûne dans l'église d'occident, consistoit à s'abstenir de viandes, d'œufs, de laitage, de vin, & à ne faire qu'un repas vers le soir : quelques-uns seulement prétendant que la volaille ne devoit pas être un mets défendu, parce qu'il est dit dans la Genèse, que les oiseaux avoient été créés de l'eau, aussi-bien que les poissons, se permirent d'en manger ; mais on réprima cet abus. Dans l'église d'orient, le jeûne a toujours été rigoureux ; la plupart ne vivoient dans l'origine, que de pain & d'eau avec des

légumes. Avant l'an 800, on s'étoit déja beaucoup relâché par l'ufage du vin , des œufs &
des laitages. D'abord le jeûne confiftoit à ne
faire qu'un repas le jour , vers le foir après les
vêpres ; ce qui s'eft pratiqué jufqu'à l'an 1200
dans l'églife Latine. Les Grecs dînoient à midi
& faifoient collation d'herbes & de fruits vers
le foir dès le fixième fiècle. Les Latins commencèrent dans le treizième à prendre quelques
conferves pour foutenir l'eftomac , puis à faire
collation le foir. Ce nom a été emprunté des
religieux , qui après fouper alloient à la *colla-*
tion , c'eft-à-dire à la lecture des conférences
des faints pères , appelées en latin *collationes* ;
après quoi on leur permettoit de boire aux jours
de jeûne de l'eau ou un peu de vin , & ce léger
rafraîchiffement fe nommoit auffi *collation*. Le
dîner des jours de Carême ne fe fit cependant
pas tout d'un coup à midi. Le premier degré de
changement fut d'avancer le fouper à l'heure de
none, c'eft-à-dire, à trois heures après midi : alors
on difoit none, enfuite la meffe, puis les vêpres;
après quoi l'on alloit manger. Vers l'an 1500,
on avança les vêpres à l'heure de midi ; & l'on
crut obferver l'abftinence prefcrite en s'abfte-
nant de viande pendant la quarantaine & fe ré-
duifant à deux repas , l'un plus fort & l'autre
très-léger fur le foir. On joignoit auffi au jeûne
de Carême la continence, l'abftinence des jeux,
des divertiffemens & des procès.

L'abftinence de la viande eft particulièrement
le figne caractériftique du Carême. Mais un
évêque peut dans fon diocèfe , accorder la permiffion de faire gras en Carême durant certains
jours de la fémaine. Les permiffions de cette

efpèce ne s'accordent que quand le poiffon eft fort rare ou dans des temps de difette.

La privation des œufs fait auffi partie de l'abftinence du Carême : mais la plupart des évêques autorifent tous les ans l'ufage de cette efpèce d'aliment dans leurs diocèfes, par une permiffion expreffe. L'objet principal de cette permiffion eft de ne point faire perdre de vue l'ancienne pratique de l'églife.

Lorfque l'archevêque de Paris permet l'ufage des œufs dans fon diocefe pendant le Carême, le parlement rend un arrêt qui ordonne l'exécution du mandement du prélat, & permet en conféquence d'expofer en vente cette forte de denrée dans les marchés & places publiques de la ville (*). Cet ufage indique qu'en matiere de

_____

(*) *Voici celui qui a été rendu pour le Carême de* 1776. Ce jour, le procureur général du roi eft entré, & a dit : que depuis l'arrêté du 15 du préfent mois, par lequel la cour a jugé qu'il y avoit lieu de recourir à l'indulgence de l'églife pour obtenir la permiffion de faire ufage des œufs pendant le Carême prochain, l'archevêque de Paris a donné un mandement, par lequel cette permiffion eft accordée pendant le Carême prochain, depuis le mercredi des cendres inclufivement, jufqu'au vendredi de la femaine de la paffion exclufivement : que pour mettre les peuples en état de profiter de cette difpenfe, il s'agit de rendre un arrêt conforme à ce qui s'eft pratiqué en pareilles occafions ; & qu'à cet effet il requiert qu'il plaife à la cour arrêter & ordonner que le mandement de l'archeveque de Paris fera exécuté, & que conformément à icelui, il fera permis d'expofer & vendre des œufs dans les marchés & places publiques de cette ville & fauxbourgs de Paris, & d'y en faire apporter des provinces ; à cette fin, que l'arrêt fera publié à fon de trompe en cette ville, & envoyé dans les provinces à la diligence du procureur général du

discipline ecclésiastique, la puissance spirituelle est subordonnée à l'autorité de la puissance temporelle.

C'est d'après ce principe que par arrêt du 7 février 1552, le parlement de Paris empêcha la publication d'une bulle qui permettroit aux provinces ruinées par la guerre, de faire usage de beurre, d'œufs & de fromage pendant le Carême.

Les curés doivent accorder aux malades la permission de manger de la viande en Carême, lorsqu'ils en ont besoin pour rétablir leur santé.

Innocent III a décidé que l'on ne péchoit point en mangeant de la viande en Carême, lorsqu'en s'en abstenant on se trouvoit dans le danger de mourir de faim.

Autrefois il étoit défendu sous différentes peines aux bouchers, aux rôtisseurs & à toute autre personne, d'exposer en vente durant le Carême aucune viande de boucherie, ni aucune

---

roi, pour y être pareillement publié, afin qu'il puisse être connu des marchands : enjoint à ses substituts d'y tenir la main.

Lui retiré :

La matière mise en délibération.

La cour a arrêté & ordonné que le mandement de l'archevêque de Paris sera exécuté ; & conformément à icelui, permet d'exposer & vendre des œufs dans les marchés & places publiques de cette ville & fauxbourgs de Paris, & d'y en faire apporter des provinces; & à cette fin, le présent arrêt sera publié à son de trompe dans cette ville de Paris, & envoyé dans les provinces à la diligence du procureur général du roi, pour y être pareillement publié, afin qu'il puisse être connu aux marchands : enjoint aux substituts du procureur général du roi d'y tenir la main. Fait en parlement le dix-sept février mil sept cent soixante-seize. *Signé*, Dufranc.

pièce de volaille ou de gibier ; c'eſt pourquoi le débit de la viande deſtinée aux malades ou infirmes ne ſe faiſoit à Paris qu'à l'Hôtel-Dieu, qui pour cet effet avoit un privilége excluſif. Mais le roi ayant reconnu que cette police & ce privilége donnoient lieu à beaucoup d'abus, il a donné une déclaration le 25 décembre 1774, par l'article premier de laquelle le commerce & l'entrée des viandes, gibier & volailles, ont été rendus libres dans la ville & banlieue de Paris durant le Carême.

Comme le privilége excluſif de l'Hôtel-Dieu lui produiſoit annuellemunt cinquante mille livres, il a été ordonné par la même déclaration, qu'il lui ſeroit remis une pareille ſomme ſur le produit des droits perçus pendant le Carême aux entrées de Paris ſur les bœufs, veaux, moutons & porcs.

On ne peut pas, ſans diſpenſe, ſe marier pendant le Carême. Cette diſcipline ſe trouve établie par des lois fort anciennes. Le canon 52 du concile de Laodicée tenu en 368, dit formellement qu'*on ne doit célébrer aucun mariage durant le Carême.*

Gratien, Yves de Chartres & Burchard attribuent un canon pareil à un concile qu'ils diſent s'être tenu à Lérida.

Le concile de Trente a renouvelé la même diſcipline, & celle de l'égliſe de France y eſt conforme, comme le prouvent les conciles de Reims, de Rouen, de Bordeaux & de Tours, tenus en 1564, 1581 & 1583.

On avoit penſé dans quelques endroits, que le jour de la fête de ſaint Joſeph devoit être excepté de cette règle, mais le concile de Bor-

deaux tenu en 1624 déclara formellement que
cette exception n'avoit point lieu.

« Au surplus un mariage célébré sans dispense
en Carême n'en seroit pas moins valable, mais
le curé qui l'auroit célébré pourroit être poursuivi & puni par le supérieur ecclésiastique.

« M. Pothier qualifie de *scandaleuse* la facilité
avec laquelle on accorde des dispenses pour célébrer des mariages en Carême : mais sa décla-
mation ne paroîtra-t-elle pas plus *scandaleuse*
que la chose même dont il se plaint ? On ne
devro t pas, ce me semble, surcharger de pareilles réflexions un livre de jurisprudence.

'Voyez *les lois ecclésiastiques de France, le traité
historique & dogmatique des jeûnes par Thomassin ;
les preuves des libertés de l'église gallicane ; le traité
de la police ; le dictionnaire des arrêts ; l'encyclo-
pédie ; la déclaration du 25 décembre 1774, &c.*
Voyez aussi les articles JEÛNE, MARIAGE,
DISPENSE, CURÉ, HÔTEL-DIEU, &c.

- CARENCE. On appelle *exploit de Carence,
procès-verbal de Carence*, un exploit, un procès-
verbal par lesquels il paroît qu'on n'a trouvé
aucun bien ou effet à inventorier.

Suivant l'article 24 de l'édit du mois de mai
1716, on doit allouer en reprise aux collecteurs
des amendes prononcées en matière d'eaux &
forêts, les sommes auxquelles se trouveront
monter les amendes dont le recouvrement n'aura pu être fait ; mais il faut pour cela que ces
collecteurs justifient qu'ils ont fait les diligences
convenables pour parvenir à l'emprisonnement
des condamnés, & qu'ils représentent les certificats de Carence de biens, & les sentences qui
auront déclaré les insolvables bannis du ressort

de la maîtrise où les délits auront été commis. La même loi veut que dans le cas de falsification commise par un collecteur au sujet de quelque exploit ou certificat de perquisition ou de Carence de biens, son procès lui soit fait & parfait en la manière prescrite par les ordonnances ; & que s'il vient à être convaincu de ce crime de falsification, il soit condamné aux galères.

Lorsqu'un homme décède sans laisser aucun effet dans sa succession, la veuve qui veut renoncer à la communauté, peut produire un procès-verbal de Carence pour tenir lieu de l'inventaire que la loi l'oblige de faire en cas pareil. Un tel acte fait sans fraude valide une renonciation comme feroit un inventaire.

Pareillement lorsqu'il vient à échoir à des mineurs ou interdits une succession qui ne mérite pas un inventaire, le tuteur & le curateur doivent pour se mettre à l'abri de toute recherche, faire faire un procès-verbal de Carence après la la mort du défunt.

Voyez *l'édit du mois de mai 1716; le dictionnaiee des eaux & forêts, &c.* Voyez aussi les articles COMMUNAUTÉ, RENONCIATION, SUCCESSION, TUTEUR, MINEUR, &c.

CARGAISON. Terme de jurisprudence maritime par lequel on exprime la charge entière d'un navire.

Suivant l'article 11 du titre 4 du livre 3 de l'ordonnance de la marine du mois d'août 1681, le matelot qui vient à être blessé en combattant contre les ennemis ou les pirates, doit être pansé aux dépens des propriétaires du navire & de la cargaison. Mais il en seroit différemment si le matelot étant descendu à terre sans congé, y avoit été blessé; non-seulement il n'auroit pas le droit d'être panfé aux dépens de ces propriétaires, on pourroit encore le congédier sans qu'il pût prétendre autre chose que ses loyers à proportion du tems qu'il auroit servi. C'est ce qui résulte de l'article 12.

L'article 2 du titre 3 du règlement du 12 Janvier 1717, concernant les siéges d'amirauté dans les colonies, avoit ordonné que les demandes pour le payement d'une partie ou du total de la Cargaison d'un navire près de faire voile pour revenir en France, seroient jugées sommairement & exécutées nonobstant l'appel & sans y préjudicier; que les détenteurs des marchandises seroient contraints par la vente de leurs effets, même par-corps, s'il en étoit besoin, à en acquitter le prix, lorsqu'il ne s'agiroit que d'un payement non-contesté; & que s'il y avoit quelque question incidente, la sentence de l'amirauté seroit toujours exécutée par provision, nonobstant l'appel & sans y préjudicier, en donnant caution : mais ces dispositions ayant été entendues différemment dans les différentes colonies, y firent naître une diversité de jurisprudence sur les cas auxquels devoit être appliqué le privilége, tant du jugement sommaire & de l'exécution provisoire, que de la contrainte par-corps pour le payement des dettes de Cargaison : dans certaines colonies on accordoit le jugement sommaire & l'exécution provisoire, mais sans la contrainte par-corps, aux dettes dont le payement étoit poursuivi avant le départ du navire; mais lorsque le navire étoit parti, on n'y regardoit plus les dettes de Cargaison comme dettes de commerce maritime, & l'on y prétendoit qu'elles ne devoient être poursuivies & jugées qu'aux juridictions royales de même que les dettes ordinaires : dans d'autres colonies, les dettes de Cargaison étoient toujours regardées comme dettes de commerce maritime, soit avant, soit après le départ des navires, mais ce n'étoit que dans le premier cas qu'elles y étoient soumises au privilége du jugement sommaire, de l'exécution provisoire & de la contrainte par-corps.

Ces considérations déterminèrent le roi à rendre une ordonnance le 12 juin 1745 (*) tant

---

(*) *Cette ordonnance contient les quatre articles suivans :*

ARTICLE I. Les dettes de Cargaison seront jugées sommairement aux sièges d'amirauté dans nos colonies, à quelqu'échéance qu'elles soient payables, & en quelque temps que le payement en soit poursuivi, avant ou après le départ du navire pour revenir en France.

II. Les jugemens qui interviendront sur lesdites dettes seront exécutés nonobstant l'appel, & sans préjudice d'icelui ; les débiteurs seront contraints au payement, soit avant, soit après le départ des navires, par la vente de leurs effets, même par corps si besoin est, lorsqu'il ne s'agira que d'un payement non contesté, & s'il y a quelque question incidente la sentence de l'amirauté sera toujours exécutée par provision nonobstant l'appel & sans préjudice d'icelui, en donnant caution.

III. Ne seront censées dettes de Cargaison, & jugées comme telles que celles qui seront constatées & fondées sur des comptes arrêtés ou des billets consentis au capitaine du navire duquel auront été achetées les marchandises pour lesquelles ils seront causés, ou au négociant gérant la Cargaison pendant la traite dudit navire & son séjour dans la colonie ; & déclarons toutes les autres dettes qui ne seront point ainsi établies par des comptes arrêtés ou des billets consentis avant le départ du navire, ne devoir point

pour établir une jurisprudence uniforme fur cette matière, dans toutes les colonies, que pour faire de nouvelles difpofitions qui puffent affurer dans tous les temps le payement des dettes de Cargaifon, & qui ne laiffaffent plus de doute fur la compétence des juges qui en devoient connoître.

Suivant l'article premier de cette ordonnance, les dettes de Cargaifon doivent être jugées fommairement par les fiéges de l'amirauté dans les colonies, à quelque échéance qu'elles foient payables & en quelque temps qu'on en pourfuive le payement, foit avant ou après le départ des navires pour revenir en France.

Suivant l'article 2 les jugemens rendus fur cette matière doivent s'exécuter nonobftant l'appel & fans y préjudicier, & les débiteurs peuvent être contraints au payement foit avant

---

jouir du privilège accordé par ces préfentes lettres aux dettes de Cargaifon.

IV. N'entendons néanmoins déroger ni rien changer aux regles établies, tant fur la compétence que fur le jugement des dettes & conteftations entre les négocians & marchands de nos colonies, dont la connoiffance appartiendra toujours aux juges de nos juridictions ordinaires, lefquels feront tenus de fe conformer dans leurs jugemens, aux difpofitions des ordonnances de 1667 & de 1673, & autres réglemens fur les matieres de commerce. Si donnons en mandement à nos amés & féaux les gens tenans nos confeils fupérieurs des Ifles & colonies Françoifes de l'Amérique, que ces préfentes ils ayent à faire lire, publier, regiftrer, & le contenu en icelles garder, obferver & exécuter felon leur forme & teneur nonobftant tous édits, déclarations, ordonnances, réglemens, us, coutumes & autres chofes à ce contraires, auxquels nous avant dérogé & dérogeons, &c.

foit après le départ des navires, par la vente de leurs effets & même par-corps lorfqu'il ne s'agit que d'une fomme non-conteftée : le même article veut que s'il y a quelque queftion incidente, la fentence de l'amirauté foit également exécutée par provifion nonobftant l'appel, mais à la charge de donner caution.

L'article 3 porte qu'on ne doit réputer dettes de cargaifon que celles qui font fondées fur des comptes ou billets faits avec le capitaine du navire duquel ont été achetées les marchandifes faifant l'objet de ces comptes ou billets, ou avec le négociant qui géroit la cargaifon pendant la traite du navire & fon féjour dans la Colonie : toute autre dette qui n'eft point ainfi établie fur un compte ou billet fait avant le départ du navire ne doit point jouir du privilége attribué aux dettes de cargaifon.

Enfin, par l'article 4, le roi déclare qu'il n'entend rien changer aux règles établies tant fur la compétence que fur le jugement des dettes & conteftations relatives aux marchands & négocians des Colonies : ces conteftations doivent être portées devant les juges ordinaires ; & ceux-ci font ténus de fe conformer dans leurs jugemens aux difpofitions des ordonnances du mois d'avril 1667 & du mois de mars 1673 ; & aux autres règlemens concernant les matières de commerce.

La Peyrère rapporte que quand plufieurs marchands achètent la Cargaifon d'un navire, foit par écrit ou verbalement, tous les acheteurs font folidairement obligés au payement du prix, à moins qu'il n'ait été fait une convention contraire. L'ufage & la jurifprudence, dit l'auteur cité, l'ont ainfi établi en faveur & pour la ure du commerce.

Voyez *l'ordonnance de la marine du mois d'août 1681 ; le règlement du 12 janvier 1717 ; les ordonnances d'avril 1667 & de mars 1673*, &c. Voyez auffi les articles MATELOT, LOYER, AVARIE, COLONIE, CONTRAINTE PAR CORPS, COMMERCE, &c.

CARME. Religieux d'un ordre qui tire fon nom du Mont-Carmel, montagne de Syrie, qu'habita autrefois le prophète Élie, dont les Carmes ont prétendu defcendre par une fuccef-fion non interrompue.

Les Carmes font un des quatre ordres men-dians ; ils ne laiffent pas néanmoins de poffeder des fonds.

La prétention des Carmes fur leur origine a donné lieu à une guerre littéraire fort vive, fur la fin du fiécle dernier. Le plus fameux adver-faire qu'aient eu ces religieux, eft le pere Pape-broch jéfuite Flamand. Cet homme très-verfé dans l'antiquité des ordres religieux attaqua en 1668, dans l'ouvrage intitulé *acta Sanctorum*, l'opinion que les Carmes avoient voulu accré-diter. Ces religieux répondirent dans un ouvra-ge qui avoit pour titre : *Arfenal . . . qui fournit des boucliers affoibliffant les traits lancés contre l'antiquité des Carmes, leur origine & la fucceffion héréditaire du prophéte Elie.*

Le père Papebroch répliqua pour les con-vaincre que leur ordre n'avoit commencé qu'au douzième fiécle.

Le père François de Bonne-Efpérance auteur de l'*Arfenal*, raffembla de nouvelles armes dans un fupplément à fon ouvrage, & livra un autre affaut au père Papebroch.

François de Bonne-Efpérance étant mort les armes à la main, on croyoit la difpute finie, lorfqu'elle fe renouvela en 1680, dans un ouvrage du père *Daniel-de-la-Vierge-Marie*, ayant pour titre : *Miroir du Carmel ou hiftoire dans laquelle on montre fon origine par le prophète Elie*, &c.

Cette hiftoire donna lieu à bien des critiques de la part des jéfuites, & à bien des injures en réponfe de la part des Carmes. Il eft vrai que toutes ces querelles fe paffèrent dans la Flandre, & que les Carmes Français n'y prirent aucune part : ils fentirent combien il étoit ridicule de s'attacher comme avoient fait les Grecs & les Romains à des origines fabuleufes : cependant MM. d'Herouval & du Cange, fi diftingués parmi les fçavans de leur temps, ne laiffèrent pas d'être compromis dans toutes ces altercations ; & quoique ces deux hommes célèbres ne fuffent rien moins que capables d'outre-paffer les bornes de l'honnêteté dans une difcuffion hiftorique, les Carmes s'imaginèrent que M. d'Herouval étoit l'auteur d'une lettre peu flateufe qu'un auteur anonime publia dans ce tems-là fous le nom de M. du Cange : en conféquence ils y répondirent dans ces termes : *Après tout, quelque ridicule que foit le confeiller N. qui a fi mal écrit, & quelque indigne qu'il foit de ma réponfe, je veux la lui faire, non parce qu'il le fouhaite (cette complaifance lui donneroit trop de fatisfaction), mais parce que je ne le crois pas de moindre condition que l'âne de Balam à qui ce prophète voulut bien répondre. J'efpère néanmoins que le confeiller deviendra raifonnable ; à moins de cela, je ne vois rien de plus juste que de le mener tout droit à l'étable, & lui dire comme Daniel à Nabuchodonosor, votre demeure sera avec les bêtes.*

On peut juger par cet échantillon de la manière honnête avec laquelle on disputoit sur l'origine des Carmes.

M. de Launoi qui vivoit en ce temps-là, avoit écrit contre la bulle Sabattine, contre le Scapulaire & contre la vision du bienheureux Simon Stock ; ce fut une raison pour ne pas l'oublier dans tous les libelles que les enfans d'Elie jugèrent à propos de publier pour leur cause, & surtout dans une lettre qui avoit pour titre : *l'Hercule commodien, Jean de Launoi revivant dans le père Papebroch.*

L'aigreur inséparable de l'esprit de parti se mêla de la contestation au point que le provincial des Carmes de Flandre crut devoir en écrire au Pape Innocent XI pour le prier de terminer tout différent entre les religieux de son ordre & les jésuites. Ceux-ci informés de la démarche du provincial, bien loin de se retracter, réchauffèrent l'esprit du pere Papebroch, qui par de nouveaux écrits rendit la contestation sérieuse de ridicule qu'elle étoit. Les Carmes le dénoncèrent au Pape Innocent XII comme ayant donné dans son livre *des actes des Saints* un ouvrage rempli d'erreurs, du nombre desquelles étoit celle d'avoir regardé comme une fable tout ce qu'on dit du prophête Elie, & d'avoir nié qu'il fût le fondateur des Carmes.

Ils ne s'en tinrent pas à cette dénonciation ; comme ils avoient beaucoup de crédit en Espagne, ils s'adressèrent en même-tems à l'inquisition, & en obtinrent un décret portant condamnation de l'ouvrage de Papebroch.

Ce jéfuite & fes confrères furent fort étonnés du jugement de l'inquifition, mais ils fe raffurèrent lorfqu'ils virent tous les fçavans de l'Europe prendre leur parti. L'empereur Léopold I & plufieurs prélats d'Allemagne écrivirent pour eux au pape & au roi d'Efpagne. Les jéfuites furent admis à fe juftifier, & leur démarche opéra cet effet, que l'inquifition profcrivit tous les livres concernant leurs querelles avec les Carmes.

Le général de cet ordre craignant toujours que la difpute ne fe reproduisît dans quelque autre occafion, fupplia inftamment le faint père d'y mettre fin pour toujours en ordonnant qu'on n'agitât plus toutes ces queftions qui y avoient donné lieu, & qu'on laiffât les Carmes dans leur idée d'avoir eu pour fondateur le prophête Elie, attendu qu'ils étoient autorifés à le croire fur d'anciennes bulles, & fur des paffages de l'office divin qu'ils ont coutume de réciter. Le pape renvoya la fupplique à la congrégation du concile, laquelle fut d'avis que fa fainteté pour faire ceffer le fcandale que caufoit la difpute dont il s'agiffoit, devoit impofer un filence abfolu fur cette queftion; & c'eft ce que fit Innocent XII par un bref du 20 novembre 1698.

Voyons maintenant d'où les Carmes ont tiré la règle générale qui fait la bafe de leur inftitut. Ils ne font pas d'accord entre eux fur cet article. Les uns prétendent qu'ils la tiennent de Jean II, ancien hermite du Mont-Carmel qui fut le quarante-quatrième patriarche de Jérufalem, & veulent qu'elle foit confignée dans un livre intitulé *de l'inftitution des moines*, qu'ils lui attribuent. Les autres foutiennent que ce Jean II

reçut la règle que saint Basile avoit donnée anciennement à quelques hermites du Mont-Carmel
qui s'étoient attachés à lui, & qu'il la fit observer aux autres moines de son temps qui n'en
avoient aucune.

Mais l'opinion la plus accréditée est que les
Carmes n'ont point eu d'autre règle que celle
qui leur fut donnée en 1204, par Albert autre
patriarche de Jérusalem. Ce fut un nommé Bro-
card supérieur des hermites du Mont-Carmel
qui la lui demanda. Elle contient seize articles:
on l'a prétend tirée en même-temps & des
écrits de saint Basile & du livre des institutions
du Patriarche Jean II.

Cette prétention des Carmes d'avoir em-
brassé la règle de saint Basile, donna lieu aux
basiliens de les regarder comme frères. Les Carmes voulurent bien reconnoître cette alliance;
mais ils prétendirent avoir le droit d'aînesse sur
ce fondement que saint Basile ne pouvoit être
considéré que comme un des enfans d'Elie,
puisqu'ils l'avoient mis au nombre des saints de
leur ordre. Au lieu de s'accorder entr'eux sur
cet article, il en résulta un procès que les Carmes intentèrent en 1670 aux basiliens; & ce
procès par sa singularité mérite qu'on en dise ici
deux mots.

Il y avoit dans la Sicile au diocèse de Mes-
sine, une église des religieux de Saint-Basile,
qui menaçoit ruine, à cause des fréquens trem-
blemens occasionnés par le voisinage du Mont-
Etna. Ces religieux furent autorisés à se retirer dans une autre église dédiée à un Saint
de leur ordre. En se retirant ils crurent devoir
emporter avec eux une copie du tableau du
prophète

prophête Elie patron de leur ancienne églife, ne pouvant en emporter le tableau original qui étoit prefqu'entièrement détruit par vétufté. À peine furent-ils en poffeffion de leur nouvelle églife, qu'ils y expofèrent dans une chapelle, cette copie qui repréfentoit le Prophête Elie enveloppé d'un manteau rouge, ayant une tunique de cuir, une barbe qui defcendoit jufqu'aux genoux, les pieds nuds, tenant à la main une épée au bout de laquelle il y avoit une flame, & la tête couverte d'un bonnet rouge à trois rangs de galons d'or.

Les Carmes n'eurent pas plutôt apperçu ce tableau qu'ils regardèrent comme une injure faite à leur ordre d'avoir ainfi expofé en public l'image de leur fondateur autrement qu'en habit de Carme. Les Bafiliens furent cités devant l'archevêque de Meffine : ces religieux foutinrent qu'ils n'avoient point innové; que la copie en queftion étoit exactement conforme à l'ancien tableau, qu'au refte ils ne fouffriroient jamais que dans leur églife on vît le prophête habillé en Carme.

L'archevêque n'ayant point été favorable aux Carmes, ceux-ci s'adreffèrent à la congrégation des rites à Rome, qui décida qu'on ôteroit le tableau pour en mettre un autre repréfentant le même prophête, mais autrement qu'en habit de Carme. La difficulté étoit encore de favoir comment il feroit habillé : il fut arrêté qu'il auroit une tunique de peau, une ceinture de cuir & un manteau de faffran; qu'au furplus il feroit les pieds nuds & fans bonnet. Ainfi fut terminé le 16 mars 1686, une conteftation qui duroit depuis dix ans.

La règle que le patriarche Albert donna aux hermites du Mont-Carmel fut approuvée en 1224 par le pape Honorius. Mais cette règle ayant fait naitre beaucoup de scrupules parmi les religieux sur la manière de l'observer, on nomma des commissaires apostoliques pour l'expliquer. Ils l'expliquèrent & la corrigèrent en même tems. Les changemens qu'ils y apportèrent, furent approuvés par Innocent IV en 1247. Ceux qui la pratiquent ainsi sont appellés *observants*.

Cette même règle dans la suite parut à quelques religieux trop sévère ; Eugène IV & Pie II furent obligés de la mitiger. Ceux qui la suivent ainsi mitigée sont appellés *conventuels*.

Avant la paix que l'empereur Frédéric II fit avec les Sarasins en 1229, les Carmes ne s'étendoient guères hors de la terre Sainte ; mais les persécutions ayant suivi de près cette paix malheureuse, ces religieux cherchèrent un azile en Europe : cependant avant de s'y déterminer les avis furent singulièrement partagés. Alain, breton de naissance & leur cinquième général, les ayant assemblés sur ce sujet, les uns soutenoient qu'il valloit mieux souffrir la persécution que d'abandonner la Syrie ; les autres disoient qu'il falloit se régler sur l'exemple de leur patron le prophète Elie qui se voyant persécuté par Jezabel, quitta sa demeure ordinaire pour s'enfuir sur la montagne d'Oreb.

Alain ne savoit trop quel parti embrasser, lorsque la Sainte-Vierge lui apparut, disent les historiens de cet ordre, & lui commanda de bâtir des monastères hors de la terre Sainte.

A la nouvelle de cette vision, on fit partir des religieux, les uns pour l'isle de Chypre, d'autres pour la Sicile, d'autres pour l'Angleterre & d'autres pour Marseille (*). Il y eut bientôt de nouveaux monastères pour les Carmes. Ils tinrent leur premier chapitre général en Europe l'an 1245, dans le couvent d'Aylesford en Angleterre; c'est dans ce chapitre que le Bienheureux Simeon Stok fut élu pour successeur d'Alain.

Sous le gouvernement de ce nouveau général, L'ordre des Carmes s'étendit beaucoup en Europe: deux de ces religieux allerent s'établir à Lyon; ceux qui se trouvèrent en Provence se multiplièrent dans la Gaule Narbonnoise & dans l'Aquitaine. Saint-Louis dans ses expéditions de la terre Sainte, ayant trouvé quelques-uns de ses sujets parmi les hermites du Mont-Carmel, les amena avec lui en France & leur donna en 1259 un couvent à Paris: c'est de ce couvent que sont sortis ceux de France & d'Allemagne.

Cet ordre prit dans la suite un si grand accroissement, qu'il est aujourd'hui composé de trente-huit provinces, sans parler de la congrégation de Mantoue, qui a cinquante-quatre couvens & un vicaire général, ni des congrégations des Carmes déchaussés d'Espagne & d'Italie lesquelles ont des généraux particuliers. L'ordre dont il s'agit ici & qu'on appelle l'ordre des Carmes de l'ancienne observance, ou autrement des *grands-Carmes*, est gouverné par un général qui est

_____

(*) L'endroit où ils s'arrêterent fut aux Aigualates, à une lieu de Marseille: ils établirent un monastère dans ce désert.

élu tous les six ans. Il fait pour l'ordinaire sa résidence à Rome dans le couvent de Sainte-Marie au de-là du Tibre. Ce couvent lui est immédiatement soumis ainsi que celui de Saint-Martin-des-Monts dans la même ville, celui de Paris de la place Maubert, & celui du Mont - Olivet proche de Gênes. Ces quatre couvents ne relèvent d'aucune des trente-huit provinces.

Lorsque les Carmes passèrent d'Orient en Europe, ils avoient leurs chappes barrées de blanc & de couleur tannée, aussi les appeloit-on les *barrés*. L'idée qu'ont eu quelques-uns de ces religieux sur l'origine de ces barres est assez singulière : ils ont prétendu que le prophête Elie enlevé dans un char de feu, jeta son manteau à son disciple Elisée, que ce manteau, qui selon ces auteurs étoit blanc, ayant passé par le feu, les parties extérieures furent noircies, & que ce qui se trouva dans les replis conserva sa blancheur. Quelques années après leur passage en Europe, ils résolurent de quitter leurs chappes barrées qui étoient de sept pièces & d'en prendre de blanches ; le pape le leur permit & ils quittèrent ces chapes bigarées immédiatement après la tenue de leur chapitre général à Montpellier en 1287 ; mais ils prirent alors le scapulaire qu'ils prétendirent avoir été montré quelques années auparavant par la Sainte-Vierge au Bienheureux Siméon Stok ; & c'est de-là qu'est venue parmi eux la confrairie du scapulaire.

Lorsqu'il fut question d'excuter l'édit de 1768 concernant les ordres religieux, les grands-Carmes de France demandèrent au roi qu'il leur fût permis de s'essembler à Paris au couvent de la place Maubert, & qu'à cet effet il fût nommé deux députés dans les chapitres de chacune de leurs provinces, afin de prendre des mesures pour que toutes les maisons de cet ordre qui font dans le Royaume, fussent gouvernées par la même règle & le même esprit. Cette assemblée fut autorisée par un arrêt du conseil du 24 février 1769 ; en conséquence les religieux s'essemblèrent au mois de juillet 1770, & firent des changemens à leurs constitutions. Parmi ces changemens il y en eut un concernant les gradués, dont ceux qui avoient vécu jusqu'alors sans avoir pris de grades se trouvèrent allarmés ; mais sur les représentations du général à ce sujet, le roi pour les tranquiliser a rendu un arrêt en son conseil le 27 septembre 1775, par lequel sa majesté a ordonné que dans les provinces de l'ordre des grands-Carmes où le privilège des gradués n'avoit pas lieu avant l'assemblée de 1770, les religieux non gradués qui ont fait profession antérieurement aux nouvelles constitutions de l'ordre, continueront de jouir pendant leur vie des mêmes rangs, honneurs & préséances dont ils jouissoient en vertu des anciens usages.

Carmes réformés.

Le père Thomas Conecte, François de nation, & grand prédicateur de son tems, passe pour avoir été le premier auteur de la réforme dans son ordre. Ce religieux fit le voyage de Lyon en 1430. Il y acquit par ses sermons une telle considération qu'on se disputoit à qui auroit l'honneur de conduire sa monture par

le licol, ou d'en arracher quelques poils pou
les conferver précieufement.

En 1432 il partir de Lyon pour fe rendre
à Rome dans le deffein, difoit-il, de réformer
le pape & les cardinaux : il fut affez téméraire
pour agir d'après ces vues : mais Eugène IV le
fit mettre en prifon, & donna ordre au cardinal de Rouen pour lors protecteur des Carmes,
& au cardinal de Navarre de lui faire fon procès.
on le condamna à être brûlé, & il le fut publiquement à Rome l'an 1433. Ce religieux a trouvé
dans fon ordre des apologiftes après fa mort. Cependant le fupplice qu'il a fubi eft caufe qu'on
lui difpute aujourd'ui l'honneur de la réforme
dont il s'agit. On prétend que toujours accompagné dans fes voyages de religieux François,
ce font ceux-ci qui ont véritablement introduit
cette réforme. Elle a commencé dans un couvent fitué vers les Alpes au diocèfe de Sion ;
elle a paffé enfuite dans celui de Foreft en Tof-
cane, & elle a pris fa confiftance, dans celui
de Mantoue. C'eft du nom de ce dernier monaftère qu'on appelle la congrégation des Carmes réformés d'Italie, congrégation qui comprend environ cinquante couvens. Elle fait
comme un corps féparé de l'ordre entier. Les
membres de cette congrégation font habillés
comme les autres Carmes, à cette différence
près, que les réformés portent un chapeau
blanc.

Sous le généralat d'un père nommé Baptifte
Mantouan, de la congrégation de Mantoue,
un relieux plein de zèle & de ferveur nommé
Ugolin, entreprit d'étendre la réforme de
cette congrégation à tous les monaftères de

l'ordre. Ses projets fe bornèrent à la fondation
d'un couvent près de Gênes, auquel il donna
le nom de *Mont-Olivet*, & qui quoique feul,
n'a pas laiffé de former une congrégation particulière fous le pontificat de Léon X.

Le père Baptifte Mantouan fort jaloux de
voir s'étendre partout la réforme de fa congrégation donna volontiers les mains à l'établiffement en France d'une congrétion de réformés,
fous le nom de *congrégation d'Alby*; mais elle
ne fubfifta pas longtems, elle fut réunie à
l'ordre par le pape Grégoire XIII en 1580.

Au commencement du fiécle dernier, en
1604, le père Pierre Bouhouft renouvela en
France l'entreprife de la réforme ; mais ce fut le
père Mathieu Thibaut qui acheva cet ouvrage.
Il fut appelé à Rennes en Bretagne où le père
Bouhouft l'avoit commencé. On le fit maître
des novices, & deux ans après il fut élu prieur
du couvent. Il y eut de nouveaux monaftères
qui furent fondés fous la même obfervance &
qui forment aujourd'hui la province de Touraine, compofée d'environ vingt-cinq maifons
& de deux hofpices. Le couvent des Carmes
qu'on appelle à Paris *des Billetes*, dépend de
cette province. Cette même obfervance pénétra
tra enfuite dans les pays bas & dans l'Allemagne : elle fut particulièrement accueillie à
Turin, par les foins de Victor Amedée, duc
de Savoye. Tous les religieux qui la compofent, tant en France que dans les autres provinces, ont les mêmes conftitutions. Elles furent
dreffées l'an 1635, par les pères de la province de Touraine & approuvées en 1638,
par le général Théodore Stratius, à la recom-

mandation du roi Louis XIII, de la reine d'Autriche, du duc d'Orléans, frère du roi, & de plusieurs seigneurs de la cour, & confirmées par le pape Urbain VIII en 1639. Quelques-uns des monastères de cette réforme sont soumis aux ordinaires, les autres le sont aux supérieurs de l'ordre. Ceux qui les habitent ne font point un corps séparé de l'ordre en lui-même: ils ont le même général que ceux de l'ancienne observance, & ils ne diffèrent de ceux-ci dans leur habillement, qu'en ce qu'ils portent une robe moins ample que ces derniers.

En 1636 un nommé Blanchar de l'ancienne observance, voulut introduire en France une réforme particulière: il s'associa quelques religieux & bâtit avec eux un hermitage dans un endroit nommé Grateville, au diocèse de Bazas sur le grand chemin de Bayonne. Leur manière de vivre fut approuvée par Urbain VIII; mais leur désert ne subsista pas long-tems: un nommé Labadie, prêtre apostat de l'église Romaine, s'y introduisit en disant avoir reçu de Dieu même l'habit de la nouvelle réforme. Ce prêtre y causa de si grands desordres, que l'évêque, à la juridiction duquel les religieux avoient soumis leur monastère, fut contraint de les chasser; au moyen de quoi cette réforme fut supprimée dans le lieu même où elle avoit pris naissance.

Carmes déchauffés.

La réforme qui s'étoit introduite dans l'ordre des Carmes ne parut pas à sainte Thérèse, religieuse du même ordre, telle qu'elle pouvoit être encore: elle entreprit d'en introduire une suivant la ferveur qui la dominoit alors. Elle trouva dans la personne de Jean de saint-Mathieu, religieux Carme, si connu sous le nom de Jean de la Croix, un homme très-propre à l'aider dans ses vues. Après plusieurs voyages, ils s'arrêtèrent à Medina-del-Campo en Espagne, & y trouvèrent l'occasion de jeter les fondemens de leur réforme dans un endroit appelé Durvelle. Il fut question de la régler sur le genre de vie que sainte Thérèse faisoit pratiquer aux religieuses qu'elle avoit déja réformées. Elle donna à Jean de saint-Matthieu un habit de drap fort grossier avec un missel, & l'envoya dans cette solitude. A peine y eut-il resté un mois, qu'un religieux de son ordre nommé Heredie, l'y vint trouver avec un frere lai. Ces trois associés commencèrent ensemble les exercices de la réforme.

La solitude de Durvelle ne convint pas long-temps à ces religieux ; ils se rendirent dans la ville de Mazère. Jean de la Croix y exerça pendant quelque temps l'emploi de maître des novices, après quoi il fut appelé à Pastrane, où il fit tous les changemens qui convenoient à ses projets. Sainte Thérèse qui avoit été élue prieure de l'Incarnation d'Avila, son ancien monastère de profession, appela ce religieux auprès d'elle pour l'aider à subjuguer l'esprit rebelle que quelques-unes de ses religieuses montroient à la réforme qu'elle entendoit cimenter parmi elles. Il fut pendant quelque temps à son secours ; après quoi il chercha plus ardemment que jamais à faire faire des progrès à son nouvel institut.

Ses travaux lui attirèrent une grande persécution de la part des Carmes mitigés. Il fut em-

prifonné dans un de leurs monaftères, & mouru
le 14 décembre 1591 accablé de fouffrances *
Malgré tout l'acharnement que l'on eut à dé
truire ce qu'il avoit fait, fon inftitut ne laiffa pas
de prendre la confiftance qu'il a aujourd'hui. Il
fut porté de fon vivant aux Indes; après fa mort
il fut répandu dans la France, dans les Pays-Bas,
dans l'Italie & dans toute la chrétienté.

Les maifons de cette réforme demeurèrent
d'abord fous l'obéiffance des anciens provinciaux
mitigés, ayant feulement des prieurs particuliers pour maintenir la nouvelle difcipline. Les
chofes fubfiftèrent ainfi jufqu'en 1580, que Grégoire XIII, à la prière de Philippe II, roi d'Efpagne, fépara entièrement les réformés des mitigés, & donna aux premiers un provincial particulier, les laiffant d'ailleurs foumis au général
de l'ordre entier.

Sixte V en 1587, voyant que les réformés fe
multiplioient confidérablement, ordonna qu'ils
feroient divifés par provinces, & leur permit
d'avoir un vicaire général. Ce règlement fubfifta
jufqu'en 1593, que Clément VIII, pour établir
une féparation plus particulière entre les réformés & les mitigés, permit aux premiers de s'é-
lire un général. Ce Pape en 1600 divifa encore
ces réformés en deux congrégations fous deux
différens généraux, l'un pour l'Italie, & l'autre
pour l'Efpagne. Ce qui donna lieu à cette divi-
fion fut la prétention des Efpagnols, qui foute-
noient que la réforme de fainte Thérèfe ne devoit point s'étendre hors du royaume d'Efpagne.

_____

(*) Il a été mis au nombre des bienheureux en 1675,
fous le pontificat de Clément X.

La vie de ces religieux réformés est assez austère & approchante de celle des chartreux. Ils reçoivent des frères qu'on appelle *convers*. Ces frères font deux ans de noviciat, après lesquels ils ne font que des vœux simples. Lorsqu'ils ont demeuré cinq ans dans l'ordre, ils sont admis à un second noviciat d'un an, après lequel ils font profession solemnelle; mais s'ils ont resté six ans dans l'ordre sans demander à faire cette profession, ils n'y sont plus reçus dans la suite; ils demeurent dans leur état sous l'obligation de leurs vœux simples.

Une chose à remarquer est qu'indépendamment des différens monastères que peuvent avoir les Carmes déchaussés, ils ont encore dans chaque province un endroit retiré qu'ils appellent leur *désert* pour y aller pratiquer plus particulièrement de temps à autre toutes les vertus de la vie solitaire, & se rétablir ainsi dans la ferveur monastique. Ces deserts sont ordinairement établis dans des forêts. On connoît celui de leur monastère près de Louvières en Normandie, fondé en 1660, par Louis-le-Grand.

Le nombre des religieux qui habitent ces déserts ne doit pas excéder celui de vingt : l'entrée en est interdite aux novices, aux jeunes profès, aux malades & à ceux qui ont peu de dispositions pour les exercices de la vie spirituelle. Aucun religieux n'y peut demeurer moins d'une année, & il y en a quatre qui peuvent y rester toute leur vie, afin d'y mieux perpétuer les usages, & servir d'exemple aux nouveaux solitaires. Le silence y est étroitement gardé. Après que le temps du solitaire est expiré, on le renvoie dans son monastère, en l'exhortant à ne pas oublier les leçons de vertus qu'il a vu pratiquer.

Les constitutions défendent de laisser visiter ces déserts aux personnes du monde de quelque condition qu'elles soient, à moins qu'elles n'aient coopéré à en former l'établissement. L'entrée en est interdite aux religieux mêmes de la congrégation, à moins qu'ils n'aient par écrit une permission du général ou du provincial. Le supérieur du désert peut néanmoins y recevoir par droit d'hospitalité les religieux des autres ordres sans permission, & même leur donner le couvert pour une nuit seulement dans l'enceinte du désert.

Quoique les Carmes déchaussés aient toujours montré beaucoup de zèle dans leurs exercices de la vie monastique, le relâchement n'a pas laissé de se glisser parmi eux sur quelques points de leur institut primitif; & comme dans tous les temps il se trouve quelques religieux fervens qui desirent de se conduire suivant toute la rigueur de la règle qu'ils ont embrassée, ce qu'ils ne peuvent faire dans les communautés où le relâchement s'est introduit, sans devenir en quelque sorte odieux à ceux qui n'ont pas le courage de pratiquer les mêmes austérités, il y a eu en 1772 plusieurs Carmes déchaussés qui souhaitant avec ardeur de vivre suivant les règles primitives de leur institut, ont engagé la sœur Louise-Marie de France, religieuse carmelite de Saint-Denis, à prier Louis XV de seconder des vues aussi pieuses & aussi utiles au bien de la religion, & pour cet effet d'assigner & d'établir le couvent de Charenton du même ordre, diocèse de Paris, pour y réunir tous les religieux qui voudroient ſuivre à perpétuité la règle de leur inſtitut primitif.

Le roi a écouté favorablement la demande, & en conféquence il a obtenu un bref du pape qui les autoriſe à ſe réunir dans le couvent de Charenton pour y ſuivre leur premier inſtitut. Ce bref a été revêtu de lettres-patentes le 4 Mai 1772, leſquelles ont été enregiſtrées le lendemain au parlement.

Voyez *l'hiſtoire panégyrique de l'ordre de Notre-Dame du Mont-Carmel, par Matthias de Saint-Jean; la ſucceſſion du prophète Elie, par Louis de ſainte Thérèſe; l'hiſtoire de l'ordre d'Elie, par le père Daniel de la Vierge Marie; le livre latin des annales de l'ordre du prophète Elie, par Lezana; l'hiſtoire des hommes illuſtres de l'ordre des Carmes en eſpagnol & en latin, par Emmanuel Roman; le livre des religions du monde, par Alexandre Roſs; la vie des ſaints pères des déſerts d'occident, par de Villefort; la deſcription des déſerts des Carmes déchauſſés, par le père Cyprien de la Nativité; l'hiſtoire des ordres monaſtiques, les arrêts du conſeil des 24 février 1769 & 27 ſeptembre 1775; les lettres-patentes du 4 mai 1772, &c.* (*Article de M. DAREAU, avocat, &c.*)

CARMELITE. Religieuſe qui vit ſous une règle approchante de l'inſtitut de l'ordre du Mont-Carmel.

Le bienheureux Jean Soreth, religieux Carme, originaire de Normandie, voyant que dans l'ordre de ſaint Dominique & de ſaint Auguſtin il y avoit des filles qui obſervoient la règle des religieux de ces ordres, deſira qu'il y en eût auſſi qui ſuiviſſent la règle des religieux du Mont-Carmel; en conféquence il ſe donna tous les mouvemens néceffaires pour l'exécution de fon projet, & parvint à inftituer cinq couvens de religieufes, fous l'approbation de Nicolas V, en vertu de fa bulle de 1452. Au nombre de ces couvents eft celui de Vannes en Bretagne, que fit conftruire Françoife d'Amboife, femme de Pierre II, duc de Bretagne. Cette princeffe s'y retira, y prit l'habit de religieufe & y mourut en odeur de fainteté l'an 1485.

Les filles de cette inftitution font habillées comme les religieux de leur ordre : elles ont une robe & un fcapulaire de drap couleur minime : au chœur elles mettent un manteau blanc avec un voile noir.

Carmelites déchauffées.

Sainte Thérèfe, religieufe Carmelite du mo naftère d'Avila au royaume de Caftille, entre-prit en 1536 de réformer les religieufes de fon ordre. Encouragée par le bienheureux Louis Bertrand, fon confeffeur, & faint Pierre d'Al-cantara, elle fit part de fon deffein à quel-ques-unes de fes religieufes ; mais quand il fut queftion de l'exécuter par la conftruction d'un nouveau monaftère à Avila, elle éprouva les plus grandes oppofitions de la part de nombre de perfonnes, qui regardoient l'entre-prife comme téméraire ; cependant elle par-vint à faire conftruire ce monaftère, & le mit fous l'invocation de faint Jofeph. Il ne reftoit plus que d'y établir des fujets : elle fit choix de quatre orphelines, du nombre defquelles étoit une de fes niéces; elle les vêtit d'une groffe ferge couleur minime, leur couvrit la tête d'un gros linge, leur fit mettre les pieds nuds, & les présenta ainsi au prêtre qui étoit chargé de la part de l'Evêque de recevoir leurs vœux, lesquels furent de garder inviolablement la règle primitive de saint Albert, patriarche de Jérusalem, selon la déclaration d'Innocent IV.

Cette nouveauté causa un grand trouble dans le monastère de l'Incarnation, où sainte Thérèse étoit professe. Elle y fut aussi-tôt rappelée par la supérieure, & l'on songea à détruire son nouveau monastère; mais elle obtint de Rome un bref qui lui fut favorable; en conséquence, son provincial consentit qu'elle se retirât dans ce nouveau couvent, & même qu'elle y amenât avec elle quatre religieuses du monastère de l'Incarnation; ce qui s'effectua. Thérèse & ses quatre compagnes prirent l'habit de la réforme. La sainte profita des temps de paix où elle se trouvoit pour faire des constitutions conformes à son nouvel institut. Ces constitutions furent approuvées par le pape Pie IV, le 11 juillet 1562. Après avoir commencé la réforme dans les maisons des filles de son ordre, elle chercha à la continuer dans celles des religieux du même ordre, comme on l'a vu à l'article *Carmes déchaussés.*

Les Carmelites réformées en Espagne sont soumises dans quelques endroits aux supérieurs de l'ordre; dans d'autres elles dépendent de l'Evêque du lieu. Dans les villes un peu opulentes, elles ne doivent point avoir de revenus, il faut qu'elles vivent d'aumônes. Ceux de leurs monastères qui sont rentés ne doivent renfermer que quatorze filles, à moins que celles qu'on reçoit de plus n'apportent de quoi vivre; mais il ne doit pas y en avoir au-delà de vingt,

y compris les sœurs converses : cependant ce
nombre n'est pas déterminé dans les couvens qui
sont sous l'inspection des ordinaires. A l'égard
des monastères non rentés , & où ces filles doivent vivre dans la plus grande pauvreté , le nombre des religieuses du chœur ne doit être que
de treize. Ces religieuses portent une tunique &
un scapulaire de couleur minime avec un manteau blanc par-dessus. Elles ont pour chaussure
des sandales de cordes & des bas d'une étoffe
aussi grossière que la robe. Leur genre de vie est
fort austère ; elles font un maigre perpétuel , &
jeûnent habituellement depuis le 14 septembre , jour de l'exaltation de la Croix , jusqu'à
pâques.

L'établissement des Carmelites déchaussées en
France est du à la piété & au zèle d'une demoiselle nommée Acarie , fille du sieur Aurillot,
seigneur de Champlâtreux , maître des comptes
à Paris. Cette demoiselle voyant qu'on avoit
tenté vainement de faire venir d'Espagne quelques-unes de ces religieuses , engagea le cardinal
de Berulle d'en aller chercher lui-même : il se
rendit à ses instances , fit le voyage d'Espagne,
& amena avec lui de Madrid six de ces religieuses. A leur arrivée à Paris en 1604, on les
mit en possession des nouveaux bâtimens qu'on
avoit préparés pour elles sur les débris d'un
prieuré de Notre-Dame des Champs , au fauxbourg saint Jacques.

Clément VIII approuva cet établissement,
nomma trois supérieurs non-seulement pour ce
nouveau monastère , mais encore pour ceux qui
se formeroient à l'avenir ; & en attendant que
l'ordre des Carmes déchaussés fût introduit en

France ,

rance, il désigna pour visiteur le général des chartreux. Celui-ci refusa l'honneur qu'on lui faisoit ; en conséquence sa sainteté donna cette commission à l'un des trois supérieurs qu'il avoit nommés.

Les habitans de Morlaix désirèrent un couvent de ces nouvelles religieuses, mais les supérieurs ne jugèrent pas à propos d'y donner leur consentement. Comme les carmes déchaussés se trouvèrent alors en France, on les pria d'accepter l'établissement qu'on vouloit donner à ces religieuses, ce qu'ils firent. On crut que par leur moyen il seroit plus facile d'avoir les religieuses qu'on desiroit. Les carmes se prêtant à ces vues, en allèrent chercher dans la Flandres & en amenèrent. L'évêque de Treguier, dans le diocèse duquel se trouve située la plus grande partie de la ville de Morlaix, s'y opposa parce que ces religieux vouloient avoir sur elles la supériorité. Dans ces circonstances, les carmes prirent le parti de changer de diocèse, ce qui ne leur fut pas difficile ; ils n'eurent qu'à passer d'un fauxbourg à un autre fauxbourg de la même ville.

Cette supériorité donna lieu à bien des altercations. L'archevêque de Bordeaux en 1620, l'attribua par une sentence au général des carmes déchaussés. Les supérieurs dont nous avons parlé appelèrent en cour de Rome de cette sentence : Il fut question d'aller discuter l'affaire à Rome. Les Carmelites de Bordeaux, de Saintes, de Bourges, de Limoges & de Morlaix qui vouloient pour visiteur le général des carmes déchaussés, y envoyèrent un député pour soutenir leurs prétentions. Après plusieurs contestations de part & d'autre, le pape Paul V décida le 12 octobre 1620 que les Carmelites auroient pour supérieurs ceux qu'il leur avoit précédemment donnés, du nombre desquels étoit le cardinal de Berulle, général de l'oratoire, qui en cette qualité étoit désigné pour visiteur.

Les carmes & les Carmelites unis d'intérêts firent de nouvelles tentatives auprès de Grégoire XV; mais ce pontife confirma le jugement de son prédécesseur par deux brefs des 20 mars & 12 septembre 1622. Les Carmelites de Bourges en appelèrent comme d'abus au parlement de Paris; mais le roi, après avoir fait examiner ces deux brefs en son conseil, rendit deux arrêts la même année par lesquels il ordonna que ces mêmes brefs seroient exécutés nonobstant opposition ou appellation quelconque. Il y eut quelques religieuses qui obéirent : d'autres aimèrent mieux quitter le royaume. Telles furent celles de Saintes, qui se réfugièrent à Nancy dans la Lorraine, où elles firent un établissement.

Le pape Urbain VIII confirma le général de l'oratoire pour visiteur par un bref de l'année 1623. Louis XIII autorisa encore ce bref par des lettres-patentes du 20 mars 1624, en ajoutant qu'il seroit exécuté quoique non homologué autre part qu'au conseil d'état de sa majesté.

Quelques-années après le visiteur & les supérieurs eurent entr'eux des contestations. Les supérieurs se croyoient en droit d'assister le visiteur dans ses visites, celui-ci le leur disputoit; enfin le général de l'oratoire du consentement des membres de cette congrégation, renonça pour lui & pour ses successeurs, à l'office de visiteur des monastères des Carmelites.

Ces religieuses demandèrent au pape Urbain VIII un nouveau visiteur, ce qui leur fut octroyé. Les supérieurs prétendirent toujours être en droit de l'assister dans ses visites ; mais Alexandre VII n'adopta point cette prétention, il déclara même qu'ils ne nommeroient que dèux visiteurs, (étant à observer que dans ce temps-là le nombre des maisons des Carmelites avoit augmenté, & qu'on avoit demandé plusieurs visiteurs,) le pape se réservant d'en nommer d'autres s'il le falloit. Ces supérieurs jugèrent à propos d'en nommer un troisième de leur autorité. Le pape instruit de cette nomination, l'improuva formellement, & désigna lui-même pour visiteur le supérieur général de la congrégation de la mission ; ce qui fut confirmé par deux arrêts du conseil des 18 février & 12 mai 1661.

Les religieuses de Paris rue Chapon, de Pontoise & de Saint-Denis cherchèrent à faire naître de nouvelles difficultés. Le pape, pour obvier à toute contestation à ce sujet, donna pouvoir à ces religieuses d'élire de trois en trois ans leur recteur ou supérieur immédiat, qui seroit confirmé par le nonce de sa sainteté en France, ou par l'ordinaire des lieux comme délégué du pape, sans que le recteur élu pût s'entremettre de la visite, ni les visiteurs faire la fonction de supérieurs, sinon en cas d'abus ou de malversation de la part de ces supérieurs. Le saint père fit en même temps plusieurs règlemens concernant la clôture, les parloirs & la réception des filles dans cet ordre. Il y eut à ce sujet un bref suivi d'un arrêt du conseil du 31 octobre 1661, par lequel il fut dit que ce bref seroit exécuté nonobstant opposition ou appellation quelconque, dont le roi se réserva la connoissance.

Ce qu'il y a de remarquable dans toutes les difficultés dont nous venons de parler, c'est qu'elles n'ont donné aucune atteinte à la régularité dont les Carmelites font profession. Ces religieuses ont environ soixante-deux monastères dans ce royaume : les trois qu'elles ont à Paris renferment un grand nombre de sujets ; car en France elles ne sont pas limitées comme en Espagne à n'en recevoir qu'un certain nombre.

Voyez *les autorités citées sur l'article précédent ; le livre concernant l'érection & l'institution des religieuses Carmelites en France, par de Marillac ; les lettres-patentes du 20 mars 1624 ; les arrêts du conseil des 18 février, 12 mai & 31 octobre 1661.* (*Article de M. DARFAU, Avocat, &c.*)

CARNAVAL. Temps de plaisirs & de dissipation, qui commence le premier dimanche d'après l'Epiphanie, & dure jusqu'au mercredi des Cendres.

C'est dans ce temps-là que les cabarets, les spectacles & les lieux publics sont le plus fréquentés & que la police doit particulièrement veiller au bon ordre surtout pour l'exécution des ordonnances qui défendent le port d'armes aux personnes masquées. Un règlement du 9 novembre 1720, fait défenses à toutes personnes masquées, de quelque qualité qu'elles soient, de porter des épées ou d'autres armes, ni d'en faire porter par leurs valets, à peine de désobéissance contre les maîtres, & de prison contre les domestiques.

Comme les masques se donnoient autrefois

la licence à Paris d'entrer chez les traiteurs aux
affemblées & aux feftins des gens mariés, malgré les parens & les convives, le lieutenant
général de police rendit le 11 décembre 1742,
une ordonnance par laquelle il défendit à toutes
perfonnes mafquées ou non mafquées de s'y
introduire avec violence, à peine d'être arrêtées
& d'être punies comme pour trouble au repos
public.

Il arrive quelquefois dans les campagnes,
parmi les gens du peuple, que lorfqu'un jeune
homme d'une paroiffe étrangère vient époufer
une fille de leur endroit, les autres jeunes gens
fe croient autorifés à lui faire payer une certaine
rétribution pour lui permettre de l'emmener,
mais c'eft un abus qui occafionne très-fouvent
des difputes férieufes qu'il eft de la prudence
des juges de prévenir par des défenfes affichées
dans les lieux où cet abus peut fubfifter encore.

La chofe fe pratiquoit ainfi dans la Bourgogne
au commencement de ce fiècle. M. le procureur
général au parlement de Dijon en eut avis, &
fur fes conclufions il fut rendu le 6 août 1718,
un arrêt qu'on trouve imprimé dans le dictionn-
naire de police, au mot *Cabaretier*, par lequel
il fut fait défenfes à tous les villageois du reffort
de s'attrouper à l'occafion des mariages, d'y
paroître armés à peine de trois cens livres d'a-
mende, & même de recevoir ce qui leur feroit
volontairement offert. La publication de cet
arrêt tous les fix mois au-devant des églifes
paroiffiales, & une fois l'an à la tenue des
grands jours, fut ordonnée par un autre arrêt
du 4 janvier 1723, & fans doute que la publi-

cation réitérée de ces défenses a aujourd'hui entièrement déraciné l'abus.

Voyez *le code & le dictionnaire de la police.* (*Article de M. DAREAU, avocat, &c.*)

CARPE. Sorte de poisson.

Le cent de Carpes en nombre doit à l'entrée des cinq grosses fermes quinze sous; & le cent de carpeaux ou d'*alevin*, cinq sous par cent pesant, conformément au tarif de 1664.

Selon la même loi, le cent de Carpes en nombre doit une livre six sous pour droit de sortie, & le cent pesant d'alevin, huit sous.

CARPETTE. Sorte de grosse étoffe de laine qui sert à emballer.

Suivant le tarif de 1664, la douzaine de Carpettes doit pour droit d'entrée seize sous.

La même étoffe doit pour droit de sortie deux livres quatre sous par cent pesant.

Quoique les droits qu'on perçoit sur les Carpettes diffèrent de ceux que payent les balines, on peut néanmoins appliquer à celles-là les observations que nous avons faites sur celles-ci. Ainsi voyez l'article BALINE, &c.

CARREAU. On donne ce nom à différens corps composés de pierre, de terre cuite, &c.

Suivant le tarif de 1664, les Carreaux ou meules de Brie doivent pour droit d'entrée trente cinq sous par cent en nombre, & les Carreaux ou meules de France trente sous.

Les Carreaux de tuile propre pour paver doivent pour droit d'entrée quinze sous par millier en nombre.

Le droit de sortie du cent de Carreaux ou meules de Brie est de quarante sous; celui du cent de Carreaux ou meules de France est de trente fous ; & celui du millier de Carreaux de tuile eft de huit fous.

Voyez *le tarif cité*, & les articles ENTRÉE, SORTIE, MARCHANDISE, SOU POUR LIVRE, &c.

CARRIÈRE. C'eft un lieu d'où l'on tire de la pierre propre pour bâtir.

Tout ainfi que les arbres de haute-futaie qu'un mari fait abattre durant le mariage n'entrent pas dans la commmunauté légale, mais appartiennent à celui des conjoints fur l'héritage duquel ils ont été coupés, de même les pierres d'une Carrière ouverte poftérieurement au mariage appartiennent au conjoint propriétaire du fonds où cette Carrière fe trouve établie. Ainfi dans l'un comme dans l'autre cas le conjoint auquel appartient le fonds peut dans le temps de la diffolution de la communauté, reprendre les arbres ou les pierres en nature, fi l'on n'en a pas encore difpofé, ou en répéter le prix à la communauté fi elle l'a reçu. C'eft l'opinion de plufieurs auteurs, & particulièrement de le Brun.

D'autres penfent au contraire qu'un mari peut ouvrir une Carrière dans l'héritage de fa femme fans qu'on puiffe l'obliger à faire compte du prix des pierres qu'il en aura tirées. Tel eft le fentiment de Ferrières. Et Mornac rapporte un arrêt qui a jugé qu'en Anjou où le furvivant des conjoints a l'ufufruit des conquêts, une femme qui avoit furvêcu à fon mari avoit pu difpofer des fruits d'une ardoifière.

Quoique cet arrêt appuie l'opinion de Ferrières, il faut néanmoins préférer l'avis de le Brun, par la raifon que les pierres qu'on tire d'une Carrière font partie du fonds d'où elles font tirées, & que par conféquent ce fonds

Gg iv

diminue en raison de la quantité des pierres qu'on en détache.

Il en seroit différemment si les pierres renaissoient à mesure qu'on les tire : on pourroit alors les regarder comme un fruit de l'héritage.

Si de même une Carrière se trouve ouverte avant le mariage sur un héritage qui ne paroisse point propre à produire d'autre revenu, les pierres qu'on en tire pendant le mariage peuvent être regardées comme les fruits de cet héritage, & alors elles appartiennent à la communauté. C'est l'opinion de le Brun, de Pothier & de plusieurs autres.

Un usufruitier n'a pas le droit d'ouvrir une Carrière dans l'héritage dont il a l'usufruit, parce qu'en général les pierres tirées d'une Carrière ne peuvent point être considérées comme des fruits de la terre où la Carrière est établie. Et même si une Carrière étoit ouverte avant que l'usufruit eût commencé, l'usufruitier ne seroit pas en droit d'en tirer des pierres pour les vendre. C'est une conséquence de ce que nous avons remarqué tout à l'heure, sçavoir, que le fonds diminue en raison de la quantité des pierres qu'on en tire.

Il pourroit toutefois y avoir une exception à cette regle. Tel seroit le cas où une Carrière seroit si abondante qu'on la regarderoit en quelque manière comme inépuisable. Il paroît qu'alors l'usufruitier auroit le droit de se faire d'une telle Carrière un revenu semblable à celui que s'en faisoit le propriétaire en vendant les pierres qu'il en tiroit.

On ne peut point prétendre de droits seigneuriaux pour la vente du droit de fouiller une Carrière.

L'article 40 du titre 27 de l'ordonnance des eaux & forêts, défend de tirer du sable ou d'autres matériaux à six toises près des rivières navigables, sous peine de cent livres d'amende. Et l'article 12 du même titre défend pareillement d'enlever dans l'étendue & aux rives des forêts du roi des sables, terres, marnes ou argiles, & de faire faire de la chaux à cent perches de distance, sans une permission expresse de sa majesté, à peine de cinq cens livres d'amende & de confiscation des chevaux & harnois.

Comme ces articles ne parloient point expressément des Carrières à pierres, plusieurs particuliers entreprirent d'en ouvrir dans l'étendue & aux rives des forêts du roi ; mais par arrêt du conseil du 23 décembre 1690, il fut fait des défenses précises d'ouvrir aucune Carriere de cette espèce, sans une permission expresse du roi, & l'attache du grand-maître du département, sous peine de mille livres d'amende. Il fut en même-tems enjoint aux officiers des maîtrises de veiller à l'exécution de cet arrêt, sous peine d'interdiction & de répondre en leur propre & privé nom des dommages & intérêts que ces Carrières pourroient occasionner.

Les nommés Garnier, Marchand & Hubert entrepreneurs des ponts & chaussées, ayant établi un grand nombre d'ouvriers & ouvert plusieurs Carrières dans la forêt de Fontainebleau, sans en avoir demandé la permission, de quoi ils avoient cru pouvoir se dispenser sous prétexte qu'ils étoient adjudicataires de pavés de chemins royaux, ils furent condamnés par jugement du grand-maître des eaux & forêts de Paris du 7 décembre 1728, à une amende : l'affaire ayant enfuite été portée au confeil, le roi, par arrêt du 4 janvier 1729, déchargea par grace & fans tirer à conféquence, ces entrepreneurs de l'amende prononcée contre eux ; mais il leur fut fait défenfe & à tous autres d'établir à l'avenir des ouvriers & d'ouvrir aucune Carrière dans les bois & forêts avant d'en avoir obtenu la permiffion de fa majefté & l'attache du grand-maître du département portant indication des lieux les moins dommageables.

Depuis cet arrêt, le confeil en a rendu un autre le 7 feptembre 1755, portant règlement concernant les matériaux à prendre dans tous les endroits non-clos, même dans les bois du roi & des communautés eccléfiaftiques ou laïques, des feigneurs ou autres particuliers, pour l'ufage des travaux des ponts & chauffées (*).

_____

(*) *Voici dans quels termes eft conçu cet arrêt.* Le roi étant informé que les entrepreneurs des ponts & chauffées du royaume font quelquefois troublés dans l'exécution des ouvrages dont ils font adjudicataires, par les propriétaires des fonds fur lefquels ils font obligés de prendre les matériaux qui leur font néceffaires, ou même par les feigneurs directs ou jufticiers defdits fonds ; comme auffi que, lorfqu'ils fe trouvent obligés de prendre lefdits matériaux dans les bois & forêts appartenans à fa majefté, & fur les bords defdites forêts, ou dans les bois appartenans à des eccléfiaftiques, communautés laïques & autres gens de main morte, il fe forme des conflits entre les officiers des maîtrifes des eaux & forêts, à qui la police des bois & la manutention de tout ce qui concerne leur confervation, eft attribuée, & les officiers des bureaux des finances qui ont la connoiffance de ce qui concerne les adjudications des ouvrages des ponts & chauffées ; & fa majefté voulant tout-à-la-fois prévenir les inconvéniens ci deffus, & affurer de plus en plus l'e-

Suivant l'article premier de cet arrêt, les en-

xécution des règlemens précédemmens rendus, concernant
l'exemption de tous droits pour lesdits matériaux, lors de leur
transport par terre ou par eau, elle auroit jugé à propos
d'expliquer ses intentions sur cet objet, & de donner de
plus en plus des marques de sa protection à des ouvrages
dont l'utilité est reconnue, & qui, en facilitant les communications & le commerce, augmentent les produits des
droits mêmes auxquels on voudroit assujettir ceux qui les
construisent ; sur quoi, oui le rapport du sieur Moreau de Se-
chelles, conseiller d'état ordinaire, & au conseil royal,
contrôleur général des finances : le roi étant en son conseil, a ordonné & ordonne ce qui suit.

ARTICLE PREMIER.

Les arrêts du conseil des 3 octobre 1667, 3 décembre
1672, & 22 juin 1706, seront exécutés selon leur forme
& teneur ; en conséquence, les entrepreneurs de l'entretien
du pavé de Paris, ainsi que des autres ouvrages ordonnés
pour les ponts, chaussées & chemins du royaume, turcies
& levées des rivieres de Loire, Cher & Allier, & autres y
affluentes, pourront prendre la pierre, le grès, le sable &
autres matériaux pour l'exécution des ouvrages dont ils sont
adjudicataires, dans tous les lieux qui leur seront indiqués
par les devis & adjudications desdits ouvrages, sans néanmoins
qu'ils puissent les prendre dans des lieux qui seront fermés
de murs, ou autres clôtures équivalentes, suivant les
usages du pays. Fait sa majesté défenses aux seigneurs ou
propriétaires desdits lieux non clos, de leur apporter aucun
trouble ni empêchement, sous quelque prétexte que ce
puisse être, à peine de toute perte, dépens, dommages & intérêts, même d'amende, & de telle autre condamnation qu'il
appartiendra, selon l'exigence des cas, sauf néanmoins auxdits seigneurs & propriétaires à se pourvoir contre lesdits
entrepreneurs, pour leur dédommagement, ainsi qu'il sera
réglé ci après. Dans le cas où les matériaux indiqués par
les devis ne seront pas jugés convenables ou suffisans, les
inspecteurs généraux ou ingénieurs pourront en indiquer à
prendre dans d'autres lieux ; mais lesdites indications seront

trepreneurs de l'entretien du pavé de Paris &

données par écrit, & fignées defdits infpecteurs ou ingénieurs. Veut fa majefté que les entrepreneurs ne puiffent
faire aucun autre ufage des matériaux qu'ils auront extraits
des terres appartenantes aux particuliers, que de les employer dans les ouvrages dont ils font adjudicataires, à
peine de tous dommages & intérêts envers les propriétaires,
& même de punition exemplaire.

Article II. Lefdits infpecteurs généraux & ingénieurs
indiqueront autant qu'ils le pourront pour prendre lefdits
matériaux, les lieux où leur extract on caufera le moins
de dommage : ils s'abftiendront, autant que faire fe pourra,
d'en faire prendre dans les bois ; & dans les cas où l'on
ne pourroit s'en difpenfer, fans augmenter confidérablement le prix des ouvrages, veut fa majefté que les entrepreneurs ne puiffent mettre des ouvriers dans les bois appartenans à fa majefté, ou aux gens de main morte,
même dans les lifières & aux abords des forêts, & dif-
tances prohibées par les règlemens, fans avoir pris la permiffion des grands-maîtres des eaux & forêts, ou des officiers des maîtrifes par eux commis, qui conftateront les
lieux où il fera permis auxdits entrepreneurs de faire travailler & la manière dont fe fera l'extraction defdits matériaux, comme auffi les chemins par lefquels ils les voitureront. Voulant fa majefté que, dans le cas où lefdits officiers auroient quelque repréfentation à faire pour la confervation defdits bois, ils en adreffent fans retardement leur
mémoire au fieur contrôleur général des finances pour y
être ftatué par fa majefté ; & ne pourront, en aucuns cas,
lefdits officiers, exiger defdits entrepreneurs aucuns frais
ni vacations, pour raifon defdites vifites & permiffion ci-
deffus ordonnées.

Article III. Les propriétaires des terreins fur lefquels
lefdits matériaux auront été pris, feront pleinement &
entiérement dédommagés de tout le préjudice qu'ils auront
pu en fouffrir, tant par la fouille pour l'extraction defdits matériaux, que par les dégâts auxquels l'enlèvement
aura pu donner lieu. Sera payé ledit dédommagement auxdits propriétaires par les entrepreneurs, fuivant l'eftimation

des autres ouvrages relatifs aux ponts, chauffées & chemins du royaume, peuvent prendre
dans les lieux indiqués par les devis, les pierres, le grés, le fable & les autres matériaux

---

qui en fera faite par l'ingénieur qui aura fait le devis des ouvrages ; & en cas que lefdits propriétaires ne vouluffent pas
s'en rapporter à ladite eftimation, il fera ordonné un rapport de trois nouveaux experts nommés d'office, dont lefdits propriétaires feront tenus d'avancer les frais. Veut
fa majefté que les entrepreneurs rejettent en outre, à
leurs frais & dépens, dans les fouilles & ouvertures qu'ils
auront faites, les terres & décombres qui en feront pro-
venues.

Article IV. Les bois, grès, fables, fers & autres matériaux que les entrepreneurs des ouvrages du pavé de Paris,
des ponts & chauffées, turcies & levées, feront transporter,
pour l'exécution de leur ouvrages, même leurs outils & équipages, feront exempts de tous droits de traite, entrée & fortie, même de ceux dépendans des fermes des aides, domaine
& barrage, droits d'octrois, péages, pontonnages, & de tous
autres généralement quelconques appartenans à fa majefté, aliénés, engagés ou concédés, foit aux villes &
communautés, foit aux particuliers, à quelque titre que ce
foit, conformément à la déclaration du 17 feptembre 1692,
aux arrêts du confeil des 2 juin & 4 août 1705, & autres
fubféquens, en rapportant certificat de leur deftination par
l'ingénieur, vifé des fieurs tréforiers de France, commif-
miffaires du pavé de Paris, & des ponts & chauffées dans
la généralité de Paris, & des fieurs intendans & commiffaires
départis dans les provinces & autres généralités du royaume. Enjoint fa majefté auxdits fieurs intendans commiffaires départis dans les provinces & généralités du royaume,
aux officiers des bureaux des finances, aux grands maîtres
& aux officiers des maîtrifes des eaux & forêts, de tenir la
main, chacun en droit foi, à l'exécution du préfent arrêt,
qui fera lu, publié & affiché par-tout où befoin fera. Fait au
confeil d'état du roi, fa majefté y étant, tenu à Verfailles
le fept feptembre mil fept cent cinquante cinq. Signé, M. P.
de Voyer d'Argenfon.

néceſſaires à l'exécution des ouvrages dont ils ont l'adjudication : il eſt défendu de troubler ces entrepreneurs dans l'exercice de ce droit; mais ils ne peuvent pas toucher aux endroits fermés de murs ou d'autres clotures équivalentes, ſuivant les uſages du pays. Il leur eſt d'ailleurs défendu d'employer les matériaux tirés des terres de quelque particulier, à autre choſe qu'aux ouvrages dont ils ont l'adjudication, à peine des dommages & intérêts qu'ils auront occaſionnés & même de punition exemplaire.

L'article 2 charge les inſpecteurs généraux & ingénieurs des ponts & chauſſées, d'indiquer autant que cela eſt poſſible, pour prendre ces matériaux, les lieux où l'extraction peut s'en faire avec le moins de dommage : on doit éviter le plus qu'on l'on peut d'en faire prendre dans les bois ; & dans les cas où cela eſt néceſſaire pour que le prix des ouvrages ne ſoit pas augmenté conſidérablement, les entrepreneurs ne peuvent point mettre d'ouvriers dans les bois du roi, ni dans ceux des gens de main-morte, ni même aux abords des forêts dans les diſtances prohibées par les règlemens, ſans avoir pris auparavant la permiſſion des grands-maîtres des eaux & forêts ou des officiers des maîtriſes par eux commis. Ceux-ci doivent déſigner les lieux où il eſt permis aux entrepreneurs de travailler, de quelle manière doit ſe faire l'extraction des matériaux & les chemins par où l'on doit les voiturer. S'il arrive que ces officiers aient des repréſentations à faire pour la conſervation des bois, ils doivent adreſſer ſans délai leur mémoire au contrôleur général des finances pour y être ſtatué par ſa majeſté ; mais ils ne peuvent dans aucun cas exiger des entrepreneurs ni frais, ni vacation, pour raison des visites qu'ils ont faites & des permissions qu'ils ont données.

L'article 3 veut que les propriétaires sur les terreins desquels on prend des matériaux soient pleinement & entièrement dédommagés de tout le préjudice qu'on aura pu leur occasionner, tant par l'extraction que par l'enlèvement de ces matériaux. Le dédommagement doit être payé par les entrepreneurs d'après l'estimation de l'ingénieur qui a fait le dévis des ouvrages. Si les propriétaires ne veulent pas s'en rapporter à cette estimation, il doit être nommé d'office trois nouveaux experts pour fixer ce dédommagement; mais les frais de la nouvelle appréciation doivent être avancés par les propriétaires (*). D'ailleurs les entrepreneurs font tenus de rejeter à leurs frais, dans les ouvertures qu'ils ont faites, les terres & décombres qu'ils en ont tirés, & qui font inutiles pour leurs travail.

L'article 4 exempte de toute espèce de droit d'entrée, de sortie & autre quel qu'il soit, les bois, pierres, grés, sables, fers, & en général tous les matériaux, outils & équipages que les entrepreneurs des ouvrages du pavé de Paris ou des ponts & chauffées font transporter pour exécuter leurs ouvrages : il suffit pour cet effet

_____

(*) On conçoit que ces frais doivent rester définitivemens à la charge des propriétaires, si la première appréciation se trouve confirmée par la seconde, mais si celle-ci porte le dédommagement à une somme plus forte que l'autre, les frais doivent être payés par les entrepreneurs.

que la deſtination de ces matériaux ſoit juſtifiée par un certificat de l'ingénieur, viſé des tréſo-riers de France, dans la généralité de Paris, & des intendans ou commiſſaires départis dans les autres généralités.

Les commiſſaires du pavé de Paris, & des ponts & chauſſées ayant fait au conſeil un rap-port, par lequel il conſtoit que les routes roya-les ſe trouvoient ſouvent endommagées, ſurtout aux abords de Paris, par les voitures employées à l'exploitation des Carrières ouvertes au long de ces routes, parce que ces voitures qui ſont très-peſantes, détruiſoient en abordant au grand chemin les berges, les foſſés & les accottemens, outre qu'elles caſſoient ſouvent les arbres plan-tés aux dépens du roi pour la commodité & l'embelliſſement des chemins, ſa majeſté rendit ſur cette matière le 5 avril 1772, un arrêt de règlement contenant ſix articles dont nous allons rapporter les principales diſpoſitions.

Suivant l'article premier, aucune Carrière de pierre de taille, moellon, grés, &c. ne peut être ouverte qu'à trente pieds de diſtance du pied des arbres plantés au long des grandes rou-tes : de plus, les entrepreneurs d'une Carrière ne peuvent pouſſer aucune fouille ou gallerie ſouterraine du côté de la route, qu'il n'y ait trente toiſes de diſtance, ſoit de la plantation, ſoit du bord extérieur de la route, conformé-ment à ce qui eſt preſcrit par l'arrêt du conſeil du 14 mars 1741, & par l'ordonnance du bureau des finances du 29 mars 1754, concernant la police générale des chemins.

L'article 2 défend aux propriétaires ou entre-preneurs des Carrières, d'ouvrir aucun paſſage

entre

entre les arbres sur les fossés des routes royales, à moins d'avoir obtenu pour cet effet une permission expresse & par écrit du commissaire du conseil chargé de veiller à l'entretien de ces routes.

A l'endroit indiqué pour fermer le passage, le fossé doit être comblé jusqu'à la hauteur des berges, dans la largeur de douze pieds seulement : on doit faire au-dessus un bout de pavé partant de la bordure du pavé du grand chemin & avançant dans la campagne jusqu'à six pieds au-delà des arbres : il faut aussi qu'à l'extrêmité de ce bout de pavé, on plante deux bornes de pierre ; enfin, sur le pavé, au milieu du fossé, on doit pratiquer une pierrée, ou au-dessous, un aqueduc pour l'écoulement des eaux : c'est ce qui résulte de l'article 3.

L'article 4 veut que ces ouvrages soient construits & entretenus par les entrepreneurs des routes royales aux frais des propriétaires ou entrepreneurs des Carrières voisines, durant tout le temps que ces Carrières continuent d'être exploitées.

Suivant l'article 5, les mêmes ouvrages doivent être payés un mois après qu'ils auront été reçus par l'ingénieur & le commissaire du conseil, qui auront dressé & visé le devis relatif à cet objet.

L'article 6 défend aux voituriers de pierre, moellon, grés & autres matériaux provenant des Carrières, de se frayer pour aborder les grands chemins, d'autres passages que ceux qui auront été préparés pour leur usage, à peine de confiscation de ces matériaux & de cinq cens livres d'amende dont les propriétaires ou entrepreneurs des Carrières doivent être tenus foli-dairement avec eux, ainfi que des dégradations occafionnées par de telles contraventions aux berges, foflés, plantations & accottemens des routes.

Voyez *les lois civiles ; l'ordonnance des eaux & forêts du mois d'août 1669 ; Lebrun, traité de la communauté & des fucceffions ; les œuvres de Henrys, & celles de Pothier ; les arrêts du confeil des 23 décembre 1690, 3 octobre 1667, 3 décembre 1672, 22 juin 1706, 4 janvier 1729, 14 mars 1741, 7 feptembre 1755, & 5 avril 1772 ; l'ordonnance du bureau des finances du 29 mars 1754; la pratique des terriers; les arrêts de Brillon,* &c. Voyez auffi les articles COMMUNAUTÉ, USUFRUIT, MAÎTRISE, CHEMIN, BUREAU DES FINANCES, &c.

CARROSSE. Voiture à quatre roues, fuf-pendue, couverte, fort commode, & quelque-fois très-fomptueufe, dont on fe fert pour aller par la ville & à la campagne.

Les Carroffes font de l'invention des Fran-çois, & par conféquent toutes les voitures qu'on a imagii ées depuis à l'imitation des Carroffes. Ces voitures font plus modernes qu'on ne l'ima-gine commu iément. On n'en comptoit que deux fous François I ; l'une à la reine : l'autre à Diane, fille naturelle de Henri II. Les dames les plus qualifiées ne tardèrent pas à s'en procurer; cela ne rendit pas le nombre des équipages fort con-fidérable ; mais le fafte y fut porté fi loin, qu'en 1563, lors de l'enregiftrement des lettres-pa-tentes de Charles IX pour la réformation du luxe, le parlement arrêta que le roi feroit fup-plié de défendre les coches par la ville ; & en

effet, les conseillers de la cour ni les présidens,
ne suivirent point cet usage dans sa nouveauté;
ils continuèrent d'aller au palais sur des mules
jusqu'au commencement du dix-septième siècle.

Ce ne fut que dans ce temps que les Carrosses
commencèrent à se multiplier; auparavant il n'y
avoit guère que les dames qui s'en fussent ser-
vies. On dit que le premier des seigneurs de la
cour qui en eut un, fut Jean de Laval de Bois-
Dauphin, que sa grosseur excessive empêchoit
de marcher & de monter à cheval. Les bourgeois n'avoient point encore osé se mettre sur
le même pied: mais comme cette voiture,
outre sa grande commodité, distingue du commun, on passa bientôt par-dessus toute autre
considération, d'autant plus qu'on n'y trouva
aucun empêchement de la part du prince ni des
magistrats. Delà vint cette grande quantité de
Carrosses qui se firent pendant les règnes de
Louis XIII, de Louis XIV, & de Louis XV.

Au reste quel que fût le nombre des Carrosses sous Louis XIV, l'usage en paroissoit
réservé aux grands & aux riches; & ces voitures publiques, qui sont maintenant à la disposition des particuliers, n'étoient point encore
établies. Ce fut un nommé Sauvage à qui cette
idée se présenta; son entreprise eut tout le succès
possible; il eut bientôt des imitateurs. Sauvage
demeuroit rue Saint-Martin, à un hôtel appelé
Saint-Fiacre; c'est de-là qu'est venu le nom de
fiacre qui est resté depuis & à la voiture & au
cocher. En 1650 un nommé Villerme obtint le
privilége exclusif de louer à Paris de grandes &
de petites *carrioles*. M. de Givri en obtint un
pour les Carrosses: il lui fut accordé par lettres

patentes du mois de mai 1657, la permiſſion de placer dans les carrefours & autres lieux publics des Carroſſes à l'heure, à la demi-heure, au jour qui meneroient juſqu'à quatre à cinq lieues de Paris. L'exemple de M. de Givri encouragea d'autres perſonnes à demander de pareilles grâces, & l'on eut à Paris un nombre prodigieux de voitures de toute eſpèce. Les plus en uſage aujourd'hui ſont les Carroſſes de remiſe, les fiacres, qu'on appelle autrement Carroſſes de place, &c.

La Peyrère rapporte que la dame de Meillars étant à Bordeaux, on ſaiſit les chevaux de ſon Carroſſe pour une dette de ſon mari ; mais que le parlement lui fit main-levée de la ſaiſie par arrêt du 13 juin 1645, parce qu'elle étoit de condition à avoir un Carroſſe en propre.

On perçoit à Paris deux ſous ſix deniers par jour par chaque Carroſſe de remiſe qui ſe loue dans les maiſons à la journée, à la demi-journée & au mois. Ce droit n'eſt établi que pour un temps déterminé ; mais lorſque ce temps eſt écoulé, on publie une nouvelle loi pour le renouveler. C'eſt ainſi que par la déclaration du 28 avril 1772, le roi a prorogé pour ſix années, à commencer au premier janvier 1773, la perception de ces deux ſous ſix deniers.

Cette impoſition a pour objet le ſoulagement & la ſubſiſtance des pauvres de l'hôpital général de Paris.

Ce ſont les propriétaires des Carroſſes de place, leurs commis & prépoſés qui ſont chargés de lever les deux ſous ſix deniers dont il s'agit : on les diſpenſe de compter du produit de ce droit au moyen d'une ſomme de dix mille livres qu'ils sont tenus de payer annuellement à l'hôpital-général.

Pour assurer la perception du droit dont il est question, il est défendu très-expressément aux loueurs de Carosses de remise, d'en louer aucun dans Paris sans en avoir fait auparavant leur déclaration aux propriétaires des Carosses de place, & sans s'être soumis à payer ce droit, sous peine de cinquante livres d'amende outre la saisie & la confiscation des Carosses & des chevaux.

Et afin de prévenir toute contravention sur cette matière, le roi a assujetti les loueurs de Carosses de remise, à présenter au bureau des régisseurs du droit dont il s'agit, les Carosses dont ils ont fait la déclaration, pour y être marqués de telle marque que ces régisseurs trouveront convenable au-dessous du marchepied, de manière toutefois que cette marque ne puisse être apperçue.

Si un loueur de Carosses de remise s'avisoit d'en faire rouler quelqu'un avant que la formalité dont on vient de parler fût remplie, on pourroit le condamner à cinq cens livres d'amende, outre la saisie & la confiscation du Carosse & des chevaux. Cela est ainsi prescrit par la déclaration que nous venons d'analyser.

Cette loi attribue au lieutenant général de police de Paris, la connoissance des contestations relatives à la matière dont il s'agit, sauf l'appel au parlement.

Il a été rendu en différens temps divers arrêts & règlemens concernant la qualité des Carosses de place, l'ordre & la règle que les loueurs de Carosses & leurs cochers doivent observer,

foit par rapport à l'arrangement de leurs Carroffes fur les places publiques, foit pour le départ lorfqu'il fe préfente quelqu'un pour louer
un de ces Carroffes ; & en général, fur tout
ce qui a rapport à cet objet de commodité publique : comme ces lois ne s'exécutoient plus
avec exactitude, la police a jugé à propos d'en
raffembler toutes les difpofitions dans une ordonnance du premier juillet 1774, rendue fur le
requifitoire du procureur du roi. Voici ce que
porte cette ordonnance.

« ARTICLE PREMIER. Les maîtres defdits
» Carroffes à l'heure ne pourront expofer fur
» les places que des Carroffes bien conditionnés,
» garnis de bonnes foupentes, même de doubles
» foupentes, compofées du nombre de cuirs
» prefcrit par les ftatuts de la Communauté des
» bourreliers, & de tout ce qui eft néceffaire
» pour la fûreté de ceux qui s'en fervent, &
» attelés de bons chevaux : Leur défendons d'a-
» voir des *marche-pieds de fer* ; le tout à peine
» de confifcation, même d'amende, & de pu-
» nition exemplaire s'il y échet.

» II. Enjoignons aux cochers qui conduifent
» lefdits Carroffes, de fe comporter honnête-
» ment, & de ne les expofer que dans les pla-
» ces, carrefours & rues marqués à cet effet,
» & non ailleurs, de s'y tenir fur leurs fièges,
» bien rangés, & en état de marcher lorfqu'ils
» en feront requis, de laiffer le paffage libre
» entre les maifons & les Carroffes pour la com-
» modité des gens de pied, & de mettre leurs
» Carroffes à une diftance convenable les uns
» des autres, enforte qu'on y puiffe aifément
» paffer & que l'accès des maifons foit libre ;

» ainſi que celui des boutiques. Leur défendons
» de s'y mettre à double rang, ni en plus grand
» nombre que celui preſcrit par les arrêts, à
» peine de priſon & de plus grande peine s'il y
» échet.

III. Leur défendons pareillement de ſe tenir
» dans les rues voiſines , & notamment dans les
» rues qui ſont aux environs des ſpectacles ;
» comme auſſi d'aller au-devant de ceux qui leur
» demandent des Carroſſes pour les exciter à
» les préférer à d'autres.

IV. Leur enjoignons lorſque leurs Carroſſes
» ſeront expoſés ſur les places à ce deſtinées,
» de mener & conduire ceux qui ſe préſenteront
» les premiers, en leur payant vingt-cinq ſous
» par avance pour la première heure , & vingt
» ſous pour chacune des ſuivantes lorſque les
» Carroſſes ne ſortiront point de la ville, des
» fauxbourgs & boulevards, ſans que ſous quel-
» que prétexte que ce ſoit, ils puiſſent exiger
» davantage ; à peine d'amende & de priſon
» contre les cochers, de laquelle amende les
» maîtres ſeront reſponſables civilement , &
» pourront être pourſuivis après que les cochers
» auront été empriſonnés ou exécutés en leurs
» meubles, ſur l'indication du nom & de la
» demeure deſdits cochers, que les maîtres au-
» ront faite au receveur des amendes, & de plus
» grande peine s'il y échet.

» V. Leur enjoignons pareillement & ſous les
» mêmes peines, de conduire ſans difficulté à
» l'Hôtel Royal des Invalides, à l'Ecole Royale
» Militaire, à Picpus, Penſions & maiſons ſiſes
» en la rue de Picpus, au château de la Muette ,
» à Paſſy & Chaillot, encore qu'ils ſoient hors

» la ville & faubourgs de Paris, en leur payant
» toutefois d'avance & de quelques endroits
» qu'ils soient pris ; savoir, quarante sous pour
» la course à l'Hôtel des Invalides, pareille
» somme pour la course à l'Ecole Royale mili-
» taire, & pareille somme pour la course à la
» rue de Picpus, soit que l'on arrête à la pre-
» mière maison ou autres subséquentes ; & si
» lesdits Carrosses sont gardés par les personnes
» qui les auront pris, le surplus du temps,
» outre la course de quarante sous, sera payé
» sur le pied ci-dessus fixé pour Paris ; & lors-
» qu'on les enverra chercher sur les places
» de Paris pour venir, soit à l'Hôtel des Invali-
» des, soit à l'Ecole militaire, soit à la rue de
» Picpus, il leur sera payé & d'avance, quarante
» sous pour la course, & ensuite le temps qu'on
» les gardera depuis leur arrivée, jusqu'au re-
» tour & descente à la destination à Paris, à
» raison de l'heure fixée pour Paris. Et pour la
» course de Paris à Chaillot & dans toutes les
» maisons du village indistinctement, ou à Passy
» au bas de la montagne dite *des Bons-Hommes*,
» quarante-huit sous, & lorsqu'ils monteront la
» montagne dite *des Bons Hommes* pour aller,
» soit au château de la Muette, soit au village
» de Passy, ou aux maisons sur la montagne,
» douze sous de plus, ce qui fera alors trois li-
» vres pour ladite course ; & lorsqu'ils seront
» gardés, il leur sera payé, outre ladite course
» de quarante-huit sous ou trois livres, vingt-
» cinq sous par heure pour le temps qu'ils au-
» ront été gardés, depuis l'arrivée, jusqu'au
» moment auquel ils seront quittés ; & pour la
» course desdits endroits à Paris, pareille somme

» de trois livres ou quarante-huit sous, suivant
» le cas ci-dessus. Et en cas que les Carrosses
» aient fait d'abord des courses dans Paris avant
» d'être conduits aux différens endroits ci-dessus
» désignés & pour lesquels la course est fixée,
» alors le temps qu'ils auront été employés dans
» Paris leur sera payé suivant le prix de Paris,
» & le temps de la course continuera du lieu
» de la dernière destination dans Paris ; & pour-
» ront lesdits cochers se faire payer du temps
» employé dans Paris avant de faire .ladite
» course. Et lorsque les cochers sortiront hors
» la ville & faubourgs de Paris pour autres en-
» droits que ceux ci-dessus désignés, ils seront
» payés à la journée ou demi-journée suivant le
» prix qui sera convenu.

» V I. Et d'autant qu'il arrive souvent que
» lesdits Cochers pour s'exempter de servir &
» mener ceux qui se présentent les premiers pour
» les louer, alléguent faussement qu'ils sont loués
» par des gens qu'ils attirent pour cet effet,
» nous faisons défenses auxdits cochers de se
» servir de pareils prétextes, & de se tenir dans
» lesdites places ni aux environs .après qu'ils
» auront été loués, à peine de cinquante livres
» d'amende & de prison contre lesdits cochers ;
» de laquelle amende les maîtres des Car-
» rosses seront responsables civilement comme
» dessus.

» V II. Faisons défenses aux cochers à qui les
» maîtres ou propriétaires des Carrosses en ont
» confié la conduite, de les donner à conduire
» à d'autres cochers qui sont sans condition &
» qui vagabondent sur les places, à peine de
» punition exemplaire & de cinquante livres

» d'amende, de laquelle les maîtres demeure-
» ront responsables civilement comme dessus ;
» pourront en cas de contravention, tant les
» cochers qui auront confié leurs Carrosses à des
» cochers sans condition, que lesdits cochers
» sans condition, être emprisonnés.

» VIII. Défendons à tous loueurs de Carrosses
» de confier la conduite d'iceux à d'autres qu'à
» des cochers qui aient acquis au moins l'âge
» de dix-huit à vingt ans, qui aient la force &
» l'expérience requises, sous peine de trois
» cens livres d'amende & d'être civilement res-
» ponsables des torts & accidens qu'ils pour-
» roient causer ; & contre les cochers au-dessous
» de cet âge de dix-huit ans, de punition exem-
» plaire.

» IX. Faisons pareillement défenses auxdits
» cochers de substituer en leur place d'autres
» cochers, sous prétexte de leur montrer à me-
» ner les chevaux, sous peine de prison & de
» punition exemplaire.

» X. Et pour engager davantage les cochers
» à servir le public & leurs maîtres avec la fidé-
» lité qu'ils leur doivent, faisons défenses à tous
» loueurs de Carrosses de se servir d'aucuns co-
» chers qui auront été condamnés à l'amende
» ou mis en prison, ou contre lesquels il y aura
» eu de justes plaintes, à peine de cinquante
» livres d'amende pour la première fois, & de
» plus grande peine en cas de récidive : défen-
» dons aux cochers qui se trouveront dans les
» cas énoncés au présent article, de se tenir sur
» lesdites places, à peine d'être regardés comme
» vagabonds & gens sans aveu ; pourront même
» lesdits cochers être emprisonnés en cas de
» contravention.

» X I. Défendons à tous cochers de place qui
» ne feront point employés par les propriétaires
» du privilége ou par les loueurs de Carroffes
» qui font en leurs droits, & à toutes autres
» perfonnes de fe tenir fur les places & endroits
» où font expofés lefdits Carroffes, pour s'in-
» gérer d'en procurer le louage, ni de s'entre-
» mettre à cet effet en quelque forte & de
» quelque manière que ce foit, à peine de cent
» livres d'amende & de punition exemplaire s'il
» y échet.

» X II. Défendons à tous cochers de place
» d'infulter ou injurier les bourgeois, les paffans
» & les commis à la régie du privilége, à peine
» de punition exemplaire.

» X I I I. Enjoignons à tous propriétaires des
» Carroffes, d'y appofer à leurs frais des numé-
» ros dans le haut du derrière du Carroffe, &
» aux panneaux de côté joignant le fonds & au
» haut d'iceux, avec de grands chiffres peints en
» huile, & de les faire en outre marquer de
» l'empreinte ordonnée par l'arrêt du confeil du
» 17 décembre 1737, enforte qu'ils puiffent être
» facilement diftingués ; le tout fans préjudice à
» la marque des propriétaires du droit fur les
» Carroffes. Faifons défenfes aux cochers de les
» conduire fans lefdits numéros & fans ladite
» empreinte, à peine de confifcation des Car-
» roffes & de cent livres d'amende, tant contre
» eux que contre les propriétaires des Carroffes
» folidairement.

» X I V. Défendons aux commis des proprié-
» taires du droit, de donner des bulletins aux
» cochers pour les autorifer à rouler, fans qu'au-
» paravant les Carroffes ne foient numérotés

» par derrière & auxdits panneaux de côté avec
» de grands chiffres comme dessus, ensemble de
» l'empreinte ordonnée par ledit arrêt du con-
» seil.

» XV. Faisons défenses aux maîtres & pro-
» priétaires desdits Carrosses de les vendre, sans
» auparavant en avoir fait déclaration au bureau
» des propriétaires du droit & les avoir fait dé-
» marquer, dont leur sera délivré certificat par
» les commis. Défendons à toutes personnes,
» même aux déchireurs de Carrosses, de les
» acheter, qu'il ne leur soit apparu dudit certi-
» ficat, à peine de cinquante livres d'amende,
» tant contre le vendeur que contre l'acheteur,
» & d'être contraints solidairement, même par
» corps, au payement de tout ce qui se trouve-
» roit dû aux propriétaires pour raison du pri-
» privilége de faire rouler lesdits Carrosses.

» XVI. Et comme les déchireurs achêtent
» clandestinement des loueurs de Carrosses, des
» Carrosses marqués au fer & à la marque du
» bureau, & les mettent sur le champ en pièces,
» d'où il arrive plusieurs abus & inconvéniens
» contraires au bon ordre de la police & aux
» droits des propriétaires du privilége, en ce
» que les déchireurs de Carrosses ont la précau-
» tion de conserver les panneaux où sont les
» marques du bureau, lesquels panneaux ainsi
» marqués ils revendent en fraude aux loueurs
» de Carrosses, qui les font ajuster à des Car-
» rosses qu'ils font ainsi rouler en contravention;
» que par ce moyen les numéros deviennent
» doublés; que dans le cas où il seroit laissé
» quelque chose dans un desdits Carrosses, il
» seroit impossible au bureau de les indiquer

» au grand préjudice du public & du droit def-
» dits propriétaires. Permettons aux proprié-
» taires dudit privilége de faire faire perquifi-
» tion, même faifir & revendiquer chez les
» dépeceurs, déchireurs, ferrailleurs ou tous
» autres, les Carroffes qui feront par eux ainfi
» achetés en fraude & fans avoir été démarqués,
» & ce en vertu de notre préfente ordonnance &
» fans qu'il en foit befoin d'autres.

» XVII. Enjoignons à toutes perfonnes de
» quelques qualités & conditions qu'elles foient,
» qui voudront fe fervir defdits Carroffes, de
» les payer fur le pied de vingt-cinq fous pour
» la première heure & par avance, & de vingt
» fous pour chacune des fuivantes, lorfque lef-
» dits Carroffes ne fortiront pas de la ville &
» faubourgs de Paris, & les prix fixés par l'ar-
» ticle 5 pour les cas y défignés.

» XVIII. Leur faifons défenfes de s'en fervir
» d'autorité ou par violence, de maltraiter les
» cochers en aucune forte, ni de monter plus
» de perfonnes que la voiture n'en peut conte-
» nir, ni fur leurs fièges pour mener lefdits Car-
» roffes, à peine de cent livres d'amende & de
» plus grande peine s'il y échet.

» XIX. Défendons pareillement aux cochers
» d'ufer de menaces ni de voies de fait pour
» faire defcendre ceux qui pourroient être dans
» lefdits Carroffes, à peine de trois cens livres
» d'amende & de punition exemplaire.

» XX. Enjoignons auxdits cochers, fous les
» mêmes peines, de rendre fidélement les har-
» des, nippes ou papiers qui feront laiffés dans
» lefdits Carroffes, aux perfonnes qui les auront
» oubliés, ou d'en avertir dans le jour les com-

» mis établis fur les places pour la régie du pri-
» vilége, qui en feront leur déclaration au bu-
» reau des Carroffes, à peine contre lefdits co-
» chers, de trois cens livres d'amende, & d'être
» pourfuivis comme receleurs, fuivant la rigueur
» des ordonnances.

　» XXI. Et pour faciliter aux perfonnes qui
» fe fervent defdits Carroffes de pouvoir trouver
» les cochers qui auront gardé les chofes laiffées
» dans lefdits Carroffes, ils auront attention
» avant que d'y monter, de remarquer le grand
» numéro & la lettre qui pourra être à côté ou
» au-deffus dudit numéro; & en s'adreffant par
» lefdites perfonnes aux commis des places ou
» au bureau du privilége des Carroffes, ils dé-
» couvriront les cochers qui les auront menés.

　» XXII. Et attendu qu'il y a des cochers qui
» infultent, menacent & maltraitent leurs maî-
» tres, & retiennent l'argent de leurfdits maî-
» tres, faifons défenfes à tous loueurs de Car-
» roffes, d'employer aucuns cochers fans le
» confentement par écrit des maîtres d'où ils
» feront fortis, à peine de cent livres d'amende :
» faifons par conféquent défenfes aux loueurs de
» Caroffes de débaucher les cochers qui feront
» en condition, pour les employer chez eux,
» fous la même peine que deffus. Mandons aux
» commiffaires du châtelet, &c.

　Par arrêt du confeil du 28 août 1768, il fut
ordonné qu'à commencer au premier novembre
fuivant, la régie & adminiftration des Carroffes
de place établis & à établir dans la ville de
Lyon, feroient faites pour le compte du roi,
& par telles perfonnes que fa majefté jugeroit à
propos de commettre. Le même arrêt deftina le

produit de cette régie à l'entretien des écoles royales de médecine vétérinaire.

Un autre arrêt du conseil du 16 avril 1769, a ordonné que toutes les contestations relatives à la ferme ou régie du privilége des Carrosses de place de Lyon, seroient portées pardevant l'intendant & commissaire départi dans la généralité de Lyon, pour être par lui jugées, sauf l'appel au conseil.

Voyez *les lois citées*; *le code de la police*; *les arrêts de Brillon*, &c. Voyez aussi les articles COCHE, MESSAGERIE, VOITURE, POSTE, &c.

CARTE. On donne ce nom à un petit carton fin, coupé en carré long, sur lequel on a peint des figueres de diverses couleurs & dont on se sert, pour jouer à différens jeux.

Le jeu des Cartes fut imaginé du tems de Charles VII, pour l'égayer, dit-on, dans ces momens de tristesse auxquels il devint sujet sur la fin de sa vie. On ne se doutoit pas vraisemblablement qu'une invention pareille donneroit lieu dans la suite à des droits d'un produit considérable.

Lors de l'édit de février 1577, portant établissement des traites domaniales pour les bleds, les vins, les pastels, les toiles & les laines qu'on transporteroit hors du royaume, on oublia d'y comprendre les Cartes & tout ce qui servoit à les fabriquer. On suppléa à cette omission par une déclaration du 21 février 1581, & l'on établit un droit d'un *écu sou* pour chaque caisse de Cartes du poids de deux cens livres, & de plus ou moins à proportion.

Par une autre déclaration du 22 mai 1583, on crut devoir étendre ce droit sur les Cartes mêmes dont on faiſoit uſage dans l'intérieur du royaume, & il fut dit qu'il ſeroit perçu un *ſou pariſis* ſur chaque paire de Cartes.

En 1605 on ſupprima le droit qu'on faiſoit payer pour le tranſport des Cartes chez l'étranger, & par une déclaration du 14 janvier de la même année pour y ſuppléer, on porta le droit ſur celles qui ſe conſommoient dans le royaume, à un ſou trois deniers. Il fut dit que ce produit ſeroit deſtiné à l'entretien des manufactures, & il ne fut permis de fabriquer des Cartes qu'à Paris, Rouen, Lyon, Touloufe, Troies, Limoges & Thiers en Auvergne, afin qu'on eût plus de facilité pour la perception du droit impoſé. Cependant quelque tems après on permit encore d'en fabriquer à Orléans, Angers, Romans & Marſeille.

Comme il y avoit des Cartes de trois qualités différentes, que les unes étoient *fines*, les autres *moyennes* & les autres *petites*, & qu'il ne paroiſſoit pas juſte qu'elles fuſſent toutes au même prix, il fut réglé en 1607, que celles de la première qualité ſeroient à deux ſous le jeu; les moyennes à un ſou, & les dernières à ſix deniers.

On fut obligé de prendre ſucceſſivement toutes ſortes de précautions pour l'exactitude & la fidélité dans la fabrication des Cartes. On déſigna les heures auxquelles on pourroit travailler; on voulut qu'il ne fût permis de le faire qu'à boutiques ouvertes; qu'on tînt regiſtre des opérations, qu'on déclarât le nom & la demeure des ouvriers, &c. On ajouta

même

même à ces précautions par un nouveau réglement qui fut arrêté au conseil, & donné à la suite de lettres patentes en forme d'édit, du mois de septembre 1661. Par ces lettres patentes on fixa le droit sur les Cartes à deux sous six deniers pour chaque jeu, sans distinction de Cartes fines ou autres ; & de ces deux sous six deniers, on en attribua dix-huit deniers à l'hôpital-général de Paris qui avoit besoin de secours.

Le roi par un édit du mois d'octobre 1701, révoqua toutes les concessions qu'il avoit faites sur les Cartes, & ordonna qu'il fût perçu au profit de sa majesté dix-huit deniers sur chaque jeu de Cartes qui se débiteroient dans le royaume ; & par un arrêt du conseil du 9 mai de l'année suivante, il fut dit que ceux qui se serviroient de moules & de cachets contrefaits feroient punis la première fois d'une amende de mille livres & du carcan, & qu'en cas de récidive, ils encourroient la peine des galères à perpétuité.

Comme le droit de dix-huit deniers étoit pour lors excessif, par rapport à la valeur des Cartes dont il égaloit presque le prix, & qu'il présentoit un bénéfice considérable pour la fraude, ce droit fut modéré à douze deniers par une déclaration du 17 mars 1703, mais il fut remis à dix-huit deniers par une déclaration du 16 février 1745.

Les marchands cartiers de la ville de Rouen ayant demandé relativement aux Cartes destinées pour les îles & les colonies Françoises, l'exemption du droit rétabli, ils furent déboutés de leur demande par un arrêt du conseil du 4 avril 1747, & il fut dit qu'ils feroient tenus d'acquiter les droits de toutes les Cartes qu'ils avoient fait paffer dans ces îles depuis la déclaration du 16 février 1745, portant rétabliffement du droit.

Il eft défendu par l'article 9 d'une déclaration du 21 octobre 1746, de faire entrer dans le royaume, & même dans les principautés qui y font enclavées, des Cartes fabriquées dans les pays étrangers. Il eft enjoint à tous commis & gardes d'emprifonner ceux qui en introduifent & l'amende contre ces introducteurs eft de trois mille livres. L'ufage de ces Cartes étrangères eft défendu à tous les fujets du roi, à peine de mille livres d'amende contre ceux qui s'en trouveront faifis. Il eft pareillement défendu à toutes perfonnes de quelque qualité qu'elles foient, autres que les maîtres cartiers, de vendre, débiter & colporter aucune Carte à jouer, même dans les lieux où il n'y a point de maîtres cartiers, fans la permiffion par écrit du fermier, à peine de confifcation & de mille livres d'amende ; & il eft ajouté que le fermier pourra refufer ou révoquer fa permiffion comme bon lui femblera. Un arrêt du confeil du 19 novembre 1748, a renouvelé l'exécution de ce qui eft porté ci-deffus, par l'article 9 de la déclaration du 21 octobre 1746.

Il fe fit une rebellion à la haute Courtille le 18 janvier 1749, aux commis des droits fur les Cartes ; il en fut dreffé procès-vebal. Il intervint des ordres du roi, & le 30 du même mois lorfqu'on voulut les mettre à exécution, il fe fit une autre rebellion dans laquelle il y eut un employé de tué. Le roi informé de cet évène-

ment, commit par un arrêt de son conseil du
11 février 1749, le lieutenant-général de police & les officiers du présidial du châtelet de
Paris, pour faire le procès en dernier ressort
aux auteurs & aux complices de ces rebel-
lions.

Le roi ayant établi par son édit du mois
de janvier 1751, une école royale militaire
pour l'éducation d'un certain nombre de jeunes
gentils - hommes, il jugea à propos d'appliquer au soutien de cet établissement le produit qu'il levoit sur les Cartes; en conséquence
il ordonna par une déclaration du 13 du même
mois, que le droit rétabli sur les Cartes à jouer
par celle du 16 février 1745, seroit levé &
perçu dans toute l'étendue du royaume, sur
le pied d'un denier par chaque Carte dont seroient composés les différens jeux qui étoient
ou qui pourroient être dans la suite en usage.

Le 23 janvier de la même année 1751, il
intervint un arrêt du conseil d'état, par lequel il fut dit que les contraventions qui pourroient arriver tant sur la fabrication des Cartes
que sur la perception du droit qui y étoit attaché, seroient instruites & jugées sommairement; savoir, dans la ville & les fauxbourgs
de Paris, par le lieutenant-général de police,
& dans les autres villes, par les intendans de
province. Le roi leur attribua la connoissance
non seulement des contraventions, mais encore
de toutes les demandes & contestations qui
pourroient naître au sujet du droit en question,
circonstances & dépendances, sauf l'appel au
conseil; & il fut ajouté que les jugemens des

commiffaires feroient exécutés nonobftant toutes oppofitions ou appellations quelconques.

Léonard Maratray fut commis par un arrêt du confeil du 30 avril 1751, pour faire la régie du droit fur les Cartes au profit de l'école militaire. Il fut difpenfé de fe fervir de papier timbré pour l'adminiftration de fa régie, & le contrôle de chaque exploit pour raifon de la perception du droit fut fixé à trois fous.

Comme les précautions qui avoient été prifes jufqu'alors ne fuffifoient pas pour arrêter les fraudes qui fe commettoient à l'occafion des Cartes, le roi crut néceffaire de rendre un nouveau réglement qui, en rappellant & expliquant les difpofitions des anciens, en contint de nouvelles pour procurer un recouvrement plus facile, & affurer davantage la perception du droit déterminé. Voici quel eft en fubftance ce réglement, introduit par un arrêt du confeil du 9 novembre 1751.

On ne doit employer d'autre papier que celui qui eft à la marque de la régie, pour les figures & pour les points.

Il eft fait défenfe de contrefaire la marque du papier du régiffeur à peine de faux.

Le droit d'un denier par chaque Carte doit être payé comptant, lors de la livraifon du papier, outre le prix marchand, à la déduction du droit de dix feuilles au deffus de chaque cent. Et dans le cas où le régiffeur auroit fait des crédits, il peut procéder par voie de contrainte conformément aux réglemens rendus fur le fait des aides.

On eft obligé de faire les moulages au bureau de régie, avec injonction d'y remettre les moules à portraits étrangers.

Il eſt défendu de recouper les Cartes ni d'en vendre de réaſſorties ou de recoupées : il eſt défendu pareillement à toutes perſonnes de prêter leurs maiſons pour la fabrication des Cartes, & pour receler les fraudes à peine de trois mille livres d'amendes. Il y a défenſes ſous la même peine d'en fabriquer dans d'autres villes que celles qui ſont déſignées par l'état arrêté au conſeil.

Les cartiers ainſi que leurs compagnons & apprentis, ſont obligés de ſe faire inſcrire au bureau de la régie, & ils ne peuvent fabriquer ailleurs que dans leurs maiſons & domiciles déclarés.

Il eſt défendu à toutes perſonnes, autres que les maîtres cartiers, comme nous l'avons obſervé ci-deſſus, de vendre des Cartes ſans la permiſſion du régiſſeur.

Les enveloppes des jeux & des ſixains doivent être collées par les commis du régiſſeur, avec la bande de contrôle à ſa marque. Ces enveloppes doivent porter le nom, la demeure, l'enſeigne & les bluteaux des maîtres cartiers. La bande de contrôle ne peut être appoſée qu'au deſſous des jeux & des ſixains.

Tous ceux qui tiennent académies, cafés, cabarets, tabagies, jeux de paume, de billard ou de boule, les épiciers, chandeliers, grenetiers, merciers, regratiers enſemble tous ceux qui font uſage de vieilles Cartes, ſont tenus de ſouffrir les viſites des commis, à peine de cinq cens livres d'amende. Il leur eſt défendu & à toutes autres perſonnes de quelque con-

dition qu'elles foient, d'acheter, de vendre &
de tenir dans leurs maifons, ou de fouffrir qu'il
y foit préfenté aucun jeu de Cartes qui ne
foit pas fabriqué du papier de la régie &
qui ne porte pas la bande de contrôle du régiffeur, à peine de mille livres d'amende. Les
commis peuvent fai.e leurs vifites dans les
lieux privilégiés, & chez toutes fortes de perfonnes, en prenant une ordonnance ou fe faifant affifter du premier juge requis, formalité
qui n'eft pas néceffaire lorfqu'il ne s'agit de vifiter que chez les cartiers ou les débitans, &
chez ceux qui ont été employés à la fabrication des Cartes.

Il eft défendu de fouffrir l'entrée & le commerce des Cartes étrangères, même d'en tranfporter de celles qui font de la fabrique na-
tionale, fans un congé du régiffeur ou de fes
p épofés. Ceux pour qui elles font deftinées
font obligés d'en faire leur declaration au bureau de la régie & d'y remettre le congé, auffitôt que ces Cartes font arrivées.

Les cartiers doivent s'abftenir de confondre
dans leurs boutiques les différentes natures de
jeux & de papiers; & il eft étroitement défendu
à tous graveurs tant en cuivre qu'en bois, de
graver aucun moule ou aucune planche propre
à imprimer des Cartes, fans la permiffion par
écrit du régiffeur; de même que de contrefaire
fes filigranes, timbres, cachets & autres marques, à peine pour la première fois du carcan
& de trois mille livres d'amende, & en cas
de récidive de pareille amende & de neuf ans
de galères. Il eft permis en pareil cas au régiffeur de procéder par voie d'information tant

contre les contrevenans que contre ceux qui les favorisent.

La contrainte par corps est prononcée contre ceux qui sont condamnés à des amendes pour rebellion, pour fraude & contravention; & par un dernier article, il est dit que les employés de la régie jouiront des mêmes immunités que celles dont jouissent les commis des fermes.

Le Roi ayant remarqué que l'attribution qu'il avoit faite par arrêt du conseil du 23 janvier 1751, au lieutenant-général de police de Paris de la connoissance des contraventions concernant les Cartes, produiroit un meilleur effet en la donnant aux commissaires du bureau des oblats, rendit un autre arrêt le 15 octobre 1757, par lequel il fut dit qu'il évoquoit à soi & à son conseil, les contestations nées & à naître, & que pour y faire droit, le tout, à l'égard de la ville & fauxbourgs de Paris, seroit porté devant les commissaires députés de son conseil pour connoître des procès & différens concernant les pensions d'oblats affectées à l'hôtel royal des invalides, à l'effet par ces commissaires, de porter leur jugement en première & dernière instance, *souverainement & en dernier ressort*. Et quant aux autres villes, bourgs & autres lieux du royaume, la connoissance de ces sortes de contestations a été conservée aux intendans pour y statuer en première instance, sauf l'appel devant les commissaires dont il s'agit pour y faire droit en dernier ressort'(*).

_____

(*) M. de Flesselles aujourd'hui intendant de Lyon, fut commis par un arrêt du conseil du 2 avril 1760, pour rap-

Le parlement de Rouen rendit le 19 mars 1770, sur les conclusions du procureur-général de cette cour, un arrêt qui donnoit atteinte aux attributions dont nous venons de parler. Le roi informé de cet arrêt, en rendit un en son conseil le 21 avril suivant, par lequel il fut dit que sans avoir égard à celui du parlement, que sa majesté déclara nul & comme non avenu, le réglement du 9 novembre 1751, ensemble les arrêts de son conseil des 23 janvier 1751 & 15 octobre 1757, portant attribution aux commissaires du bureau des oblats & aux intendans dans les provinces, de la connoissance des contraventions concernant les Cartes, seroient exécutés selon leur forme & teneur. Il fut fait très-expresses inhibitions à tous juges d'exécuter l'arrêt du parlement de Rouen, à peine de nullité, cassation de procédure, de trois mille livres d'amende, & de tous dépens, dommages & intérêts, &c.

Comme la principauté de Dombes n'appartenoit pas au roi lors de l'établissement de l'école militaire, par la même raison que le droit sur les Cartes ne s'y percevoit pas, la noblesse de ce pays-là ne participoit point aux avantages de ce nouvel établissement. Cette principauté ayant depuis été réunie à la couronne, le droit sur les Cartes y a été établi par des lettres-patentes du 6 septembre 1772, comme il l'est dans toutes les autres parties du royaume ; au moyen de quoi la noblesse de cet endroit participe comme celle

----

portet toutes les affaires concernant l'école royale militaire, desquelles la connoissance étoit attribuée aux commissaires du bureau des oblats.

du reste de la France, aux avantages de l'école militaire. Il y a un arrêt du conseil du 20 février 1773, qui concerne la forme de l'établissement & de la perception du droit dont il s'agit dans cette principauté. C'est à Trévoux que la fabrication des Cartes doit se faire : d'ailleurs, ce règlement est conforme à ceux dont nous venons de donner l'analyse concernant les autres villes du royaume.

Exemples de différentes punitions prononcées pour contravention aux règlemens concernant les Cartes. Un avocat du présidial de Caen, qui avoit souffert dans sa maison une fausse fabrication de Cartes, fut traduit en 1750 par le régisseur devant l'intendant de la généralité pour être condamné à l'amende de trois mille livres encourue. L'intendant se contenta de prononcer la confiscation des choses saisies, & fit grace de l'amende & des dépens à l'avocat.

- Le régisseur se pourvut par appel au conseil du roi sur ce chef ; il fit voir d'une manière sensible combien cet avocat, qui étoit censé avoir une connoissance particulière des règlemens, étoit dans son tort en cette occasion. Il insista sur l'amende & sur les dépens ; & par arrêt du 24 Juillet 1751, l'avocat fut condamné à l'amende de trois mille livres & aux dépens faits devant l'intendant, & il fut ordonné que l'arrêt seroit publié & affiché.

Un procureur de la ville de Sens fut pareillement traduit devant l'intendant de Paris au mois de juin 1751, pour avoir vendu des Cartes recoupées, & s'être servi d'un faux cachet ; & par jugement rendu le 5 octobre suivant, il fut condamné à l'amende de mille livres, & à rap-

porter le faux cachet, sinon & faute de le faire,
à payer la somme de trois mille livres.

Un jugement de l'intendant de Soissons du 12
octobre 1752 a déclaré bonne & valable une
saisie faite à Noyon de cent soixante-onze sixains
de Cartes recoupées & sous fausses adresses,
chargées par le nommé de Villers, voiturier,
chez la veuve Hautreux & le nommé le Fevre
son fils, entrepreneur des voitures de Picardie
& de Flandres à Paris; & ces trois particuliers
ont été solidairement condamnés en cinq cents
livres d'amende & aux dépens.

Le sieur Truchon, commissaire de police à
Clermont-Ferrand, fut requis en 1752 de la part
des commis du régisseur de les assister dans une
visite qu'ils entendoient faire en cette ville; il s'y
refusa sous prétexte que c'étoit l'assistance d'un
juge qu'exigeoient les règlemens. Le régisseur
le traduisit sur ce refus devant le sieur intendant
de la généralité d'Auvergne pour le faire condamner à l'amende de cinq cents livres. Ce commissaire se laissa d'abord condamner par défaut; il
forma ensuite opposition au jugement rendu
contre lui, & déduisit ses moyens. Le régisseur
s'attacha à les combattre, & par jugement du
20 novembre 1752, il fut enjoint au commissaire de prêter dorénavant son ministère au régisseur chaque fois qu'il en seroit requis; & l'a-
mende qui avoit été prononcée contre lui par
défaut, fut modérée par grace & sans tirer à
conséquence, à dix livres; mais pour les dépens
il y fut pleinement condamné.

En 1754, les commis du préposé à la régie
urprirent en contravention au château des Thuileries plusieurs personnes. On s'apperçut qu'il y

avoit eu des moules & des coins faux aux armes
de France, & qu'on en faisoit un usage fraudu-
leux; il en fut dressé procès-verbal. Le régisseur
en rendit plainte devant le prevôt de l'hôtel;
il y eut une information, une répétition sur le
procès verbal, une visite par experts des pièces
arguées de faux, &c. & par jugement souverain rendu par le prévôt assisté d'un certain
nombre d'officiers du grand conseil, le 13
janvier 1755, deux particuliers furent condamnés à être attachés au carcan à des poteaux
plantés à la croix du Trahoir, ayant écriteaux
devant & derrière portant ces mots : *fabricateurs
de fausses Cartes*. Deux autres particuliers furent
condamnés chacun à trois mille livres d'amende :
quatre autres particuliers en mille livres chacun, avec défenses aux uns & aux autres de ré-
cidiver sous plus grande peine.

Remarquez que si ce jugement fut rendu par
le prévôt, c'est parce que le délit fut commis
au château des Thuileries où il a droit d'exercer sa juridiction.

Par un jugement souverain du 2 décembre
1758, rendu par les commissaires généraux du
conseil députés, comme nous l'avons vu, par
l'arrêt du conseil du 15 octobre 1757, pour
connoître des contraventions sur le fait des
Cartes, une saisie faite sur un nommé Mauvé &
sa femme de douze feuilles de papier imprimé en
compartimens de la forme des bandes de contrôle dont se servoit le régisseur fut déclarée
bonne & valable; le mari & la femme furent
condamnés solidairement & par corps à mille
livres d'amende & aux dépens, avec affiche du
jugement à leurs frais.

Les mêmes commissaires rendirent le 9 mars 1759, un jugement à peu près semblable par lequel une saisie faite tant sur Claude le Brun, maître cartier & sa femme, que chez les nommés Desmont & Aubouin de quarante-un jeux de Cartes revêtus de bandes de contrôle qui avoient été décolées par le Brun & réappliquées sur des Cartes qui avoient déja été jouées & qu'il revendoit comme neuves, fut déclarée bonne & valable. Le Brun & sa femme furent condamnés solidairement & par corps à l'amende de mille livres & aux dépens, avec l'affiche du jugement à leurs frais.

Un arrêt du conseil du 21 avril 1776 a confirmé les différens règlemens rendus sur la fabrication des Cartes à jouer, & a fixé les villes dans lesquelles cette fabrication est permise (*).

_____

(*) *Voici cet arrêt.*
Le roi s'étant fait représenter les déclarations des 16 février 1745 & 21 octobre 1746, portant rétablissement du droit sur les Cartes à jouer, & règlement pour la perception dudit droit ; la déclaration du 13 janvier 1751, portant augmentation d'icelui, pour le produit en être appliqué à l'Ecole-royale-militaire, l'édit de janvier 1751, par lequel le feu roi a accordé à ladite école-royale-militaire, par forme de dotation perpétuelle & irrévocable, le droit rétabli & augmenté sur les cartes à jouer dans toute l'étendue du royaume, en faisant en tant que de besoin toute aliénation nécessaire à son profit, tant dudit droit que de ladite augmentation, de façon qu'il fût & demeurât totalement détaché des finances, pour être administré par le secrétaire d'état ayant le département de la guerre ; l'arrêt de son conseil du 9 novembre 1751 contenant nouveau règlement pour la perception & administration dudit droit ; l'état annexé audit arrêt contenant indication des villes où la fabrication des Cartes a été res-

Voyez *l'édit de février 1577 ; les déclarations*

---

teinte ; & les autres édits, déclarations & arrêts de son
conseil relatifs au même droit ; ensemble la déclaration
du premier février dernier, par laquelle sa majesté en faisant un nouveau règlement pour l'éducation des élèves
de son école - royale - militaire & pour l'administration
des biens de cet établissement, a confirmé la fondation
faite par le feu roi, de glorieuse mémoire, d'une école
pour l'éducation gratuite, instruction & entretien de cinq
cents gentilshommes de son royaume, dont le nombre
sera porté au moins à six cents, ainsi que les dota-
tions, donations, concessions & aliénations faites au profit
de ladite fondation : & considérant, sa majesté, que, quoique par l'article premier de son édit du mois de février aussi
dernier, portant suppression des corps & communautés
des marchands, ainsi que des maîtrises & jurandes, avec
faculté à toutes personnes, d'embrasser & d'exercer dans
toute l'étendue de son royaume, telle espèce de commerce
& telle profession d'arts & métiers que bon leur semblera,
elle n'ait abrogé que les privilèges, statuts & réglemens
donnés auxdits corps & communautés, laquelle abrogation a même été suspendue par l'article XXIII dans les
villes de province, jusqu'à ce qu'il lui ait plu en autrement ordonner ; & que quoiqu'il n'ait été dérogé en aucune manière aux édits, déclarations & règlemens émanés
de son conseil, concernant la perception des droits établis
& perçus au profit de sa majesté, & de ceux qu'elle a
attribués à différens établissemens, & notamment à son
école militaire ; il se pourroit néanmoins que quelques
particuliers se crussent autorisés à établir & lever des fabriques de Cartes à jouer dans d'autres villes que celles comprises dans l'état annexé à l'arrêt de son conseil du 9 novembre 1751, ou à se soustraire dans lesdites villes à l'e-
xécution des réglemens rendus pour la perception &
administration du droit établi sur cette nature de marchandise, dont l'impôt ne peut être en aucun cas onéreux à ses
sujets ; sa majesté a jugé à propos de faire connoître ses
intentions. A quoi voulant pourvoir : ouï le rapport ; le roi
étant en son conseil, a ordonné & ordonne que les édits,

des 20 février 1581 , 22 mai 1583 , quatorze jan-

---

arrêts & règlemens rendus sur le fait des Cartes à jouer, & notamment les déclarations des 16 février 1745 , 21 octobre 1746 & 13 janvier 1751, les arrêts de son conseil des 9 novembre 1751 , 15 octobre 1757 , 26 septembre 1759 , 13 mars 1761 & 20 février 1773 seront exécutés selon leur forme & teneur , sa majesté les confirmant en tant que de besoin : en conséquence , fait défenses de lever & établir des fabriques de Cartes à jouer dans d'autres villes que celles comprises dans l'état annexé au présent arrêt. Permet à toutes personnes d'en lever & établir dans lesdites villes , à la charge par ceux qui voudront fabriquer des Cartes à jouer , de se présenter au bureau de la régie des Cartes établi dans la ville où ils voudront fabriquer , à l'effet d'y faire inscrire leurs nom , qualité , demeure & ateliers , à peine pour les contrevenans de mille livres d'amende & de confiscation des outils & ustensiles. Enjoint sa majesté aux commissaires députés de son conseil , pour juger les contestations concernant l'école-royale militaire , & aux sieurs intendans & commissaires départis dans les provinces , de tenir la main à l'exécution du présent arrêt. Fait au conseil d'état du roi , sa majesté y étant , tenu à Versailles le vingt-un avril mil sept cent soixante seize. *Signé* SAINT-GERMAIN.

Les villes où la fabrication des Cartes est permise dans la généralité de Paris, sont Paris, Versailles Beauvais :

Dans la généralité d'Artois, Arras & saint Omer. :

Dans la généralité d'Amiens , Amiens & Abbeville :

Dans la généralité d'Alençon , Alençon :

Dans la généralité d'Alsace , Strasbourg , Colmar & Beffort :

Dans la généralité d'Auch & Pau , Auch , Pau , Bayonne, Dax & Tarbes :

Dans la généralité de Bourges , Bourges :

Dans la généralité de Bordeaux , Bordeaux , Agen , Périgueux :

Dans la généralité de Bretagne , Rennes , Nantes , Brest, l'Orient & Morlaix :

Dans la généralité de Caen , Caen.

vier 1605 ; des lettres-patentes du mois de septembre 1661 ; un édit du mois d'octobre 1701 ; les déclarations des 17 janvier 1703 , 16 février 1745 , 21 octobre 1746 ; un arrêt du conseil du 19 novembre 1748 ; l'édit de janvier 1751 ; la déclaration du 13 du même mois ; les arrêts du conseil des 23 janvier, 30 avril, 15 octobre, 9 novembre même année ; des lettres-patentes du 6 septembre 1772 ; un arrêt du conseil du 20 février 1773 ; une déclaration du premier février 1776. (Article de M. DAREAU , Avocat , &c.)

Dans la généralité de Châlons , Rheims & Troies :

Dans la généralité de Dijon , Dijon :

Dans la généralité de Flandre , Lille , Dunkerque & Cambrai :

Dans la généralité de Franche-Comté , Besançon & Salins :

Dans la généralité de Grenoble , Grenoble & Romans :

Dans la généralité du Haynault , Valenciennes :

Dans la généralité de la Rochelle , la Rochelle & Saintes :

Dans la généralité de Lorraine , Nanci & Epinal :

Dans la généralité de Limoges , Limoges & Angoulême :

Dans la généralité de Lyon , Lyon & Montbrison :

Dans la généralité de Dombes , Trévoux :

Dans la généralité de Metz , Metz :

Dans la généralité de Montpellier , Montpellier , Nîmes, Bésiers & le Puy ;

Dans la généralité de Montauban , Montauban :

Dans la généralité d'Orléans , Orléans & Blois :

Dans la généralité de Poitiers , Poitiers :

Dans la généralité de Provence ; Aix , Marseille & Toulon :

Dans la généralité de Rouen , Rouen & le Havre :

Dans la généralité de Riom , Clermont & Thiers :

Dans la généralité de Toulouse , Toulouse :

Dans la généralité de Tours , Tours , Angers & le Mans.

CARTE DE CHARITÉ. On appelle ainsi le statut primordial de l'ordre de Cîteaux. Ce monument est la base sur laquelle se maintient la constitution de cet ordre : il a même servi de modèle à plusieurs autres établissemens religieux.

Voyez ce qui a été dit à ce sujet à l'article BERNARDIN. (*Article de M. Dareau, Avocat, &c.*)

CARTULAIRE. On appelle ainsi le recueil des actes, des titres & des papiers principaux qui concernent les biens de quelque église, chapelle ou monastère.

Les Cartulaires ont particulierement été imaginés pour conserver des doubles des actes qu'ils contiennent. C'est pourquoi les critiques soupçonnent ces recueils de n'être pas toujours authentiques, soit qu'on y ait glissé de faux actes, soit qu'on y ait altéré les véritables.

La Combe remarque fort bien que plus les Cartulaires sont anciens, plus ils doivent paroître suspects, surtout ceux qui remontent à la premiere race. En effet, comme on n'étoit pas anciennement dans l'usage d'écrire des titres de fondations & d'immunités ou priviléges, les rédacteurs des Cartulaires qui se sont vus en possession de plusieurs terres & de différens priviléges dont ils n'avoient aucun titre, n'ont pas manqué d'en faire & de les inférer dans leurs Cartulaires. D'ailleurs les procès que les évêques ont eu avec les abbés des monastères ont encore beaucoup contribué à la multiplication des faux titres, parce que pour rendre sa cause meilleure chaque partie litigante n'a rien épargné pour supposer des actes.

Il faut conclure de ces observations qu'on ne
doit

doit pas admettre facilement & fans examen les actes qui fe trouvent inférés dans les Cartulaires. Il faut furtout fe défier des extraits des bulles & des priviléges qui fe trouvent dans les Cartulaires des chapitres féculiers ou réguliers. Ainfi on devroit par exemple rejeter l'extrait d'une bulle où l'on remarqueroit des folécifmes & d'autres fautes groffières contre les regles de la grammaire, parce qu'à Rome on a foin d'éviter ces fortes de fautes.

CAS. Ce terme reçoit en jurifprudence différentes épithètes qui en déterminent le fens. Il y a les Cas royaux, les Cas prévôtaux ou préfidiaux, les Cas privilégié;, les Cas réfervés, les Cas de confcience, les Cas provifoires & les Cas fortuits. Nous allons fucceffivement donner l'explication de toutes ces efpèces de Cas.

Des Cas royaux. On appelle en général *Cas royaux*, les affaires qui intéreffent le roi, foit relativement à fa perfonne ou à fon domaine, foit en ce qui concerne la police du royaume ou les droits attachés à la puiffance fouveraine, & defquelles la connoiffance eft attribuée aux juridictions royales, à l'exclufion de toute autre.

Il fuit de cette définition que les Cas royaux ne s'étendent pas moins aux matières civiles qu'aux matières criminelles.

Ainfi l'examen & la réception des principaux officiers des bailliages royaux, tels que les baillis, les lieutenans-généraux, les lieutenans-particuliers, les confeillers & les gens du roi, font des Cas royaux dont la connoiffance appartient aux parlemens. Mais l'examen & la réception des autres officiers des bailliages royaux & même des principaux officiers des justices qui ressortissent par-devant eux, sont des Cas royaux dont la connoissance appartient à ces bailliages.

Toutes les causes qui concernent les officiers royaux ou les droits dépendans de leurs offices, sont aussi des Cas royaux.

Il en est de même des saisies réelles des offices royaux, & des scellés apposés sur les minutes, les papiers & les effets des notaires, des receveurs des consignations, des commissaires aux saisies réelles, &c.

Il faut en dire autant de toutes les affaires relatives à la propriété ou au revenu du domaine du roi.

Diverses ordonnances & particulièrement l'édit de Crémieu avoient attribué la connoissance des Cas royaux de cette espèce aux baillis ou sénéchaux à l'exclusion de tout autre juge, surtout lorsque les droits du roi étoient contestés, ou que les procureurs du roi des bailliages étoient en cause : mais cette jurisprudence a été changée par l'édit du mois d'avril 1627. Suivant cette loi, ce sont les trésoriers de France qui connoissent aujourd'hui des affaires domaniales. Il faut néanmoins excepter quelques provinces telles que l'Orléanois qui étoient alors engagées ou données en appanage ; les choses y sont restées dans l'ancien état conformément à l'édit de Crémieu.

Il y a aussi une exception particulière à faire pour la Lorraine où les Trésoriers de France n'exercent aucune juridiction.

Dans la classe des Cas royaux sont pareillement les causes concernant les fiefs qui sont dans la mouvance du domaine royal, ainsi que les réceptions & vérifications de foi & hommage des vassaux de sa majesté.

Il en est de même des lettres de souffrance & de confortemain données à ces vassaux.

Le droit d'aubaine est aussi un Cas royal, en quelque lieu que l'aubain soit décédé : mais les droits de bâtardise, de deshérence & de confiscation ne font des Cas royaux qu'autant que les biens laissés se trouvent dans la justice du roi, ou qu'ils ont été confisqués pour crime de lèze-majesté.

Les droits de francs-fiefs, d'amortissement & de nouveaux acquets sont aussi des Cas royaux.

Il faut dire la même chose des causes relatives aux chemins publics, aux rues & aux fortifications des villes, aux rivières navigables, aux isles & atterrissemens, aux naufrages & aux terres qui ne sont possédées par personne.

Un arrêt du parlement de Paris du 11 décembre 1627 a jugé que les causes concernant les biens ou domaines des villes royales étoient des Cas royaux dont la connoissance devoit appartenir aux baillis par préférence aux prévôts.

Cependant la connoissance des contestations relatives aux murs, portes, tours, fortifications, chemins, rues & sentiers des villes & prévôtés royales appartient aux prévôts dans les lieux où cette connoissance n'a point été attribuée particulièrement à d'autres juges. C'est ce qui résulte tant de l'article 5 de la troisieme déclaration rendue sur l'édit de Crémieu en juin 1559, que des arrêts du parlement des 12 décembre 1553, 31 juillet 1610, & 17 avril 1612 rapportés par Joli.

La même déclaration a ordonné que les baux

& marchés qu'il conviendroit de faire relativement aux réparations concernant ces objets, se feroient pardevant les prévôts lorsqu'il s'agiroit d'employer à ces réparations les deniers communs & particuliers des sujets du roi ; mais que si l'on devoit y employer des deniers royaux, les mêmes baux & marchés se feroient pardevant les baillis ou sénéchaux conformément à l'édit de Crémieu.

On doit pareillement mettre au rang des Cas royaux les contestations relatives à la capitation, aux tailles, aux aides, aux gabelles, au contrôle, au centième denier, & à tous les autres impôts & deniers royaux. Ce sont des juges extraordinaires, tels que les intendans & commissaires départis dans les généralités, les cours des aides, les élections, les greniers à sel, &c. qui connoissent de ces sortes d'objets.

Parmi les Cas royaux sont encore les causes relatives aux érections de terres en duché pairie, marquisat, comté, baronnie ou autre fief de dignité, & aux concessions de priviléges faites à des villes, à des communautés, à des universités, à des académies ou à d'autres particuliers.

Il en est de même des causes qui ont pour objet l'état ou les droits de la noblesse ; les priviléges attachés au droit de justice ; la naturalisation des étrangers ; la légitimation des bâtards ; les lettres d'émancipation & de bénéfice d'âge ; les lettres de changement de nom & d'armoiries ; les lettres de grâce, de rémission, d'abolition ou de commutation de peine ; les lettres de réhabilitation ; les lettres d'état ; les concessions de foires & marchés, &c.

Les causes concernant les églises, les chapi-

tres, les abbayes, les prieurés, les commande-
-ries, les hôpitaux, les communautés, les académies & tous les autres établissemens de fondation royale, sont aussi des Cas royaux.

. Il faut également mettre au rang des Cas
royaux, l'exercice que les juges royaux sont de
leur autorité pour la conservation des droits de
la puissance ecclésiastique ; pour la manutention
des canons & des lois ecclésiastiques reçus dans
le royaume ; pour examiner si les nouvelles décisions en matière de religion ne contiennent
rien de contraire aux droits de la puissance temporelle ; pour maintenir la discipline & police
extérieure de l'église ; pour obliger les évêques
à résider dans leurs évêchés, & les autres ecclésiastiques pourvus de bénéfices à charge d'a-
mes à résider dans le lieu où ces bénéfices doivent être desservis ; pour veiller à ce que les
évêques\ visitent leurs diocèses dans les temps
déterminés par les canons, & à ce que les titulaires des bénéfices acquittent le service & les
aumônes dont ils peuvent être chargés ; sur
quoi il faut remarquer que conformément à
l'édit du mois d'avril 1695, il n'y a que les
cours qui aient juridiction sur les évêques pour
leur faire remplir ces obligations : pour obliger
les chefs des communautés religieuses à faire
observer les règles de leur ordre ; pour laréfor-
mation des ordres religieux lorsqu'ils s'écartent
des règles de leur institution ; pour examiner &
homologuer les lois de discipline ecclésiastique,
lesquelles sans cette formalité n'auroient aucune
autorité dans le royaume ; pour faire des réglemens relatifs à l'exécution des canons, ou à la
réformation de la discipline ecclésiastique, ou

à la manière de procéder devant les juges d'é-
glife ; pour faire convoquer des conciles ou fy-
nodes lorfque l'intérêt de l'églife & de l'état
l'exigent ; pour affifter aux affemblées des eccléfiaftiques afin de voir s'il ne s'y entreprend rien
contre les libertés de l'églife gallicane, ni contre les lois de l'état ; pour faire obferver ces
lois à la puiffance eccléfiaftique ; pour réprimer
les abus & les contraventions aux canons des
conciles reçus dans le royaume ; pour empêcher
que les officiaux & les autres juges d'églife n'en-
treprennent fur la juridiction temporelle ; à
l'effet de quoi les officiers royaux doivent évoquer les caufes qui ne font pas de la compétence de ces juges ; pour prononcer fur l'âge
auquel on peut entrer en religion, fur les formalités qu'on doit obferver à cet égard, & fur la
validité des vœux , conformément aux lois concernant cette matière ; pour faire obferver tout
ce qui a rapport à la police des mariages, &
pour donner la force coactive aux ordonnances
des évêques , des archidiacres , ou des autres
eccléfiaftiques qui exercent une juridiction approuvée.

La connoiffance des entreprifes de la cour de
Rome contre les libertés de l'églife gallicane eft
auffi un Cas royal.

Il en eft de même du droit de réprimer les
entreprifes de la puiffance eccléfiaftique lorfqu'elles tendent à bleffer l'autorité du roi ou à
troubler l'ordre public & la tranquillité de l'état.

La connoiffance des caufes de fufpenfion de
lettres monitoires obtenues contre la difpofition
des ordonnances eft pareillement un Cas royal.

Il faut ranger dans la même claffe les caufes

relatives aux matières bénéficiales & tout ce qui en dépend, comme le poffeffoire des bénéfices litigieux; le droit de patronage; la collation des bénéfices; le droit de faire faifir les fruits & les revenus des bénéfices, faute par les bénéficiers d'entretenir les biens qui en dépendent; le droit d'appofer le fcellé fur les titres concernant les cures & les autres bénéficiers, après le décès des bénéficiers; l'ufurpation des bénéfices & des droits qui en dépendent; les conteftations & les déclarations qui ont rapport aux portions congrues des curés & des vicaires, aux droits des curés primitifs, aux dixmes, aux réparations des églifes, à la confection des terriers des biens eccléfiaftiques, à l'aliénation des biens d'églife & de ceux des hôpitaux ou confrairies, au remploi des rentes rembourfées aux hôpitaux, fabriques, ou autres gens d'églife, &c.

La connoiffance de la régie des biens des religionnaires fugitifs eft auffi un Cas royal, fuivant l'édit du mois de Décembre 1688.

Il faut pareillement ranger parmi les Cas royaux les caufes des perfonnes & des commutés qui font particulièrement en la garde & protection du roi: telles font les caufes perfonnelles des évêques, & celles qui concernent la confervation de leurs droits & priviléges; telle eft auffi la garde des églifes cathédrales & des autres églifes ou communautés qui ont des lettres de garde gardienne: l'édit de Crémieu attribue la connoiffance de toutes les caufes de ces églifes & communautés, tant en demandant qu'en défendant, aux baillis & aux fénéchaux royaux à l'exclufion de tout autre juge: telles font encore les caufes des pairs de France, des

ducs & des autres privilégiés defquelles la connoiffance eft attribuée, foit au parlement de
Paris, foit à d'autres juges royaux.

Les conteftations qui ont rapport aux contrats paffés fous le fcel royal, lorfque ces contrats portent que les parties fe foumettent à la
juridiction du juge royal, font auffi des Cas
royaux. Il y a même des coutumes, telles que
celles de Senlis & d'Amiens, où les juges des
feigneurs ne peuvent pas connoître des caufes
qui dérivent des contrats paffés fous le fcel
royal.

C'eft d'après ces principes, qu'un arrêt rendu
pour Aurillac le 5 août 1618 & rapporté par
Chenu, a jugé que l'exécution d'un teftament
paffé devant un notaire royal appartenoit au
juge royal & non au feigneur haut-jufticier.

Un arrêt de règlement rendu pour Noyon le
7 feptembre 1622 a mis au nombre des Cas
royaux les demandes en reftitution contre les
contrats paffés fous le fcel royal, à moins que
ces demandes ne fuffent incidentes.

Les caufes qui concernent les villes, leurs
deniers patrimoniaux ou d'octroi, l'ufurpation
de leurs droits, & les droits d'ufage ou de pâturage prétendus par les feigneurs ou par les
fujets & habitans des lieux, font pareillement
des Cas royaux.

Il en eft de même du droit de contraindre les
particuliers à vendre leurs biens au public. C'eft
auffi dans cette claffe qu'on doit mettre tout ce
qui a rapport à la confervation des établiffemens
publics, tels que les dépôts des titres & papiers
publics, les bibliothèques publiques, &c.

Il faut pareillement mettre au rang des Cas

royaux toutes les choses qui intéressent la police générale du royaume : ainsi les causes relatives à l'état des personnes, à la célébration des mariages, aux registres des baptêmes, mariages & sépultures, & à la réformation de ces registres, lorsqu'il est question de supprimer ou de rectifier quelques uns des actes qu'ils contiennent, sont des Cas royaux.

Il en est de même des causes qui concernent les droits honorifiques dans les églises, & des contestations relatives aux insinuations & publications des donations & substitutions.

Il faut en dire autant des certifications des criées, de l'enregistrement des ordonnances, édits, déclarations & lettres-patentes, & des cessions & abandonnemens de biens faits en justice.

Les reconnoissances d'écriture incidentes, lorsque les parties contre lesquelles on prétend employer les pièces qu'on veut faire connoître, ne sont ni présentes, ni domiciliées au lieu où les affaires sont pendantes, sont pareillement des Cas royaux comme l'explique l'article 5 du titre 12 de l'ordonnance de 1667.

L'exécution des sentences des officiaux & celle des sentences consulaires sont aussi des Cas royaux, suivant les édits de septembre 1610, & novembre 1563.

Suivant l'ordonnance du mois d'août 1669, les Cas royaux en matière d'eaux & forêts sont ceux qui ont rapport à la police générale des forêts & rivières & qui intéressent le roi & le public. Tels sont la chasse sur le domaine du roi ; la prise du cerf & de la biche en quelque lieu que ce soit ; les contraventions aux règlemens concernant la pêche ; tout ce qui a rapport aux rivières navigables & flottables ; la coupe des bois de haute futaie ; les délits que commettent dans ces bois les particuliers, les ecclésiastiques ou les communautés qui en ont la propriété, &c.

Sur quoi il faut remarquer que divers arrêts du conseil ont attribué la connoissance des Cas royaux & de réformation aux officiers des maîtrises à l'exclusion des gruyers des seigneurs.

En matière criminelle, on appelle particulièrement *Cas royaux*, les crimes qui offensent la majesté du souverain, les droits de sa couronne, la dignité de ses officiers, & la sûreté publique dont il est le protecteur.

La connoissance de ces sortes de crimes est attribuée par l'article 11 du titre premier de l'ordonnance criminelle aux baillis ou sénéchaux royaux & aux présidiaux à l'exclusion de tout autre juge. (*) Dans le même article sont spécifiés les crimes qui doivent être qualifiés de Cas royaux ; mais après l'énumération qui en est faite, le législateur a ajouté ces mots, *& autres*

(*) *Voici ce que porte cet article.* Nos baillis, sénéchaux, & juges présidiaux connoîtront privativement à nos autres juges & à ceux des seigneurs, des cas royaux ; qui sont, le crime de leze majesté en tous les chefs, sacrilèges avec effraction, rebellion aux mandemens de nous ou de nos officiers, la police pour le port des armes, assemblées illicites, séditions, émotions populaires, force publique, la fabrication, l'altération ou l'exposition de fausses monnoies, correction de nos officiers, malversations par eux commises en leurs charges, crimes d'hérésie, trouble public fait au service divin, rapt & enlèvement de personnes par force & violence, & autres Cas expliqués par nos ordonnances & réglemens.

Cas expliqués par nos ordonnances & règlemens, pour faire entendre qu'il n'avoit pas prétendu énoncer tous les crimes de ce genre, & qu'il falloit encore y comprendre ceux qui quoique non-détaillés pouvoient être regardés comme étant de même nature.

D'après cet article on doit regarder comme Cas royaux tous les crimes commis contre l'état ou contre la personne du roi, & qu'on qualifie de crimes de lèze-majesté. Tels sont les conspirations contre l'état ; les ligues, associations, correspondances & intelligences directes ou indirectes avec les ennemis de l'état ; les révoltes & soulèvemens avec armes de la part des sujets du roi contre ses ordres ; les discours & les écrits séditieux qui tendent à exciter le peuple à se révolter contre le gouvernement ; les complots qui ont pour objet de livrer une ville ou une place aux ennemis de l'état ; la trahison qu'on exerce envers les troupes du roi pour favoriser l'ennemi, & les secours d'argent, de vivres ou de soldats qu'on lui fournit.

On devient aussi criminel de lèze-majesté en engageant les alliés du roi à rompre avec lui & en détournant les sujets de sa majesté de l'obéissance qu'ils lui doivent.

Il en est de même du refus que fait un gouverneur, un commandant de place ou quelqu'autre officier militaire de remettre son gouvernement ou commandement lorsque le roi lui en a donné l'ordre.

Il faut mettre dans la même classe les crimes de ceux qui connoissant dans un camp ou dans une garnison des espions envoyés par l'ennemi, ne les découvrent pas sur le champ ; qui font fauver des personnes rebelles à l'état ou données en ôtage, & qui débitent dans une armée ou dans une ville affiégée des nouvelles propres à intimider les troupes & à les faire déferter.

L'édit du mois d'août 1669 & la déclaration du 14 juillet 1682 ont pareillement regardé comme crime contre l'état la fortie du royaume pour aller s'établir chez l'étranger.

Au nombre des mêmes Cas royaux font compris les crimes de lèze-majefté qui confiftent non-feulement dans les attentats commis contre la perfonne du roi & contre celles des princes de fon fang, mais encore dans les injures proférées contre le fouverain & dans l'action d'abattre ou de deshonorer les ftatues qui le repréfentent en public.

Les Cas royaux de cette efpèce s'étendent auffi à toute rebellion aux ordres & mandemens émanés directement du roi, ou des fecrétaires d'état par l'ordre exprès de fa majefté, & aux injures ou excès commis contre les ambaffadeurs ou envoyés du roi, contre les meffagers royaux & contre ceux auxquels le roi a donné ordre de fe rendre pardevant lui, parce qu'ils font alors fous la fauvegarde de fa majefté.

Il faut obferver que quoique l'ordonnance criminelle ait attribué aux baillis & aux fénéchaux la connoiffance du crime de lèze-majefté en tous fes chefs, il n'y a néanmoins que le parlement qui foit compétent pour juger le crime de lèze-majefté au premier chef. C'eft un ufage dont il y a plufieurs exemples. On doit ajouter que non-feulement le parlement connoît immédiatement du crime de lèze-majefté au premier chef, mais encore qu'il interpofe fon autorité

dans tous les cas où il juge nécessaire de le faire.
C'est pourquoi il peut connoître en première
instance d'une plainte de scandale public ou de
faits graves qui intéressent l'ordre public ou la
police générale. Cet usage est fondé sur une
ordonnance de Charles VIII du mois de juillet
1493 qui le permet ainsi à la cour *lorsqu'il y a*
grande & urgente cause & qu'elle voit que faire se
doit.

Dans la collection de Denisart où les incon-
séquences sont multipliées à l'infini, on lit que
le crime de lèze-majesté divine n'est point un
Cas royal, ce qui est vrai ; mais l'auteur n'a
pas connu la raison de cette décision, puisque
dans la phrase suivante il dit, que *le vol d'église*
avec effraction est regardé comme un sacrilége, &
que par conséquent c'est un Cas royal ; il semble
par cette doctrine que le sacrilége soit par lui-
même un cas royal, ce qui n'est pas vrai. La
raison en est que le sacrilége en lui-même, n'of-
fense pas la personne du roi, non plus que le
crime de lèze-majesté divine ; aussi tous les juges
qui ont la connoissance des crimes peuvent-ils
connoître du sacrilége lorsqu'il est simple. Il en
est autrement lorsque le crime se trouve commis avec effraction : il est alors cas royal, &
c'est surquoi l'ordonnance s'est expliquée très-
clairement. (*) C'est aussi un cas royal que de
faire rebellion aux mandemens, sentences,
jugemens ou arrêts émanés des officiers royaux.
Il en est de même des excès commis contre ces

_____

(*) La déclaration de 1731 a mis ce crime au rang des
Cas prévôtaux, lorsque l'effraction se trouve faite aux
murs de clôture, ou au toît ou aux fenêtres extérieures.

officiers dans les fonctions de leurs charges.
Mais une rebellion à justice ne seroit pas un cas
royal, si elle avoit lieu contre un huissier exé-
cutant une sentence ou ordonnance du juge d'un
seigneur haut-justicier. Ce juge seroit compétent pour instruire une procédure à ce sujet.

L'ordonnance criminelle a pareillement mis
dans la classe des cas royaux la police pour le
port des armes ; ce qui doit s'entendre des défenses publiées par forme de police de porter
des armes contre la disposition des ordonnances.

Du Rousseau de la Combe s'est trompé quand
il a dit que le port d'armes n'étoit Cas royal
qu'autant qu'il étoit joint à un crime d'assemblée
illicite : l'édit de Crémieu a mis le simple port
d'armes au nombre des Cas royaux, & l'ordonnance n'a fait que confirmer cette disposition.

Il faut entendre ici sous la dénomination d'armes, non-seulement les fusils, les épées & les
pistolets, mais encore les bâtons ferrés & les
autres armes défendues par les ordonnances.

Toute assemblée illicite est aussi un Cas royal,
soit qu'elle ait lieu avec armes ou sans armes.

Il en est de même des séditions & émotions
populaires (*) & de tout ce qui tend à les exciter, comme les propos séditieux tenus dans les
lieux publics, les libelles qui tendent à troubler la tranquillité publique, les prédications

----

(*) La déclaration de 1731 a mis dans la classe des
Cas prévôtaux les séditions, émotions populaires, attroupemens & assemblées illicites avec ports d'armes ; mais les
prévôts ni leurs lieutenans ne sont pas compétens pour
connoître de ces crimes lorsqu'ils ont été commis dans les
villes où ces officiers font leur résidence.

ſcandaleuſes qui peuvent ſoulever le peuple contre l'autorité du gouvernement, &c.

·L'ordonnance compte pareillement parmi les Cas royaux *la force publique*, ce qui doit s'entendre des actes de violence faits avec armes, même par un ſeul homme, ou par attroupement, même ſans armes.

- L'altération, l'expoſition & la fabrication de le fauſſe monnoie ſe trouvent auſſi dans l'énumération que l'ordonnance a faite des Cas royaux (*).

Il faut en dire autant des malverſations commiſes par les officiers royaux dans les fonctions de leurs charges. Et à l'exception des huiſſiers ou ſergens, ces officiers ne peuvent pas même être pourſuivis devant un juge ſeigneurial pour crimes commis hors de leurs fonctions. Airault en donne à l'égard des juges royaux une raiſon judicieuſe, qui eſt qu'il ne ſeroit pas décent que la cauſe d'un magiſtrat fût traitée devant ſes inférieurs, & qu'il fût dans le cas d'être condamné à perdre l'honneur ou la vie par ceux contre leſquels il auroit pu lui-même prononcer de ſemblables peines auparavant.

· Cette juriſprudence ſe trouve établie par différens arrêts. Brillon en rapporte un du 30 août 1606 rendu en faveur d'un commiſſaire au châtelet de Paris contre le juge de l'abbaye de S. Germain des prés ; & Filleau en rapporte un autre du 2 août 1625, par lequel il fut fait défenſe au bailli de Vendôme de plus à l'avenir

_____

(*) La fabrication & l'expoſition de fauſſe monnoie ont été miſes au nombre des Cas prévôtaux par la déclaration de 1731.

informer & décréter contre des officiers royaux.

L'article 35 du titre commun de l'ordonnance des fermes du mois de juillet 1681 confirme cette jurisprudence en ce qu'il défend aux juges des seigneurs de connoître des délits des employés des fermes, quand même ils seroient commis hors des fonctions de ces employés.

Il faut néanmoins observer que quoique l'ordonnance criminelle ait attribué aux Baillis & aux sénéchaux la connoissance des malversations commises par les officiers royaux dans leurs fonctions, il y a des exceptions à faire à cet égard. En effet, divers arrêts ont jugé que les principaux officiers d'un bailliage, tels que les conseillers, le procureur du roi, l'avocat du roi, n'étoient en cas pareil soumis qu'à la juridiction du parlement & non à celle de la compagnie dont ils étoient membres.

Un édit du mois de mars 1551 a pareillement ordonné que les officiers royaux des juridictions extraordinaires ne pourroient être poursuivis pour malversations que devant leurs supérieurs. Ainsi c'est aux cours des aides à connoître des délits des élus, des officiers des greniers à sel, des receveurs des tailles, des juges des traites, &c.

C'est aux juges des eaux & forêts, des traites, des élections, des greniers à sel & des amirautés qu'appartient la connoissance des malversations que commettent dans leurs fonctions les huissiers, sergens ou autres officiers inférieurs qui exécutent les ordonnances ou mandemens de ces tribunaux. Cela est ainsi établi par plusieurs ordonnances ou règlemens, & particulièrement par l'ordonnance des eaux & forêts du mois d'août 1669; par les ordonnances des fermes de 1681 & 1687, & par l'ordonnance de la marine.

Le crime d'héréfie eft auffi du nombre des Cas royaux dont la connoiffance eft attribuée aux baillis ou fénéchaux : mais ce n'eft que quand il eft queftion de pourfuivre des hérétiques qui fous prétexte de religion caufent du trouble dans l'état, foit par des affemblées illicites, foit en enfeignant des erreurs, &c. car s'il s'agiffoit de prononcer fur la qualité de la doctrine & de la déclarer orthodoxe, l'objet feroit de la compétence du juge d'églife.

Le trouble fait publiquement au fervice divin eft encore un des Cas royaux fpécifiés par l'ordonnance.

Il en eft de même du rapt & enlevement de perfonnes par force ou violence. C'eft mal-à-propos que du Rouffeau de la Combe a étendu cette difpofition au rapt de féduction : cette efpèce de rapt n'eft nullement un Cas royal, comme on l'a obfervé dans le procès-verbal de l'ordonnance fur l'article 11 du titre premier.

Quant au viol fans enlevement, il eft repréfenté par ces termes de l'ordonnance, *rapt par force & violence*, & par conféquent il doit être confidéré comme Cas royal. C'eft d'ailleurs une difpofition des coutumes de Tours & de Loudun.

A la page 392 du premier tome de la collection de Denifart, édition de 1771, on lit que l'*efpèce de viol*, dont nous venons de parler eft un *Cas royal*, ce qui eft vrai; mais à la page fuivante l'auteur a écrit que la même *efpece de viol*, n'étoit pas un Cas royal, & il a écrit une erreur. Il a appuyé cette dernière doctrine fur un arrêt du 9 juillet 1766, par lequel le parlement a jugé que les frais d'un proces inftruit contre un père qui avoit abufé de fa fille, devoient être à la charge du feigneur hautjufticier du lieu du délit : mais il eft clair que c'étoit l'incefte & non le viol qui formoit le crime principal de l'accufé.

Les autres Cas royaux dont l'ordonnance parle fans les avoir fpécifiés font fuivant l'édit de Crémieu, & divers arrêts, ordonnances ou réglemens, l'infraction de fauvegarde, parce que c'eft une forte de rebellion aux ordres émanés de l'autorité fouveraine : le crime de péculat ; les lévées publiques de deniers fans commiffion du roi ; la falfification du fcel royal ; les incendies des villes, des églifes & des lieux publics ; les bris des prifons royales ; la démolition des murs ou fortifications des villes ; les vols de deniers patrimoniaux & d'octroi ; les entreprifes contre la fûreté des chemins royaux ; la fimonie commife par des laïques ; les oppreffions & exactions commifes par les feigneurs contre leurs vafiaux ; les affaffinats prémédités ; le duel ; les crimes contre nature, &c.

Par arrêt du 12 janvier 1672, rapporté au journal du palais, le parlement de Bordeaux a jugé que de fimples infultes faites fur un chemin public étoient un Cas royal.

Lorfqu'il y a conteftation entre un juge royal & un juge feigneurial de fon reffort fur la queftion de favoir fi le crime dont il s'agit eft Cas royal ou ne l'eft pas, le juge royal doit en connoître par main fouveraine. C'eft l'avis de Chopin.

Des Cas prévôtaux ou *présidiaux*. On appelle ainsi certains crimes qui exigent une punition prompte, ou qui sont indignes de la faveur de l'appel, ou qui sont commis par des personnes d'une condition vile ou méprisable.

Les Cas prévôtaux ou présidiaux sont aussi du nombre des Cas royaux.

L'article 12 du titre premier de l'ordonnance criminelle & les suivans traitent des Cas prévôtaux, & des juges qui en doivent connoître : mais les dispositions de cette ordonnance ont sur cela été, à bien des égards, changées, augmentées ou développées par la déclaration du 5 février 1731 ( ).

(*) *Voici cette déclaration qu'il importe de connoître dans ses motifs comme dans ses dispositions.* Louis, &c. Salut. Un des principaux objets de l'ordonnance que feu le roi, notre très-honoré seigneur & bisayeul fit en l'année 1670 sur la procédure criminelle, fut de marquer des bornes certaines entre les juges ordinaires & les prévôts des maréchaux, pour prévenir des conflits de juridiction, dont les coupables abusent si souvent pour se procurer l'impunité, & qui retardent au moins un exemple qu'on ne sauroit rendre trop prompt. C'est dans cette vue, qu'après avoir fait le dénombrement de tous les Cas prévôtaux dans l'article XII du titre premier de cette ordonnance, le feu roi y ajouta plusieurs dispositions dans le même titre & dans le suivant, tant à l'égard du jugement de compétence que par rapport à celui du procès même, & des accusations de Cas ordinaires qui pourroient survenir pendant le cours de l'instruction. Les difficultés qui se sont élevées depuis l'ordonnance de 1670, ont été réglées en différens temps par des édits particuliers & par des déclarations qui ont expliqué le véritable esprit de cette loi \ou qui ont décidé les Cas qu'elle n'avoit pas prévûs expressement ; mais l'expérience fait voir qu'il reste encore plusieurs points importans qui font naître tous les jours des sujets de con-

Cette déclaration a d'abord mis plus d'ordre

teſtations entre la juſtice ordinaire & les juges des Cas
prévôtaux. Et comme d'ailleurs le nouvel ordre qui a été
etabli par notre autorité ſur le nombre & le ſervice des
officiers de maréchauſſée, ſemble exiger auſſi que nous
leur donnions des règles encore plus claires & plus préciſes ſur la juriſdiction qu'ils doivent exercer, nous avons
jugé à propos de réunir dans une ſeule loi toutes les diſpoſitions des loix précédentes ſur les Cas prévôtaux, &
ſur le pouvoir des officiers qui en ont la connoiſſance :
nous y ajouterons pluſieurs diſpoſitions nouvelles, ſoit
pour expliquer plus exactement, & la qualité des perſonnes, & la nature des crimes qui ſont de la compétence des
prévôts des maréchaux, ſoit pour décider les queſtions qui
ſe ſont ſouvent préſentées ſur le concours du Cas prévôtal
& du cas ordinaire, ou ſur d'autres points également dignes
de notre attention ; enſorte que tous les officiers qui doivent contribuer chacun de leur part à la ſûreté commune
de nos ſujets, trouvant dans la même loi la déciſion des
difficultés qui arrêtoient auparavant le cours de la juſtice, ne ſoient plus occupés qu'à nous donner par une
utile émulation de plus grandes preuves de leur zèle pour
le bien de notre ſervice, & pour le maintien de la tran-
quilité publique. A ces cauſes, &c.

ARTICLE PREMIER. Les prévôts de nos couſins les maréchaux de France connoîtront de tous crimes commis par
vagabonds & gens ſans aveu ; & ne ſeront réputés vagabonds & gens ſans aveu, que ceux qui n'ayant ni profeſſion, ni métier, ni domicile certain, ni bien pour ſubſiſter
ne peuvent être avoués, ni faire certifier de leurs bonnes
vie & mœurs par perſonnes dignes de foi. Enjoignons
auxdits prévôts des maréchaux d'arrêter ceux ou celles qui
ſeront de la qualité ſuſdite, encore qu'ils ne fuſſent prévenus d'aucun autre crime ou délit pour leur être leur
procès fait & parfait conformément aux ordonnances.
Seront pareillement tenus leſdits prévôts des maréchaux,
d'arrêter les mandians valides qui ſeront de la même qualité, pour procéder contr'eux ſuivant les édits & déclarations qui ont été donnés ſur le fait de la mendicité.

que l'ordonnance n'avoit fait dans l'établisse—

II. Lesdits prévôts des maréchaux connoîtront auffi de tous crimes commis par ceux qui auront été condamnés à peine corporelle, banniffement ou amende honorable ; ne pourront néanmoins prendre connoiffance de la fimple infraction de ban, que lorfque la peine du banniffement aura été par eux prononcée : voulons que, dans les autres Cas, les juges qui auront prononcé la condamnation, connoiffent de ladite infraction de ban, fi ce n'eft que la peine du banniffement ait été prononcée par arrêt de nos cours de parlement, foit en infirmant, ou en confirmant les fentences des premiers juges, & quand même l'exécution auroit été renvoyée auxdits juges, auquel Cas le procès ne pourra être fait & parfait à ceux qui feront accufés de ladite infraction de ban, que par nofdites cours de parlement. Voulons au furplus que nos déclarations des 8 janvier 1719 & 5 juillet 1722, foient exécutées felon leur forme & teneur, en ce qui concerne notre bonne ville de Paris.

III. Lesdits prévôts des maréchaux auront auffi la connoiffance de tous excès, oppreffions, ou autres crimes commis par gens de guerre, tant dans leur marche, que dans les lieux d'étapes, ou d'affemblée, ou de féjour dans leur marche, des déferteurs d'armée, de ceux qui les auront fubornés, ou qui auront favorifé ladite défertion, & ce quand même les accufés de ce crime ne feroient point gens de guerre.

IV. Tous les Cas énoncés dans les trois articles précédens, & qui ne font réputés prévôtaux que par la qualité des perfonnes accufées, feront de la compétence des prévôts des maréchaux, quand même il s'agiroit de crime commis dans les villes de leur réfidence.

V. Ils connoîtront en outre de tous les Cas qui font prévôtaux par la nature du crime ; favoir, du vol fur les grands chemins, fans que les rues des villes & fauxbourg puiffent être cenfées comprifes, à cet égard, fous le nom de grands chemins ; des vols faits avec effraction, lorfqu'ils feront accompagnés de port d'armes & violence publique, ou lorfque l'effraction fe trouvera avoir été faite dans

ment & la diftribution des Cas prévôtaux : au

les murs de clôture ou toits des maifons, portes & fenêtres extérieures, & ce quand même il n'y auroit eu ni
port d'armes ni violence publique ; des facriléges accompagnés des circonftances ci deffus marquées à l'égard du vol
commis avec effraction ; des féditions, émotions populaires, attroupemens & affemblées illicites, avec port d'armes : des levées de gens de guerre fans commiffion émanée de nous ; de la fabrication ou expofition de fauffe
monnoie : le tout, fans qu'aucuns autres crimes que ceux
de la qualité ci-deffus marquée puiffent être réputés Cas
prévôtaux par leur nature.

VI. Ne pourront néanmoins lefdits prévôts des maréchaux, connoître des crimes mentionnés dans l'article
précédent lorfque lefdits crimes auront été commis dans
les villes & faubourgs du lieu où lefdits prévôts ou leurs
lieutenans font leur réfidence.

VII. Nos juges préfidiaux connoîtront auffi en dernier
reffort des perfonnes & crimes dont il eft fait mention
dans les articles précédens, à l'exception néanmoins de ce
qui concerne les déferteurs, fubornateurs & fauteurs defdits déferteurs, dont les prévôts des maréchaux connoîtront feuls, à l'exclufion de tous juges ordinaires.

VIII. Les fiéges préfidiaux ne prendront connoiffance,
des Cas qui font prévôtaux par la qualité des accufés, ou
par la nature du crime que lorfqu'il s'agira de crime commis dans la fénéchauffée ou bailliage dans lequel le
fiége préfidial eft établi ; & à l'égard de ceux qui auront
été commis dans d'autres fénéchauffées ou bailliages, quoique reffortiffans audit fiége préfidial dans les deux Cas
de l'édit des préfidiaux, nos baillis & fénéchaux en connoîtront à la charge de l'appel en nos cours de parlement,
conformément à la déclaration du 29 mai 1702.

IX. En cas de concurrence de procédures, les préfidiaux, mêmes les baillis & fénéchaux auront la préférence
fur les prévôts de maréchaux, s'ils ont informé ou décreté
avant eux, ou le même jour.

X. Nos prévôts, châtelains & autres nos juges ordinaires, même ceux des hauts-jufticiers, connoîtront à la

lieu de les confondre , elle en diftingue de deux

---

charge de l'appel en nos cours de parlement , des crimes
qui ne font pas du nombre des Cas royaux ou prévôtaux
par leur nature , & qui auront été commis dans l'étendue
de leur fiége & juftice , par les perfonnes mentionnées
dans les articles I & II de la préfente déclaration , même
de la contravention aux édits & déclarations fur le fait de
la mendicité , & ce concurremment & par prévention
avec lefdits prévôts des maréchaux , & préférablement
à eux , s'ils ont informé & décreté avant eux , ou le
même jour.

XI. Les eccléfiaftiques ne feront fujets en aucun Cas,
ni pour quelque crime que ce puiffe être , à la juridiction
des prévôts des maréchaux , ou juges préfidiaux en dernier reffort.

XII. Voulons qu'à l'avenir les gentilhommes jouiffent
du même privilège , fi ce n'eft qu'ils s'en fuffent rendus
indignes par quelque condamnation qu'ils euffent fubie ,
foit de peine corporelle , banniffement ou amende honorable.

XIII. Nos fécrétaires & nos officiers de judicature , du
nombre de ceux dont les procès criminels ont accoutumé
d'être portés à la grande ou première chambre de nos
cours de parlement , ne pourront non plus être jugés en aucun Cas par les prévôts de maréchaux , ou juges préfidiaux,
en dernier reffort.

XIV. Si dans le nombre de ceux qui feront accufés du
même crime il s'en trouve un feul qui ait l'une des qualités marquées par les trois articles précédens , les prévôts
des maréchaux n'en pourront connoître , & feront tenus
d'en délaiffer la connoiffance aux juges à qui elle appartiendra , quand même la compétence auroit été jugée en leur
faveur ; & ne pourront auffi nos juges préfidiaux en connoître qu'à la charge de l'appel.

XV. Pourront néanmoins les prévôts de maréchaux
informer contre les perfonnes mentionnées dans les articles
XI, XII & XIII, même décreter contr'eux, & les arrêter,
à la charge de renvoyer les procédures par eux faites aux
bailliages ou fénéchauffées dans l'étendue defquelles le

sortes; favoir, les Cas prévôtaux par la qualité

crime aura été commis, pour y être le procès fait & punifait auxdits accusés ainfi qu'il appartiendra, à la charge de l'appel en nos cours de parlement.

XVI. Ne pourront pareillement les prévôts des maréchaux, ni les juges préfidiaux, connoître d'aucuns crimes quoique prévôtaux lorfqu'il s'agira de crimes commis dans l'étendue des villes où nos cours de parlement font établies, & faubourgs defdites villes, & ce, quand même lefdits prévôts des maréchaux ou leurs lieutenans, n'y feroient pas leur réfidence; le tout à l'exception des Cas qui ne font prévôtaux que par la qualité des accufés, fuivant les articles I & II des préfentes; defquels Cas lefdits prévôts des maréchaux ou préfidiaux pourront continuer de connoître, même dans les villes où nofdites cours ont leur féance, à la charge de fe conformer par eux à la difpofition de l'article II de la préfente déclaration, en ce qui concerne l'infraction de ban.

XVII. Si les mêmes accufés fe trouvent pourfuivis pour des Cas ordinaires, foit pardevant nos baillis ou fénéchaux, foit pardevant nos prévôts, châtelains ou autres nos juges, même ceux des hauts jufticiers, & qu'ils foient auffi prévénus de Cas qui foient prévôtaux par leur nature, & qui ayent donné lieu aux prévôts des maréchaux ou aux juges préfidiaux, de commencer des procédures contr'eux, la connoiffance des deux accufations appartiendra auxdits baillis & fénéchaux, à l'exclufion des prévôts, châtelains ou autres juges fubalternes, & préféablement auxdits prévôts des maréchaux & juges préfidiaux, fi lefdits baillis & fénéchaux ou autres juges à eux fubordonnés ont informé & decreté avant lefdits prévôts des maréchaux & juges préfidiaux, ou le même jour: & lorfque le crime dont le prévôt des maréchaux aura connu, n'aura pas été commis dans le reffort des bailliages & fénéchauffées où les Cas ordinaires feront arrivés, il en fera donné avis à nos procureurs généraux par leurs fubftituts, tant auxdits bailliages & fénéchauffées, que dans la jurifdiction du prévôt des maréchaux, pour y être pourvu par nos cours de parlement, fur la requifition de nofdits procureurs

des perfonnes & ceux qui le font par la nature du crime.

———————————————————

généraux, par arrêt de renvoi des deux accusations dans tel fiège reffortiffant nuement en nofdites cours qu'il appartiendra.

XVIII. Voulons réciproquement, que fi dans le Cas de l'article précédent les prévôts des maréchaux ou les juges préfidiaux ont informé & décreté pour le crime qui eft de leur compétence, avant que les autres juges nommés dans ledit article ayent informé & décreté pour le Cas ordinaire, la connoiffance des deux accufations appartienne en entier auxdits prévôts des maréchaux, ou auxdits fiéges préfidiaux, pour être inftruits & jugés par eux, même pour ce qui regarde les Cas ordinaires ; & lorfque lefdits Cas ne feront pas arrivés dans le département du prévôt des maréchaux qui aura connu des Cas prévôtaux, nous nous réfervons d'y pouvoir fur l'avis qui en fera donné à notre amé & féal chancelier de France, en renvoyant les deux accufations pardevant tel préfidial ou prévôt des maréchaux qu'il appartiendra. N'entendons comprendre dans la difpofition du préfent article, les accufations dont l'inftruction feroit pendante en nos cours contre des coupables prévenus de crimes prévôtaux, au quel Cas, en tout état de caufe, feront toutes les accufations jointes & portées en nofdites cours.

XIX. En procédant au jugement des accufations qui auront été inftruites conjointement par lefdits prévôts des maréchaux ou juges préfidiaux, au Cas de l'article précédent, les juges feront tenus de marquer diftinctement les Cas dont l'accufé fera déclaré atteint & convaincu ; au moyen de quoi fera le jugement exécuté en dernier reffort, fi l'accufé eft déclaré atteint & convaincu du Cas prévôtal, finon ledit jugement ne fera rendu qu'à la charge de l'appel dont il fera fait mention expreffe dans la fentence ; le tout à peine de nullité, même d'interdiction contre les juges qui auroient contrevenu au préfent article.

XX. Si dans le même procès criminel il y a plufieurs accufés dont les uns foient pourfuivis pour un Cas ordinaire, & dont les autres foient chargés d'un crime pré-

Elle réduit à trois, les Cas prévôtaux par la

vôtal, la connoiſſance des deux accuſations appartiendra à nos baillis & ſénéchaux préférablement aux prévôts des maréchaux & ſiéges préſidiaux, ſoit que les juges qui auront informé & décreté pour le Cas ordinaire ayent prévenu leſdits prévôts des maréchaux ou juges préſidiaux, ſoit qu'ils ayent été prévenus par eux ; & ſi les juges préſidiaux s'en trouvent ſaiſis, ils n'en pourront connoître qu'à la charge de l'appel. Voulons qu'il en ſoit uſé de même, s'il ſe trouve pluſieurs accuſés dont les uns ſoient de la qualité marquée dans les articles I & II des préſentes, & dont les autres ne ſoient pas de ladite qualité.

XXI. Voulons que tous juges du lieu du délit, royaux ou autres puiſſent informer, décreter & interroger tous accuſés, quand même il s'agiroit de Cas royaux ou de Cas prévôtaux, leur enjoignons d'y procéder auſſi-tôt qu'ils auront eu connoiſſance deſdits crimes, à la charge d'en avertir inceſſamment nos baillis & ſénéchaux dans le reſſort deſquels ils exercent leur juſtice, par acte dénoncé au greffe criminel deſdits baillis & ſénéchaux, leſquels ſeront tenus d'envoyer quérir auſſi inceſſamment les procédures & les accuſés. Pourront pareillement leſdits prévôts des maréchaux informer de tous Cas ordinaire commis dans l'étendue de leur reſſort, même décreter les accuſés & les interroger, à la charge d'en avertir inceſſamment nos baillis & ſénéchaux, ainſi qu'il a été dit ci deſſus ; & de leur remettre les procédures & les accuſés ſans attendre même qu'ils en ſoient requis.

XXII. Interprétant en tant que beſoin ſeroit l'article XVI du titre premier de l'ordonnance de 1670, voulons que ſi les coupables d'un Cas royal ou prévôtal ont été pris, ſoit en flagrant délit, ou en exécution d'un décret décerné par le juge ordinaire des lieux, avant que le prévôt des maréchaux ait décerné un pareil décret contr'eux, le lieutenant criminel de la ſénéchauſſée ou du bailliage ſupérieur, ſoit cenſé avoir prévenu ledit prévôt de maréchaux, par la diligence du juge inférieur.

qualité des perfonnes : ce font les crimes com-

XXIII. Le temps de vingt quatre heures dans lequel les prévôts des maréchaux font tenus, fuivant l'article XIV du titre II de l'ordonnance de 1670, de délaiffer au juge ordinaire du lieu du délit, la connoiffance des crimes qui ne font pas de leur compétence, fans être obligés de prendre fur ce l'avis des préfidiaux, ne commencera à courir que du jour du premier interrogatoire auquel ils feront tenus de procéder dans les vingt-quatre heures de la capture.

XXIV. Les prévôts des maréchaux, lieutenans criminels de robe-courte, & les officiers des fièges préfidiaux, feront tenus de déclarer à l'accufé au commencement du premier interrogatoire, qu'ils entendent le juger en dernier reffort, & d'en faire mention dans ledit interrogatoire ; le tout fous les peines portées par l'article XIII du titre II de l'ordonnance de 1670 ; & faute par eux d'avoir fatisfait à ladite formalité, voulons que le procès ne puiffe être jugé qu'à la charge de l'appel, à l'effet de quoi il fera porté au fiége de la fénéchauffée ou du bailliage dans le reffort duquel le crime aura été commis, pour y être inftruit & jugé ainfi qu'il appartiendra.

XXV. Lorfque les prévôts des maréchaux ou autres officiers qui font obligés de faire juger leur compétence, auront été déclarés compétens par fentence du préfidial à qui il appartiendra d'en connoître, ladite fentence fera prononcée fur le champ à l'accufé en préfence de tous les juges, & mention fera faite par le greffier de ladite prononciation au bas de la fentence, laquelle mention fera fignée de tous ceux qui auront affifté au jugement, enfemble de l'accufé s'il fait & veut figner, finon fera fait mention de fa déclaration qu'il ne fait figner, ou de fon refus le tout à peine de nullité, & fans préjudice de l'exécution des autres difpofitions de l'article XX du titre II de l'ordonnance de 1670.

XXVI. Lorfque les prévôts des maréchaux & autres juges en dernier reffort qui font obligés de faire juger leur compétence, auront été déclarés incompétens par fentence des juges préfidiaux, ni les parties civiles, ni lefdits

mis, ou par les vagabonds & gens sans aveu ;

officiers ou nos procureurs aux siéges présidiaux ou aux maréchaussées, ne pourront se pourvoir, en quelque maniere que ce soit, contre les jugemens par lesquels lesdits prévôts des maréchaux ou autres juges en dernier ressort auront été déclarés incompétens, ni demander que l'accusé soit renvoyé pardevant eux ; mais sera ladite sentence exécutée irrévocablement à l'égard du procès sur lequel elle sera intervenue. N'entendons néanmoins empêcher que si lesdits officiers prétendent que ledit jugement donne atteinte aux droits de leur juridiction, & peut être tiré à conséquence contr'eux dans d'autres Cas, ils nous en portent leurs plaintes, pour y être par nous pourvu ainsi qu'il appartiendra.

XXVII. Dans les accusations de duel que les prévôts des maréchaux ne peuvent juger qu'à la charge de l'appel, suivant l'article XIX de l'édit du mois d'août 1679, ils ne déclareront point à l'accusé qu'ils entendent le juger en dernier ressort, & il ne sera donné aucun jugement de compétence : ne pourra être aussi formé aucun réglement de juges à cet égard, sauf, en cas de contestation entre différens siéges sur la compétence, à y être pourvu par nos cours de parlement, sur la requête des accusés ou sur celles de nos procureurs auxdits siéges, ou sur la réquisition de nos procureurs généraux.

XXVIII. Les prévôts des maréchaux, même dans les Cas de duel, seront tenus de se faire assister de l'assesseur en la maréchaussée, ou en l'absence dudit assesseur, de tel autre officier de robe-longue qui sera commis par le siége où se fera l'instruction du procès ; & ce, tant pour les interrogatoires des accusés, que pour ladite instruction, le tout conformément aux articles XII & XXII du titre II de l'ordonnance de 1670, à l'exception néanmoins de l'interrogatoire fait au moment ou dans les vingt-quatre heures de la capture, qui pourra être fait sans l'assesseur, suivant ledit article XII. Ne pourront audit Cas de duel les jugemens préparatoires, interlocutoires ou définitifs, être rendus qu'au nombre de cinq juges au moins, & il sera fait deux minutes desdits jugemens, conformément à l'article XXV du même titre.

ou par les gens repris de justice, ou par les gens
de guerre. La déclaration de 1731 définit en
premier lieu ce qu'on doit entendre par vagabonds & gens sans aveu, en disant que ce sont
ceux qui n'ont ni profession, ni métier, ni domicile certain, ni bien pour subsister; & elle
veut que les gens de cette espèce soient arrêtés,
quand bien même ils ne seroient accusés ni prévenus d'aucun crime, comme étant par leur
seul état gens nuisibles, ou tout au moins à
charge & à craindre pour la société civile. Elle
ordonne la même chose pour les mendians valides qui n'ont pareillement ni feu ni lieu ; & elle

---

XXIX. L'article XIX du titre VI de l'ordonnance de
1670, sera exécuté selon sa forme & teneur ; & en y
ajoutant, voulons que les greffiers des bailliages, sénéchaussées, présidiaux & maréchaussée, soient tenus d'envoyer tous les six mois à nos procureurs généraux en nos
cours de parlement, chacun dans leur ressort, un extrait de
leur registre ou dépôt signé d'eux, & visé, tant par les
lieutenans criminels, que par nosdits procureurs auxdits
bailliages, sénéchaussées & siéges présidiaux dans lequel
extrait ils seront tenus d'insérer en entier la copie des
jugemens de compétence rendus pendant les six mois précédens, & de la prononciation d'iceux en la forme prescrite par l'article XXIV ci-dessus, le tout à peine d'interdiction, ou de telle amende qu'il appartiendra, & sans
préjudice de l'exécution des autres dispositions contenues
dans ledit article XIX du titre VI de l'ordonnance de
1670.

XXX. Voulons que la présente déclaration soit exécutée
selon sa forme & teneur dans tous les pays, terres & seigneuries de notre obéissance, dérogeant à cet effet à toutes loix, ordonnances, édits, déclarations & usages, même à ceux de notre châtelet de Paris, en ce qu'ils pourroient avoir de contraire aux dispositions des présentes,

Si donnons en mandement, &c.

impose de plus la nécessité de leur faire leur
procès suivant la rigueur des loix données sur
le fait de la mendicité.

La même loi, en mettant ainsi que l'ordonnance, les crimes commis par des gens repris
de justice au nombre des Cas prévôtaux, décide
néanmoins qu'à l'égard de l'infraction de ban, il
n'y a que ceux qui ont prononcé le ban qui en
puissent connoître, & cela par droit de suite, à
moins que le bannissement n'ait été prononcé
par les cours, auquel cas il n'y a qu'elles qui
puissent faire le procès aux infracteurs du ban,
toujours par le même motif.

Enfin la déclaration de 1731 est conforme à
l'ordonnance lorsqu'elle attribue aux prévôts
des maréchaux la connoissance de tous les excès,
oppressions ou autres crimes commis par des
gens de guerre, tant dans leur marche que dans
les lieux d'étape, d'assemblée ou de séjour pendant leur marche, ainsi que du crime de désertion ; mais elle ajoute à l'ordonnance, en les
autorisant à juger pareillement les fauteurs ou
complices de la désertion, quand bien même ils
ne seroient point gens de guerre.

La déclaration de 1731 passant ensuite aux Cas
prévôtaux par la nature du crime, y rappelle
presque tous ceux qui sont mentionnés dans l'article 12 de l'ordonnance à l'exception de l'assassi-
nat prémédité. La même déclaration particula-
rise aussi davantage que n'avoit fait l'ordonnance, les crimes qui doivent entrer dans la
classe des Cas prévôtaux ; ainsi la déclaration,
en mettant les vols sur les grands chemins dans
cette classe, décide que les rues des villes ne
peuvent être censées comprises à cet égard sous

le nom de grand chemin. Elle n'attribue de même aux prévôts des maréchaux, les vols faits avec effraction, que lorfqu'il font accompagnés de ports d'armes & de violence publique, ou lorfque fans port d'armes ni violence publique l'effraction fe trouve avoir été faite dans les murs de clôture ou aux toîts des maifons, aux portes ou aux fenêtres extérieures. La déclaration admet la même reftriction par rapport aux facriléges commis avec effraction. Enfin, elle ajoute aux féditions & émotions populaires, les attroupemens & affemblées illicites avec port d'armes. La déclaration de 1731 a auffi modifié la dernière difpofition de l'article 12 de l'ordonnance qui femble interdire indiftinctement aux prévôts des maréchaux la connoiffance des Cas prévôtaux lorfqu'ils font commis dans les villes où ces prévôts ont leur réfidence : cette declaration diftingue fi les crimes font prévôtaux, par la qualité des accufés, ou s'ils le font par la nature du crime ; dans le premier Cas, elle décide qu'ils font de la compétence des prévôts des maréchaux, quand bien même ils auroient été commis dans les villes de leur réfidence ; dans le fecond Cas au contraire, elle prononce que ces officiers ne peuvent pas en connoître.

L'article 15 du titre premier de l'ordonnance criminelle porte que *les juges préfidiaux connoîtront en dernier reffort des perfonnes & crimes mentionnés en l'article 12, préférablement aux prévôts des maréchaux, s'ils ont décrété ou avant eux, ou le même jour.*

Cette difpofition renferme deux points principaux ; premierement la concurence des juges préfidiaux avec les prévôts des maréchaux ; fecondement, la préférence qui est accordé aux premiers sur ces derniers dans certains Cas.

Pour commencer par la concurrence, elle a souffert deux modifications importantes depuis l'ordonnance criminelle : la première, est que les juges présidiaux, aux termes de la déclaration de 1731, sont exclus de la connoissance des crimes commis par les déserteurs & par leurs complices, pour raison de la désertion, qui étant un crime purement militaire, est par sa nature de la compétence des seuls prévôts des maréchaux, à l'exclusion de tous les juges ordinaires : la seconde modification est que les présidiaux ne peuvent jouir du droit de concurrence avec les prévôts des maréchaux pour la connoissance des Cas prévôtaux, soit par la qualité des accusés, soit par la nature du crime, que lorsque le délit a été commis dans l'étendue de la sénéchaussée ou du bailliage où le siége présidial est attaché : si au contraire il s'agit de crimes commis dans le ressort d'une autre sénéchaussée ou bailliage, quoique ressortissans au siége présidial dans les deux cas de l'édit des présidiaux, la connoissance en est dévolue aux baillis ou sénéchaux, à la charge de l'appel au parlement : & en ce dernier point, la déclaration de 1731 n'est que confirmative d'une autre précédemment rendue le 29 mai 1702.

A l'égard de la préférence, la déclaration de 1731 attribue de même que l'ordonnance criminelle aux juges présidiaux, la connoissance des Cas prévôtaux préférablement aux prévôts des maréchaux s'ils ont décreté ou avant eux ou le même jour ; mais de plus elle étend la même préférence sur les prévôts des maréchaux

dans

dans le même Cas, aux simples baillis ou sénéchaux d'après la même déclaration de 1702.

· L'article 16 du titre premier de l'ordonnance criminelle exclut les juges ordinaires de la connoissance de tous les Cas prévôtaux & royaux, & les réduit à la simple faculté d'informer, de décréter & d'interroger les coupables; mais il n'est plus observé dans toute son étendue. D'abord la déclaration de 1702, & celle de 1731, qui y est relative ont distingué les Cas prévôtaux par la qualité des personnes, & ceux qui ne le font que par la qualité du crime. C'est à l'égard de ces derniers seulement qu'elles ont laissé subsister la disposition de l'ordonnance; mais quant à ceux qui ne le font que par la qualité des personnes, ces deux loix autorisent tous les juges royaux indistinctement, même ceux des hauts-justiciers, chacun dans l'étendue de sa justice, à les juger à la charge de l'appel, concurremment avec les prévôts des maréchaux, même par prévention sur eux, au Cas qu'ils aient informé ou décrété avant eux ou le même jour.

En second lieu, la déclaration de 1731 donne plus d'étendue & de clarté à l'ordonnance, même par rapport aux Cas royaux ou prévôtaux par la nature du crime; car quoique l'ordonnance parût autoriser le juge des lieux d'informer, de décréter & d'interroger seulement, il s'étoit élevé une grande question qui étoit de savoir si les juges des seigneurs étoient compris dans cette autorisation? La déclaration de 1731 décide pour l'affirmative. D'un autre côté, l'ordonnance ne permettoit aux juges des lieux d'informer, décréter ou interroger que dans le Cas du flagrant-délit seulement : mais la déclaration de 1731, étend cette permiſſion à tous les Cas indiſtinctement. Enfin la permiſſion réciproque d'informer, de décreter & d'interroger eſt accordée par la même déclaration, pour les cas ordinaires, aux prévôts des maréchaux.

La même déclaration de 1731 veut que ſi les coupables d'un Cas royal ou prévôtal ont été pris ou en flagrant-délit, ou en exécution du décret du juge ordinaire, avant que les prévôts des maréchaux aient décerné un pareil décret contre eux, les bailllis ou ſénéchaux jouiſſent du fruit de ces mêmes diligences, & que le lieutenant criminel de la ſénéchauſſée ou du bailliage ſoit cenſé avoir prévenu le prévôt des maréchaux, par la diligence du juge qui lui eſt ſubordonné.

Des Cas privilégiés. On donne ce nom aux crimes ou délits que commettent les eccléſiaſtiques, & qui outre les peines canoniques, méritent des peines afflictives que le juge d'égliſe ne peut pas prononcer.

On appelle quelquefois *Cas mixte*, le Cas privilégié, à cauſe que le juge eccléſiaſtique & le juge ſéculier en connoiſſent conjointement.

Comme l'expreſſion de *Cas privilégié* s'emploie par oppoſition à celle de *délit commun*, nous expliquerons à l'article DÉLIT, ce qui a rapport à l'un & à l'autre objet.

Des Cas réſervés. On donne ce nom dans la diſcipline eccléſiaſtique aux péchés griefs dont le pape, les évêques ou autres ſupérieurs eccléſiaſtiques, ſe ſont réſervé la connoiſſance. Il falloit aller autrefois à Rome, pour recevoir l'abſolution des cas réſervés au pape : mais aujourd'hui le pape donne aux évêques & à quelques prêtres, le pouvoir de les abſoudre ; & le concile de Trente permet aux évêques d'abfoudre de tous les Cas réfervés au faint fiége, lorfque ces Cas ne font point publics. Ils peuvent également abfoudre des mêmes cas, quoique publics, les religieux & les religieufes, les femmes mariées, les jeunes veuves, les filles, les pauvres, les vieillards & tous ceux qui ne peuvent point aller à Rome. Le concile de Trente permet encore à tout prêtre non excommunié dénoncé, d'abfoudre de toute forte de cas & cenfures les perfonnes qui font à l'article de la mort, ce que les Théologiens étendent à tout péril probable de mort.

On ne peut pas relativement à la France, fixer le nombre des Cas réfervés au pape, voici ceux qu'on trouve dans le rituel de Paris. 1°. L'incendie des églifes & celui des lieux profanes; fi l'incendiaire eft dénoncé publiquement. 2°. La fimonie réelle dans les ordres & les bénéfices. 3°. Le meurtre ou la mutilation de celui qui a les ordres facrés. 4°. L'action de frapper un évêque ou un autre prélat. 5°. Celle de fournir des armes aux infideles. 6°. La falfification des bulles ou lettres du pape. 7°. L'ufurpation ou le pillage des terres de l'églife romaine. 8°. La violation de l'interdit du faint-fiége.

Lorfque le pape donne le pouvoir d'abfoudre des Cas qui lui font réfervés, il donne également le pouvoir d'abfoudre des cenfures, parce que ces Cas ne font réfervés au pape qu'à caufe des cenfures qui y font attachées.

Voici, fuivant le même rituel, les Cas réfervés à l'archevêque: 1°. L'action de frapper notablement un religieux ou un clerc promu aux ordres facrés. 2°. L'incendie volontaire. 3°. Le vol dans un lieu sacré avec effraction. 4°. L'homicide volontaire. 5°. Le duel. 6°. L'action d'attenter à la vie de son mari ou de sa femme. 7°. Celle de procurer l'avortement. 8°. Celle de frapper son père ou sa mère. 9°. Le sacrilége, l'empoisonnement & la divination. 10°. La profanation de l'euchariftie ou des saintes huiles. 11°. L'effusion violente du sang dans l'église. 12°. La fornication dans l'église. 13°. L'action d'abuser d'une religieuse. 14°. Le crime d'un confesseur avec sa pénitente. 15°. Le rapt. 16°. L'inceste au deuxième degré. 17°. La sodomie, & les autres péchés semblables. 18°. Le larcin sacrilége. 19°. Les crimes de faux témoignages, de fausse monnoie, & de falsification de lettres ecclésiastiques. 20°. La simonie & la confidence cachée. 21°. La supposition de titre ou de personne à l'examen pour promotion aux ordres.

Les réservations sont différentes, suivant l'usage des diocèses. Le seul évêque, son grand vicaire, son pénitencier, & ceux auxquels il accorde ce pouvoir spécial, peuvent absoudre des cas qui lui sont réservés.

Observez toute fois que quand le chapitre de la Cathédrale exerce la jurisdiction pendant la vacance du siége épiscopal, c'est a lui qu'appartient le droit de commettre des personnes pour absoudre des cas qui étoient réservés à l'évêque. Il peut pareillement donner des pouvoirs aux confesseurs, les limiter pour le temps, les lieux, les cas & les personnes, & révoquer les permissions que l'évêque à accordées, soit par lui-même ou par son grand vicaire.

Les canonistes ont agité la question de savoir si celui qui a commis dans un diocèse un crime dont l'absolution est réservée à l'évêque, se trouvant fans fraude dans un autre diocèfe où ce crime n'eft point réfervé, peut en recevoir l'abfolution d'un confeffeur qui n'a point de pouvoir fpécial pour les cas réfervés ? Les plus habiles canoniftes ont cru que dans ce cas tout confeffeur pouvoit abfoudre le pénitent : ils ont donné deux raifons de leur avis ; la première, que les confeffeurs ne font point obligés de favoir les cas qui font réfervés dans tous les diocèfes, d'où il fe peut préfenter des pénitens ; la feconde, que même fuivant les principes du droit romain qui ont été adoptés dans le droit canonique, l'accufé doit être jugé fuivant les règles qui font obfervées dans le lieu où fon procès eft inftruit.

Des Cas de confcience. On appelle ainfi les difficultés, les queftions propofées fur ce que la religion permet ou défend en certains Cas. C'eft au théologien, appelé cafuifte, à pefer la nature & les circonftances du Cas de confcience : & il doit le décider felon les lumières de la raifon, les loix de la fociété, les canons de l'églife & les maximes de l'évangile.

Des Cas provifoires. On donne ce nom aux affaires qui requièrent une prompte décifion à caufe du préjudice que le retard pourroit occafionner.

Suivant l'ordonnance du mois d'avril 1667, & plufieurs autres règlemens, ces fortes d'affaires font celles où il s'agit de l'élargiffement des perfonnes emprifonnées pour dettes ; de la main levée de marchandifes fujettes à dépérir ou deftinées à être envoyées dans quelque endroit ; du payement que des aubergiftes ou des ouvriers demandent à des étrangers pour alimens ou fournitures d'habits ; de la réclamation d'un dépôt.

d'un gage, &c ; de faifies de fruits, beftiaux i équipages, marchandifes, &c ; des ventes de meubles, & en général de tout autre objet qui requiert célérité & ou il y à péril en la demeure.

Dans ces fortes de Cas le juge peut abréger les délais & permettre d'affigner le jour même ou le lendemain, felon les circonftances.

Des Cas fortuits. On donne ce nom à des évènemens occafionnés par une force majeure qu'on ne peut pas prévoir, & à laquelle on ne peut pas réfifter. Tels font les débordemens, les naufrages, les incendies, le tonnerre, &c.

La perte d'une chofe qui périt par Cas fortuit doit régulièrement être fupportée par le propriétaire, fuivant la règle, *res perit domino.* Perfonne ne peut par conféquent être tenu du Cas fortuit par la nature d'aucun contrat : mais fi la faute ou du débiteur, ou du locataire, avoit donné lieu au Cas fortuit qui à fait périr la chofe, ce feroit ce débiteur ou ce locataire qui en répondroit. Par exemple : fi je vous ai loué une voiture pour aller en Lorraine, & qu'au lieu de faire ce voyage, vous foyez allé à Lyon, où le tonnerre eft tombé fur ma voiture & l'a brifée, vous ferez tenu de ce Cas fortuit, parce qu'il n'a eu lieu que par votre faute & pour avoir fait le voyage de Lyon, tandis que fuivant notre convention vous deviez faire celui de Lorraine.

Il en feroit de même fi avant que la chofe fût périe, le débiteur avoit négligé de la rendre & que le propriétaire l'eût conftitué en demeure à cet égard. Par exemple : fi je vous fais affigner pour me rendre le cheval que je vous ai prêté, & que depuis l'affignation qui vous conftitue en demeure, le cheval vienne à périr entre vos mains par Cas fortuit, vous ferez tenu de cette

perte, à moins toute-fois que vous ne juſtifiez
que ce qui à fait périr le cheval entre vos mains
l'auroit également fait périr entre les miennes.

Il en ſeroit encore de même ſi par une clauſe
particulière du contrat le débiteur s'éto.t chargé
du riſque des Cas fortuits. C'eſt pourquoi ſi un
graveur ſe charge de graver certaines figures ſur
une pierre précieuſe qui m'appartient, & que
cette pierre vienne à ſe rompre ſans aucune faute
de la part de ce graveur mais par le vice de la
matière, il ſera tenu de ſupporter cette perte, ſi
par la convention qu'il à faite avec moi, il s'eſt
engagé à me rendre ma pierre ſaine & entière,
& s'eſt chargé des riſques auxquels le burin de
l'ouvrier pouvoit donner lieu.

Suivant l'article 11 du titre 5 du livre 3 de
l'ordonnance de la marine, les contrats à la groſſe
aventure demeurent nuls par la perte des effets ſur
leſquels on a prêté, pourvu que cette perte
arrive par Cas fortuit, dans les temps & dans
les lieux des riſques.

Le Cas fortuit comprend toutes les pertes qui
arrivent par tempête, naufrage, échouement,
jet, feu, priſe, pillage, &c. ſelon l'énumération
faite en l'article 26 du titre ſuivant de la même
ordonnance.

On ne doit pas mettre au rang des Cas fortuits
les accidens qui n'ont lieu que par le vice propre
de la choſe où par le fait des propriètaires,
maîtres où marchands chargeurs, à moins qu'il
n'y ait quelque convention contraire. C'eſt ce
que porte l'article 12 du titre 5 que nous venons
de citer. C'eſt pourquoi ſi le navire vient à périr
parce que ſes principaux membres étoient viciés,
cela ne ſera point réputé Cas fortuit. Pareille-

ment fi le capitaine du navire ou les marimiers ayant placé des marchandifes fèches fous des barriques d'huile ou d'eau-de-vie, ces marchandifes fe trouvent détériorées, la perte ne fera pas cenfée l'effet d'un Cas fortuit.

Il en fera de même fi les marchandifes chargées fur un vaiffeau viennent à fe gâter ou à diminuer de volume par quelque caufe qui leur foit propre : tels font les Cas où des foiries de mauvaife qualité viendroient à fe piquer, & où des tonneaux de vin viendroient à couler : les pertes qui réfultent de pareils accidens ne peuvent être pour le compte du prêteur à la groffe aventure, à moins qu'il n'y ait une ftipulation particulière pour cet effet.

Quant au dommage caufé par le dol du propriétaire, c'eft lui qui doit en répondre, & une convention contraire feroit rejetée comme oppofée aux bonnes mœurs. Ainfi la reftriction de l'ordonnance ne peut pas concerner cet objet.

Voyez l'édit de Crémieu ; l'ordonnance d'Orléans ; les arrêts de reglement des 8 mai 1638, 20 avril 1660, 9 août 1684, & 17 janvier 1708 ; le journal des audiences ; Loifeau, traité des feigneuries ; la conférence des ordonnances ; Chopin, dans fon traité du domaine & fur la coutume d'Anjou ; l'ordonnance du duc Léopold, du mois de novembre 1707 ; l'édit du mois d'avril 1627 ; Bacquet, traité des droits de juftice ; la coutume de Normandie ; le Bret, traité de la fouveraineté ; les déclarations des 10 août 1539, & 26 mai 1563 ; le traité du droit de Deshérence ; les édits de décembre 1693, & de février 1710 ; Tronçon, fur la coutume de Paris ; l'ordonnance de Blois ; l'édit du mois d'avril 1695 ; le Recueil, des ordonances du Louvre ; l'édit du mois de mars 1682 ; l'ordonnance de

Mooulins ; *les libertés de l'église gallicane ; Imbert en ses institutions forenses ; l'édit du mois de mars 1768 ; la déclaration du 15 juin 1697 ; les arrêts de Bardet ; l'édit de Chanteloup, du mois de mars 1545 ; les arrêts du conseil des 16 mai & 10 juillet 1725 ; l'édit d'Amboise du mois de janvier 1572 ; le recueil de Neron ; les déclarations des 29 janvier 1686, 30 juin 1690, 5 octobre 1726, & 15 janvier 1731 ; l'édit du mois de mai 1768 ; Loisel, en ses opuscules ; Coquille, en ses institutions au droit françois ; l'édit de décembre 1688 ; Bouteiller, en sa somme rurale ; les coutumes de Bourgogne, de Senlis & d'Amiens ; Chenu, traité des offices ; l'ordonnance du mois d'avril 1667, & les commentateurs ; le traité des droits honorifiques par Maréchal ; l'ordonnance des donations du mois de février 1731 ; la déclaration du 18 janvier 1772 ; l'ordonnance des substitutions du mois d'août 1747 ; le grand coutumier ; les édits de septembre 1610, & novembre 1563 ; l'ordonnance des eaux & forêts du mois d'août 1669 ; la déclaration du 8 janvier 1775 ; les arrêts du conseil des 12 août 1747, & 6 mai 1755 ; l'ordonnance criminelle du mois d'août 1670 ; & les commentateurs ; les déclarations des 10 août 1539, 16 août 1563 & 11 novembre 1584 ; l'ordonnance du mois de janvier 1629 ; l'édit de juillet 1534 ; la déclaration du 27 mai 1710 ; l'édit du mois d'août 1669 ; la déclaration du 14 juillet 1682 ; le traité des matières criminelles ; l'ordonnance de Charles VIII du mois de juillet 1493 ; Julius Clarus, practica criminalis ; Papon, en ses arrêts ; Dupineau, sur la coutume d'Anjou ; Airault, en son instruction judiciaire ; les ordonnances des fermes de juillet 1681 & février 1687 ; la conférence de Saint-Yon ; l'ordonnance de la ma-*

*tine du mois d'août 1681, & les commentaires ; les
déclarations des 29 mai 1702 & 5 février 1731 ; le
recueil de jurisprudence canonique ; les lois ecclésiastiques de France ; le dictionaire de droit cano-
nique ; le traité de la discipline ecclésiastique par le
père Thomassin ; le traité des obligations & celui du
contrat de louage ; le guidon de la mer ; Kurrike,
de jure hanseatico ; Loccenius, de jure maritimo, &c.*
Voyez aussi les articles RÉCEPTION, BAILLI,
PARLEMENT, BUREAU DES FINANCES, PRÉVÔT,
AUBAINE, BATARDISE, CONFISCATION, DES-
HÉRENCE, DOMAINE, FRANC-FIEF, AMORTISSE-
MENT, NOUVEL ACQUET, JUSTICE, RIVIÈRE,
ÎLE, CHEMIN, CAPITATION, TAILLE, CON-
TRÔLE, CENTIÈME DENIER, ÉLECTION, INTEN-
DANT, NOBLESSE, NATURALITÉ, LÉGITIMA-
TION, ÉMANCIPATION, ABUS, OFFICIAL, CA-
NON, CONCORDAT, CONCILE, SYNODE, CURÉ,
ÉVÊQUE, MONITOIRE, COMPÉTENCE, PROFES-
SION, VŒU, POSSESSION, PATRONAGE, COLLA-
TION, SCELLÉ, PORTION CONGRUE, DIXME,
BAPTÊME, MARIAGE, SÉPULTURE, DROITS.
HONORIFIQUES, DONATION, SUBSTITUTION ;
CRIÉES, CHASSE, PÊCHE, BOIS, FUTAIE,
RÉBELLION, LEZE-MAJESTÉ, SACRILÉGE,
ARMES, ASSEMBLÉE ILLICITE, MONNOIE,
MALVERSATION, CRIME, DÉLIT, CONFESSION,
GROSSE AVENTURE, TEMPÊTE, NAUFRAGE,
ÉCHOUEMENT, PRISE, ASSURANCE, BAIL, &c.

CASERNES. On appelle ainsi de grands.
corps de logis construits ordinairement entre le
rempart & les maisons d'une ville de guerre
pour y loger les troupes de la garnison.

L'article premier du titre 5 de l'ordonnance
du premier mars 1768 veut que toutes les trou-

pes d'infanterie, de cavalerie, de dragons &
autres qui ont reçu des ordres du roi pour loger
dans quelque ville, bourg ou village de l'intérieur du royaume, occupent les Casernes s'il y
en a, soit que ces Casernes appartiennent à sa
majesté ou qu'elles aient été construites aux
frais des communautés : on ne peut par conséquent loger chez les habitans aucun officier ni
soldat que toutes les chambres des Casernes ne
soient remplies par des personnes du grade auquel elles sont destinées.

Le même article avoit défendu d'employer
les Casernes à d'autres usages qu'à celui de loger
des troupes ; mais cette disposition se trouve
implicitement révoquée par un arrêt du conseil
du 22 novembre 1775 (*). Suivant cet arrêt, les

(*) *Voici cet arrêt.* Le roi s'étant fait représenter en
son conseil l'article XIV de l'arrêt du 21 janvier 1738,
& l'article VII de celui du 13 avril 1751, servant de
règlement pour le recouvrement des droits d'amortissement & de franc-fief, par lesquels il auroit été ordonné
que les bâtimens que les villes & communautés pourroient
faire faire pour des Casernes, des écuries pour la Cavalerie, des magasins d'abondance, ou pour loger les gouverneurs, évêques, intendans & curés, tant des villes que
de la campagne, ensemble tous autres édifices pour le
service de sa majesté, pour l'utilité publique & pour la dé-
coration des villes, seroient exempts du droit d'amortissement, pourvu que les villes & communautés n'en reti-
rassent aucun revenu ; mais que les fonds sur lesquels les
bâtimens seroient construits y seroient sujets, s'ils n'étoient
pas amortis avec finance : que lorsque les villes & communautés acheteroient des maisons toutes bâties pour ces
usages, l'amortissement n'en seroit pareillement payé que
sur le pied de la valeur du fonds ; & que dans le cas où
les bâtimens cesseroient de servir à ces usages, & pro-

villes & les communautés qui ont acquis ou fait

duiroient par la fuite un revenu, l'amortiſſement en
feroit payé aux fermiers qui feroient pour lors en place,
fur le pied du capital des loyers, à la déduction de la ſomme qui auroit été acquittée par le droit d'amortiſſement
du ſol. Et ſa majeſté étant informée que pluſieurs villes
& communautés qui ont acquis ou fait conſtruire des Caſernes defireroient, lorſque les bâtimens employés à cet
uſage ne ſont pas occupés par des troupes, qu'il leur
fût permis de les louer à des particuliers, ſans être tenus
d'en payer l'amortiſſement, attendu que la location en
ce cas n'eſt que momentanée, & qu'elle peut d'autant
moins faire aſſimiler les bâtimens qu'elle a pour objet,
à ceux dont la deſtination eſt changée pour toujours,
que les baux n'en ſont faits communément, qu'à la charge
par les locataires de déloger lors du ſéjour ou du paſſage
des Troupes. Et ſa majeſté voulant bien concourir dans
cette circonſtance aux vues des villes & communautés,
& leur faciliter le moyen de prendre des arrangemens auſſi
avantageux pour les habitans que néceſſaires pour la conſervation des Caſernes, elle auroit réſolu de réduire au
droit de nouvel acquêt, qui ne conſiſte que dans le vingtième du revenu ou du loyer, celui d'amortiſſement ré-
ſultant de la location des bâtimens deſtinés au logement
des troupes qui n'auront pas été amortis, lorſque l'uſage
n'en ſera pas changé & dénaturé de manière à les faire
enviſager comme étant mis dans le commerce pour y
reſter à perpétuité. Sur quoi ſa majeſté deſirant faire connoître ſes intentions : ouï le rapport du ſieur Turgot,
conſeiller ordinaire au conſeil royal, contrôleur général
des finances ; le roi étant en ſon conſeil, a ordonné &
ordonne que les édifices, maiſons & bâtimens ſervant de
Caſernes qui n'auront pas été amortis, dont il ſera paſſé
des baux par-devant notaires, ſoit pour la totalité, ſoit
pour une partie, pour les intervalles pendant leſquels il n'y
ſera pas logé de troupes, ſeront & demeureront affranchis
du droit d'amortiſſement, pourvu néanmoins que l'uſage
& la deſtination n'en ſoient pas changés pour toujours ;
& à la charge que le droit de nouvel acquêt en ſera payé

construire des Casernes, peuvent les louer à des particuliers pour le temps pendant lequel elles ne sont point occupées par les troupes. De plus, les mêmes Casernes doivent être affranchies du droit d'amortissement, lorsqu'on les a louées par bail passé devant notaires, & qu'on n'en a pas changé la destination pour toujours : les villes ou communautés sont seulement tenues de payer dans ce cas un droit de nouvel acquêt pendant la jouissance des locataires. Voyez *les articles* LOGEMENT, NOUVEL ACQUÊT, &c.

CASSATION. Ce terme s'applique à une décision émanée de l'autorité souveraine, & par laquelle un arrêt ou un jugement en dernier ressort est cassé & annullé.

Par les anciennes ordonnances, le seul moyen

---

par les villes & communautés pendant la durée de la jouissance des particuliers qui les occuperont : dérogeant sa majesté, quant à ce seulement, aux précédens règlemens, lesquels au surplus seront exécutés suivant leur forme & teneur lorsque les Casernes cesseront entièrement d'être employées à cet usage, & qu'elles seront mises dans le commerce pour y demeurer à perpétuité ; auquel cas le droit d'amortissement continuera d'en être payé sur le pied du capital des loyers à la déduction de la somme qui aura été acquittée pour l'amortissement du sol, conformément à l'article VII de l'arrêt du conseil du 13 avril 1751 : enjoint sa majesté aux sieurs intendans & commissaires départis dans les provinces & généralités du royaume de tenir la main à l'exécution du présent arrêt qui sera imprimé, publié & affiché par-tout où besoin sera. Fait au conseil d'état du roi, sa majesté y étant, tenu à Versailles le vingt-deuxième jour de novembre mil sept cent soixante-quinze. *Signé*, de Lamoignon.

de se pourvoir contre un arrêt du parlement étoit d'obtenir du roi la permission de proposer qu'il y avoit des erreurs dans cet arrêt..

Mais comme on obtenoit souvent par importunité des lettres pour attaquer des arrêts sans proposer des erreurs, & que ces lettres portoient même que l'exécution des arrêts seroit suspendue jusqu'à un certain temps, & que les parties plaignantes se pourvoiroient par-devant d'autres juges que le parlement ; Philippe de Valois ordonna en 1331 que dans la suite la seule voie de se pourvoir contre les arrêts du parlement, seroit d'impétrer du roi des lettres pour pouvoir proposer des erreurs contre ces arrêts ; que celui qui demanderoit ces lettres donneroit par écrit les erreurs qu'il prétendroit être dans l'arrêt, aux maîtres des requêtes de l'hôtel ou aux autres officiers du roi qui ont coutume d'expédier de pareilles lettres, lesquels jugeroient sur la simple vue s'il y avoit lieu ou non de les accorder ; que si ces lettres étoient accordées, les erreurs proposées signées du plaignant, & contre-scellées du scel royal, seroient envoyées avec ces lettres aux gens du parlement qui corrigeroient leur arrêt, supposé qu'il y eût lieu, en présence des parties.

Il ordonna en même-temps que ces propositions d'erreur ne suspendroient pas l'exécution des arrêts ; que cependant s'il y avoit apparence qu'après la correction de l'arrêt, la partie qui avoit gagné son procès par cet arrêt ne fût pas en état de restituer ce dont elle jouissoit en conséquence, le parlement pourroit y pourvoir ; enfin que l'on n'admettroit point de propositions d'erreur contre les arrêts interlocutoires.

Ceux auxquels le roi permettoit de se pourvoir par proposition d'erreur contre un arrêt du parlement, devoient avant d'être admis à proposer l'erreur, donner caution de payer les dépens & les dommages & intérêts, & une double amende au roi dans le cas où ils viendroient à succomber.

L'article 135 de l'ordonnance de 1539 ordonna que les propositions d'erreur ne seroient reçues qu'après que les maîtres des requêtes auroient vu les faits & les inventaires des parties.

Par l'article 136 de la même ordonnance, il fut réglé que pour les propositions d'erreur, on seroit tenu de consigner 240 livres parisis dans les cours souveraines.

L'édit d'ampliation des présidiaux vouloit que l'on consignât 40 livres aux présidiaux : mais l'ordonnance de Moulins défendit de recevoir à l'avenir les propositions d'erreur contre les jugemens présidiaux.

L'ordonnance de Blois régla que celui qui auroit obtenu requête civile ne seroit plus reçu à proposer erreur, & que celui qui auroit proposé erreur ne pourroit plus obtenir requête civile.

Enfin l'article 42 du titre 45 de l'ordonnance de 1667, a abrogé les propositions d'erreur.

Il y a aujourd'hui deux voies pour se pourvoir contre les arrêts ou jugemens en dernier ressort : l'une est la requête civile & l'autre la demande en cassation.

Les arrêts & les jugemens en dernier ressort peuvent être cassés tant en matière civile qu'en matière criminelle : on se pourvoit pour cet effet au conseil du roi qui seul peut casser les arrêts des cours souveraines : mais comme la ressource de la Cassation n'est qu'un remède extrême qui ne peut avoir pour objet que le maintien de l'autorité législative & des ordonnances, on ne peut pas en faire usage sous le simple prétexte qu'une affaire a été mal jugée au fond ; la raison en est que si un tel prétexte pouvoit suffire, les requêtes en Cassation deviendroient aussi communes que les appellations des sentences des premiers juges, ce qui entraîneroit beaucoup d'inconvéniens.

Il y a lieu à la demande en Cassation d'arrêt lorsque deux arrêts directement opposés l'un à l'autre ont été rendus entre les mêmes parties, soit dans une même cour, soit dans deux cours différentes (*).

Ceux qui n'ont point été parties dans un procès, ou qui n'ont pas été dûment appelés, peuvent aussi demander la Cassation d'un arrêt rendu contre eux, ou duquel ils reçoivent du préjudice.

Il y a pareillement lieu de demander la Cassation d'un arrêt lorsqu'il a été rendu contre la disposition des ordonnances ou des coutumes : la raison en est que les cours souveraines ne sont pas moins assujetties que les juges inférieurs à l'observation des loix : c'est ce qui résulte des

---

(*) Suivant l'ordonnance d'Orléans, les contrariétés d'arrêts des cours souveraines doivent être jugées où les arrêts ont été rendus ; cependant on peut aussi se pourvoir au conseil des parties.

divers

divers articles du titre premier de l'ordonnance du mois d'avril 1667.

On peut encore demander la Cassation d'un arrêt, lorsqu'une cour l'a rendu par entreprise de juridiction sur une autre cour, ou lorsque la procédure prescrite par les règlemens n'a pas été suivie.

Les formalités à observer pour demander la Cassation d'un arrêt ou d'un jugement en dernier ressort, sont prescrites par le titre 4 du règlement du conseil du 28 juin 1728 (*).

_____

(*) *Le restaurateur de la Lorraine, le duc Léopold rendit le 20 août 1716 une ordonnance par laquelle il abrogea dans cette province la proposition d'erreur contre les arrêts, & y autorisa les demandes en Cassation d'arrêts. Cette ordonnance est encore suivie en ce qu'elle n'est point contraire aux formalités introduites par le règlemens du conseil : la voici :*

Léopold, par la grace de dieu, duc de Lorraine & de Bar, roi de Jérusalem, Marchis, duc de Calabre & de Gueldres, Monférat & Teschen, marquis de Pont-à-Mousson & de Nommeny, comte de Provence, Vaudémont, Blamont, Zutphen, Sawerden, Salm, Falkenstein prince souverain d'Arches & Charleville, &c. A tous présens & à venir, salut. Le duc Charles III, notre trisayeul, d'heureuse mémoire, après avoir établi dans sa ville de saint Mihiel une cour de parlement, pour juger en dernier ressort la différents de ses sujets du duché de Bar non mouvant, & après avoir fait rédiger par écrit & homologué cinq coutumes principales de ses états, avec les stiles & formes de procéder en chacun bailliage, pour une parfaite administration de la justice à ses peuples, crut devoir laisser aux parties condamnées par les arrêts de ladite cour un remède convenable pour faire réformer les condamnations portées par ces mêmes arrêts qui se trouveroient avoir été surprises par erreur de fait, ou par le dol & la fraude des parties. Dans cet esprit, il fit une ordon-

Suivant cette loi, les demandes en Cassation

nance dans la même ville de saint Mihiel, datée du 8 octobre 1607, par laquelle il permit aux parties condamnées par arrêt de ladite cour, de se pourvoir en son conseil par requête en proposition d'erreur, & y coter les moyens d'erreur de fait, surprise, dol personnel, soustraction de pièces, production de titres faux, précipitation, prévarication d'avocat ou procureurs, minorité non défendue, decès des parties, ou autres suffisant contre les mêmes arrêts pour être d'abord examinés dans son conseil & ensuite renvoyés tant pardevant certain nombre de commissaires dudit conseil, gens gradués & de robe longue, qui seroient par lui nommés que pardevant les mêmes juges qui auroient rendu l'arrêt, pour s'assembler audit saint Mihiel, revoir & corriger les erreurs qui se trouveroient esdits arrêts, & y statuer & pourvoir ainsi qu'ils jugeroient devoir faire par raison & conscience; aux conditions neanmoins & restrictions plus aux long portées en ladite ordonnance. Et quoiqu'elle contienne des dispositions très-sages & très-salutaires, & qu'elle ait été observée non-seulement depuis sa publication sous le règne de nos prédécesseurs ducs, mais encore depuis notre heureux avènement dans nos états, depuis lequel temps, nous avons accordé à plusieurs particuliers le bénéfice de la proposition d'erreur, portée par cette ordonnance : mais comme le temps & l'expérience nous ont fait connoître plusieurs inconvéniens dans son exécution, qui la rendent d'un usage très-difficile, parceque les principes & moyens établis par cette ordonnance étant trop vagues & généraux, la décision en est rendue trop arbitraire & incertaine; ce que nous avons reconnu par nous même, aussi bien que sur les remontrances qui nous en ont été faites; à quoi nous avons résolu de pourvoir. Et d'autant que les édits, ordonnances & réglemens donnés par nous & nos prédécesseurs ducs, ensemble les coutumes & usages de nos pays doivent servir de fondement aux décisions de nos juges, & qu'ils peuvent y donner atteinte & s'en écarter, soit par inadvertance, interprétation, ou autrement : nous estimons qu'esdits cas il est à propos de retenir à nous & notre conseil, la connoissance des contraventions à nos édits & ordonnances, & aux coutumes de nos pays, & donner à nos sujets, par ce recours à nous, le moyen de conserver leurs droits, & se maintenir dans la possession des biens qui leur appartiennent légitimement. A ces causes ; de l'avis de notre conseil, & de notre certaine science, pleine puissance & autorité souveraine, nous avons par le présent édit perpétuel & irrévocable, dit, déclaré & ordonné, disons, déclarons, voulons & nous plaît ce qui suit.

ARTICLE PREMIER. Nous avons abrogé & abrogeons l'ordonnance du 8 octobre 1607, concernant les propositions d'erreur. Défendons aux parties de se pouvoir par cette voie ; sans préjudice néanmoins des instances pendantes & indécises qui seront poursuivies en la manière accoutumée, & sauf aux parties de se pourvoir contre les arrêts de nos cours & compagnies souveraines par requête civile, conformément au titre des requêtes civiles de notre ordonnance du mois de novembre 1707, qui demeurera en sa force & vertu.

II. Permettons néanmoins aux parties condamnées par lesdits arrêts de se pourvoir en cassation d'iceux pardevant nous en notre conseil, pour contravention à nos ordonnances ou celles de nos prédécesseurs ducs, ou à quelque disposition des coutumes de nos états.

III. Il y aura pareillement ouverture à la demande en Cassation, si les arrêts contiennent quelques contravention aux traités & concordats faits par nous & nos prédécesseurs ducs, avec les princes & pays voisins, traités de paix ou autres actes de pareille nature.

IV. Si les arrêts ont été rendus par l'une de nos cours, par entreprise de juridiction sur celle de l'autre, quoique les parties y ayent procédé volontairement, il y aura pareillement ouverture à la demande en Cassation sur la poursuite des compagnies ou sur celles des procureurs généraux en icelles.

V. Si les arrêts rendus par nos cours contiennent quelques dispositions qui blessent les droits de notre couronne, nos procureurs généraux en chacune compagnie pourront

N n ij

doivent être formées par une requête en forme

se pourvoir en notre conseil par requête pour en obtenir la réformation, quand même ils auroient été entendus, & auroient donné leurs conclusions ès instances & procès, sur lesquelles seroient intervenus lesdits arrêts ; s'ils ont quelques moyens nouveaux ou pièces nouvelles : à charge qu'ils seront tenus de se pourvoir dans deux ans du jour de la signification des arrêts.

VI. Les requêtes à fin de Cassation en contiendront les moyens, du nombre de ceux énoncés ci-dessus, autrement seront rejetées ; & seront signées de trois anciens avocats, outre celui qui aura fait le rapport & aura été chargé de la cause.

VII. Les parties seront tenues de se pourvoir dans l'année, à compter à l'égard des majeurs, du jour de la signification de l'arrêt, faite à personne ou domicile du condamné ; & à l'égard de mineurs, du jour de leur majorité accomplie, pourvu que la signification de l'arrêt ait été valablement faite à personne ou domicile du tuteur.

VIII. Les veuves & héritiers majeurs du condamné auront six mois pour se pourvoir, outre le temps qui restoit à écouler en faveur de leurs auteurs ; & les mineurs auront un pareil temps de six mois après leur majorité accomplie.

IX. Nul ne sera reçu à se pourvoir en Cassation contre l'arrêt d'une cour, s'il ne s'agit de la somme de mille francs au moins, outre les dépens ; ou de cinquante francs de rente en matière réelle.

X. La partie sera tenue de consigner, avant de faire aucune procédure sur la requête en Cassation, la somme de six cens francs au greffe de notre conseil, si l'arrêt est contradictoire ; & de trois cens francs, s'il est par défaut au forclusion ; pour être les deux tiers desdites sommes à nous acquis, & le tiers à la partie, si le demandeur succombe ; si non à lui rendu, s'il obtient à ses fins, déduction faite des droits de consignation qu'il pourra employer dans la déclaration de dépens contre la partie condamnée.

XI. Sur la requête en Cassation, il sera ordonné que le défendeur sera appelé dans un délai compétent pour y

de vu d'arrêt, & qui contienne les moyens de
Caſſation.

---

défendre ; & l'un de nos maîtres des requêtes nommé pour
l'inſtruction qui appointera les parties à fournir cauſes &
moyens de Caſſation , & réponſes de huitaine à autre ;
& l'inſtance étant en état, ſera nommé l'un de nos conſeil-
lers d'état pour faire le rapport.

XII. Si l'arrêt eſt caſſé , notre conſeil prononcera ſur
le fond de la conteſtation , ainſi que de raiſon, par un ſeul
& même arrêt.

XIII. Si les moyens de Caſſation paroiſſent dégénérer
en moyens de requête civile ; notredit conſeil pourra con-
vertir les moyens de Caſſation en moyens de requête civile, & renvoyer les parties à celle des compagnies qui
a rendu l'arrêt.

XIV. Celui qui aura choiſi la voie de requête civile ne
ſera recevable à ſe pourvoir en Caſſation ; & réciproquement celui qui aura choiſi la voie de Caſſation ne ſera
pas recevable à ſe pourvoir par voie de requête civile, à
moins que ſur la requête en Caſſation, le conſeil n'en ait
converti les moyens en moyens de requête civile.

XV. La partie dont l'arrêt par elle obtenu aura été
reſcindé par voie de requête civile, pourra ſe pourvoir ou
par voie de Caſſation ou par celle de requête civile ,
contre l'arrêt qui aura caſſé celui qu'elle avoit obtenu.

XVI. Si aucun deſire de ſe pourvoir en Caſſation contre
un arrêt de notredit conſeil qui aura été rendu dans les
affaires de ſa competence, il en aura la liberté & ſuivra
la même forme que celle preſcrite ci-deſſus contre les arrêts
des compagnies, & aux mêmes charges, moyens & conditions.

XVII. Si aucun eſt condamné en notredit conſeil par
un arrêt par défaut, il pourra ſe pourvoir à l'encontre par
ſimple voie d'oppoſition dans deux mois, à compter du
jour de la ſignification de l'arrêt, faite à perſonne ou domicile, à charge de refonder les dépens du défaut comme
frais préjudiciaux.

XVIII. La demande en Caſſation, ni aucunes procédures faites en conſéquence ne pourront empêcher ni ſur-

La requête doit être fignée par l'avocat du demandeur, & en outre par deux anciens avocats au confeil, choifis parmi les fyndics en charge, ou parmi les trente plus anciens avocats. La requête ne peut pas être admife que cette formalité ne foit remplie.

Les deux anciens avocats qui veulent figner une requête en Caffation, doivent fe faire repréfenter les preuves des faits fur lefquels les moyens font fondés, afin qu'ils foient en état de rendre compte de leur avis, s'ils viennent à être mandés pour cet effet.

Le demandeur en Caffation doit joindre à fa requête la copie qui lui a été fignifiée, ou une expédition en forme de l'arrêt contre lequel il prétend fe pourvoir, finon fa requête ne peut être reçue ; & par l'article premier de l'arrêt de règlement du 19 août 1769, il eft défendu aux greffiers du confeil de recevoir aucune requête en Caffation pour être préfentée au *commititur*,

───────────────────────

feoir à l'exécution des arrêts pour quelque caufe que ce foit.

XIX. Les parties feront tenues de reproduire au greffe de notredit confeil les mêmes pièces & procédures fur lefquelles fera intervenu l'arrêt contre lequel la Caffation fera demandée ; à l'effet de quoi, la partie qui fe pourvoira en Caffation fera fommer la partie adverfe de produire les fiennes audit greffe en la manière accoutumée, & pourront les parties faire productions nouvelles en l'inftance de Caffation pour être contredites & fauvées.

XX. Les inftances de Caffations ne pourront être jugées que par fept de nos confeillers d'état qui feront par nous nommés.

Si donnons en mandement à nos très-chers & féaux les préfidens, confeillers & gens tenans notre cour fouveraine de Lorraine & Barrois, &c.

fi toutes les pièces énoncées dans chaque requête n'y font jointes.

Aucune requête en Caffation ne peut être admife après l'expiration du délai fixé pour la préfenter & pour faire commettre un rapporteur. Ce délai eft d'un an pour l'églife & pour tous les corps ou communautés, foit eccléfiaftiques, foit laïques ; & on le compte du jour de la fignification de l'arrêt au lieu ordinaire du bénéfice & aux fyndics ou autres perfonnes chargées de l'adminiftration des affaires de ces corps ou communautés.

Celui qui pendant cette année de délai fuccède à un bénéfice autrement que par réfignation, peut pareillement fe pourvoir en Caffation pendant un an à compter du jour auquel l'arrêt lui a été fignifié.

Le délai d'un an a auffi lieu en faveur de ceux qui font abfens du royaume pour quelque caufe publique. Ce délai fe compte du jour de la fignification de l'arrêt au dernier domicile des abfens.

Quant aux particuliers domiciliés dans les colonies françoifes, du reffort des confeils fupérieurs des îles de Saint-Domingue, de la Martinique, de la Guadeloupe & de l'île Royale, ils ont de même un an pour fe pourvoir en Caffation contre les arrêts ou jugemens fignifiés à leur domicile dans ces colonies ; mais les habitans des autres colonies, telles que les îles de Bourbon & de France, ont deux ans. Le règlement du confeil porte d'ailleurs que ces particuliers pourront, en cas d'infuffifance du délai, être relevés du laps de temps, felon les circonftances.

A l'égard des autres perfonnes, même des eccléfiaftiques, lorfqu'il ne s'agit ni des droits de leurs bénéfices, ni de leurs fonctions eccléfiaftiques, le délai pour fe pourvoir en caffation n'eft que de fix mois. Ce délai pour les majeurs court du jour de la fignification de l'arrêt ou du jugement en dernier reffort faite à leur perfonne ou domicile ; mais pour les mineurs, il ne court que du jour d'une pareille fignification faite après qu'ils ont atteint leur majorité.

Les héritiers, fucceffeurs ou ayant caufe des particuliers décédés durant ces fix mois doivent auffi avoir perfonnellement un pareil délai, & & l'on doit de même obferver envers eux les formalités dont on vient de parler.

Toutes ces difpofitions réfultent des articles 1, 2, 3, 4, 8, 9, 10, 11, 12, 13 & 14.

Après ces différens délais, les greffiers du confeil ne peuvent plus recevoir aucune requête en Caffation, à moins qu'elle ne foit jointe à des lettres de relief de laps de temps obtenues par la partie qui a laiffé écouler le délai. Ces lettres ne peuvent être accordées, qu'elles n'aient été portées au confeil de chancellerie pour y être ftatué dans la forme qui y eft ufitée. Cela eft ainfi réglé par un arrêt du confeil du 9 novembre 1769, qui a dérogé à cet égard à l'article 15 du titre 4 de la première partie du règlement de 1738 (*).

(*) *Voici ce qu'ordonnoit cet article :* aucune requête en Caffation ne pourra être reçue, fi elle n'eft préfentée dans les délais ci-deffus marqués, fuivant les différentes qualités ou demeures des demandeurs, après lefquels délais il ne pourra leur être accordé aucun relief de laps de temps, fi ce

Par l'article 62 du règlement de la procédure
du conseil du 3 janvier 1673, il fut ordonné
que ceux qui fe pourvoiroient au conseil en
Caffation d'arrêts ou jugemens rendus en dernier
ressort, seroient tenus en présentant leur requête
de configuer pour amende 300 livres envers le
roi, & 150 livres envers la partie, fi les arrêts
ou jugemens avoient été contradictoires ; & la
moitié s'ils avoient été rendus par défaut.

Cette configuation d'amende fut ensuite abrogée par le règlement du 27 octobre 1674 : mais
les requêtes en Caffation ayant à cause de cette
abrogation, paru se multiplier, il fut fait le 3
février 1714, une nouvelle loi par laquelle la
configuation d'amende fut rétablie.

Suivant ce dernier règlement, le demandeur
en Caffation devoit configuer en présentant sa
requête, 150 livres, s'il s'agiffoit d'un arrêt ou
jugement contradictoire, & 75 livres fi l'arrêt
avoit été rendu par défaut. Il falloit que la quittance de configuation fût jointe à la requête en
Caffation.

Lorsque cette requête étoit admise, le demandeur devoit en outre, avant de faire affigner sa partie adverse, configuer une nouvelle
fomme, qui avec la première, formât celle de
300 livres pour l'amende envers le roi, & de
150 livres pour l'amende envers la partie, fi
l'arrêt ou le jugement dont la Caffation étoit

n'eft pour grandes & importantes confidérations & fur une
requête féparée, fur laquelle il fera ftatué par un arrêt dé-
libéré au conseil, après qu'il en aura été préalablement communiqué aux fieurs commiffaires nommés pour l'examen
des requêtes en Caffation.

demandée, avoit été contradictoire. La consignation diminuoit de moitié, quand il s'agissoit d'un arrêt ou jugement rendu par défaut.

Enfin le règlement du 28 juin 1738, a fixé la jurisprudence sur cette matière. L'article 5 du titre 4 de la première partie veut que le demandeur en Cassation consigne 150 livres pour l'amende envers le roi, lorsqu'il s'agit d'un arrêt ou jugement contradictoire, & 75 livres s'il n'est question que d'un arrêt ou jugement par défaut. Il faut d'ailleurs que la quittance de consignation soit jointe à la requête en Cassation, sinon cette requête ne sauroit être reçue.

Lorsque le demandeur obtient la Cassation pour laquelle il s'est pourvu, l'amende consignée doit lui être rendue sans délai, quand même on auroit omis d'ordonner que cette amende lui fût remise : mais si sur le rapport de sa requête en Cassation, il est débouté de sa demande ou déclaré non-recevable, l'amende consignée doit être adjugée au roi. C'est ce qui résulte des articles 18 & 25 du même titre.

La signature de deux anciens avocats & la consignation d'amende ne sont pas nécessaires à l'égard des requêtes en Cassation présentées en matière domaniale par les procureurs généraux du roi, ou par les inspecteurs du domaine. Elles peuvent d'ailleurs être présentées après le délai fixé pour les autres affaires.

Ces dispositions ont également lieu relativement aux requêtes en Cassation présentées par les procureurs généraux contre les arrêts dans lesquels ils ont été parties, ou lorsqu'on n'a point eu d'égard aux réquisitions qu'ils ont prises pour l'intérêt public. C'est ce que portent les articles 16 & 17.

Dans les autres matières où les procureurs généraux n'agiffent que pour foutenir la juridiction & les prérogatives de leurs compagnies ou celles de leur charge, ils peuvent bien préfenter leurs requêtes en Caffation fans qu'elles foient fignées d'anciens avocats & fans confignation d'amende; mais ces requêtes ne doivent être admifes qu'autant qu'elles ont été préfentées dans le délai d'un an à compter du jour que les arrêts ont été fignifiés à ces officiers. Telles font les difpofitions de l'article 18.

Lorfque la demande en Caffation concerne un arrêt qui a reçu l'appel d'un jugement des confuls ou de quelqu'autre juridiction, dans un cas où ce jugement n'étoit pas fujet à l'appel, on eft difpenfé de prendre une confultation d'avocats & de configner une amende. C'eft ce qui réfulte de l'article 19.

Suivant l'article 34, les demandes en Caffation des procédures ou arrêts attentatoires à l'autorité du confeil doivent être formées & inftruites fans être fujettes à aucune des règles prefcrites pour les autres demandes en Caffation. Il faut à cet égard fe conformer à ce qui eft réglé par l'article 16 du titre 7 de la feconde partie du règlement de 1738.

Dans tous les cas où il a été nommé un rapporteur, l'ordonnance qui l'a commis, la requête en Caffation & les pièces jointes doivent lui être remifes incontinent par le greffier. C'eft ce que prefcrit l'article 20 du titre 4 de la première partie.

Aucune requête en Caffation ne peut être portée au confeil, qu'auparavant elle n'ait été

communiquée aux commissaires nommés en général pour l'examen des demandes en Cassation.
S'il s'agit d'une demande relative au domaine,
aux aydes & gabelles ou aux matières ecclésiastiques, elle doit être communiquée aux commissaires nommés pour l'examen de ces sortes
d'affaires.

Si une requête en Cassation n'avoit pas été
communiquée à ces commissaires dans trois
mois, à compter du jour que le rapporteur auroit été commis, elle seroit regardée comme
non avenue, & la somme consignée pour l'a-
mende seroit acquise au roi, sans qu'il fût besoin
de rendre aucun arrêt. Telles sont les dispositions
des articles 21 & 22.

D'après cette jurisprudence, le sieur Dubois
d'Havelay a été débouté, le 5 septembre 1742,
de sa demande en restitution de l'amende qu'il
avoit consignée pour se pourvoir en Cassation
d'un arrêt du parlement de Flandres, quoique
sa requête n'eut pas été rapportée.

Par une autre décision du conseil, du 12 février 1756, la comtesse de la Goublaye a été
déboutée de sa demande en restitution d'une
amende de 150 livres consignée par son père en
1753, pour être admis à se pourvoir en Cassation d'un arrêt du parlement de Bretagne. Ses
moyens étoient que le décès de son père avoit
eu lieu avant que sa requête fût communiquée,
& qu'elle renonçoit à suivre la demande en Cassation ; mais on jugea l'amende acquise, d'après
la disposition de l'article 22.

Les requêtes en Cassation d'arrêts du conseil
ou de jugemens en dernier ressort rendus soit

par des commiffaires choifis dans le confeil, foit aux requêtes de l'hôtel, doivent être communiquées au rapporteur de l'inftance fur laquelle eft intervenu l'arrêt ou le jugement dont on demande la Caffation, afin qu'il donne avant le rapport de la requête au confeil, les éclaiciffemens néceffaires fur les circonftances & les raifons qui ont pu déterminer les juges. S'il s'agit d'une affaire jugée à l'audience des requêtes de l'hôtel, c'eft à celui qui a préfidé que la requête en Caffation doit être communiquée. C'eft ce que porte l'article 23.

Il eft défendu par l'article 24 de prendre la voie de la requête civile contre les arrêts du confeil; mais cet article permet d'employer comme moyens de Caffation contre ces arrêts les moyens de requête civile.

Lorfque fur le rapport d'une requête en Caffation, le confeil juge à propos de demander les motifs de l'arrêt contre lequel la requête eft préfentée, ces motifs doivent être envoyés au greffe du confeil par le procureur général ou par les juges qui ont rendu l'arrêt fi c'eft le procureur général même qui en demande la Caffation.

Ces mêmes motifs doivent être remis cachetés au rapporteur de la requête en Caffation. Il eft défendu au greffier du confeil de les décacheter.

Quand le confeil, en ordonnant l'envoi des motifs, ou après les avoir vus, juge que la demande en Caffation mérite d'être inftruite contradictoirement avec les parties intéreffées, l'arrêt qui intervient ordonne que la requête en

Caſſation leur ſera communiquée pour y répondre dans les délais du règlement ; mais un tel
arrêt, non plus que celui qui intervient pour
demander les motifs, ne peuvent empêcher
l'exécution de l'arrêt ou jugement en dernier
reſſort dont la Caſſation eſt demandée. Il ne
peut être donné à cet égard aucune défenſe ni
ſurſéance, que ce ne ſoit par un ordre exprès
du roi.

· Lorſqu'il a été ordonné que la requête en
Caſſation ſera communiquée, le demandeur doit
faire ſignifier cette ordonnance à ſon adverſaire,
à perſonne ou domicile, dans trois mois au plus
tard, à compter du jour qu'elle a été rendue,
ſinon il demeure déchu de ſa demande en Caſſation, ſans qu'on puiſſe y avoir égard dans la
ſuite ſous quelque prétexte que ce ſoit.

Obſervez toutefois que ſi la partie contre laquelle on ſe pourvoit eſt domiciliée dans les colonies françoiſes, le délai pour ſignifier une telle
ordonnance eſt le même que celui qui eſt fixé
pour ſe pourvoir en Caſſation contre les arrêts
ſignifiés à domicile dans ces colonies.

· Quand l'arrêt ou le jugement dont on demande la Caſſation a été rendu au conſeil, ou
par des commiſſaires du conſeil, les avocats qui
ont occupé dans l'inſtance jugée, doivent pareillement occuper dans l'inſtance ſur la Caſſation en conſéquence de l'arrêt de ſoit communiqué.

Il ne peut être diſtribué aucune requête ni
conſultation, ni mémoire imprimé relativement
aux demandes en Caſſation, avant qu'il ait été
ordonné que ces demandes ſeront communi-

quées : c'est pourquoi il est défendu aux avocats au conseil de signer des écrits de ce genre.
Les parties ou leurs défenseurs peuvent seulement distribuer aux commissaires ou aux autres
juges des précis manuscrits de leurs moyens (*).

(*) *Deux arrêts du conseil des 19 août & 4 novembre
1769 avoient permis d'imprimer & distribuer les requêtes
en Cassation avant l'arrêt de soit communiqué, mais cette
permission a été révoquée par un autre arrêt du 18 décembre
1775 dont voici la teneur :*

Le roi s'étant fait rendre compte, en son conseil, de
l'exécution des arrêts du conseil des 19 août & 4 novembre
1769, par lesquelles en renouvelant les défenses de faire
imprimer & débiter aucuns mémoires, consultations ou
autres écrits au sujet des demandes en Cassation, en révision & en contrariété d'arrêts avant qu'il eût été ordonné
qu'elles seroient communiquées aux parties intéressées, il
auroit néanmoins été réservé aux demandeurs, la faculté
de faire imprimer leurs requêtes ; sa majesté auroit reconnu
que cette tolérance auroit donné lieu à des abus aussi
préjudiciables à l'autorité de la chose jugée, même à l'honneur de la magistrature, qu'au repos des familles : que
cette impression n'auroit le plus souvent servi qu'à retarder
l'exécution des arrêts & jugemens qui étoient attaqués, à
donner de l'inquiétude à ceux qui les avoient obtenus, &
à les engager à y répondre par des mémoires non com-
muniqués, quelquefois même imprimés, & à introduire
ainsi une espèce d'instruction extrajudiciaire, entièrement
contraire au bien de la justice & aux anciens usages du
conseil, confirmés par la disposition de l'article XXXII
du règlement de 1738, suivant lesquels les demandes en
Cassation devoient rester inconnues jusqu'à ce qu'il eût été
jugé si elles méritoient d'être instruites : qu'enfin si cette
publicité que l'impression leur donnoit, & l'instruction
prématurée qu'elle occasionnoit presque nécessairement sub-
sistoit plus long-temps, elle feroit bientôt envisager la
ressource de la Cassation comme une voie ordinaire & com-

Il eſt pareillement défendu aux greffiers du con

---

me une eſpèce d'appel au conſeil, tandis qu'elle n'eſt qu'un
remè le extrême qui ne peut avoir pour objet que le maintien de l'autorité légiſlative & des ordonnances : & ſa majeſté voulant prévenir de pareils inconveniens, elle auroit
jugé que le moyen le plus ſûr pour y parvenir, étoit de
rétablir les anciens uſages, & de renouveler la diſpoſition
du règlement de 1738. A quoi voulant pouvoir : oui le
rapport, & tout conſidéré ; le roi étant en ſon conſeil,
a ordonné & ordonne que l'article XXXII du titre IV
de la première partie du règlement de 1738, ſera exécuté ;
& en conſéquence, qu'il en ſera uſé, à l'égard des requêtes
en Caſſation, en réviſion & en contrariétés d'arrêts,
ou jugemens rendus en dernier reſſort, comme avant
leſdits arrêts des 19 août & 4 novembre 1769, leſquels
demeureront comme non avenus en ce qui concerne la
permiſſion d'imprimer leſdites requêtes ; ce faiſant, a fait
& fait défenſes aux parties & à leurs avocats de les faire
imprimer, ni aucunes conſultations, mémoires ou autres
écrits concernant leſdites demandes, ſous quelque dénomination que ce puiſſe être, avant qu'il ſoit intervenu ſur
icelles un arrêt de ſoit communiqué aux parties intéreſſées,
& ce, quand même, avant d'y faire droit, l'envoi des
motifs ou l'apport des charges ſur leſquels leſdits arrêts ou
jugemens auroient été rendus, auroient été ordonnés,
ſauf toutefois auxdites parties ou à leurs avocats, à diſ-
tribuer aux commiſſaires ou aux autres juges, tels précis
manuſcrits de leurs moyens qu'ils eſtimeront néceſſaires
pour leur inſtruction : fait ſa majeſté défenſes à tous imprimeurs, à peine de mille livres d'amende, applicable à
l'hôpital général de Paris, même d'interdiction, en cas
de récidive, d'imprimer leſdites requêtes, conſultations,
mémoires ou écrits, quand même ils ſeroient ſignés d'un
avocat, s'il ne leur appert dudit arrêt de ſoit communiqué,
duquel ils ſeront tenus de faire mention dans l'intitulé deſdites requêtes, mémoires, conſultations ou écrits. Ordonne
que le préſent arrêt ſera lû à l'aſſemblée du collége des

ſeil

feil & aux clercs des rapporteurs de communiquer les requêtes en Caſſation avant l'arrêt de ſoit communiqué, ſous peine de 200 livres d'aumône applicable à l'hôpital général, & ſauf à prononcer une punition plus forte, le cas échéant.

Les requêtes en Caſſation préſentées incidemment à des inſtances pendantes au conſeil, doivent être remiſes au rapporteur de l'inſtance à laquelle on prétend que ces requêtes ſont incidentes : au ſurplus, ces ſortes de demandes incidentes ne peuvent être jointes que par arrêt à l'inſtance principale, & l'on doit obſerver à cet égard, à peine de nullité, les règles preſcrites pour les autres demandes en Caſſation.

Lorſque le demandeur en Caſſation vient à perdre ſa cauſe après un arrêt de ſoit communiqué, il doit être condamné à 300 livres d'amende envers le roi, & à 150 livres envers la partie, y compris ce qui a été conſigné, ſi l'arrêt ou le jugement dont il pourſuivoit la Caſſation, a été rendu contradictoirement : mais l'amende ne doit être que de la moitié de ces ſommes quand l'arrêt ou le règlement a été rendu

---

avocats en ſon conſeil, & inſcrit ſur leurs regiſtres, ainſi que ſur ceux des chambres ſyndicales du royaume, & imprimé & affiché par-tout où beſoin ſera : enjoint aux ſyndics deſdits avocats & deſdits imprimeurs, comme auſſi au lieutenant -général de police de la ville de Paris, & aux intendans & commiſſaires départis pour ſa majeſté dans ſes provinces, de tenir la main, chacun en ce qui les concerne, à l'exécution du préſent arrêt. Fait au conſeil d'état du roi, ſa majeſté y étant, tenu à Verſailles le dix-huit décembre mil ſept cent ſoixante-quinze. *Signé* de Lamoignon.

par défaut ou par forclusion. C'est ce qui résulte de l'article 35.

L'article suivant porte que cette amende ne peut être remise ni modérée sous quelque prétexte que ce soit ; mais que les juges peuvent l'augmenter en statuant sur la demande en Cassation : & l'article 37 déclare l'amende acquise de plein droit, en quelques termes que soit conçu l'arrêt qui rejette la demande en Cassation, quand même il ne prononceroit rien sur cette amende (*).

La veuve Lavoisier s'étant pourvue pour obtenir grâce d'une amende prononcée sur sa requête en Cassation d'un arrêt de la cour des aides de Dole, le conseil décida le 26 novembre 1746, que le fermier seul pouvoit faire cette grâce, s'il le jugeoit à propos.

Lorsqu'une demande en Cassation d'un arrêt ou jugement a été rejetée, la partie qui l'a formée ne peut plus se pourvoir contre le même jugement, ni contre l'arrêt qui a rejeté sa demande, quand même elle prétendroit avoir de

_____

(*) Pour faciliter le recouvrement des amendes, il doit être tenu deux registres, l'un au greffe du conseil des finances & l'autre au greffe du conseil privé : les avocats au conseil sont obligés de cotter & de signer sur ces registres les noms, qualités & demeures tant des demandeurs que des défendeurs pour lesquels ils occupent dans les instances où il s'agit de Cassation d'arrêts, évocations, récusations, ou inscriptions de faux ; & les greffiers ou secrétaires sont tenus de spécifier ces désignations dans les extraits qu'ils doivent délivrer au fermier pour servir à faire le recouvrement des amendes. C'est ce qui résulte des arrêts du conseil des 12 mars 1683 & 7 août 1684.

nouveaux moyens. C'eſt ce qui réſulte de l'article 39.

Les accuſés décrétés de priſe de corps ne peuvent être reçus à demander la Caſſation des arrêts ou jugemens en dernier reſſort qui les ont décrétés, ni d'aucun autre arrêt préparatoire ou interlocutoire, s'ils ne ſont actuellement en état dans les priſons des tribunaux par leſquels ces arrets ont été rendus, ou dans celles du lieu où ſe tient le conſeil : quant à ceux qui ſe pourvoient en Caſſation contre des arrêts ou jugemens définitifs rendus contre eux, ils ne peuvent de même y être reçus qu'après s'être mis en état dans les priſons du lieu où ſe tient le conſeil, lorſque ces arrêts ou jugemens ont prononcé contre eux des peines afflictives ou infâmantes : ajoutez que dans l'un comme dans l'autre cas, l'acte d'écrou doit, ſous peine de nullité, être joint à la requête en Caſſation, & viſé dans l'arrêt qui intervient en conſéquence. Telles ſont les diſpoſitions de l'article 6.

Tous les maîtres des requêtes peuvent être commis pour faire le rapport des requêtes en Caſſation, ſans diſtinguer ceux qui ſont de quartier au conſeil de ceux qui n'en ſont pas. C'eſt ce qui réſulte tant de l'article 5 du titre 3 de la ſeconde partie du règlement de 1738, que de l'arrêt du conſeil du 9 novembre 1769.

Le titre 5 de la première partie du règlement de 1738 avoit preſcrit ce qui devoit être obſervé au ſujet des demandes en Caſſation des jugemens de compétence rendus en faveur des prévôts des maréchaux & des ſièges préſidiaux; mais ces ſortes de demandes doivent ſe porter aujourd'hui au grand conseil, conformément aux lettres-patentes du 11 juin 1768.

Suivant cette dernière loi, les demandes en Cassation des jugemens de compétence & des procédures faites en conséquence, doivent être formées par une requête signée de l'avocat du demandeur en Cassation : il faut, sous peine de nullité, joindre à cette requête l'écrou de l'accusé en bonne forme, & les copies signifiées des jugemens dont on demande la Cassation.

Un accusé ne peut point se pourvoir en Cassation d'un jugement rendu par défaut contre lui ; & s'il vient à être arrêté par la suite, sa demande en cassation ne pourra concerner que le nouveau jugement de compétence qui aura été rendu contre lui, suivant l'édit du mois de décembre 1680.

Aucune requête en Cassation ne peut être admise, que l'accusé ne soit en état dans les prisons du prévôt des maréchaux ou du siège saisi de la procédure.

Il faut, à peine de nullité, signifier l'écrou de l'accusé à la partie publique du siège dont la compétence est attaquée, ainsi qu'à la partie civile, s'il y en a une, ou à son procureur, & il doit être fait mention de cet écrou dans l'arrêt qui ordonne l'apport des charges & informations.

La requête & les pièces jointes se remettent à un conseiller du grand conseil, sans qu'il soit besoin de le faire commettre ; ensuite sur son rapport & sur les conclusions du procureur général du roi, il doit être rendu arrêt portant qu'avant faire droit, les charges, informations

& procédures faites par les prévôts des maréchaux, ou par les préfidiaux, ainfi que par d'autres juges, relativement à la même accufation, feront apportées au greffe du grand confeil, dans un délai déterminé felon les circonftances.

· L'arrêt doit auffi porter que la fignification qui en fera faite n'empêchera pas que la procédure ne foit continuée jufqu'au jugement définitif exclufivement, par le fiège qu'aura déclaré compétent le jugement contre lequel la demande en Caffation fera formée.

, Cet arrêt doit être fignifié à la partie publique & au greffier du fiège dont la compétence eft conteftée; il doit en même temps être fait commandement d'apporter ou d'envoyer les charges & procédures, fans toutefois qu'il faille donner à ce fujet aucune affignation au procureur du roi. Il faut remarquer que fi les fignifications ordonnées n'étoient pas faites dans le délai fixé pour l'apport des charges & procédures, les défenfes de paffer outre au jugement définitif feroient levées de plein droit, fans qu'il fût befoin d'aucun arrêt pour cet effet.

. Quand il y a une partie civile, l'arrêt qui reçoit la requête en Caffation doit ordonner qu'elle fera communiquée à cette partie pour y répondre dans un delai que doit fixer le même arrêt.

: Lorfque le demandeur en Caffation croit, avoir de nouveaux moyens à ajouter à ceux qu'il a propofés par fa requête, il ne peut le faire que par de fimples mémoires, fans aucune autre forme d'inftruction; & s'il a des pièces à y joindre, il doit les faire remettre au greffe du confeil, ou le rapporteur s'en charge : on communique enfuite le tout au procureur général, & lorfqu'il a donné fes conclufions, on ftatue fur la demande en Caffation.

Si le jugement de compétence vient à être caffé, le procès doit être renvoyé pardevant le juge auquel les ordonnances ont attribué la connoiffance du crime dont il s'agit, à la charge de l'appel au parlement. Obfervez toutefois que dans le cas de fufpicion, ou pour quelque autre raifon de droit ou de fait, le grand confeil peut en faifant droit fur la demande en Caffation, ordonner que le procès fera pourfuivi & jugé dans un autre fiège royal prochain, à la charge pareillement de l'appel au parlement.

Lorfque le cas eft reconnu prévôtal ou préfidial, & que cependant les procédures faites par le prevôt des maréchaux ou au préfidial viennent à être déclarées nulles, le procès doit être renvoyé pardevant un autre prévôt des maréchaux ou un autre préfidial pour y être inftruit & jugé en dernier reffort.

L'arrêt par lequel un jugement de compétence eft caffé & annullé, doit être remis à l'avocat de celui qui l'a obtenu : mais fi ce jugement vient à être confirmé, l'arrêt fe délivre au procureur général qui l'envoie enfuite au procureur du roi du fiège déclaré compétent.

Voyez *le règlement du confeil du 28 juin 1738; l'ordonnance civile du mois d'avril 1667; le code Léopold; le traité des matières criminelles; les arrêts du confeil des 19 août, 4 novembre & 9 novembre 1769; les lettres-patentes du 11 janvier 1768; le dictionnaire des domaines; les arrêts de*

Brillon ; les règlemens des 3 janvier 1673, 17 juin 1687 & 3 février 1714 ; les arrêts du conseil des 12 mars 1683 & 7 août 1684 ; la déclaration du 5 février 1731 ; l'ordonnance criminelle du mois d'août 1670, &c. Voyez aussi les articles REQUÊTE CIVILE, RÉVISION, CONSEIL, RAPPORTEUR, CONTRARIÉTÉ, COMPÉTENCE, PRÉVÔT, GRAND - CONSEIL, PRÉSIDIAL, CAS, &c.

Fin du Tome septième.

ERRATA.

TOME CINQUIÈME.

Page 479, supprimez ces mots *de Lorraine*, à la vingtième ligne, & ajoutez après la vingt-troisième ligne ce qui suit :

On en usoit de même en Lorraine avant l'édit du mois de juin 1770 ; mais l'article 21 de cet édit a ordonné qu'on ne pourroit plus être admis à l'avenir à se porter héritier par bénéfice d'inventaire, à moins que l'on n'eût pour cet effet obtenu des lettres de bénéfice d'inventaire dans la chancellerie établie près du parlement de Nancy.

En Bretagne, &c.